普通高等学校省级规划教材

Weisheng Faxue
卫生法学

第 3 版

》 主　编　杨　芳　杨才宽
》 副主编　刘　燕　黄金满

中国科学技术大学出版社

内容简介

本书与国家执业医师资格考试大纲相衔接,秉承第2版的结构,按照绪论、总论和分论的内在逻辑结构组织全书,大致分为卫生法学基础理论、公共卫生法律制度、医疗卫生法律制度三大板块,并增加了《食品安全法》《中医药法》等新颁法律法规的相关内容。不仅全景式地展示体系化的卫生法学,还结合卫生改革与医学发展引起的有关法律问题进行探讨,增强了理论深度的同时,突出了对实践的指导性。

本书不仅适用于医学院校的学生,也可供医政管理者和医务人员参考。

图书在版编目(CIP)数据

卫生法学/杨芳,杨才宽主编. —3 版. —合肥:中国科学技术大学出版社,2018.3 (2021.4重印)

ISBN 978-7-312-04418-2

Ⅰ.卫⋯ Ⅱ.①杨⋯ ②杨⋯ Ⅲ.卫生法—中国—高等学校—教材 Ⅳ.D922.161

中国版本图书馆 CIP 数据核字(2018)第 025957 号

出版	中国科学技术大学出版社
	安徽省合肥市金寨路96号,230026
	http://press.ustc.edu.cn
	https://zgkxjsdxcbs.tmall.com
印刷	合肥市宏基印刷有限公司
发行	中国科学技术大学出版社
经销	全国新华书店
开本	710 mm×1000 mm 1/16
印张	20.75
字数	430 千
版次	2007 年 8 月第 1 版 2018 年 3 月第 3 版
印次	2021 年 4 月第 23 次印刷
定价	39.00 元

第3版前言

随着我国医疗卫生事业和卫生法治建设的发展,医科院校更加重视卫生法学的教育教学,现行国家执业医师资格考试也增加了卫生法的考核内容。为了适应这一需求,我们编写了《卫生法学》第1版和第2版。这次修订,我们突出了综合性、实效性和实践性,特别增加了《中医药法》等新颁法律法规的相关内容。

本书第3版撰稿人分工如下:

杨才宽:第一章、第二章、第十五章

刘燕、杨芳:第三章

刘燕:第四章、第十章、第十三章、第十四章

李招材、杨芳:第五章

火煜雯:第六章

王元元:第七章

黄金满:第八章、第九章、第十一章

王华、周亚东:第十二章

感谢安徽医科大学、安徽中医药大学、安徽医学高等专科学校和南京医科大学各级领导对本书的大力支持,感谢中国科学技术大学出版社为本书的出版付出的努力。

由于时间仓促,再加上编者水平有限,本教材难免存在讹误和不足,敬请读者批评指正。

编 者

2017年12月20日

第 2 版前言

《卫生法学》出版后,受到法学工作者和卫生工作者的欢迎,并首批入选安徽省高等学校"十一五"省级规划教材。为了与国家执业医师资格考试大纲相衔接,突出基础性、综合性和实践性,结合在教学中的体会以及兄弟院校提出的宝贵建议和意见,我们对本书第1版进行了修改、完善,特别修订或增加了《职业病防治法》《食品安全法》《精神卫生法》《侵权责任法》《护士条例》等新颁法律、法规的相关内容。

本书第2版撰稿人分工如下:

杨才宽:第一章、第二章、第十五章

查曼、杨芳:第三章

刘燕:第四章、第十章、第十三章、第十四章

李招材、杨芳:第五章

火煜雯:第六章

王元元:第七章

黄金满:第八章、第九章、第十一章

周亚东:第十二章

本教材全景式地展示体系化的卫生法学,并结合卫生改革与医学发展引起的有关法律问题进行探讨,尽可能地冲破诠释法学的桎梏,拓展卫生法学研究的理论深度,突出卫生法学理论对卫生法实践的指导性。由于卫生法学是一门新兴的综合学科,它的体系尚处在初创时期,许多理论问题有待进一步研究和探讨,所以只有不断总结实践经验,才能使卫生法学体系得到完善和发展。

本书在编写过程中得到安徽医科大学、安徽中医学院、安徽医学高等专科学校和南京医科大学各级领导的大力支持,中国科学技术大学出版社也为本书的出版付出很多辛劳,在此一并致谢。

由于编者水平有限,书中不足和欠妥之处在所难免,恳请读者批评指正。

编 者

2012 年 12 月

第1版前言

卫生法是我国社会主义法律体系的重要组成部分。卫生法学是以卫生法为研究对象的一门新兴边缘学科,是法学与医学相互融合相互交叉而产生的。为了适应我国卫生法制建设和卫生法学发展的需要,适应高等医学院校医学教育模式的转变,我们编写了《卫生法学》一书。

本书由安徽医科大学杨芳老师和安徽中医学院杨才宽老师担任主编,安徽医科大学刘燕老师和安徽中医学院黄金满老师担任副主编。本书由主编拟订编写体例和大纲,经全体编写人员多次讨论后通过,最后由主编、副主编修改定稿。本书撰稿人分工如下(以撰写篇章先后为序):

杨才宽:第一章、第二章、第十五章

周亚东:第三章、第十二章

刘燕:第四章、第十一章、第十三章、第十四章

李招材、杨芳:第五章

王元元:第六章、第七章

黄金满:第八章、第九章、第十章

本着学术性、系统性和实用性的原则,本书的编写力求做到理论联系实际,内容全面系统,说理深入浅出、通俗易懂。尽管我们为保证本书的质量做出了很大的努力,但仍然会有一些错误和不足,诚望读者批评指正。

本书在编写过程中得到安徽医科大学、安徽中医学院和安徽医学高等专科学校各级领导的大力支持,中国科学技术大学出版社也为本书的出版付出了很大的努力,在此一并致谢。

编 者

2007年6月9日

目　　录

第3版前言 ·· (Ⅰ)

第2版前言 ·· (Ⅲ)

第1版前言 ·· (Ⅴ)

第一章　绪论 ·· (1)

第一节　卫生法学及其研究对象 ·· (1)

第二节　卫生法的历史发展 ·· (9)

第三节　学习卫生法学的意义与方法 ·· (15)

思考题 ·· (18)

参考文献 ··· (18)

第二章　卫生法概述 ·· (19)

第一节　卫生法的概念和调整对象 ··· (19)

第二节　卫生法的法律渊源及其效力 ·· (22)

第三节　卫生法的特征和基本原则 ··· (26)

第四节　卫生法的创制和实施 ··· (31)

第五节　卫生法律体系和卫生法律关系 ······································· (33)

第六节　卫生违法和卫生法律责任 ··· (39)

思考题 ·· (43)

参考文献 ··· (43)

第三章　食品安全法律制度 ··· (44)

第一节　食品安全法律制度概述 ·· (44)

第二节　食品安全法基本管理制度 ··· (47)

第三节　食品安全法律责任 ·· (64)

思考题 ·· (68)

参考文献 ··· (68)

第四章　传染病防治法律制度 ……………………………………（70）
第一节　传染病防治法律制度概述 …………………………………（70）
第二节　传染病预防、控制和监督的法律规定 ……………………（74）
第三节　违反传染病防治法的法律责任 ……………………………（83）
第四节　几种传染病防治的法律规定 ………………………………（84）
思考题 …………………………………………………………………（92）
参考文献 ………………………………………………………………（92）

第五章　职业病防治法律制度 ……………………………………（93）
第一节　职业病防治法概述 …………………………………………（93）
第二节　职业病的前期预防、防护和监督检查 ……………………（97）
第三节　劳动者的职业卫生保护权 …………………………………（102）
第四节　职业病诊断与职业病病人的待遇 …………………………（105）
第六节　违反职业病防治法的法律责任 ……………………………（108）
思考题 …………………………………………………………………（111）
参考文献 ………………………………………………………………（112）

第六章　精神卫生法律制度 ………………………………………（113）
第一节　精神卫生法律制度概述 ……………………………………（113）
第二节　精神障碍患者的权利及其保障措施 ………………………（116）
第三节　心理健康促进和精神障碍预防 ……………………………（119）
第四节　精神障碍的诊断和治疗 ……………………………………（121）
第五节　精神障碍的康复 ……………………………………………（126）
第六节　保障措施 ……………………………………………………（127）
第七节　法律责任 ……………………………………………………（129）
思考题 …………………………………………………………………（131）
参考文献 ………………………………………………………………（131）

第七章　公共场所卫生法律制度 …………………………………（132）
第一节　公共场所卫生的法律规定 …………………………………（132）
第二节　学校卫生工作的法律规定 …………………………………（136）
第三节　放射卫生防护的法律规定 …………………………………（139）
思考题 …………………………………………………………………（143）

参考文献 (143)

第八章　人口与计划生育法律制度 (144)
- 第一节　人口与计划生育法律制度概述 (144)
- 第二节　《人口与计划生育法》 (147)
- 第三节　流动人口计划生育管理的法律规定 (149)
- 第四节　计划生育技术服务的法律规定 (151)
- 第五节　与人口与计划生育法律制度有关的法律责任 (155)
- 思考题 (158)
- 参考文献 (159)

第九章　医疗机构管理法律制度 (160)
- 第一节　医疗机构管理法律制度概述 (160)
- 第二节　医院管理的法律规定 (171)
- 第三节　社会民办医疗机构管理的法律规定 (175)
- 第四节　医疗急救机构管理的法律制度 (177)
- 思考题 (179)
- 参考文献 (179)

第十章　卫生技术人员管理法律制度 (180)
- 第一节　卫生技术人员管理法律制度概述 (180)
- 第二节　执业医师管理的法律制度 (183)
- 第三节　执业药师管理的法律规定 (189)
- 第四节　护士管理的法律规定 (192)
- 第五节　乡村医生管理的法律规定 (197)
- 思考题 (202)
- 参考文献 (202)

第十一章　药品管理法律制度 (203)
- 第一节　药品管理法律制度概述 (203)
- 第二节　药品生产经营的法律规定 (205)
- 第三节　药品管理的法律规定 (210)
- 第四节　药品监督管理机构 (215)

第五节　违反药品管理法律制度的法律责任 …………………………………… (216)
　　思考题 ………………………………………………………………………………… (220)
　　参考文献 ……………………………………………………………………………… (220)

第十二章　中医药法律制度 …………………………………………………………… (221)
　　第一节　中医药法律制度概述 ………………………………………………………… (221)
　　第二节　中医药服务的法律规定 ……………………………………………………… (224)
　　第三节　中药保护与发展的法律规定 ………………………………………………… (228)
　　第四节　中医药人才培养、科研和传承与传播 ……………………………………… (231)
　　第五节　保障措施和法律责任 ………………………………………………………… (233)
　　思考题 ………………………………………………………………………………… (234)
　　参考文献 ……………………………………………………………………………… (235)

第十三章　医患关系 ……………………………………………………………………… (236)
　　第一节　医患关系概述 ………………………………………………………………… (236)
　　第二节　医疗行为 ……………………………………………………………………… (246)
　　第三节　医患关系的内容 ……………………………………………………………… (250)
　　第四节　医患纠纷 ……………………………………………………………………… (254)
　　第五节　医疗法律责任 ………………………………………………………………… (266)
　　思考题 ………………………………………………………………………………… (272)
　　参考文献 ……………………………………………………………………………… (272)

第十四章　医疗事故处理的法律制度 ………………………………………………… (274)
　　第一节　医疗事故及其分类 …………………………………………………………… (274)
　　第二节　医疗事故的处理 ……………………………………………………………… (277)
　　第三节　医疗事故的鉴定 ……………………………………………………………… (279)
　　第四节　医疗事故的法律责任 ………………………………………………………… (283)
　　思考题 ………………………………………………………………………………… (287)
　　参考文献 ……………………………………………………………………………… (287)

第十五章　现代医学科学技术发展及其法律规制 ……………………………………… (288)
　　第一节　人工生殖技术及其法律规制 ………………………………………………… (288)
　　第二节　基因工程与无性生殖的法律规定 …………………………………………… (296)

第三节 器官移植现状及法律规定 ……………………………………（303）
第四节 脑死亡的法律思考 ……………………………………………（309）
第五节 安乐死的探索与立法思考 ……………………………………（313）
思考题 ………………………………………………………………………（315）
参考文献 ……………………………………………………………………（316）

第一章 绪 论

内容提要 本章对卫生法学进行总体介绍,分为三节,主要阐述卫生法学的概念及其研究对象,卫生法学的历史沿革以及学习卫生法学的意义和方法。

重点提示 卫生法学 中国卫生法 国际卫生法

第一节 卫生法学及其研究对象

一、卫生法学的概念

卫生法学是以卫生法作为研究对象,主要研究卫生法的产生、发展及其运行规律的学科。其主要研究内容包括卫生法的本质和渊源,卫生法的范畴和内容,卫生法的表现形式和作用,卫生法的创制、实施和诉讼,卫生法在国家法律体系中的地位及与其他部门法的相互关系,等等。卫生法学是研究卫生法这一社会现象及其发展规律的一门新兴的部门法学。人类依靠自然界生存、繁衍、发展,同时又在能动地改造自然界使之更好地适应人类发展需要。在人类依靠和改造自然的历史长河中,产生和形成了各种各样的关系。

(1) 人与自然界的关系,即当你在改造自然界的过程中是否已经自由地认识了自然界,从而遵循自然界的规律对其进行改造使之适应人们的需要,还是实施短期行为,使自然界遭到破坏,造成环境生态失衡、旱涝污染频发、疾病瘟疫肆虐,使人类社会发展遭到破坏,人类健康生存受到威胁。这时候,人类必然要为社会和自身的生存、发展,在改造自然中调整与自然界的关系。

(2) 各种社会关系:人与社会的关系、人与人之间的关系、自然人与法人之间的关系、法人与法人之间改造自然界的权利义务关系、人的健康与卫生行为之间的关系等。

以上都需要不同程度、不同侧面地运用相关卫生法律进行调整、规范,使之成为认识、改造自然的客观必然。卫生法学就是人类在改造自然的过程中,认识到自然科学中的生物学、医学、卫生学、药物学、环境卫生学等需要同法学相结合,由此而涌现了大量调整生物—心理—社会医学和医学伦理学的法律规范。自然科学和社会科学交叉渗透、相互推动和制约,从而诞生和形成了一门不以人的意志为转移的新兴交叉学科——卫生法学。要理解卫生法学的概念必须先理清其上位的卫生和法律的概念。

(一) 卫生

卫生,在古代主要是指"养生"和"护卫生命",最早出自《庄子·康桑楚》。随着社会生产力的发展,人类由被动适应自然发展到主动适应和改造自然,对于生命健康和疾病的防治,也从被动适应走向主动干预,卫生的概念也在发生变化,含义变得更为广泛。首先,卫生是指一种个人和社会的行为措施。《辞海》对卫生作为医学名词的解释是:为增进人体健康,预防疾病,改善和创造合乎生理要求的生产环境和生活条件所采取的个人和社会的措施。其中:

(1) 个人措施,主要是指个人应该有良好的卫生习惯和卫生行为。

(2) 社会措施,是指国家采取的有利于人体健康、精神健康、疾病防治和提高人的生命质量的社会行为。

无论是个人还是社会的措施,都不应当仅从合乎生理的要求考虑,还必须考虑到精神、心理和社会因素对健康的重要影响。因为随着医学模式的转变,健康不仅仅是指身体没有疾病,还应该有健康的精神状态,良好的社会道德,合乎公众利益的社会习俗,这样才能适应自然、改造自然,推动社会前进。其次,卫生已表现为一项改造自然的重要社会事业。现代社会,卫生已成为社会的重要组成部分。一方面,社会离不开卫生,因为卫生通过多种途径和手段维护和增进人体健康,保护社会生产力;同时,人民的健康素养是衡量一个国家卫生发展水平和体现这个国家文明程度的重要标志。另一方面,卫生因为受到社会经济、政治、科技、文化、教育等方面的制约而离不开社会。因此,卫生不仅是卫生部门的事,还应是全社会的事,需要全社会的共同参与。"健康关系人民群众幸福生活,是人全面发展和经济社会可持续发展的基础。2007年中央财政安排医疗卫生支出312.76亿元,增长86%。"[1]随着国民经济的发展,在逐步增加卫生事业经费投入的同时,除了调动全社会力量支持卫生事业的发展外,还必须要通过卫生法手段,规范和调节卫生事业的发展。再次,卫生已发展为具有科学内涵的学科体系。在现代社会条件下,卫生作为一种行为措施,应建立在科学的基础之上。卫生学科群和知识体系不仅包含硬科学学科和知识,也包括软科学学科和知识。这一学科群和知识体系的出现,使卫生教育得到发展,保证了卫生的人力后劲;使卫生知识得到普及,提高了人民群众的卫生科学知识水平;使卫生决策更加规范、科学和民主。

(二) 法律

法律是一种历史现象。关于法的本质,在《共产党宣言》中,马克思和恩格斯深

---

[1] 财政部.关于2006年中央和地方预算执行情况与2007年中央和地方预算草案的报告[N].人民日报,2007-3-19(8).

刻地揭露了资本主义法的本质。针对资产阶级的偏私观念,马克思和恩格斯指出:"你们的观念本身是资产阶级的生产关系和所有制关系的产物,正像你们的法不过是被奉为法律的你们这个阶级的意志一样,而这种意志的内容是由你们这个阶级的物质条件来决定的。"[①]这是马克思主义关于法的经典论述之一。从人类社会发展里程来看,在原始社会,尽管有某些原始习惯、礼仪等社会现象,但并没有我们所说的法。到原始社会末期,随着生产工具的进步和社会生产力的发展,随着商品、货币的出现,产生了私有制,社会结构也因社会大分工而开始分裂成阶级,人类进入了阶级社会。为了适应新的生产关系、社会关系和阶级斗争的需要,便产生了国家并同时产生了法律这一新的行为规范。法律是调整人们行为的社会规范。法律作为一种社会规范,以明白、肯定的方式告诉人们在一定的条件下可以做什么、必须做什么、禁止做什么,从而调整人们在社会生活中的相互关系,为人们的行为提供一种规范性模式。这种行为模式具有一般性特征,即只要条件相同,一项法的规范就可以被反复运用,从而使人们在做出行为前就可能测知自己或他人的行为是否符合规范要求,以及这种行为将会带来什么样的后果,体现了法律的可预测性。

法律是规定人们权利和义务的社会规范。法律是以规定人们在一定社会关系中的权利和义务为主要内容的。国家通过立法,规定人们在法律上的权利以及这些权利受侵犯时应得到的法律保护;规定人们在法律上的义务以及拒绝履行这些义务时应受到的法律制裁。统治阶级正是通过国家确定法律上的权利和义务,对人们的社会关系加以调整,以建立并维护有利于统治阶级利益的社会秩序。

法律是国家制定或认可的社会规范。制定或认可,是国家创制法,即把统治阶级意志上升为国家意志的两种方式,表明了法律的权威性。所谓国家制定法律,是指有立法权的国家机关按照一定的程序,以条文形式创立和公布的成文法律。所谓国家认可法律,是指由国家赋予某些早已存在的有利于统治阶级的习惯、判例和某些原则以法律效力使之成为法律规范,即习惯法。我国目前实际上不存在习惯法,即国家认可制定法律的立法形式。

法律是由国家强制力保证实施的社会规范。社会规范一般都具有某种强制性,但各自强制的性质、范围、实现的程度和方式不尽相同。如道德规范是由社会舆论、人们的内心信念及习惯、传统力量加以维护,它不具有国家强制力。所谓国家强制力,主要是指国家的军队、警察、法院和监狱等。法律所规定的人们应该遵循的行为准则,能否在现实中得以实施,没有国家强制力的保证,就是一纸空文。因此,法律在其效力范围内具有普遍的约束力。法律是由统治阶级物质生活条件决定的,反映统治阶级意志的,经国家制定或认可并由国家强制力保证实施的行为规范的总和。其目的在于确认、维护和发展有利于统治阶级的社会关系和社会秩

[①] 马克思,恩格斯.马克思恩格斯选集:第三卷[M].中共中央马克思恩格斯列宁斯大林著作编译局,译.北京:人民出版社,1966:378.

序,实现统治阶级的统治。

(三) 卫生和法律的关系

卫生是一种人类社会实践活动的产物,是社会文明的组成内容之一。卫生作为科学体系,其本身并不具有阶级性;法律是一定社会经济和政治发展的产物,在有阶级的社会里,它为统治阶级所掌握,具有鲜明的阶级性。在阶级消灭之后,法律是调整社会政治、经济、文化等各领域自然人、法人与其他社会组织之间行为的准则。卫生和法律之间又是相通的。在有阶级的社会里,卫生为谁服务,向着哪一个方向发展以及对卫生的哲学分析等方面,都具有阶级性并受一定政治因素的影响;同时,作为制定法律的国家,法律不仅具有为统治阶级服务的作用,还担负着管理社会的职能。因此,法律不仅具有阶级性,还必须具有社会性。前者表现为执行政治职能,即实现阶级专政,调整各个阶级的关系,维护统治阶级的统治秩序。后者表现为执行社会职能,即改造自然,管理社会生产、公益事务、公共秩序等。法律在执行社会职能时,所调整的对象包含人和自然的关系以及有关科学技术规范的内容。以科学技术规范为依据所制定的法律规范,其中包含以法律形式规定人们在卫生活动中应该做什么,不应该做什么,并具有强制性和普遍性的特点。卫生活动违背科学技术规范,将会受到自然规律的惩罚,也会产生相应的法律后果。

卫生发展对法律的影响,主要表现在以下方面:

(1) 对法律的物质影响。卫生的发展促进了许多法律、法规的产生。随着卫生立法的涌现,卫生法逐步形成了自己的结构和体系,并从原有的法律体系中脱颖而出,构成一个新兴的法律部门。卫生法学在此基础上作为一门新的独立学科应运而生。卫生知识及其研究成果被运用到立法中,使法律的内容科学化。例如,《中华人民共和国婚姻法》(以下简称《婚姻法》)中关于禁止直系血亲和三代以内的旁系血亲结婚的规定,关于禁止患麻风病未经治愈的人和患其他医学上认为不应当结婚的疾病的人结婚的规定;《中华人民共和国母婴保健法》(以下简称《母婴保健法》)提出的终止妊娠医学意见情形的规定等,就是以医学、遗传学和其他生物科学原理为根据的。现代医学科学的发展对传统的法律部门提出了新的挑战,例如人工授精、试管婴儿、变性手术、器官移植和克隆等,使婚姻家庭、财产继承等方面的法律受到新的挑战。

(2) 对法律的思想影响。卫生科学技术的发展,会使立法受到影响和启迪。例如,延续几千年的心脏死亡标准成为世界各国医学、哲学、宗教、法律界人士及社会大众的共识。但随着医学科学的发展,一个被认为更科学的脑死亡标准正在被人们接受,有些国家已正式立法承认脑死亡标准。

法律对卫生发展的影响,主要表现在以下方面:

(1) 法律为卫生发展提供了重要保障。国家运用法律规范卫生事业的发展方向,保障国家卫生战略的实施。国家还以适应卫生特点的法律来调整卫生活动领域中的社会关系,并不断探索现代医学科学发展引起的立法问题,为卫生发展提供重要的法律保障。

(2) 通过法律规定卫生机构的设置、组织原则、权限、职能和活动方式等,保证国家对卫生事业的有效管理,从而形成有利于卫生发展的运行机制。

(3) 通过法律控制现代医学无序、失控和异化带来的社会危害。现代医学造福人类,改善和提高人类自身素质,促进社会进步的积极社会功能是举世公认的。但与此同时,现代医学的无序、失控及异化所带来的危害和灾难也是惊人的。

(4) 卫生法与其他法律密切结合,形成社会整体运行机制的依法治理。由于卫生法调整对象的广泛性、社会关系的多层次性和规范形式的特殊性和必然性,决定了卫生法渊源体系的多样性及与其他法律的密切结合,形成社会整体运行机制的依法治理。例如,卫生法的渊源有宪法、法律、卫生行政法规、地方法规等。在纵向上,与行政法律、法规和地方政府规章有密切关系;在横向上,与民商法、经济法、社会法、劳动法、刑法等实体法有法律关系,还与三大诉讼程序、仲裁以及行政许可、国家赔偿等方面的法律法规有法律关系。我国卫生法还与国际卫生协议、条例和公约等国际卫生法规有极为密切的关系。因此,卫生法不是独立存在的,而是与国家所制定的法律相互结合、互相联系的,是国家法律体系中不可缺少的成员。单纯以保障生命健康权为目的的卫生法律支脉,就不是完整的法律体系,也无法实现真正意义上的依法治国。

二、卫生法学的研究对象和内容体系

卫生法学的研究对象与卫生法的调整对象截然不同,不能将两者混为一谈。卫生法的调整对象,是指卫生法在规范与人体生命健康相关活动中所形成的各种社会关系。而卫生法学则是以卫生法律规范为研究对象,主要研究卫生法的产生及其发展规律,卫生法的调整对象、基本特征和基本原则以及卫生法的渊源体系;研究卫生法的创制和实施;研究卫生法与相关部门法的关系;研究国外的卫生法学理论、立法和司法实践;研究如何运用卫生法学理论来解决卫生改革和医学高科技发展中的新问题。随着社会的不断进步和科学技术的飞速发展,以及卫生管理活动内容的日益丰富,健康在人们的生活和生产劳动过程中的作用也越来越受到广泛的关注。这就为全面地、系统地研究卫生活动的客观规律和一般方法提供了必要的条件和基础,从而使卫生法学的研究不断得到充实和发展。

由于卫生法所调整的社会关系的广泛性、复杂性和多样性,在我国卫生法律体系中,目前还没有一部轴心法律,而是由许多单行的卫生专门法律、卫生行政法规、地方性卫生法规以及卫生规章等组成。截至2012年5月,由全国人大常委会通过的卫生法律有40部,国务院发布或批准发布的卫生行政法规有27部,由卫生部制定发布的部门规章有400余件。此外,卫生部还制定了约1500个卫生标准,各省、自治区、直辖市人大和有立法权的政府机关也制定发布了大量的地方性卫生法规或地方性规章。与其他部门法律相比较,可谓体系庞大。目前卫生法学教材多采用一法一章的编排方法。赵同刚主编的《卫生法》第2版将全书内容分为卫生法基本理论、卫生法律制度和卫生法专题研究三部分,全书共三十一章。吴崇其主编的《中国卫生法学》改变了以往一法一章的简单方式排列,而是依照迟早要制定的卫生基本法和它应当包括的框架、内容和结构组织编写的,将全书分成二十一章,究其本质还是一种列举的方式,而且将基本法理部分分成四章,显得不够紧凑。

要建立卫生法学体系,就必须从众多的卫生法律规范中归纳和总结出一般性问题加以研究,诸如卫生法的概念、产生和发展,卫生法的调整对象和方法,卫生法律关系等,还要研究各种具体的卫生法律规范,卫生法的实现和卫生纠纷与诉讼等。

我们认为,卫生法学体系可分为以下几个组成部分:

(1) 绪论部分。主要阐释卫生法学的概念及其研究对象,卫生法学与相关学科的关系,学习卫生法学的目的、意义和方法等。

(2) 总论部分。主要阐释卫生法的基本理论,包括卫生法的概念、调整对象、体系,卫生法的产生和历史发展,卫生法的地位和作用,卫生法的基本原则,卫生法律关系,卫生法的创制和实施以及卫生诉讼等。在结构安排上,把卫生法的基本法理浓缩到一章,强调常识,舍弃赘述,为分论部分的重要法律部门介绍留出结构上的空间。

(3) 分论部分。主要阐释我国现行的卫生法律制度,包括公共卫生篇、预防医学篇、临床医学篇、医用产品篇、民族医学篇、医患关系篇和发展改革篇。公共卫生篇包括食品和保健品卫生法律制度、公共卫生监督法律制度、国际卫生检疫法律制度、人口与计划生育法律制度和红十字法。预防医学篇包括传染病防治法律制度、精神卫生法律制度。临床医学篇包括医疗机构管理法律制度、卫生技术人员管理的法律制度。医用产品篇包括药品管理法律制度、医疗器械管理法律制度。民族医学篇以中医药管理法律制度为主,同时简单介绍其他少数民族的医学法律管理。医患关系篇包括医患关系的法律制度和医疗损害处理法律制度。考虑到结构的紧凑和体系的精练,发展改革篇将医疗技术发展的法律制度和医疗服务与保障融合到一起。因为各篇的大小差别较大,整体上缺少协调性,本书目录中就没有标注篇的结构,不过章节的编排仍然以各篇的逻辑顺序进行。

体系庞大也正体现了卫生法在平常生活中的影响程度。卫生法的体系庞大、影响广泛,但我们的改革和研究又做得怎么样呢?当我们回顾30年来,尤其是近10年的医疗改革时,可以抛开各种争论,回到一个简单的出发点:公众满意吗?他们对医疗体制改革后的变化感受如何?对此,中国青年报社会调查中心于2005年8月9日～8月11日,通过央视资讯ePanel会员调查系统,进行了一项民意调查。这项共有733名30岁以上的国内公众参与的调查显示,90%的人对10年来医疗体制方面的变化感到不满意。"看病难,看病贵""医患关系紧张",几乎成为这个时代医疗情况的代名词。

2009年4月6日,《中共中央国务院关于深化医药卫生体制改革的意见》正式公布,标志着新一轮医改的开始。以"回归公益"为核心的新医改实施三年来,从加强乡镇医疗机构的建设到基本药物制度的出台,从提高新农村合作医疗的财政补贴标准到提高报销比例,扩大大病救助范围,各地积极探索总结成功经验,取得了可喜的成果。正如国务院总理温家宝2012年政府工作报告中所说:公共卫生在项目、内容和水平上都有提高,医疗保障覆盖面达到了13亿人,基本药物在基层做到了全覆盖,总体来看增量改革取得了明显成效,这对缓解居民看病难问题起到了一定的作用。与轰轰烈烈的改革实践形成鲜明对比的是,卫生法学的研究却裹足不前,卫生法学的理论研究严重滞后,对改革的保驾护航作用没能得到充分的发挥。

相对于其他部门法律领域,从事卫生法学研究的专业人员少之又少,卫生法学的专业论文数量不及近年才相对独立的环境法和劳动法,就更不用和传统的法律部门比较了。那种在主要法律变更之前,学术界就已经呐喊多年,已经就主要观点达成共识或者形成几类有代表性的观点的局面,在卫生法学领域里成了天方夜谭。仅存的少量卫生法学论文、论著,也大多就某一部法律存在的问题而进行论证,很少甚至可以说几乎没有把卫生法学作为一个整体来系统地研究和论述的。

三、卫生法学与相关学科的关系

卫生法的历史十分悠久,但卫生法学却是一门新兴的法律和医学的交叉学科。至今,在许多传统部门法学者、传统医学部门研究者的认识里,仍然存在着误区。他们认为卫生法学是"旁门左道""无中生有"。卫生法学就是在这样的夹缝中倔强地生存并发展着。卫生法学和其他相关的学科有着密不可分的联系。

(一)卫生法学与医学伦理学

医学伦理学是研究医学道德的一门科学。卫生法律规范和医德规范都是调整人们行为的准则,它们的共同使命都是调整人际关系,维护社会秩序和人民利益。两者的联系主要表现在:卫生法体现了医德的基本要求,是培养、传播和实现医德的有力武器;医德体现了卫生法的要求,是维护、加强和实施卫生法的重要精神力量。所以,卫生法和医德相互渗透,互为补充,相辅相成。

然而,卫生法与医德又是有区别的。首先,在表现形式上,卫生法是拥有立法权的国家机关依照法定程序制定的,一般都是成文的;医德一般是不成文的,存在于人们的意识和社会舆论中。其次,在调整范围上,医德调整的范围要宽于卫生法,凡是卫生法所禁止的行为,也是医德所谴责的行为;但违反医德的行为不一定会受到卫生法的制裁。在实施的手段上,卫生法的实施以国家强制力为后盾,通过追究法律责任来制止一切损害人体健康权的行为;医德主要依靠社会舆论、人们的内心信念和传统习俗来维护人们的身体健康。

(二) 卫生法学与医学社会学

医学社会学是研究疾病和健康与有关社会成员或组织的行为、心理等关系的一门学科。卫生法学和医学社会学都是具有自然科学和社会科学双重属性的交叉边缘学科。它们的任务都在于增强卫生机构的社会功能和社会效益,增进公民的社会福利和健康水平。但是两者又有不同:卫生法学的研究对象以法律规范的形式规范卫生机构和医务人员的行为,明确权利和义务及违反卫生法应承担的法律后果;医学社会学则运用其原则和分析方法去指导卫生机构和医务人员的医疗实践,在临床工作中建立起良好的医患、医政关系,从而达到既了解病人的心理因素,又可注意到病人的社会因素在疾病发生、发展和转归中所占的地位和影响,为卫生机构的改革和医疗水平的提高寻找科学依据。

(三) 卫生法学与卫生管理学

卫生管理学是研究卫生管理工作中普遍应用的基本管理理论、知识和方法的一门学科。卫生管理的方法有多种,法律方法仅是其中一种。所谓卫生管理中的法律方法,是指运用卫生立法、司法、遵纪守法教育等手段,规范和监督卫生组织及其成员的行为,以使卫生管理的目标得以顺利实现,也就是通常所说的卫生法制管理。所以,卫生法律、法规是卫生管理的活动准则和依据。卫生管理工作中的法律方法和其他方法的不同点在于它具有强制性,一方面表现为对违反卫生法律、法规的人给予制裁;另一方面表现为对人们行为的约束。卫生管理必须依法进行,但是卫生管理还必须具有其他的科学手段和方法。

(四) 卫生法学与卫生经济学

卫生经济学是研究卫生服务、人民健康和经济发展之间辩证关系的一门学科。随着科学技术和社会经济的发展,卫生事业在国民经济中所占的比重不断增大,卫生事业已成为国民经济的重要组成部分。卫生事业不仅吸收了大量的社会经济资源和社会劳动力,也给社会提供了相当规模的、不可缺少的卫生服务。卫生法学和卫生经济学的共同目标在于不断充实和扩大卫生服务,合理配置卫生资源,保护生产力要素之一的劳动者,提高其健康水平,促进社会生产力和经济的发展。但是,两者又有一定的区别。卫生经济学对卫生事业进行经济分析,包括卫生事业在国民经济发展中的地位和作用、社会经济发展与卫生事业发展的关系、卫生事业的经济性质、医疗卫生技术的经济合理性、卫生费用的理论、医疗保健制度的经济合理性等,并运用经济手段进行管理。卫生法学则将卫生事业在国民经济发展中的地位、性质,卫生需要和需求以及经济管理中行之有效的方法、手段和制度,通过卫生立法予以确认和干预,并成为社会全体成员共同遵守的行为规范,以稳定和均衡卫生服务的可供数量,保证和促进卫生事业的发展。

(五)卫生法学与法医学

法医学是应用医学及其他自然科学的理论与方法,研究并解决立法、侦查和审判实践中涉及的医学问题的一门科学。法医学是一门应用医学,而卫生法学则是法学的一个分支,是一门应用法学。法医学与卫生法学的研究对象不同,它包括人(活体、尸体)和物。法医学的研究方法有医学的、生物学的、化学的和物理学的四类。法医学为制定法律提供依据,为侦查、审判提供科学证据,因此法医学是联结医学与法学的一门交叉科学。现代法医学分基础法医学和应用法医学两部分:前者研究法医学的原理和基础;后者则运用法医学的理论和方法,解决司法、立法和行政上的有关问题。这包括受理杀人、伤害、交通事故、亲子鉴定等案件的鉴定,为侦查、审判提供线索和证据;为制定死亡判定、脏器移植、现代生殖技术以及解决由此带来的社会问题的法律提供依据;通过对非正常死亡的尸体检验来发现传染病,进行中毒和灾害事故的防治及行政处理。还可根据需要提取相应检材做化学和生物学检查,应用临床知识对活体进行诊察,确定活体的生理、病理状态,解决医疗事故中的医疗责任以及传染病、中毒、公害的防治问题等。

由于司法实践给法医学发展提供了广阔的天地,现代医学和其他自然科学的成就为法医学的发展提供了最新技术手段,原来单一的法医学逐渐形成多分支学科的综合性应用科学,这些学科包括:法医伦理学、法医病理学、临床法医学、法医物证学、法医血清学、法医人类学、法医牙科学、法医化学、法医放射学、法医毒物学、法医精神病学和法医昆虫学等。

第二节 卫生法的历史发展

一、中国卫生法的产生与发展

(一)古代社会的卫生法

我国古代有文字记载的卫生法最早可追溯到殷商时期。《韩非子·内储说上》《周易》《春秋》《周礼》《左传》的记载,反映出古代对繁衍健康后代的认识和重视。周代建立了我国最早的专门医事制度;春秋战国时期的卫生法也较商周时期有了一定的发展。从秦代起,封建社会有了比较系统的法典,有关医药卫生方面的规定也在这些法典中出现。从两晋经隋唐至五代,在我国封建社会近700年的上升时期,伴随着封建法典的不断完善和医学的发展,医药卫生管理制度逐步完善。宋金元时期,医药卫生制度在许多方面沿袭唐制,但在卫生立法上有所发展。北宋王安石为相时,颁布了《市易法》。宋代还颁布了《安剂法》,其中规定医务人员人数及升降标准,这是我国最早的医院管理条例。宋代的法律严治庸医,规定庸医伤人致死依法绳之;凡利用医药诈取财物者,以匪盗论处。更值得一提的是,宋代法医学的迅速发展,宋慈所著的《洗冤集录》为后世法医著作的蓝本。元代法律中规定了行医资格及考试制度。到了明清,对于医家行医、考试录用、庸医处罚等都做出了规定,制定并实施了卫生法规,推动了医学的进步和发展。

(二)近现代卫生法

1840年第一次鸦片战争后,中国沦为半殖民地半封建社会。卫生法见于揭竿而起的太平天国农民革命政权,在《太平条规》《刑律诸条禁》中做出了社会公共卫生和保护健康权益的规定。中华民国期间,虽然在民国中央政府设有中央卫生署,国家也颁布了《全国卫生行政系统大纲》和卫生法律、法规、条例,卫生法律体系开始构筑。但由于政府政治腐败,经济衰落,卫生法律规定只能是束之高阁。新民主主义革命时期,中华苏维埃共和国临时中央政府早在1931年颁布的《劳动法》中,就规定政府实行医疗卫生制度;在《中华苏维埃共和国婚姻条例》中,也规定了凡因工作致病或受伤、患职业病的,享受免费医疗。1933年3月以后又先后颁布了卫生运动、卫生防疫、暂行传染病预防等数个条例。抗日战争到新中国成立,不同时期的解放区各级人民政府都制定了一系列卫生法规,为新中国的卫生立法奠定了基础。

(三)中华人民共和国成立后的卫生法

1949年10月1日中华人民共和国中央人民政府成立后,党和政府及时制定了"预防为主""面向工农兵""中西医结合""卫生工作与群众运动相结合"四大卫生工作方针,并以此为依据先后制定了一系列卫生法律、法规。从新中国成立以后至今,卫生立法大体经历了四个阶段:① 1965年以前为卫生立法的初期阶段,发展速度较慢;② 1966年到1976年为第二阶段,10年中未进行系统卫生立法活动,是卫生立法的停滞阶段;③ 1977年至1981年为卫生立法重新起步阶段,卫生立法趋于逐步上升;④ 1982年宪法修改后,卫生立法迅速发展,为第四阶段。1995年是卫生立法最多的一年,卫生立法涉及最多的是药政管理类,占立法总数的23.63%;其次是医政管理类,占立法总数的10.10%;食品卫生类,占立法总数的9.94%。以上表明卫生立法的侧重点主要是同人民的身体健康直接相关的医药卫生类立法。1965年前,卫生立法的方向主要是劳动卫生、医政管理、卫生科技教育、药政管理和妇幼卫生。第二阶段,1975年涉及劳动卫生有5件立法。第三阶段,卫生立法涉及了卫生科技教育和卫生人事管理。2002年以前卫生立法方向主要是医政管理、药政管理和食品卫生,公共卫生、劳动卫生的立法,则有所下降。由此可见,卫生立法不同时期侧重点有所不同。SARS和禽流感的爆发引起了国家对公共卫生立法的高度重视,这方面的立法步骤正在加快。我国已初步形成了具有中国特色的卫生法律体系,医药卫生事业走上了法制化管理的轨道。

卫生法制建设的发展,卫生立法的加强,促进了卫生法学这一新兴学科的繁荣和发展。1989年,在沈阳首次召开了由五大卫生系统——卫生部、国家计划生育委员会、解放军总后勤部卫生部、国家医药管理局(现国家食品药品监督管理局)、国家中医药管理局参加的理论研讨会。1992年11月卫生部原政策法规司主办的《中国卫生法制》创刊发行。1993年3月5日中国第一个专业的卫生法学社团——中国卫生法学会经国家民政部注册登记批准成立,同年9月4日在人民大会堂召开了成立大会,标志着卫生法学专门学科在中国正式建立。几年来,卫生法学队伍不断发展壮大,北京、广西、江苏、安徽、吉林相继成立地方省级卫生法学专业团体,徐州、乌鲁木齐成立了市级卫生法学专业团体,此外还成立了国境卫生检疫专业法学团体。从卫生法学研究队伍的建立到理论研讨的开展,从卫生法学课程的开设到教材、案例的编写出版,从卫生法制专业刊物的创刊到法规性文件的编纂,从卫生法律咨询到卫生法律服务等各方面都取得了可喜的成绩。此外,在与世界卫生组织合作项目的推动下,卫生部定期举办卫生立法研讨班,开展卫生立法国际学术交流活动。1998年中国卫生法学会首次派员参加了在匈牙利召开的第十二届世界医学法学大会,并成为该组织成员;2000年8月有8位专家参加了在芬兰召开的第十三届世界医学法学大会;2002年8月、2004年8月又有专家分别参加了在荷兰召开的第十四届和在悉尼召开的第十五届世界医学法学大会。中国卫生法学会2008年在北京成功地举办了第十七届世界医学法学大会。

二、外国卫生法的产生与发展

(一) 古代社会的卫生法

公元前3000年左右,古埃及就颁布了公共卫生法律;公元前2000年,古印度制定了《摩奴法典》;到公元前18世纪,古巴比伦王国第六代国王汉谟拉比颁布的《汉谟拉比法典》中,有关医药卫生方面的条文就有40余款,约占全部法典的七分之一;公元前450年,古罗马奴隶制社会先后颁布的《十二铜表法》《从阿基拉法》《科尼利阿法》等,在历史上首次规定了行医许可制度,其比较完备的法律体系、完善的医药卫生法律规范,为世界卫生立法发展奠定了良好的基础。公元5世纪以后到公元15世纪,欧洲封建国家先后兴起,这个时期,不少国家也都加强了卫生立法,调整的范围逐渐扩大,内容涉及公共卫生、医事制度、食品和药品管理、学校卫生管理、卫生检疫等方面的卫生成文法规。中世纪初,东、西哥特王朝在罗马时代卫生法的基础上,制定行医人员培训、考核、奖惩、禁止巫医行医、医院管理、医疗许可制度、公共卫生、食品卫生的法律规定。到了中世纪中、后期,许多方面出现了卫生成文法规。13世纪的法国、15世纪的英国的卫生成文法,形成了近代卫生法律雏形。其特点是规定了医疗服务对象享有服务权,不同等级享有不同的健康保护权利。可见,卫生法的规定摆脱不了社会习惯和教会影响。

(二) 近现代社会的卫生法

欧洲经过文艺复兴与资产阶级革命,英国 1601 年制定了《伊丽莎白济贫法》这部带有资产阶级性质的卫生法规,其影响持续了 300 年之久。到 19 世纪以后,卫生法律、法规不断制定。西欧卫生立法不断发展,地处亚洲的日本和北美的新兴资本主义国家美国也都制定了与健康卫生有关的法律规范。第二次世界大战后,随着社会经济的发展和科学技术的进步,卫生立法在各国普遍受到重视,卫生立法得以迅速发展。许多国家把卫生立法作为本国实施卫生方针、政策,实现国家重大战略目标的重要手段。各国的卫生立法主要有社会公共卫生、医政管理、药政管理、医疗保健、科技发展与个人行为五个方面。

近 30 年来,各个国家的卫生法随着经济的发展,都有了较快的发展,并逐步走向完善。但是问题仍然存在,而且有时表现得还比较严重。改革在相当长时间里,还是一项艰巨的任务。以美国为例,在里根、布什执政的 20 世纪 80 年代,美国医疗保障制度全面收缩。为了削减预算赤字,里根政府大幅削减卫生支出,主要是减少对医疗照顾和医疗援助的资助。里根还推行所谓的"新联邦主义"计划,将权力和责任同时下放给州和地方政府,并试图同各州做交易,即联邦政府承担所有的医疗照顾费用,各州承担援助有抚养孩子负担的家庭的计划(Aid to Families with Dependent Children, AFDC)和食品券计划的费用。由于州政府的强烈反对,这个计划未能实施。

20 世纪 80 年代的改革亮点是 1983 年引入的预期支付制度(Prospective Payment System, PPS),它是根据 1982 年《赤字削减法》(Deficit Reduction Act of 1982)的授权而实施的。这是对美国医疗保障制度有深刻影响的一次支付制度改革。

20 世纪 80 年代的改革中值得一提的是《医疗照顾大病保险法》(Medicare Catastrophic Coverage Act)的实施和废除。该法于 1988 年由美国国会通过,旨在拓展医疗照顾的保险范围,减轻老年人的财政负担。但由于富裕老人的强烈反对,国会于次年废除了该法。

美国在医疗保障问题上的僵局一直延续到 20 世纪 90 年代。90 年代初,尽管社会上充斥着对医疗保障制度的普遍不满的情绪,但政府仍少有作为。克林顿入主白宫后,组建了由第一夫人希拉里牵头的医疗改革小组,负责起草医疗改革计划。1993 年,克林顿正式向国会递交了医疗改革方案。经过激烈辩论,国会最终没有通过克林顿的医改计划。

20 世纪 90 年代后半期,克林顿政府进行了一些局部的改革,包括:1996 年的《健康保险可携带性与责任法》(Health Insurance Portability and Accountability

Act)和1997年的《州儿童健康保险计划》(State Children's Health Insurance Program，SCHIP)。前者对保险公司的权力作了一定限制，并保证健康保险的可携带性；后者作为社会保障法第16条的一部分，规定由联邦政府资助各州将健康保险的范围扩展到儿童。这是继医疗照顾和医疗援助实施以来，在医疗保障覆盖范围方面取得的最大进展。医疗保险改革是美国总统奥巴马上任以来内政领域的头等大事。2010年，美国国会通过了由美国现任总统奥巴马提出的医疗改革法案，这项经参、众两院通过的最终版本的医改法案将使美国政府在今后10年内投入9400亿美元，把3200万没有保险的美国民众纳入医保体系。在新法案下，美国医保覆盖率将从85%提升至95%，接近全民医保。

各国的医疗保障制度有很大差异，主要体现在筹资、医疗保健的传递、政府的作用等方面。据此，发达国家的医疗保障制度大致可分为三种模式。第一种以英国、瑞典和意大利为代表，它们实行的是公共医疗保障制度。医疗保健由政府的总收益支付或通过工资税进行筹资，服务由国有医院和领取薪金的医生提供。第二种以德国、日本、加拿大、法国和荷兰为代表。它们实行的也是公共医疗保障制度，一般也通过工资税融资，但医疗保健由私人医院和医生提供。同第一种模式相比，其复杂程度更高。第三种是以美国为代表的混合型医疗保障制度，在这种制度下，没有统一的医疗保险，私人和公共医疗保险计划同时存在，而且私人医疗保险是主流的保障系统，大多数职工及其家属为雇主购买的私人保险所覆盖；政府向那些没有私人保险的人提供公共保险计划。医疗保健大多由私人医院和医生提供。"在美国，医疗保健问题表现出许多自相矛盾之处。它比世界上任何一个国家投入到医疗保健中的开支都要多——大约是国家财政支出的七分之一，总金额现在(1997年，编者注)已接近1万亿美元。然而，我们却是当今世界上唯一没有全国性医疗保险计划或普及医疗保健制度的工业化国家。"[1]需要指出的是，没有哪一个国家是纯粹的某种模式。事实上，大多数国家的医疗保障制度都是公共和私人因素的结合。只不过美国模式的混合程度更高、更典型。

三、国际卫生法

国际卫生法的渊源是指国际卫生法的规范的表现形式或形成的过程、程序。国际卫生法的渊源主要是各类国际卫生条约、协定和有关国际卫生法的宣言与决议。WHO自1948年成立以来，就把制定食品卫生、药品、生物制品的国际标准，诊疗的国际规范和标准，作为自己的重要任务之一。确定统一规范标准，加强对卫生立法的研究和探讨，为发展中国家卫生立法提供专家咨询，制定国际上共同遵守的医药卫生法规和相关合作规定，使WHO和联合国的成员国在公共卫生、临床医学、药物管理和使用的有关领域形成共同遵守的法律规范。国际非政府组织、世界

---

[1] 文森特·帕里罗，等.当代社会问题[M].周兵，译.北京：华夏出版社，2002：390.

医学会、世界医学法律协会等,自 20 世纪 60 年代以来先后开展了多项活动,为各国的卫生立法和国际卫生立法奠定了良好的基础。目前,国际卫生法的内容已涉及公共卫生与疾病控制、临床医疗、职业卫生、人口和生殖健康、特殊人群健康保护、精神卫生、卫生资源、药物管理、食品卫生、传统医学等许多方面。我国已成为 WHO 和 WTO 的正式成员,必须遵守国际卫生法的有关规定,同时要根据国际卫生法的原则,维护我国人民的合法权益。这些条约和协议主要有《阿拉木图宣言》、《儿童生存、保护和发展世界宣言》、《执行 90 年代儿童生存、保护和发展世界宣言行动计划》(20 世纪 90 年代,编者注)、《关于国际人口与发展行动纲领》、《1961 年麻醉品单一公约》(我国 1989 年参加的是经 1972 年修改的)、《国际卫生条例》(1971 年生效,1973 年、1981 年两届世界卫生大会修改)、《联合国禁止非法贩运麻醉药品和精神药物公约》(我国 1989 年参加,声明不受第 32 条第 2、3 款约束)等。

(1)《阿拉木图宣言》。1977 年 5 月,第三十届世界卫生大会通过了 WHO 第 30、43 号决议,确定了各国政府和世界卫生组织在未来几十年的主要社会目标:到 2000 年世界全体人民都应达到具有能使他们的社会和经济生活富有成效的那种健康水平,即通常所说的"2000 年人人享有卫生保健"。这就是世界卫生组织在总结世界各国几十年卫生服务提供方式、效果和经验的基础上,经过认真的调查分析,针对世界各国面临的卫生问题而提出的一项全球性战略目标。1978 年 9 月,世界卫生组织和联合国儿童基金会在苏联的阿拉木图联合主持召开国际初级卫生保健大会,通过了著名的《阿拉木图宣言》,明确了初级卫生保健是实现"2000 年人人享有卫生保健"全球战略目标的基本途径和根本策略。1979 年的联合国大会和 1980 年的联合国特别会议,分别表示了对《阿拉木图宣言》的赞同,使初级卫生保健活动得到了联合国的承诺。我国政府分别于 1983 年、1986 年、1988 年明确表示了对"2000 年人人享有卫生保健"战略目标的承诺。

(2)《儿童生存、保护和发展世界宣言》和《执行 90 年代儿童生存、保护和发展世界宣言行动计划》。1990 年 9 月 29 日~9 月 30 日,世界儿童问题首脑会议在纽约联合国总部召开,71 位国家首脑和 88 个国家的政府官员出席会议。会议明确提出"儿童优先"的原则,通过了《儿童生存、保护和发展世界宣言》和《执行 90 年代儿童生存、保护和发展世界宣言行动计划》。该宣言指出,世界上的儿童是纯洁、脆弱、需要依靠的。他们还充满好奇,充满生气,充满希望。儿童时代应该是欢乐、和平、游戏、学习和成长的时代,但是,现在世界上有无数的儿童面临危险、战争和暴力、种族歧视、种族隔离、贫穷饥饿、无家可归、营养不良和疾病,这是对政治领袖们的挑战。各国政府应当运用一切手段来保护儿童的生命,减轻他们的苦难,提升他们的发展潜力,并使他们认识到自己的需要、权利和机会。

(3)《关于国际人口与发展行动纲领》。1994 年 9 月 5 日~9 月 13 日在埃及开罗召开的国际人口与发展会议是全球控制人口战略的一次非常重要的会议。此次会议的主题是:人口、持续经济增长和可持续发展。共有 183 个国家的 1 万多名代表出席了会议。虽然是部长级会议,但有11个国家的元首或政府首脑、13个国家的副总统或副总理到会并讲话。大会通过的《关于国际人口与发展行动纲领》,成为此后20年全球人口发展领域国际合作的指导性文件。中国出席了这次大会并参与了大会行动纲领的制订。该《行动纲领》包括序言,原则,人口、持续经济增长和可持续发展之间的关系,男女平等、公平和赋予妇女权力,家庭及其作用、权利、组成和结构,人口的增长及其结构,生殖权利和生殖健康,保健、发病率和死亡率,人口分布、城市化和国内迁徙,人口、发展和教育,技术、研究与发展,国家行动,国际合作,与非政府组织的伙伴关系以及会议的后续安排等十六章。该《行动纲领》第二章原则中,第8项原则以很长的篇幅全面阐述了健康,特别是生殖健康及计划生育方面的人权。尤其是"生殖健康"这个新概念的出现,说明了国际社会对生殖健康问题的重视,也说明实现生殖健康在国际人口与发展中的重要地位,标志着生殖健康已经跨出医学范畴,成为全球的共同承诺。

作为非政府组织的世界医学法学协会(World Association of Medical Law, WAML)的宗旨是:鼓励研究和讨论有关医学法学方面的问题以及对这些问题有益于人类的可能的解决办法;促进对医学和相关科学新发展成果进行研究;解决有关卫生法学问题的任何事宜。协会由世界各国国家级的医学法学组织及业内人士组成,中国卫生法学会副会长兼秘书长吴崇其于2002年入选理事会,中国成为理事会成员国之一。世界医学法学协会现有成员单位涉及80多个国家,其中有28个国家的代表为该会理事。2008年10月17日~10月21日第十七届世界医学法学大会在中国北京举办,这是世界医学法学领域的一次盛会。本次大会的主题是"卫生法与和谐社会"。这是围绕卫生法的学科建设、理论研究、教学、法学与医学实际工作相结合等诸多领域展开研讨的一次世界性高端学术大会。它涉及世界各国卫生法的研究、发展、成果展示,并对不同国家对预防、公共卫生、医疗、医学新技术、特殊人群保护中的法律规定、法律比较以及探索各国医患双方合法权益保护等48个专题展开学术交流,推动了卫生法学的世界性大发展。

第三节 学习卫生法学的意义与方法

一、学习卫生法学的意义

(一)依法治国,建设社会主义法治国家的需要

党的十五大、十六大和十六届三中全会明确地提出要依法治国,建设社会主义法治国家。实行依法治国,一定要加强法制宣传教育,这是重要基础。邓小平指出:加强法制重要的是要进行教育,根本问题是教育人。卫生事业是社会主义事业

的重要组成部分,依法管理卫生事业是实现依法治国、建设社会主义法治国家的重要内容。加强法制宣传教育,包括卫生法制教育,不断提高广大干部群众的法制观念和法律意识,包括卫生法制观念和卫生法律意识,才能实现依法治国和建设社会主义法治国家的目标。拥有必要的法律知识和较高的法律意识,是合格的社会主义事业建设者必备的素质。所以,大学生学习法律知识,包括卫生法律知识,是依法治国,建设社会主义法治国家的需要。

(二) 卫生事业改革是发展医学科学的需要

我国的卫生事业,以为人民健康服务为中心。为适应社会主义市场经济体制,医学模式正由生物医学模式向生物—心理—社会医学模式转变,以适应广大人民群众不断增长的多层次卫生需求的转变。我国的卫生事业是社会主义初级阶段社会保障体系的重要组成部分,要成为人人都需要的、使群众受益并承担一定社会福利职能的社会公益事业。为实现这一目标,卫生事业必须走向法制管理的轨道。不仅卫生机构的设置、各类人员的执业要纳入法制管理的范围,医务人员的行医行为、病人的求医行为和遵医行为也要纳入法制管理的轨道。所以,对于卫生技术人员和医学院校学生来说,学习卫生法学,可以调整自己的知识结构,拓宽自己的治学领域,了解与自己从事的工作密切相关的卫生法律规范,明确自己在医药卫生工作中享有的权利和承担的义务,增强卫生法律意识,从而正确履行岗位职责,为保护人体健康、促进卫生事业的改革发展做出自己的贡献。

(三) 提高卫生执法水平的需要

我国卫生事业的重要功能之一,是社会公共卫生管理。卫生行政执法是政府管理全社会卫生的基本方式,是实现预防为主战略,保护人体健康的基本手段。卫生行政执法水平的高低,不仅关系到改善社会公共卫生状况、提高社会卫生水平和人民生活质量,而且关系到规范市场经济秩序、优化投资环境、促进经济发展。要提高卫生执法水平,必须要有一支既有丰富的专业知识,又熟悉自己执法范围的卫生法律、法规,乃至了解整个卫生法律体系基本情况的高素质的卫生行政执法队伍。而学习卫生法学理论,将有助于卫生行政管理和卫生执法人员更好地做到有法必依、执法必严、违法必究,不断提高卫生行政执法水平。

(四) 维护公民健康权利的需要

对广大公民来说,通过学习和了解卫生法学基本知识,树立卫生法制观念,可以在自己的健康权利受到侵害时,正确运用法律武器来维护自己的合法权益,对健康权有一个全面、科学、系统的认识;同时,可以在自己的工作和日常生活中,遵守公共卫生法律规定,正确维护自己的健康权利。

二、学习卫生法学的方法

(一) 历史的、辩证的方法

马克思主义法学理论认为,法是人类社会发展到一定历史阶段的产物,是历史范畴。在阶级社会里,法是上升为国家意志的统治阶级意志的体现。所以,学习卫生法学,必须以马克思主义的辩证唯物主义和历史唯物主义的世界观和方法论为指导,运用唯物辩证法,正确认识卫生法作为阶级社会上层建筑的重要组成部分之一,是由其赖以生存的经济基础决定的,并反作用于经济基础。卫生法的发展变化,归根到底是经济基础发展变化结果的反映。同时,还必须运用全面的、历史的、发展的观点,把卫生法这一社会现象放在一定的历史条件下,研究它产生的经济基础,研究社会政治等因素对它的影响。只有这样,才能对卫生法的历史、现状及其发展趋势,卫生法的本质和作用做出全面、正确的认识和理解,从而完善具有中国特色的卫生法和卫生法学,促进和保障社会主义卫生事业的不断发展。

(二) 比较的方法

比较的方法是学习卫生法学的重要方法之一。

(1) 要了解世界各国的卫生法律制度和国际卫生立法的情况,既要吸收各国卫生法律制度中科学性内容,又要去其不合理成分;既要避免盲目照搬,又要克服全盘否定。

(2) 要从我国国情出发加以取舍和改造,进行分析,有选择地学习和吸收。

(3) 用比较的方法学习卫生法学,研究外国的卫生法律制度时,至少要考虑到四个不同:社会制度的不同,生产力发展水平的不同,自然条件的不同,民族文化和传统习惯的不同。通过比较,从我国实际出发吸收外国的科学成果,并且在不断总结我国卫生法制管理实践经验的基础上,形成和发展具有中国特色的社会主义卫生法学。

(三) 理论联系实际的方法

理论与实践相结合是马克思主义理论研究的出发点和归宿。卫生法学是一门应用理论学科,具有很强的实践性。学习卫生法学,必须以邓小平理论和"三个代表"重要思想要求为指导,密切结合我国政治、经济体制改革和民主政治建设的实际,深入研究我国现行的卫生法律规范和卫生法制管理实践,总结新中国成立以来卫生法制管理的经验,使卫生法学理论在实践中不断发展,进一步健全社会主义卫生法制,发挥卫生法在建设具有中国特色社会主义中的作用。同时,通过这种方法,将卫生立法、卫生法的实施、卫生监督执法、卫生法律纠纷和诉讼同个人的思想实际、生活实际和专业工作实际结合起来,有助于提高运用卫生法学的基本理论去发现、分析、解决问题的能力,增强卫生法律意识,规范自己的行为,运用法律武器维护国家的利益,增进人民健康。特别需要强调的是,当前的医疗体制改革是关系人民生活的一件大事,而"法律最关心的就是如何解决普通百姓日常生活的事务"[①],因此解决实际问题是卫生法学的当务之急。

学习卫生法学的基本方法除上述几种以外,还有其他一些方法,如归纳和演绎的方法以及系统的方法等。

总之,学习卫生法学,要以马克思主义的唯物辩证法为总的方法论指导,同时综合运用各种学习方法,吸收和采用多个学科的知识,联系实际,实事求是,这样才能真正掌握和发展卫生法学,为社会主义卫生事业作出贡献。

思 考 题

1. 如何正确理解卫生法学的概念?
2. 卫生法学的研究对象有哪些?
3. 卫生法学体系有哪些有机的组成部分?
4. 怎样学习卫生法学?

参 考 文 献

[1] 辞海编辑委员会.辞海[M].上海:上海辞书出版社,1979.
[2] 赵同刚.卫生法[M].2版.北京:人民卫生出版社,2004.
[3] 吴崇其.中国卫生法学[M].北京:中国协和医科大学出版社,2001.

---

① 苏力.批评与自恋:读书与写作[M].北京:法律出版社,2004:260.

第二章 卫生法概述

内容提要 卫生法是调整保护人体生命健康并规范与人体生命健康相关活动中形成的各种社会关系的法律规范的总和,卫生法的调整对象具有与自然科学紧密相连、吸收大量的道德规范和技术规范、反映全社会的共同需要、很强的广泛性的特点。卫生法是指有权的国家机关在其法定职权范围内,遵循保护公民生命健康权益等原则,依照法定程序创制,通过法的遵守和法的适用两种途径得以实施的规范体系。卫生法的创制和实施对推进依法治国,建设社会主义和谐社会具有重要意义。

重点提示 卫生法的概念　卫生法的调整对象　卫生法的渊源　卫生法的创制和实施

第一节　卫生法的概念和调整对象

一、卫生法的概念

在我国当代卫生法学理论中,卫生法的概念有广义和狭义两种。广义的卫生法是指由有权的国家机关制定、认可,以国家强制力保证实施的,旨在调整保护人体生命健康并规范与人体生命健康相关活动中形成的各种社会关系的法律规范的总和。狭义的卫生法是指拥有国家立法权的立法机关制定、认可,以国家强制力保证实施的,旨在调整保护人体生命健康并规范与人体生命健康相关活动中形成的各种社会关系的法律规范的总和。

作为卫生法学教材的卫生法的概念,一般取广义的含义。广义的卫生法具有以下特点:

(1) 卫生法是以国家强制力保证实施的。以国家强制力保证实施,是任何法律规范都具有的特点,也是法律规范区别于其他社会规范的重要特点。作为法律规范中的一种类型,卫生法律规范必然以国家强制力保证实施,这同时也是卫生法律规范区别于其他社会规范(如道德伦理规范)的重要特点。

(2) 卫生法是由有权的国家机关制定、认可。根据《中华人民共和国立法法》(以下简称《立法法》)的规定,我国拥有立法权的机关主要包括全国人民代表大会及其常务委员会、国务院、国务院各部委、地方人民代表大会及其常务委员会、地方人民政府、较大的市人民代表大会及其常务委员会等。由这些立法机关制定的卫生规范性法律文件,构成了卫生法的体系。

(3)立法机关对卫生法的制定、认可,是卫生立法的各项活动的概括。制定和认可,是制定卫生法的两种主要形式。对已经颁布的卫生法律进行的必要的解释,也是卫生法的组成部分,与卫生法具有同等的法律效力。卫生法的变动,就是立法机关根据法的实施情况的变化,对卫生法所作的修改、补充或者废止的活动。

(4)卫生法的首要宗旨和根本目的是保护人体生命健康,这是我国宪法的基本要求,也是我国卫生工作的基本方针。一切卫生立法和执法活动都应当以保护人体的生命健康作为根本出发点。

(5)卫生法保护人体生命健康的宗旨和目的,是通过规范与人体生命健康相关的各种活动和行为来实现的。比如,卫生法对食品和药品的生产经营活动、对医师和药师的执业活动等实行了比较严格的行政许可制度;对疾病的预防与控制活动以及应对突发公共卫生事件的应急管理活动等都作了十分详细的规定,设定了比较严格的法律责任。

(6)卫生法既表现为专门的卫生法律规范,也包括其他类型法律规范中有关卫生事务的规定。

在我国的卫生法律制度中,卫生法也有广义和狭义之分。广义的卫生法,是指根据我国《立法法》的规定,拥有立法权的机关制定的卫生法律规范的总和,主要包括全国人大及其常委会制定的卫生法律、国务院制定的卫生行政法规、地方人大及其常委会制定的地方性卫生法规和民族自治卫生条例或单行条例、国务院有关部委制定的卫生部门规章以及地方人民政府制定的地方政府卫生规章等。狭义的卫生法,则是专指拥有国家立法权的全国人大及其常委会制定的卫生法律。目前,由全国人大常委会制定的卫生专门法律已经有11部之多。

二、卫生法的调整对象

(一)研究卫生法调整对象问题的基本出发点

要明确卫生法的调整对象,必须以辩证唯物主义和历史唯物主义为指导,正确地确立卫生法调整对象问题的基本出发点。出发点不同,往往就会得出不同的结论,而得出了不符合实际的结论,甚至还以为自己的观点是有所谓的根据的。判断是非的标准,当然不是看持不同观点的学者人数多少,他不是看持不同观点的学者的职称和职务的高低,更不是看各种不同观点哪一种符合国内外传统说法,也不能以国内外的某些现行法律规定作为衡量各种法学观点正确与否的标准。应该明确,实践是检验真理的惟一标准。现阶段在我国,最大量、最重要的实践是社会主义现代化的和谐社会建设,是发展生产力,促进社会和谐发展。如果我们确定的中国社会主义卫生法的调整对象体现现代化建设的需要,是有利于生产力发展的,那就是正确的；否则，就是不正确的。

（二）卫生法具体的调整对象

卫生法的调整对象，是指卫生法在规范与人体生命健康相关活动中所形成的各种社会关系。这些社会关系主要是人与人之间的行为关系，也可以称之为人际关系。卫生法的调整对象，具有很强的广泛性。

从卫生法调整的社会关系的性质上看，卫生法的调整对象主要包括以下内容：

（1）行政管理关系，即卫生行政主管部门在对卫生工作进行监督管理过程中形成的各种关系。

（2）民事法律关系。在医药卫生活动中，有很大一部分内容是医药卫生保健服务者与公民或者法人之间形成的社会关系，如医患关系、医药卫生产品责任关系等，这种社会关系从性质上看是民事法律关系，即平等民事主体之间的关系，这是卫生法调整的重要对象。

（3）刑事法律关系。由于卫生法的根本目的是保护人体生命健康，因此，对于那些严重损害人体生命健康的医药卫生行为，卫生法规定了责任人应承担的相应的刑事责任。对此，《中华人民共和国刑法》（以下简称《刑法》）中有专门一章"危害公共卫生罪"，我国一些专门的卫生法律，如《中华人民共和国传染病防治法》（以下简称《传染病防治法》）、《中华人民共和国药品管理法》（以下简称《药品管理法》）、《中华人民共和国食品安全法》（以下简称《食品安全法》）、《中华人民共和国执业医师法》（以下简称《执业医师法》）等也作了专门规定。所以，卫生刑事法律关系也是卫生法不可缺少的调整对象。

（4）国际卫生关系。我国已经签署了众多的国际卫生方面的条约。在参与国际卫生活动中形成的社会关系，就是国际卫生关系，这是国际卫生法的调整对象。

从卫生法调整的社会关系的内容看，卫生法的调整对象主要有以下内容：

（1）调整生命健康权益保障关系。卫生法的首要宗旨和根本目的是保护人体生命健康，凡是与人体生命健康相关的各种活动中所形成的社会关系，都应成为卫生法的调整对象。例如，在公民生命健康权益的法律保护、特殊人群的生命健康权益法律保护、环境与人体生命健康的关系、公民的生育权、公民处置个人身体器官的权利、公民无偿献血及捐献自己身体和器官的权利、公民选择安乐死的权利等一系列活动中形成的人际关系，都是卫生法的调整对象。

（2）调整国家对医药卫生事业进行宏观管理中形成的社会关系。主要包括国家在医政管理、药政管理、食品卫生管理、公共卫生管理、疾病防控管理中形成的管理者与被管理者之间的行政管理法律关系。但并不仅限于行政法律关系，还包括相当数量的民事法律关系和刑事法律关系。例如，医患之间形成的平等的民事法律关系，食品和药品生产经营者与消费者之间形成的平等的民事法律关系。再如，无论在医政管理、药政管理活动中，还是在食品卫生、公共卫生以及疾病防控管理活动中,抑或是在应对突发公共卫生事件的应急管理活动中,都有可能发生因有关人员的故意或者过失行为,给国家、社会和公民个人造成损害。对于构成犯罪的,还要承担相应的刑事责任。对于由此形成的刑事法律关系,也当然属于卫生法的调整范围。

(3) 调整新的生命科学技术的应用对法律带来的挑战和形成的新型社会关系。现代社会经济、文化和医学科学技术的高度发展,使得人们不断寻求高质量的生活,新的生命科学技术不断被应用,由此也带来许多新的法律问题。例如,人工生殖技术中的法律问题、基因工程中的法律问题、器官移植中的法律问题、安乐死中的法律问题和脑死亡的法律地位等,都是其他法律所无法解决的,而只能由卫生法来调整。

(4) 调整医药卫生资源配置关系。主要包括国家对各种医药卫生机构的设置与管理,如国家对医疗机构设置实行的区域卫生规划;医药卫生人力资源的配置与管理,如医师、药师、护士等各级各类卫生技术人员的配置与管理;对各种医药市场的合理布局与设置,如国家对血液与血液制品的管理、对药材市场的管理、对大型医用设备配置、对医药产业的发展、卫生信息以及动物实验等方面的规划、配置与监督管理;政府在应对突发公共卫生事件应急管理中所需的人力、物力、财力等资源的合理配置与储备管理。这些方面形成的各种社会关系,均是卫生法的调整对象。

第二节 卫生法的法律渊源及其效力

一、法律渊源的含义

卫生法的渊源,也称卫生法的法源,是指卫生法的各种外在表现形式。我国卫生法的渊源采用的是以各种制定法为主的正式的法的渊源。判例法、习惯、法理等都不是卫生法的渊源。这些组成卫生法渊源的制定法,有着各自不同的效力层次和适用范围。

二、卫生法的法律渊源

卫生法的渊源主要有以下几种:宪法、基本法(含卫生法律)、卫生行政法规、卫生部门规章、地方性卫生法规、卫生自治条例和单行条例、地方政府卫生规章、特别行政区有关卫生事务的法律规定、国际卫生条约等。

(一) 宪法

宪法是我国的根本大法,是当代中国最重要的法的渊源。它是由国家最高权力机关全国人民代表大会依照法定的、严格的程序制定、通过和修改的。宪法规定了我国国家最根本的政治、经济、社会制度,规定了国家的根本任务和国家机关组织结构与活动原则,规定了公民的基本权利和义务等国家和社会生活中最根本和最重要的问题。这其中也包括国家实行的医药卫生保障的基本制度和法律赋予公民的基本的生命健康权利等内容。宪法是其他各种法律、法规的"母法",是它们的立法依据,而其他法律、法规则是宪法各项规定的具体化。因此,宪法是我国卫生法的最首要的渊源,也是卫生法的立法依据。《中华人民共和国宪法》(以下简称《宪法》)关于卫生法事项的主要内容有:第21条第1款规定,国家发展医疗卫生事业,发展现代医药和我国传统医药,鼓励和支持农村集体经济组织、国家企业事业组织和街道组织举办各种医疗卫生设施,开展群众性的卫生活动,保护人民健康。第25条规定,国家推行计划生育,使人口的增长同经济和社会发展计划相适应。第26条规定,国家保护和改善生活环境和生态环境,防治污染和其他公害。第42条第2款规定,国家通过各种途径,创造劳动就业条件,加强劳动保护,改善劳动条件,并在发展生产的基础上,提高劳动报酬和福利待遇。第45条第1款规定,中华人民共和国公民在年老、疾病或者丧失劳动能力的情况下,有从国家和社会获得物质帮助的权利。国家发展为公民享受这些权利所需要的社会保险、社会救济和医疗卫生事业。第49条第1款和第2款规定,婚姻、家庭、母亲和儿童受国家的保护,夫妻双方有实行计划生育的义务。

(二) 基本法(含卫生法律)

基本法(含卫生法律)是仅次于宪法的卫生法的主要渊源。它是由全国人民代表大会及其常务委员会制定和修改的。基本法分为基本法律和基本法律以外的单行法律。民法、刑法、诉讼法、国家赔偿法等均为国家的基本法。卫生基本法律由全国人民代表大会制定和修改,规定我国医药卫生事业发展中的一些最基本问题。如公民的基本生命健康权利,国家医药卫生工作的基本方针、政策和基本原则,国家对医药卫生事业相关领域实行的基本制度,各级各类医药卫生机构的组织结构、活动原则和主要职责,国家医药卫生资源及人才资源的合理配置,公民的基本医疗保障等。目前,我国正在酝酿、思考、研究卫生基本法律的制定。基本法律以外的卫生法律,由全国人民代表大会常务委员会制定和修改,涉及卫生基本法律规定以外的其他卫生法内容。我国颁布的卫生基本法律以外的卫生法律已经有《传染病防治法》《食品安全法》《药品管理法》《职业病防治法》《执业医师法》《献血法》等11部。此外,在卫生法的法律这一层级的渊源中,还包括其他法律部门中有关卫生事项的法律规定,如《婚姻法》《环境保护法》《劳动法》中的有关规定。

(三) 卫生行政法规

卫生行政法规,是由最高国家行政机关国务院根据宪法和卫生法律制定、修改和发布的卫生规范性法律文件,也是卫生法的最主要的渊源。在我国目前已经颁布的卫生行政法规中,有的是以国务院名义直接发布的;也有的是经国务院授权批准,以国家医药卫生行政部门名义发布的。例如《突发公共卫生事件应急条例》《医疗机构管理条例》《器官移植条例》《血液制品管理条例》等。

（四）卫生部门规章

卫生部门规章,是指国务院卫生行政部门制定、修改和发布的卫生规范性法律文件,也是卫生法的渊源之一。由于国务院各部门职能的不断调整,作为卫生法渊源之一的卫生部门规章,已经不仅限于卫生行政部门。国家卫生部制定、修改和发布的规范性法律文件,还应包括国务院承担医药卫生管理职能的其他部门,如国家计划生育委员会、国家药品监督管理局、国家中医药管理局、国家进出口商品检验检疫局等制定、修改和发布的规范性法律文件。

（五）地方性卫生法规

根据我国《宪法》和《立法法》的规定,地方性卫生法规有以下几种情况:① 各省、自治区、直辖市的人民代表大会及其常务委员会,根据本行政区域的具体情况和实际需要,在其职权范围内,可以制定、修改和发布地方性卫生法规;② 各省、自治区的人民政府所在地的市的人民代表大会及其常务委员会,根据本市的具体情况和实际需要,在其职权范围内,可以制定、修改和发布地方性卫生法规;③ 经国务院批准的较大的市的人民代表大会及其常务委员会,根据本市的具体情况和实际需要,在其职权范围内,也可以制定、修改和发布地方性卫生法规。地方性卫生法规,是数量比较大的卫生法的渊源。

（六）卫生自治条例与单行条例

卫生自治条例与单行条例,是由民族自治地方的人民代表大会根据《宪法》《中华人民共和国人民法院组织法》和《民族区域自治法》的规定,依照当地民族的政治、经济和文化的特点,在其职权范围内制定、修改和发布的卫生规范性法律文件。卫生自治条例与单行条例,也是卫生法的重要渊源。

（七）地方政府卫生规章

地方政府卫生规章,是由各省、自治区、直辖市以及省、自治区的人民政府所在地的市和经国务院批准的较大的市的人民政府,根据卫生法律、卫生行政法规和地方性卫生法规的规定,依法在其职权范围内制定、修改和发布的卫生规范性法律文件。

（八）特别行政区有关卫生事务的规范性法律文件

特别行政区是根据我国宪法规定设立的,这是我国"一国两制"政治构想在法律上的体现。目前,在我国设立的香港和澳门特别行政区,实行与我国内地不同的特殊的法律制度,其中也包括有关的卫生法律制度。但不管实行什么性质的法律制度,特别行政区有关卫生事务的规范性法律文件,仍然是我国卫生法不可缺少的渊源之一。

（九）国际卫生条约

国际卫生条约,是指我国同外国缔结的双边或者多边卫生条约、协定和其他具有条约、协定性质的国际卫生规范性法律文件以及我国加入的有关国际组织制定的卫生公约。对于我国已经加入或者签署的国际卫生条约,除我国声明保留的条款以外,都对我国有约束力,我国应自觉遵守条约的规定义务。因此,国际卫生条约也是我国卫生法的渊源之一。

三、卫生法的效力等级

卫生法的效力等级,是指在卫生法的各个层次的法律渊源中,由于其制定主体、程序、时间、适用范围等因素的不同,各种卫生法律规范的效力也不同,由此形成的一个卫生法的效力等级体系。根据《宪法》和《立法法》的规定,卫生法的效力等级划分有其应当遵循的一般规则和特殊规则。

（一）卫生法效力等级的一般规则

根据《宪法》和《立法法》的规定,宪法具有最高的法律效力,一切卫生法律、卫生行政法规、地方性卫生法规、卫生自治条例与单行条例、卫生部门规章和地方政府卫生规章都不得同宪法相抵触。所以,宪法位于卫生法效力等级的最高层,以下依次是卫生法律、卫生行政法规、地方性卫生法规、政府卫生规章等,它们具有不同的效力等级,共同构成了我国卫生法的效力等级体系。除了宪法的最高效力外,卫生法律的效力高于卫生行政法规、地方性卫生法规和政府卫生规章;卫生行政法规的效力高于地方性卫生法规、政府卫生规章,地方性卫生法规的效力高于本级和下级地方政府卫生规章;省、自治区人民政府制定的卫生规章的效力高于本行政区域内的较大的市的人民政府制定的卫生规章。卫生自治条例与单行条例只在本民族自治地方范围内适用。卫生部门规章与地方政府卫生规章之间具有同等效力,在各自的权限范围内适用。卫生部门规章与地方政府卫生规章之间对同一事项的规定不一致时,由国务院裁决。地方性卫生法规与卫生部门规章之间对同一事项的规定不一致,不能确定如何适用时,由国务院提出意见,国务院认为应当适用地方性卫生法规的,应当决定在该地方适用地方性卫生法规的规定;认为应当适用卫生部门规章的,应当提请全国人民代表大会常务委员会裁决。

（二）卫生法效力等级的特殊规则

(1) 特别法优于一般法。根据《立法法》规定,在同一机关制定的卫生法律、卫生行政法规、地方性卫生法规、卫生自治条例与单行条例、卫生部门规章和地方政府卫生规章中,特别规定与一般规定不一致的,适用特别规定。

(2) 新法优于旧法。根据《立法法》规定,在同一机关制定的卫生法律、卫生行政法规、地方性卫生法规、卫生自治条例与单行条例、卫生部门规章和地方政府卫生规章中,新的规定与旧的规定不一致的,适用新的规定。

(3) 法律文本优于法律解释。一般来说,卫生法律解释与卫生法律文本具有同等法律效力。但当卫生法律解释与卫生法律文本规定不一致时,应当适用法律文本的规定。

第三节　卫生法的特征和基本原则

一、卫生法的特征

卫生法作为我国社会主义法律体系中一个新兴的法律部门,它必然具有一般法律规范所具有的基本特征。例如法律规范是调整行为关系的规范,由国家专门立法机关制定、认可、解释和变动,以权利义务为其主要内容,并以国家强制力保证实施等。但卫生法同时又具有自身独特的特征,这也是卫生法区别于其他法律部门,并从传统法律部门中脱颖而出的基础。

(一) 与自然科学紧密相连

卫生法的许多内容是依据现代医学、药学、生物学、公共卫生学等学科的基本原理及研究成果为基础制定的,更有许多具体内容是这些学科研究成果的具体体现。可以说现代医学科学的发展推动着卫生法的发展,使卫生法不断完善和进步,符合现代社会的需要,更有利于现代社会人体生命健康权益的保护。

(二) 吸收大量的道德规范和技术规范

卫生法的主要内容是关于人体生命健康权益保护,对与人体生命健康相关活动、行为的规范和对相关产品的控制。在保护人体生命健康的医药卫生保健活动中,不可避免地会触及到公民的传统法律权益,如隐私权、名誉权、身体权等。医药卫生人员在执业中,对于公民的这些权益的尊重和保护,是他们职业道德规范的主要内容。这些职业道德规范的内容已经越来越多地为许多卫生法律规范所吸收,如《执业医师法》。而技术规范则是人们长期在同自然作斗争,保护人体生命健康活动中所总结出的经验和必须遵守的规则。例如,人们在长期的医药卫生实践中已经形成的一整套较为科学和完整的防病治病的方法、技术操作规程和技术标准,在日常的医药卫生保健活动中,被人们广泛和自觉地遵守。这些内容已经大量地被吸收进卫生法,成为卫生法的重要内容。从另一方面讲,现代医学科学技术的应用,为保护人体的生命健康带来福音,但同时也带来许多负面影响,如基因克隆技术、人工生殖技术、器官移植、安乐死等均带来了无序及引发犯罪等负面影响。因此,卫生法吸收道德规范和技术规范的另一个目的,就是对这些技术应用予以必要的限制和规范,以免过度的技术应用对人体生命健康造成损害。卫生法这一基本特征是其他任何法律规范所不可比拟的。

(三) 内容具有广泛性

生命和健康是现代社会人们参与社会活动、改造自然界、愉快生存和生活的必要条件。而人们日常生活、工作、学习、娱乐以及衣食住行等各个方面的环境和条件,无不对人的生命健康造成影响。例如,人们居住地的内外环境卫生状况、人们的饮食质量和饮食习惯、人们娱乐的公共场所的内外环境卫生状况、人们的就医环境和条件以及国家整体的防病治病和医药发展水平等,都对人们的生命健康构成影响。因此,只要是对人体生命健康产生影响的,无论是产品和环境,还是活动和行为,都应受到法律的调整和规范,起到保护人们的生命健康的作用,而卫生法所担负的就是这一艰巨的任务。因此,卫生法在内容上,具有非常大的广泛性。

(四) 反映全社会的共同需要

疾病的发生和流行没有国界、地域和种族人群的限制,也不会因为国家间的富与穷、强与弱以及社会制度的不同而使疾病防治的根本目的有所不同。所不同的只可能是在措施、手段和方法上的区别,而这正有利于各国加强相互间学习和取长补短,促进相互间的了解与合作,促进世界和平与发展,最终促进全人类的共同健康生存。所以,如何保障国民得到最高水平的医药健康保健服务,如何最大限度地维护国民的生命健康权益,一直是世界各国共同关注的主题,也是各国卫生法的首要宗旨和根本目的。因此,与其他法律规范有所不同,卫生法表现出很强的社会共同性和科学性,反映全社会的共同需要,这是卫生法的一个重要特征。

二、卫生法的基本原则

卫生法的原则,是作为卫生法律规范基础的原则和准则,是卫生法的指导思想。作为我国社会主义法律体系的一个重要组成部分,卫生法与其他法律部门一样,都有其最高原则、基本原则和一般原则。卫生法的最高原则就是我国社会主义法的最高原则即社会主义原则和人民民主原则。卫生法的基本原则,是指对卫生法部门的所有法律规范都有普遍指导意义的原则。卫生法的一般原则,是指对卫生法部门中的某一方面的法律规范有一般指导意义的原则。比如,《传染病防治法》《食品安全法》《药品管理法》《执业医师法》等法律规范中规定的分别适用于传染病防治监督管理领域、食品卫生监督管理领域、药品监督管理领域、医师执业监督管理领域的具体原则。卫生法的最高原则对卫生法的基本原则具有指导意义，卫生法的基本原则对卫生法的一般原则具有指导意义。下位原则不能与上位原则相抵触。卫生法的最高原则、基本原则和一般原则共同构成了我国卫生法的原则体系。

本节仅就卫生法的基本原则作详细阐述。具体而言，卫生法的基本原则，就是指贯穿于各种卫生法律规范中的，对调整保护人体生命健康而发生的各种社会关系具有普遍指导意义的准则。这些准则是国家长期卫生工作的根本方针和政策在法律上的具体体现。我国卫生法有以下几个基本原则。

（一）保护公民生命健康权益原则

这是我国卫生法的首要宗旨和根本目的，也是卫生法首要的基本原则。一切与人体生命健康相关的活动都应遵循这一基本原则。这一原则的基本要求是：在卫生法的制定和实施中，无论是立法者还是行政执法者、企业、事业单位以及自然人，都必须时刻将保护人的生命健康权益放在首位；一切与人体生命健康相关的医药卫生活动都应围绕这一原则进行；任何侵犯人的生命健康权益并给人造成损害的行为都应依法承担相应的法律责任。在卫生立法活动中，立法机关应当高度重视对人生命健康权益的保护，将其完整地体现在卫生法律规范中，并将其作为卫生立法的首要宗旨和根本目的。在卫生行政执法活动中，各级政府医药卫生行政部门的各项管理工作都要围绕维护人的生命健康这一中心进行，合理配置医药卫生资源，依法行政，严厉制裁危害人体生命健康的不法活动和行为，保护国家的公共卫生管理秩序。各级医药卫生机构、企业事业单位和有关从业人员，在其业务活动中，必须严格遵守卫生法的规定，确保提供的医药产品、医药保健技术服务的质量，并且不断研究如何改进产品质量，提高管理和服务水平。禁止生产、销售损害人体生命健康的假冒伪劣产品和提供低质不合格的服务。对人的生命健康造成损害的，必须依法承担相应的法律责任。

（二）国家卫生监督原则

卫生法的内容涉及人的生命健康权益保护，国家必须对与人体生命健康相关的活动、行为和产品进行规范和管理，以使人的生命健康不受侵犯。这一原则的基本要求是：国家对与人体生命健康相关或者对人体生命健康有影响的活动、行为和产品以及环境、建筑、场所、机构、人员等进行规范、监督和管理，并加大对违法行为的惩罚力度。具体来说，主要有以下几个方面：

（1）对与健康相关的产品。如食品、药品、保健用品、化妆品、血液制品、生活饮用水、医疗器械、医用材料、生物制品等的生产、销售、使用等实行严格的市场准入制度和市场监督制度。在与人体生命健康相关的产品的卫生法律规范中，关于食品和药品的法律规范是最多的，也是最重要的，因此，也是卫生行政执法的最重要内容。这充分体现了国家和政府对人的生命健康权益的保护。

（2）对医药卫生机构的规划设置、执业以及医药卫生技术人员的执业行为，在立法上给予严格的规定，并将众多的职业道德规范和技术规范纳入卫生法律规范中，体现了国家和政府对公民生命健康权益的尊重和保护。例如《执业医师法》中主要规定了执业医师的医师资格取得、执业注册制度、执业规则和法律责任。为了保护人体生命健康安全，人们生活、工作、学习和进行文化娱乐等活动的公共场所的建筑、室内外环境等必须符合卫生标准。为此，卫生法规定了比较严格的国家卫生标准和管理规范。相关公共场所的经营者或者管理者必须遵守卫生法的规定，否则要依法承担相应的法律责任。

（3）加强环境与人体生命健康关系的研究，制定切实可行的环境卫生标准并建立环境监测制度，为国家环境保护立法提供科学依据。现代社会工业经济的发展，对自然环境的负面影响越来越大。环境污染现象普遍存在，环境公害事件也频繁发生，由此对人体生命健康形成的危害和造成的损害也越来越大。因此，加强环境保护已经成为我国的一项基本国策，而卫生法中的卫生标准和环境对人体健康影响的研究成果等，则是环境立法不可缺少的基础。

（4）为了有效应对现代社会频繁发生的突发公共卫生事件对人的生命健康权益的侵害，强化政府及有关部门依法采取应急管理措施，适时加强对突发公共卫生事件应急管理的立法是十分必要的。为此，卫生法规定了比较严格的突发事件监测与报告制度、信息发布和信息举报制度、各级政府和机构及其人员以及有关单位和公民个人的法定义务与职责、承担的法律责任等内容。

（三）预防为主原则

这是对我国医药卫生工作长期的基本方针和政策的概括。医药卫生活动涉及每个人的生命健康，因此，一切医药卫生活动和行为都应着眼于疾病的预防。这是卫生法特有的一个原则。在卫生立法上，要贯彻预防为主的原则，加强对与人体生命健康相关的产品、行为和执业人员的监督管理，为其设置较为严格的市场准入制度和市场监督管理制度以及明确法律责任，从而把住入口，控制过程，最大限度地保障人的生命健康。对有可能对人体生命健康产生影响的行为和活动，或者可能引起疾病广泛传播的重要传染病疫情以及影响较大的食物中毒和职业中毒事件，卫生法规定了相应的监测、预警、报告、强制性检疫、强制隔离与治疗以及封锁疫区等多项制度和措施，并重点强化了有关人员的职责和法律责任。

（四）依靠科技进步的原则

依靠科技进步的原则是指在防病治病活动中，要高度重视当今科学技术的作用，大力开展医学科学研究及成果推广，借以不断提高医疗预防技术和医疗器械设备的现代化。卫生部门是一个推进生命科学发展、管理，维护生命健康权益的职能部门。生命科学是当今科技发展最活跃、最重要的领域之一,它不断给医学发展以巨大的动力,使人类对自身生命现象和疾病本质的认识进入新的阶段。事实证明,人类社会文明的发展,卫生事业的进步,健康目标的实现,归根结底都是依赖于科学技术的发展。医学科技的先导和依托功能,将越来越显示其强大的威力。因此,以维护人体生命健康为宗旨的卫生法,必然把依靠科技进步作为自己工作的准则,来推动医学科技发展、维护医学科研工作秩序、保障医学研究人员合法权益,营造良好的法律氛围。

(五) 中西医协调发展的原则

中西医协调发展的原则是宪法规定的原则,也是新中国成立以来一贯坚持的原则,是指在对疾病的诊疗护理中,要正确处理中国传统医学和西方医学的关系,促成两者协调发展。中国传统医学(包括各民族医药学)有着数千年历史,是中国各族人民长期同疾病作斗争极为丰富的经验总结。西方医学是随着现代科学技术发展起来的,是现代科学的重要组成部分。正确处理中国传统医学和西方医学的关系,需要我们认真学习和运用西方医学的新理论、新技术、新方法和新成就,努力发展和提高现代医学科技水平;同时必须继承和努力发展我国医药学遗产,运用现代科学的知识和方法加以研究、整理和发掘,把它提高到现代科学水平。中西两个不同理论体系的医药学相互取长补短,协调发展,必将推进医学科学现代化,更加有利于造福人类。卫生法把中西医协调发展纳入自己的基本原则,立法上予以具体规范,适用上予以保障,有利于实现维护公民健康权利的根本宗旨。

(六) 全社会参与原则

人的生命健康,来自于对疾病的有效治疗,也来自于对疾病的预防与控制。而良好的生活习惯和卫生习惯,强健的体魄,对疾病相关知识的了解与早期发现和预防等,都需要每个人的参与和重视。因此,卫生法的许多内容的实施,有赖于全社会的广泛参与,有赖于每个人的自觉和遵守。卫生法的许多一般原则是倡议性的,就是对卫生法这一原则的具体体现。

(1) 每个人都应主动参加爱国卫生运动,接受健康教育,培养良好的生活习惯和卫生习惯,并尽可能多地了解有关卫生保健常识。

(2) 政府和卫生行政机关应高度重视群众的爱国卫生运动,加强有关卫生法的宣传和咨询工作,指导公民树立良好的生活和卫生习惯,帮助公民了解有关的卫生和疾病知识,鼓励群众加强身心锻炼,从而使群众能够健康愉快地生活。

(3) 每个人都应主动参与政府应对突发公共卫生事件的应急管理活动,配合并服从政府和有关部门采取的应急管理措施。这是卫生法对每个人提出的法律上的要求,每个人都应自觉遵守相关法律、法规的规定。

第四节 卫生法的创制和实施

一、卫生法的创制的概念、特点和阶段

(一)卫生法的创制的概念和特点

卫生法的创制是指有权的国家机关在其法定职权范围内,依照法定程序,制定、修改和废止规范性法律文件以及认可法律、法规的活动。[①] 卫生法的创制具有以下特点:

(1)它是有权的国家机关的专门活动,是国家机关实施其职能的活动。国家是凌驾于社会之上的公共权力机关,统治阶级的意志要上升为法律,必须通过国家意志的形式表现出来,并依靠国家强制力维持才能得以实施。根据《立法法》的规定,仅有宪法和有关基本法律专门规定的国家机关才有权创制法律。

(2)它是有权的国家机关依照法定程序进行的活动。法律规范创制过程必须严格遵照法定的程序,否则就不具有法律效力。只有这样,才能有效地防止立法者的主观任性或专断,才能使好的法律制度能够诞生并切实得以贯彻实施。

(二)卫生法的创制的阶段

卫生法的创制通常包括法律议案的提出、法律议案的审议、法律草案的审议、法律草案的通过和法律的公布五个步骤。我们通常所说的立法程序就是指这五个步骤。不同效力等级的规范性法律文件的立法主体不同,议案的提出、草案的审议、草案的通过和法律的公布的主体都可能不同,但必须经过的这些步骤是必不可少的。

二、法律规范的概念、结构和分类

(一)法律规范的概念和特点

法律规范是法的最基本的结构单位,是指反映统治阶级意志的,由国家制定或认可的并以国家强制力保障实施的具体行为规则。法律规范实际上是对人们行为自由及其限度的规定,是对人们行为自由的认可及其行为责任的设定。与其他社会规范相比,它具有以下特征:① 它是以国家名义发布的一种命令或指示,具有国

[①] 编者认为用"创制"来包括法的制定、修改和废止的完整过程,尽管从语义学上似乎还有说不通的地方,但是比单说法的制定,而忽略法的修改和废止要全面得多。

家意志和国家权力属性;② 它以规定权利义务为内容,是国家机关适用法律的依据;③ 它具有普遍约束力,并且对任何在其效力范围内的主体行为用同一标准进行指导和评价。

(二) 法律规范的逻辑结构

法律规范是一种特殊的、逻辑上周延的规范。一般而言,一个完整的法律规范在逻辑上由"假定""行为模式"和"制裁"三要素构成。"假定"指适用该规范的条件和情况;"行为模式"指具体要求人们如何行为,包括可以如何行为、应该如何行为、禁止如何行为等;"制裁"指具体违反该规范时,将承担什么样的法律后果。以上三要素可通过一个条文,也可通过几个法律条文表述。二要素说认为法的逻辑结构由行为模式和法律后果组成,本教材采用传统的三要素说。

(三) 法律规范的分类

法律规范可按照不同的标准作不同的分类。按照法律调整方式的不同,法律规范可分为:

(1) 授权性规范。是指规定人们有权为一定行为或不为一定行为的规范。这些规范是确定主体权利的,如宪法中关于公民基本权利的规定,民法中关于所有权行使方面的规定等。

(2) 义务性规范。是直接规定人们的某种义务或责任的规范,又可分为命令性规范和禁止性规范两种。前者指规定人们必须或者应该做什么的一种积极义务性规范;后者指规定人们不得做什么或禁止做什么的一种消极义务性规范。

另外,按照规范对人们行为规定或限定的范围和程度不同,法律规范可分为强制性规范和任意性规范;按规范内容的确定性程度不同,可分为确定性规范和非确定性规范;按规范的功能不同,可分为调整性规范和构成性规范等。

三、卫生法的实施

卫生法的实施就是通过一定的方式使卫生法律规范在社会生活中得到贯彻和实现,是法作用于社会关系的形式。它不仅包括国家机关及其工作人员执行法律规范的活动,也包括社会团体和公民遵守法律规范的活动。因此,书面上的权利义务的规定才能转化为现实社会中的权利义务关系。

社会主义卫生法的实施,一般分为三个方面:

(1) 法的执行,即执法,指国家机关及其工作人员依照法定职权和程序,贯彻执行法律的活动。

(2) 法的适用,又叫司法,指国家司法机关依照法定职权和法定程序,具体应用法律处理案件的专门活动。

(3) 法的遵守，又叫守法，指一切国家机关和武装力量、各政党和各社会团体、各企事业组织、全体公民都必须严格遵守法律。习惯上，人们把执法和司法统称为法的适用。所以，也有把法的实施分为法的遵守和法的适用两个方面。

第五节 卫生法律体系和卫生法律关系

一、法律体系与法律部门的概念

法律体系，是指由一国某一历史阶段全部法律规范按照不同的法律部门分类组合而形成的一个呈体系化的，有机联系的统一整体。法律体系的基本组成要素是法律部门，各种不同的法律部门有机结合在一起，就形成了一个国家的法律体系。例如我国目前已经形成了以宪法为核心、由多个法律部门组合而形成的社会主义法律体系。

法律部门，又称部门法，是指根据一定的标准和原则，按照法律规范调整的不同领域的社会关系和采用的不同调整方法所划分的同类法律规范的总和。在某一法律部门中，又可以根据不同的法律制度和法律规范划分为若干个子部门，这些子部门又共同组合而形成某一部门法的法律体系。

二、卫生法是一个新兴的法律部门

现代法理学认为，法律部门的划分标准有两个：一是法律规范所调整的社会关系；二是法律规范的调整方法。① 此外，还应考虑遵循目的性原则、从实际出发的原则、数量适当平衡原则、相对稳定原则、重点论原则、辩证发展原则。卫生法律部门，是调整旨在涉及保护人体生命健康权益活动中所发生的各种社会关系的法律规范的总和。20世纪80年代以来，随着我国改革开放和法制建设的不断发展与完善，卫生法制建设也取得了令人瞩目的成就。这期间，我国已经颁布了11部卫生专门法律，几十条卫生行政法规和千余项卫生部门规章，还有难以数计的地方性卫生法规和地方政府卫生规章，而且作为世界卫生组织的成员国，我国已经加入了《国际卫生条例》等多个国际卫生方面的条约。与此同时，对卫生法律体系和卫生法的概念、调整对象、特征、基本原则等方面的理论研究，也随之广泛开展起来，并形成了一支卫生法学研究队伍。前些年，当有学者提出将卫生法作为一个独立的法律部门时，学术界尚有许多不同意见。但随着我国法律部门划分理论的成熟，卫

---

① 表述为"以调整的社会关系（即调整对象）为主，结合法律调整的方式来划分"。沈宗灵认为：以调整的社会关系种类为首要的、第一位的标准，以法律调整的机制为部门法划分的第二标准。

生法律体系的不断发展,卫生法作为我国社会主义法律体系中一个新兴的独立的法律部门的条件正在成熟。

我们认为,卫生法应该成为我国社会主义法律体系中的一个独立的法律部门,理由是:

(1) 卫生法有其专门的调整对象,即在保护人体生命健康的各种活动中形成的社会关系。卫生法的调整对象即社会关系具有广泛性、复杂性和多样性,这是卫生法成为一个独立的法律部门的主要因素。

(2) 对人体生命健康权益的保护,目前已经成为国际人权保护的一个重要方面,许多国家都颁布了公民健康保健法或者病人权利法案。在我国,对公民生命健康权益的保护,也越来越为国家和社会以及公民个人所高度重视。我国宪法第33条明确规定"国家尊重和保护人权"。

(3) 近年来,我国医药卫生方面的立法数量大幅度增加,而且还存在许多急需立法的空白。仅属于卫生领域的法律就有11部,还不包括环境保护、劳动保护等方面的可以归入卫生法律部门的法律规范,加上大量的卫生行政法规、地方性卫生法规和卫生规章,可以说卫生立法的数量是相当大的,这是卫生法的一大特点。因此,将立法数量如此之大的卫生法律规范游离于部门法律体系之外,而分解归入其他法律部门乃至归入行政法律部门已经不大合适。所以,卫生法的立法数量大、内涵宽、包容面广,使其不能不成为一个独立的法律部门,这已是必然。对此学界已经有了基本共识。

(4) 虽然现代法理学认为,法律部门的划分标准主要是法律的调整对象和调整方法。例如,将以刑罚制裁为其调整方法的法律规范划分为刑法法律部门,将以民事责任为其调整方法的法律规范划分为民法法律部门,但这种划分标准也不是绝对的,而是具有相对性。例如,自然资源与环境保护法法律部门,其所立法律、法规多数是行政管理性的,却已经被公认为一个独立的法律部门;而经济法法律部门更多的是体现国家行政对经济的宏观调控作用,同时又与民商法法律部门有着很深的渊源,也依然是一个独立的法律部门。因此,虽然卫生法律规范中有大量法律、法规体现出行政管理的性质,还有一部分与民法和刑法存在交叉,但这并不能妨碍卫生法成为一个独立的法律部门,却恰恰体现了法律部门之间的交叉性和法律规范的双重性,即不同法律规范可以体现在同一个法律部门中,同一法律规范也可以体现在不同的法律部门中。

三、卫生法律体系的组成要素

由于卫生法所调整的社会关系的广泛性、复杂性和多样性,我国卫生法律体系目前尚未有一部轴心法律——卫生基本法,而是由许多单行的卫生专门法律、卫生行政法规、地方性卫生法规以及卫生规章等组成。从对公民生命健康权保护的法律领域出发,我国已经颁布的《残疾人权益保障法》《未成年人保护法》《妇女权益保障法》《老年人权益保护法》《环境保护法》《大气污染防治法》《水污染防治法》《环境噪声污染防治法》《固体废物污染环境防治法》《海洋环境保护法》《放射性污染防治法》等,也都应归入以保护公民生命健康权为首要宗旨和根本目的的卫生法律部门。

我国已经颁布的单行的卫生专门法律包括:《传染病防治法》《职业病防治法》《药品管理法》《执业医师法》《献血法》《食品安全法》《母婴保健法》《国境卫生检疫法》《人口与计划生育法》《红十字会法》等。

我国已经颁布的卫生行政法规主要包括:《乡村医生从业管理条例》《医疗废物管理条例》《突发公共卫生事件应急条例》《中医药条例》《药品管理法实施条例》《医疗事故处理条例》《母婴保健法实施办法》《血液制品管理条例》《红十字标志使用办法》《食盐加碘消除碘缺乏危害管理条例》《医疗机构管理条例》《传染病防治法实施办法》《学校卫生工作条例》《放射性同位素与射线装置放射防护条例》《化妆品卫生监督条例》《国境卫生检疫法实施细则》《女职工劳动保护规定》《艾滋病监测管理的若干规定》《尘肺病防治条例》《公共场所卫生管理条例》《医疗器械监督管理条例》《计划生育技术管理条例》《器官移植条例》等。

地方性卫生法规和卫生部门规章等主要涉及以下内容:

(1) 人口与计划生育方面,包括国家对人口与计划生育实行的主要政策和制度,对计划生育技术的监督管理等。

(2) 疾病防治方面,包括国家对传染病、职业病和地方病以及其他多种疾病的防治实行的基本原则和制度以及有关检测标准和采取的主要措施等。如《国家职业卫生标准管理办法》《传染性非典型肺炎防治管理办法》《结核病防治管理办法》的规定。

(3) 妇幼卫生保健方面,包括妇幼卫生、母婴保健、妇女儿童权益保障等。如《产前诊断技术管理办法》《人类辅助生殖技术管理办法》等规定。

(4) 医政监督管理方面,包括国家对医师执业、护士执业、医疗机构执业和有关医疗活动等的监督管理和对有关医事纠纷的处理原则;国家实行的献血制度和对采、供血及临床用血等行为的规范管理等;医学新技术在临床应用的监督管理。如《处方管理办法》《护士条例》《医疗机构病历管理规定》《药品临床试验管理规范》《医疗美容服务管理办法》等规定。

(5) 与人体生命健康相关产品的监督管理方面,包括国家对药品、食品、生物制品、血液制品、保健用品、化妆品、生活饮用水等产品及其包装等实行的卫生标准和对生产和经营活动的监督管理;国家对专用于医疗的产品,如医疗器械、一次性卫生用品、消毒用品、医用生物材料等,实行的卫生标准和对生产和经营活动的监督管理;对医疗等活动所产生的废物进行处理行为的监督管理;对与人体生命健康相关产品的广告宣传的规范管理等。如《药品注册管理办法》《药品生产监督管理办法》《消毒管理办法》《保健食品管理办法》等的规定。

（6）公共卫生监督管理方面，包括国家对公共场所、学校、劳动环境等公共活动设施的选址及室内环境实行的卫生标准和监督管理以及国家实行的相关的环境监测和保护制度等。如《职业健康监护管理办法》《建设项目环境保护管理条例》《环境标准管理办法》等的规定。

（7）卫生资源配置与管理方面，包括国家实行的区域卫生规划、医用设备配置、对中医药等民族传统医药的特殊保护政策、对医药产业和信息技术发展的鼓励和促进。如《卫生知识产权保护管理规定》《新药保护和技术转让的规定》《大型医用设备配置与应用管理暂行办法》等的规定。

（8）突发公共卫生事件应急管理方面，包括在应对突发重大传染病疫情、群体性不明原因疾病、重大食物和职业中毒事件以及造成或者可能造成严重损害或者严重影响公众健康的事件时，国家建立的应急报告、监测预警、信息发布等制度；政府和有关部门依法享有的采取应急管理措施的权限、职责和法律责任；有关机构、单位和公民个人依法应当履行的法定义务和法律责任等。如《突发公共卫生事件与传染病疫情监测信息报告管理规定》《核事故医学应急管理规定》等的规定。

四、卫生法律关系的概念和分类

卫生法律关系，是指卫生法在调整人们卫生行为的过程中形成的权利和义务关系。这种权利和义务关系，是以卫生法律规范的存在为前提，并以法律上的权利义务为纽带而形成的社会关系。卫生法律规范是法律规范的一种，因此具有一般法律规范的所有特征。根据卫生法律关系各主体间的法律地位是否平等，卫生法律关系分为平向卫生法律关系和纵向卫生法律关系。

平向卫生法律关系，也称平权型卫生法律关系，是存在于法律地位平等的当事人之间的卫生法律关系。与人体生命健康相关产品的制造者或者经营者同相关产品的消费者之间形成的法律关系、从事医药保健服务活动的服务者与被服务者之间的法律关系是平向卫生法律关系。在平向卫生法律关系中，各当事人之间的法律地位应当是平等的，他们相互之间的权利和义务也总是对等的。然而，医务人员与患者之间就权利和人格而言，应当是平等主体之间的平向卫生法律关系，但从对疾病的诊治这个法律关系来说，他们之间无法形成权利义务对等、等价有偿、平等自愿的卫生法律关系，诊治患者的疾病是医务人员的义务，而医务人员行使诊疗权，其实质依然是义务。因此，医患之间是一种特殊的、不平等的民事法律关系。

纵向卫生法律关系，也称隶属型卫生法律关系，是一方当事人依据职权而直接要求对方当事人作出或者不作出一定行为的法律关系。纵向卫生法律关系又分为两种，一种是存在于医药卫生行政机关或者医药企事业单位内部的具有职务关系的上下级之间的隶属关系；另一种则是依法享有国家卫生行政管理职权的机关与其职权管辖范围内的各种行政相对人之间形成的卫生行政法律关系。在纵向卫生法律关系中，占绝大多数是卫生行政法律关系，即卫生行政部门及履行政府卫生行政监督管理职能的机构或者组织与行政相对人之间形成的法律关系。例如,药品监督管理部门与药品生产者或者经营者之间形成的管理与被管理的法律关系、食品卫生监督管理部门与食品生产者或者经营者之间形成的管理与被管理的法律关系、卫生行政部门与医疗机构及其执业人员之间形成的管理与被管理的法律关系等,这些都是典型的卫生行政法律关系。在纵向卫生法律关系中,各当事人之间的法律地位是不平等的,他们相互之间的权利和义务也是不对等的。

五、卫生法律关系的构成要素

卫生法律关系由主体、客体和内容三个要素构成。

(一) 主体

卫生法律关系的主体,是指卫生法律关系的参加者,即在卫生法律关系中享有权利或者承担义务的人。其中享有权利的人是权利主体,承担义务的人是义务主体。这里的人包括自然人和法人。具体而言,我国卫生法律关系的主体有:

(1) 国家机关。国家机关主体主要是作为纵向卫生法律关系的一方当事人,即行政管理人。根据卫生法涉及的主要内容,国家机关主体主要有各级卫生行政部门、各级药政监督管理部门、卫生检疫部门、劳动与社会保障管理部门等,其中各级卫生行政部门在卫生法的国家机关主体中占大多数。

(2) 社会法人组织。主要包括企业、事业法人和社会团体法人。法人主体既可以成为纵向卫生法律关系的一方当事人,即行政相对人,也可以成为平向卫生法律关系的主体。例如,各类食品生产企业和经营企业、各级各类医疗机构等,既是纵向卫生法律关系的主体,也是与食品消费者、患者之间的平向卫生法律关系的权利主体或者义务主体。

(3) 公民。公民是自然人主体,包括中国公民、外国公民和无国籍人。公民主体既可以是纵向卫生法律关系的主体,也可以是平向卫生法律关系的主体,如个体食品经营者和个体开业医生,一方面是行政相对人,另一方面是经营者和服务者。

(二) 客体

卫生法律关系的客体,是指卫生法律关系主体的权利和义务所共同指向的对象,它是联系卫生法律关系主体间权利和义务的纽带,是卫生法律关系不可缺少的构成要素。由于卫生法的内容极其广泛,因此卫生法律关系的客体也是多种多样的。① 以物的形式出现的客体有食品、药品、化妆品、保健用品、医疗器械、生物制品、生活饮用水、中药材等;② 以行为的形式出现的客体有医药保健服务、疾病防治、公共卫生监督管理、健康相关产品的生产和经营、突发事件应急管理等;③ 以智力成果的形式出现的客体有医药知识产权等;④ 以人身利益形式出现的客体有公民的生命健康权益,特殊人群生命健康权益,包括病人、母亲、婴儿等。以人身利益形式出现的客体,即公民的生命健康权益是卫生法律关系最重要、最基本的客体。

(三) 内容

卫生法律关系的内容,就是指由卫生法律所确定的权利和义务关系。按照主体的不同,涉及卫生的行为、阶段的不同,权利和义务的内容也会有所区别。

六、卫生法律关系的产生、变更和消灭

卫生法律关系的产生,是指卫生法律关系主体间的权利义务关系的确立和形成。卫生法律关系的变更,是指构成某一卫生法律关系的要素发生了变化,如主体、客体或者权利义务的内容发生了变化。卫生法律关系的消灭,是指卫生法律关系主体间的权利义务关系的终止。卫生法律关系的产生、变更和消灭,不是随意的,而是依据一定的卫生法律规范的规定,随着一定的卫生法律事实的出现而产生、变更和消灭的。因此,引起卫生法律关系产生、变更和消灭的条件有两个:一是卫生法律规范的规定;二是卫生法律事实的出现。

(一) 卫生法律规范和卫生法律事实的关系

在卫生法律关系的产生、变更和消灭中,有卫生法律规范的事先规定是前提条件,而有一定卫生法律事实的出现则是必要条件,二者缺一不可。卫生法律事实必须是卫生法律规范规定的法定情形,如食品的销售、患者到医院就医等。不是卫生法律规范规定的事实,即使出现,也不能对卫生法律关系的产生、变更和消灭产生影响。反之,仅有卫生法律规范的规定,没有一定的卫生法律事实的出现,也不能产生、变更和消灭卫生法律关系。

(二) 卫生法律事实的种类

卫生法律事实,是指由卫生法律规范规定的、能够引起卫生法律关系产生、变更和消灭的客观事实。根据卫生法律事实是否与当事人的意志有关,卫生法律事实可以分为:卫生法律事件和卫生法律行为。卫生法律事件,是指与当事人的意志无关,不是由当事人的行为引起的,能够引起卫生法律关系产生、变更和消灭的客观事实。卫生法律事件分为两种:一种是自然事件,例如地震、水灾等天灾;另一种是社会事件,例如战争、突发公共卫生事件、人的出生、人的死亡以及国家有关医药卫生政策的调整等。随着前者的结束或者后者的完成,卫生法律关系也随之变更或者消灭。卫生法律行为,是指与当事人的意志有关,由当事人的行为引起的,能够引起卫生法律关系产生、变更和消灭的客观事实。例如患者到医院的挂号就诊行为,导致医生与患者之间的医疗合同法律关系的形成;再如因医疗事故的发生导

致医患之间形成医疗损害赔偿法律关系,治疗任务完成,卫生法律关系自行消灭,医疗事故定论并妥善解决,卫生法律关系或者变更,或者消灭。

第六节 卫生违法和卫生法律责任

一、卫生违法的概念和构成

卫生违法是卫生法律关系主体实施的违反卫生法律规范的行为。构成卫生违法必须具备以下四个条件:

第一,卫生违法必须是客观上违反卫生法规定的一种行为。这种行为必须是客观存在的,对社会产生一定作用和影响的行为。单纯的思想和意识活动没有转化为客观行为,则不是违法。

第二,卫生违法必须是在不同程度上侵犯了卫生法所保护的社会关系和社会秩序的行为,具有一定的社会危害性。这种危害性既可能是已经发生的危害结果,也可以是一种潜在的威胁和危害;既可以是具体的、有形的,也可以是抽象的、无形的。

第三,卫生违法必须是行为者有主观过错的行为。这种过错可能是主观上的故意,也可能是主观上的过失。如果是因为不可抗力造成的,就不构成卫生违法。

第四,卫生违法的主体,必须是具有法定责任能力的公民、法人和其他组织。如果是一个未达到法定责任年龄或不具备承担责任的行为能力的人实施的行为,就不能构成卫生违法。

二、卫生法律责任的概念和特点

卫生法律责任,是指违反卫生法的行为主体对自己违反卫生法律规范的行为,所应当承担的带有强制性的法律后果。卫生法律责任主要有以下四个特点:

第一,卫生法律责任是违反卫生法律规范的后果。只有在构成卫生违法的前提下,行为人才有可能承担相应的卫生法律责任。不构成卫生违法,也就无须承担卫生法律责任。

第二,卫生法律责任必须由法律、法规、规章明确具体地规定。卫生违法行为的种类很多,但不是所有的卫生违法行为都要承担卫生法律责任。只有卫生法律、法规、规章在设定权限范围内作了明确的规定,行为主体才承担某种相应的卫生法律责任。

第三,卫生法律责任具有国家强制性,以国家强制力作为后盾。违法者拒绝承担由其违法而必须承担的卫生法律责任时,国家将强制其承担相应的卫生法律责任。

第四,卫生法律责任必须由国家授权的专门机关在其法定职权范围内依法予以追究,其他任何组织和个人都不能行使这种职权。

三、卫生法律责任的种类

由于行为人违反卫生法律规范的性质和社会危害程度不同,其所承担的法律责任也不同。一般将卫生法律责任分为行政责任、民事责任和刑事责任三种。我国法律暂时还没有规定违宪责任。

(一)行政责任

行政责任即行政法律责任。违反卫生法的行政责任,是卫生法律关系主体违反卫生法所确立的卫生行政管理秩序,尚未构成犯罪,所应承担的具有惩戒或制裁性的法律后果,主要包括行政处罚和行政处分两种形式。

(1)卫生行政处罚。卫生行政处罚是卫生行政机关或法律、法规授权的组织,在职权范围内依据法律规定的条件和程序对违反卫生行政管理秩序的公民、法人和其他组织,实施一种惩戒或制裁。卫生行政处罚的特征主要有以下几点:① 卫生行政处罚,是卫生行政主体依法实施的一种外部行为;② 卫生行政处罚,是对已确定违反了卫生行政管理秩序的行政相对人所采取的一种行政制裁;③ 卫生行政处罚的种类和幅度,是由卫生法律规范预先明确规定的;④ 卫生行政处罚,具有鲜明的惩戒性,对过去是一种制裁,对将来是一种警示。根据《中华人民共和国行政处罚法》(以下简称《行政处罚法》)和我国现行的卫生法律、法规、规章的规定,卫生行政处罚的种类主要有:警告、罚款、拘留、没收违法所得、没收非法财物、责令停产停业、暂扣或吊销有关许可证等。在具体的卫生法律规范性文件中,对各类卫生行政处罚,依照具体管理内容,有不同的具体规定。

(2)行政处分。行政处分是行政机关或企事业单位依据行政隶属关系,对违反卫生行政管理秩序、违反政纪或失职人员给予的行政制裁。根据《国家公务员法》《国务院关于国家行政机关工作人员的奖惩暂行规定》和有关法律、法规的规定,行政处分主要有:警告、记过、记大过、降级、降职、撤职、开除留用察看和开除八种。违反卫生行政管理秩序的行政处分,主要是对卫生行政机关或有关机关内的执法人员、公务人员及对医疗卫生机构内部的医疗卫生人员违反卫生行政管理秩序所给予的制裁。行政处分与行政处罚的主要区别是:① 处罚由执法机关决定,处分由有隶属关系的机关决定;② 处罚针对行政相对人,处分针对内部工作人员;③ 处罚针对行政相对人的违反行政法的行为,处分针对违法失职行为;④ 采取的制裁形式不同。

(二)民事责任

我国卫生法涉及的民事责任,大体上分两类:一类是违反卫生法的民事责任;

另一类是特殊职业行为引发的民事责任。

违反卫生法的民事责任,是指卫生法律关系主体因违反卫生法律规范而侵害了公民、法人或其他组织的合法权益所应承担的,以财产为主要内容的法律责任。其主要特点是:① 违反卫生法的民事责任,是以行为人实施了违反卫生法律规范的行为为前提的,侵害了他人的合法权益所产生的法律责任;② 违反卫生法的民事责任往往是与行政责任甚至刑事责任同时发生的;③ 违反卫生法的民事责任是以全额经济赔偿为主要责任形式的责任等。

特殊卫生职业行为引发的民事责任,是指卫生法律关系的主体,主要是医疗卫生机构及其工作人员,在行使其特定职责的职业活动中,由于某种过失或技术瑕疵使服务对象受到伤害而产生的民事法律后果。此类民事责任与一般民事责任相比,其主要特点有:① 行为本身不具有违法性,而且是在法定职业活动过程中产生的;② 双方均属特殊主体,且属特殊法律关系;③ 往往有技术局限性的某种制约和影响;④ 承担的责任范围受国家现行卫生政策制约,具有一定意义的国家性质;⑤ 主要以免责或适当的经济补偿形式承担责任,如医疗活动、预防性接种等职业服务过程中产生的民事责任等。

《民法通则》第134条规定的承担民事责任的方式有:停止侵害,排除妨碍,消除危险,返还财产,恢复原状,修理、重作、更换,赔偿损失,支付违约金,消除影响、恢复名誉和赔礼道歉十种。卫生法所涉及的民事责任是以赔偿为主要形式的民事责任。

构成卫生侵权民事责任必须具备损害的事实存在,行为具有违法性,行为人的过错,损害事实与行为人的过错有直接的因果关系几个要素。

(三)刑事责任

刑事责任是指行为人对其犯罪行为所应承担的法律后果。违反卫生法的刑事责任,是指违反卫生法的行为,侵害了刑法保护的社会关系构成犯罪时所应承担的法律后果,表现为国家对犯罪人及犯罪行为的制裁和犯罪人对这种制裁的承担。一般来讲,刑事责任有以下特征:① 刑事责任的法定性;② 刑事责任具有双向性,即制裁和承担;③ 刑事责任具有特定程度范围和衡量责任大小的尺度;④ 刑事责任是由犯罪行为引起的法律制裁;⑤ 刑事责任具有最严厉的法律强制性。

违反卫生法的刑事责任与违法卫生法的行政责任和民事责任的主要区别在于:① 引起刑事责任的原因是比一般卫生违法行为社会危害性更大的犯罪行为;② 行为人承担刑事责任必须通过特定的刑事诉讼程序;③ 刑事责任的后果是最严厉的刑事制裁。我国刑法规定,刑事责任的后果主要是刑罚,分为主刑和附加刑。主刑有:管制、拘役、有期徒刑、无期徒刑和死刑五种。死刑缓期执行不是独立的刑种,而是有条件地不执行死刑,是死刑的一种形式。附加刑有:罚金、剥夺政治权利和没收财产。附加刑也可以独立适用。对于犯罪的外国人,还可以独立或附加适用驱逐出境。

1997年10月1日开始实施的刑法,对违反卫生法和与违反卫生法有关的刑事责任,作了明确的规定,完善了卫生违法的刑事责任,共规定了20余项与违反卫生法有关的新罪名。主要包括以下内容:

(1) 与公共卫生有关的犯罪有:刑法第330条引起甲类传染病传播罪,第331条引起传染病菌种、毒种扩散罪,第332条违反国境卫生检疫罪,第360条传播性病罪,第409条传染病防治失职罪。

(2) 与健康相关产品有关的犯罪有:第141条生产、销售假药罪,第142条生产、销售劣药罪,第143条生产、销售不符合安生标准的食品罪,第144条生产、销售有害食品罪,第145条生产、销售劣质医疗器械、医用卫生材料罪,第148条生产、销售劣质化妆品罪,第355条非法提供麻醉药品、精神药品罪。

(3) 与医疗机构、医务人员管理和公民生命健康权有关的犯罪有:第333条非法组织他人卖血罪、强迫他人卖血罪,第334条非法采血、制血、供血罪,第335条重大医疗责任事故罪,第336条非法行医罪、擅自为他人进行计划生育手术罪,第302条盗窃、侮辱尸体罪,以及《刑法修正案(八)》第37条的组织贩卖人体器官罪等。

2012年4月29日,卫生部、公安部联合发布《关于维护医疗机构秩序的通告》,禁止任何单位和个人以任何理由、手段扰乱医疗机构正常诊疗秩序,侵害患者合法权益,危害医务人员人身安全,损坏医疗机构财产。患者在医疗机构就诊,其合法权益受法律保护,患者家属应当遵守医疗机构有关规章制度。医疗机构应当按照《医疗投诉管理办法(试行)》的规定,采取设立统一投诉窗口、投诉电话等形式接受患者投诉,并在显著位置公布医疗纠纷的解决途径、程序以及医疗纠纷人民调解组织等相关机构的职务部门、地址和相关联系方式。患者及家属应该依法按程序解决医疗纠纷。患者在医疗机构死亡后,必须按规定将遗体立即移放太平间,并及时处理,未经医疗机构允许,严禁将遗体停放在太平间以外的医疗机构内其他场所。公安机关要会同有关部门做好维护医疗机构治安秩序工作,依法严厉打击侵害医务人员、患者人身安全和扰乱医疗秩序的违法犯罪活动。有下列违反治安管理行为之一的,由公安机关依据《中华人民共和国治安管理处罚法》予以处罚,构成犯罪的,依法追究刑事责任。① 在医疗机构焚烧纸钱,摆设灵堂,摆放花圈,随意停尸,聚众滋事的;② 在医疗机构内寻衅滋事的;③ 非法携带易燃、易爆危险物品和管制器具进入医疗机构的;④ 侮辱、威胁、恐吓、执意伤害医务人员或者非法限制医务人员人身自由的;⑤ 在医疗机构内故意唆使患者盗窃、抢夺公共财物的;⑥ 倒卖医疗机构挂号凭证的;⑦ 其他扰乱医疗机构正常秩序的行为。

思 考 题

1. 什么是卫生法？它有哪些基本特征？
2. 卫生法的调整对象是什么？
3. 简述我国卫生法的创制的基本程序。
4. 我国卫生法的创制应遵循哪些基本原则？
5. 什么是卫生法的适用？
6. 简述我国卫生法的实施中应该做好哪些工作。
7. 什么叫卫生行政监督执法？简述我国卫生行政监督的体系。
8. 简述对违反卫生法的行为的责任种类及其追究途径。

参 考 文 献

[1] 杨紫烜.经济法[M].2版.北京:北京大学出版社,2006.
[2] 公丕祥.法理学[M].上海:复旦大学出版社,2002.
[3] 吴崇其.中国卫生法学[M].北京:中国协和医科大学出版社,2001.
[4] 胡玉鸿.法律原理与技术[M].北京:中国政法大学出版社,2002.
[5] 沈宗灵.法理学[M].北京:北京大学出版社,2001.
[6] 赵同刚.卫生法[M].2版.北京:人民卫生出版社,2004.
[7] 苏力.批评与自恋:读书与写作[M].北京:法律出版社,2004.

第三章 食品安全法律制度

内容提要 本章介绍我国食品安全法律制度,共分为三小节,主要阐释和论述食品安全法律制度相关的基本概念,食品安全法基本管理制度以及违反食品安全法所应承担的法律责任。其中食品安全法基本管理制度包括:食品安全风险监测和评估制度、食品安全标准制度、食品生产经营制度、食品检验制度、食品进出口制度、食品安全事故处置制度、食品安全监督管理制度。

重点提示 食品安全法 食品安全法基本管理制度 食品安全法律责任

第一节 食品安全法律制度概述

一、食品安全法相关概念

食品指各种供人食用或者饮用的成品和原料以及按照传统既是食品又是药品的物品,但是不包括以治疗为目的的物品。依《中华人民共和国食品安全法》(简称《食品安全法》)第99条规定,食品具有如下法律特征:第一,食品是供人食用的物品,而非是动物或其他;第二,食品是供人食用或饮用的物品,而不是供穿、住、行或其他需要;第三,食品包括食物成品和原料,也包括传统既是食品又是药品的物品,但不包括仅以治疗为目的的物品。食品是人类赖以生存、繁衍的基本条件,人类每天都要摄取一定量的食品来维持生命健康、保证身体的正常生长,如果食品本身含有有毒有害因素,或在食品生产、加工、储藏、运输、销售等过程中被有毒有害物质污染,就会给食用者的身体健康甚至是生命造成损害。所以,食品是否安全至关重要。

食品安全是指食品无毒、无害,符合应当有的营养要求,对人体健康不造成任何急性、亚急性或者慢性危害。一直以来,我国各项政策和法律规定中提到的都是"食品卫生"。食品卫生与食品安全是有着密切联系的两个概念,但两者所强调的重点不一样。食品安全强调食品对消费者生命及健康的一种安全保证,而食品卫生则强调为实现食品安全所提供的条件。从这个意义上说,食品安全概念理应包含食品卫生的含义。近些年,在世界范围内食品安全事故屡屡出现,给人们的健康和生命造成了巨大威胁,公众的合法权益亟需用法律的手段加以保障。

食品安全法是指调整人们在食品生产经营及其管理活动中所发生的特定的社

会关系的法律规范的总称,其目的是保证食品安全,保障公众身体健康和生命安全。食品安全法有广义与狭义之分。所谓狭义食品安全法,是指食品安全基本法,即《食品安全法》。该法于2009年2月28日由第十一届全国人民代表大会常务委员会第七次会议审议通过并颁布,2009年6月1日起施行。2015年4月24日,经十二届全国人大常委会第十四次会议表决通过修订草案,修改后的食品安全法自2015年10月1日起施行。所谓广义食品安全法,则是泛指国家制定的与食品安全有关的所有法律规范。其中不仅包括狭义的食品安全法,还包括与食品安全有关的行政法规、地方性法规、行政规章和规范性法律文件,以及其他法律中关于食品安全的规定。

二、《食品安全法》的效力范围

(一) 对人的效力范围

《食品安全法》第2条明确规定:凡在中华人民共和境内从事生产经营活动的,应当遵守本法。从事食品生产经营活动的单位和个人,不仅包括我国境内定点从事食品生产经营的单位和个人,也包括在我国境内流动从事食品生产经营和网络经营的单位和个人;不仅包括从事大规模食品生产经营的工商企业,也包括一切单位的职工食堂、食品摊贩等;不仅包括属于国有、集体所有和个体所有的从事食品生产经营的企业和个人,也包括在我国境内从事食品生产经营活动的外国独资企业和中外合资企业。同时,向我国出口食品的单位和个人也必须遵守《食品安全法》的规定。

(二) 对事的效力范围

根据《食品安全法》第2条规定,本法适用于食品、食品添加剂和食品相关产品的生产经营活动和安全管理活动,具体包括:① 食品生产和加工(以下称食品生产),食品销售和餐饮服务(以下称食品经营);② 食品添加剂的生产经营;③ 用于食品的包装材料、容器、洗涤剂、消毒剂和用于食品生产经营的工具、设备(以下称食品相关产品)的生产经营;④ 食品生产经营者使用食品添加剂、食品相关产品;⑤ 食品的贮存和运输;⑥对食品、食品添加剂、食品相关产品的安全管理。我国境内供食用的源于农业的初级产品(以下称食用农产品)的质量安全管理,遵守《中华人民共和国农产品质量安全法》的规定。但是,食用农产品的市场销售、有关质量安全标准的制定、有关安全信息的公布和本法对农业投入品作出规定的,应当遵守本法的规定。另外,根据《食品安全法》第151条规定,转基因食品和食盐的食品安全管理,本法未作规定的,适用其他法律、行政法规的规定。

三、我国食品安全法制建设的历程

古人云:"食,命也",是人与食品关系的精辟阐述。为了防止食品污染和食品中有毒有害因素对人体的危害,保障人民的生命与健康,我国一直非常重视食品安全的法制管理。

我国食品安全法制建设经历了一个漫长曲折的历史过程,它是在食品卫生法的基础上发展而来的。1982年全国人大常委会审议通过《中华人民共和国食品卫生法(试行)》(简称《食品卫生法》(试行)),这是我国第一部与食品安全相关的专门法律,它明确了国家实行食品安全监督制度。而在此之前,鉴于我国食品政策的中心任务是发展经济、保障供给,我国关于食品安全的立法很有限,内容也很简略,主要的法律规定有1965年8月颁布的《食品卫生管理试行条例》和1979年8月颁布的《中华人民共和国食品卫生管理条例》。《食品卫生法》(试行)较于此前颁布的法律法规有明显的进步,在很多内容上有新的规定,在其试行的10多年里,我国食品安全法律的发展进入了新的阶段,诸多与之配套的法律法规相继出台。为了适应时代的变迁,解决食品安全领域出现的新情况,1995年10月30日全国人民代表大会审议通过了《中华人民共和国食品卫生法》(简称《食品卫生法》),该法在试行法实施经验的基础上,对试行法做了必要的修改和补充。

近些年来,随着我国社会经济状况的深刻变化,十多年没有修改的《食品卫生法》的缺陷和不足逐渐凸显,越来越不能有效解决日益严峻的食品安全问题。如《食品卫生法》等法律法规所调整的范围过于狭窄,仅对食品生产、经营阶段的食品安全进行规定,没有包括种植、养殖、储存等环节中的食品、食品添加剂和食品相关产品的生产、经营或使用。而食品安全问题涵盖了从"农田到餐桌"的全过程,法律应该反映出整个食品链条,这就使得法律出现了较大的监管盲区,以致造成对饲料中加入瘦肉精、农药大量残留、食品储存污染等诸多问题的监管滞后和监管不力。面对这些问题,国内外学者专家都高度关注食品安全立法机制和监管方式的完善,社会客观实际也迫切需要对《食品卫生法》进行修改。2004年7月,国务院公布的《国务院关于进一步加强食品安全工作的决定》要求国务院法制办公室抓紧组织修改《食品卫生法》。而在当年12月,国务院向全国人大常委会提请审议《食品安全法(草案)》,修订原《食品卫生法》的方案被放弃。随后,全国人大常委会办公厅于2008年4月20日向社会全文公布《食品安全法(草案)》,广泛征求各方面意见和建议。2009年2月28日,经过全国人大常委会三次审议后,《食品安全法》最终在人们的呼吁声中应运而生,同时《食品卫生法》被废止。在紧接着的7月份,与之配套的《中华人民共和国食品安全法实施条例》(简称《食品安全法实施条例》)也出台了。《食品安全法》中的"食品安全"这一称谓不仅表现为在概念上与国际接轨,也体现了"从农田到餐桌"的食品安全全程监管理念,更体现了社会观念的改变,从过去关注食品的"干净卫生"转变为现在关心食品的"无毒无害",从注重食品的外观表象转变为注重食品内在的安全因素。相较《食品卫生法》而言,《食品安全法》在法律保护对象、法律适用主体、监管模式和标准制定等方面均有很大突破和完善,它是我国食品安全法律制度的又一重大里程碑,标志着我国食品安全法律体系的逐步完善。

现行《食品安全法》对规范食品生产经营活动、保障食品安全发挥了重要作用，食品安全整体水平得到提升，食品安全形势总体稳中向好。与此同时，我国食品企业违法生产经营现象依然存在，食品安全事件时有发生，监管体制、手段和制度等尚不能完全适应食品安全需要，法律责任偏轻、重典治乱的威慑作用没有得到充分发挥，食品安全形势依然严峻。党的十八大以来，党中央、国务院进一步改革完善我国食品安全监管体制，着力建立最严格的食品安全监管制度，积极推进食品安全社会共治格局。为了以法律形式固定监管体制改革成果、完善监管制度机制，解决当前食品安全领域存在的突出问题，以法治方式维护食品安全，为最严格的食品安全监管提供体制制度保障，修改现行《食品安全法》被立法部门提上日程。新修订的《食品安全法》历经全国人大常委会第九次会议、第十二次会议两次审议，三易其稿后终获通过。从2013年10月至2015年4月十二届全国人大常委会第十四次会议对《食品安全法(修订草案)》审议后表决通过，历时1年半的时间。新修订的《食品安全法》包括总则、食品安全风险监测和评估、安全标准、生产经营、检验、进出口、安全事故处置、监督管理、法律责任和附则，共有十章。这部新法被各界称为"史上最严的食品安全法"，新法从104条增加到154条，新增50条，对原有70%的条文进行了实质性修改；法律文本从1.5万字增加到3万字，法律责任从15条增加到28条。

第二节　食品安全法基本管理制度

食品安全事关百姓切身利益和社会安定，为切实保障食品安全，《食品安全法》明确了食品安全工作要实行预防为主、风险管理、全程控制、社会共治的基本原则，提供了一系列强有力的体制制度保障，这些制度包括：食品安全风险监测和评估制度、食品安全标准制度、食品生产经营制度、食品检验制度、食品进出口制度、食品安全事故处置制度、食品安全监督管理制度。

一、食品安全风险监测和评估制度

建立食品安全风险监测与评估制度是确保我国食品安全的基础性工程，也是一道必不可少的防线。《食品安全法》首次用专章对食品安全风险监测和评估制度进行了规定，它意味着我国食品安全监管摒弃了过去被动的、事后处理的旧思路，而采取主动预防和风险管理的新思路，从源头防控食品安全事故的发生。

（一）食品安全风险监测制度

食品安全风险监测，是指通过系统和持续地收集食源性疾病、食品污染以及食品中有害因素的监测数据及相关信息,并进行综合分析和及时通报的活动。《食品安全法》对食品安全风险监测的多个内容进行了详细规定。

1. 食品安全风险监测的对象

《食品安全法》第 14 条规定,国家建立食品安全风险监测制度,对食源性疾病、食品污染以及食品中的有害因素进行监测。由此可知,食品安全风险监测对象有以下三个:

(1) 食源性疾病。食源性疾病是指食品中致病因素进入人体引起的感染性、中毒性等疾病,包括常见的食物中毒、肠道性传染病、人畜共患传染病、寄生虫病以及化学性有毒有害物质所引起的疾病。食源性疾患的发病率居各类疾病总发病率的前列,是当前世界上最突出的食品安全问题。

(2) 食品污染。食品污染指根据国际食品安全管理的一般规则,在食品生产、加工或流通等过程中因非故意原因进入食品的外来污染物,一般包括金属污染物、农药残留、兽药残留、超范围或超剂量使用的食品添加剂、真菌毒素以及致病微生物、寄生虫等。一般来说,食品污染分为生物性、化学性及物理性污染三类。

(3) 食品中的有害因素。食品中的有害因素是指在食品生产、流通、餐饮服务等环节除了食品污染以外的其他可能途径进入食品的有害因素,包括食品中自然存在的有害物质、违法添加的非食用物质、超范围或超剂量使用的食品添加剂,以及被作为食品添加剂使用的有害物质。

2. 国家食品安全风险监测计划

国家食品安全风险监测计划由国务院卫生行政部门会同国务院食品药品监督管理、质量监督等部门制定、实施。根据《食品安全风险监测管理规定(试行)》第 7 条和第 9 条规定,国家食品安全风险监测计划应规定监测的内容、任务分工、工作要求、组织保障措施和考核等。国家食品安全风险监测应遵循优先选择原则,兼顾常规监测范围和年度重点,并优先考虑以下品种:① 健康危害较大、风险程度较高以及污染水平呈上升趋势的;② 易于对婴幼儿、孕产妇、老年人、病人造成健康影响的;③ 流通范围广、消费量大的;④ 以往在国内导致食品安全事故或者受到消费者关注的;⑤ 已在国外导致健康危害并有证据表明可能在国内存在的。另外,国家食品安全风险监测计划虽然在一定时期内具有一定程度的稳定性,但它绝不是一成不变的,它在制定后必须根据监测情况和分析结果不断地调整完善。《食品安全法》第 14 条规定,国务院食品药品监督管理部门和其他有关部门获知有关食品安全风险信息后,应当立即核实并向国务院卫生行政部门通报。对有关部门通报的食品安全风险信息以及医疗机构报告的食源性疾病等有关疾病信息,国务院卫生行政部门应当会同国务院有关部门分析研究,认为必要的,及时调整国家食品安全风险监测计划。《食品安全法实施条例》第 7 条和《食品安全风险监测管理规定(试行)》第 11 条也规定,国务院卫生行政部门会同有关部门,必要时,还应当依据医疗机构报告的有关疾病信息调整国家食品安全风险监测计划。

3. 省级地方食品安全风险监测方案

我国地域范围大、经济发展和饮食文化千差万别,国家制定的监测计划不一定能够适合各个地区,为了最大程度地保护公众健康,《食品安全法》第 14 条规定由省、自治区、直辖市人民政府卫生行政部门会同同级食品药品监督管理、质量监督等部门,根据国家食品安全风险监测计划,结合本行政区域的具体情况,制定、调整本行政区域的食品安全风险监测方案,报国务院卫生行政部门备案并实施。从该条规定中可以看出,省级地方食品安全风险监测方案有两个基本要求:一是以国家食品安全风险监测计划为依据;二是结合本行政区域的具体情况,包括本地区人口特征、主要生产和消费食物种类、预期的保护水平以及经费支持能力等。同国家食品安全监测计划一样,省级地方食品安全监测方案也不是一成不变的,它应当根据国家食品安全监测计划的调整,并结合自身行政区域的特色作出相应的调整。

4. 食品安全风险监测计划和方案的实施

食品安全风险监测工作由国务院有关部门依据法定职责组织实施。《食品安全法实施条例》第 9 条和《食品安全风险监测管理规定(试行)》第 14 条规定,省级以上人民政府卫生行政部门会同同级质量监督、食品药品监督管理等部门确定的技术机构承担并根据本行政区的具体情况组织实施食品安全风险监测工作,该技术机构应当根据食品安全风险监测计划和监测方案,在食品安全风险评估专家委员会的指导下开展监测工作,保证监测数据真实、准确,并按照食品安全风险监测计划和监测方案的要求,将监测数据和分析结果报送省级以上人民政府卫生行政部门和下达监测任务的部门。省级以上卫生行政部门指定的专门机构负责对承担国家食品安全风险监测工作的技术机构获得的数据进行收集和汇总分析,向卫生部提交数据汇总分析报告。卫生部门及时将食品安全风险监测数据和分析结果通报国务院农业行政、质量监督和国家食品药品监督管理以及国务院商务、工业和信息化等部门。医疗机构发现其接收的病人属于食源性疾病病人、食物中毒病人,或者疑似食源性疾病病人、疑似食物中毒病人的,应当及时向所在地县级人民政府卫生行政部门报告有关疾病信息。接到报告的卫生行政部门应当汇总、分析有关疾病信息,通报同级食品药品监督管理等部门,并及时向本级人民政府和上级卫生行政部门报告;必要时,可以直接向国务院卫生行政部门报告,同时报告本级人民政府和上级卫生行政部门。

(二) 食品安全风险评估制度

食品安全风险评估是指对食品、食品添加剂中生物性、化学性和物理性危害对人体健康可能造成的不良影响所进行的科学评估。《食品安全法》第 17 条规定,国务院卫生行政部门是食品安全风险评估工作的组织机构,成立由医学、农业、食品、营养、生物、环境等方面的专家组成的食品安全风险评估专家委员会进行食品安全风险评估。该专家委员会不仅参加食品安全风险评估工作,还负责对农药、肥料、生长调节剂、兽药、饲料和饲料添加剂等可能会影响食品安全的相关产品的安全性进行评估。

食品安全风险评估是一个科学过程,它的组织实施是在一定条件下进行的。《食品安全法》第 18 条规定,有下列情形之一的,应当进行食品安全风险评估:① 通过食品安全风险监测或者接到举报发现食品、食品添加剂、食品相关产品可能存在安全隐患的;② 为制定或者修订食品安全国家标准提供科学依据需要进行风险评估的;③ 为确定监督管理的重点领域、重点品种需要进行风险评估的;④ 发现新的可能危害食品安全因素的;⑤ 需要判断某一因素是否构成食品安全隐患的;⑥ 国务院卫生行政部门认为需要进行风险评估的其他情形。

食品安全风险评估结果是制定、修订食品安全标准和实施食品安全监督管理的科学依据,对于安全风险评估结果为不安全的食品,根据《食品安全法》第 21 条规定,食品安全风险评估结果得出食品、食品添加剂、食品相关产品不安全结论的,一方面,国务院食品药品监督管理、质量监督等部门应当依据各自职责立即向社会公告,告知消费者停止食用或者使用,并采取相应措施,确保该食品、食品添加剂、食品相关产品停止生产经营;另一方面,需要制定、修订相关食品安全国家标准的,国务院卫生行政部门应当会同国务院食品药品监督管理部门立即制定、修订。对于经综合分析表明可能具有较高程度安全风险的食品,该法第 22 条规定,对经综合分析表明可能具有较高程度安全风险的食品,国务院食品药品监督管理部门应当及时提出食品安全风险警示,并向社会公布。

二、食品安全标准制度

食品安全标准,是政府管理部门对食品生产经营过程中影响食品安全的各种要素以及各关键环节所规定的统一技术要求。它强调食品安全监管的科学性和公正性,最大限度地避免执法的随意性。《食品安全法》对食品安全标准没有作出明确定义,但其全文涉及食品安全标准有关规定的条文共有若干条,可以说,《食品安全法》对食品安全标准作出了较为系统的规定。

根据《食品安全法》的规定,食品安全标准是强制执行标准,除食品安全标准外,不得制定其他的食品强制性标准。制定食品安全标准应当以保障公众身体健康为宗旨,在风险评估结果的基础上,广泛听取食品生产经营者和消费者的意见,统筹考虑经济社会发展与食品安全保障需求,做到科学合理、安全可靠。食品安全标准应当包括以下具体内容:① 食品、食品添加剂、食品相关产品中的致病性微生物、农药残留、兽药残留、生物毒素、重金属等污染物质以及其他危害人体健康物质的限量规定;② 食品添加剂的品种、使用范围、用量;③ 专供婴幼儿和其他特定人群的主辅食品的营养成分要求;④ 对与卫生、营养等食品安全要求有关的标签、标志、说明书的要求;⑤ 食品生产经营过程的卫生要求;⑥ 与食品安全有关的质量要求;⑦ 与食品安全有关的食品检验方法与规程;⑧ 其他需要制定为食品安全标准的内容。这些内容涉及从食品、食品相关产品到食品添加剂,从限量规定到营养成分要求,从食品内在要求到食品外在包装,从安全指标到检验方法,再加上第八项的条款,已然很丰富。

《食品安全法》中规定的强制性食品安全标准有三类,即食品安全国家标准、食品安全地方标准和食品安全企业标准。食品安全国家标准由国务院卫生行政部门会同国务院食品药品监督管理部门制定、公布,国务院标准化行政部门提供国家标准编号。食品中农药残留、兽药残留的限量规定及其检验方法与规程由国务院卫生行政部门、国务院农业行政部门会同国务院食品药品监督管理部门制定。屠宰畜、禽的检验规程由国务院农业行政部门会同国务院卫生行政部门制定。对地方特色食品,没有食品安全国家标准的,省、自治区、直辖市人民政府卫生行政部门可以制定并公布食品安全地方标准,报国务院卫生行政部门备案。食品安全国家标准制定后,该地方标准即行废止。企业生产的食品没有食品安全国家标准或者地方标准的,食品生产企业可以制定严于食品安全国家标准或者地方标准的企业标准,作为组织生产的依据。企业标准应当报省、自治区、直辖市人民政府卫生行政部门备案,并且仅在本企业内部适用。

三、食品生产经营制度

食品生产经营,是指一切食品的生产(不包括种植业和养殖业)、采集、收购、加工、贮存、运输、陈列、供应、销售等活动。食品生产经营者在从事食品生产经营活动的过程中,应当遵守食品安全法及其相关法规的规定,履行应尽的义务。

(一)食品生产经营的法定要求

《食品安全法》明确规定食品生产经营首先应当符合食品安全标准。按照食品标准进行食品生产经营是我国食品安全法对食品生产经营最基本、最核心的要求;除此之外,《食品安全法》第33条规定,食品生产经营还应满足下列要求:

(1)具有与生产经营的食品品种、数量相适应的食品原料处理和食品加工、包装、贮存等场所,保持该场所环境整洁,并与有毒、有害场所以及其他污染源保持规定的距离;

(2)具有与生产经营的食品品种、数量相适应的生产经营设备或者设施,有相应的消毒、更衣、盥洗、采光、照明、通风、防腐、防尘、防蝇、防鼠、防虫、洗涤以及处理废水、存放垃圾和废弃物的设备或者设施。

(3)有专职或者兼职的食品安全专业技术人员、食品安全管理人员和保证食品安全的规章制度。

(4)具有合理的设备布局和工艺流程,防止待加工食品与直接入口食品、原料与成品交叉污染,避免食品接触有毒物、不洁物。

(5)餐具、饮具和盛放直接入口食品的容器,使用前应当洗净、消毒,炊具、用具用后应当洗净,保持清洁。

(6) 贮存、运输和装卸食品的容器、工具和设备应当安全、无害,保持清洁,防止食品污染,并符合保证食品安全所需的温度、湿度等特殊要求,不得将食品与有毒、有害物品一同贮存、运输。

(7) 直接入口的食品应当使用无毒、清洁的包装材料、餐具、饮具和容器。

(8) 食品生产经营人员应当保持个人卫生,生产经营食品时,应当将手洗净,穿戴清洁的工作衣、帽等;销售无包装的直接入口食品时,应当使用无毒、清洁的容器、售货工具和设备。

(9) 用水应当符合国家规定的生活饮用水卫生标准。

(10) 使用的洗涤剂、消毒剂应当对人体安全、无害。

(11) 法律、法规规定的其他要求。

以上《食品安全法》明确提出的十一类要求,考虑到食品食品生产经营种类、流程的复杂性,可能无法满足现实中的食品安全要求,所以,其他法律法规中的相关规定,食品生产经营者也应该遵守。

(二) 网络食品交易第三方平台的义务

随着互联网食品交易的日益增加,《食品安全法》设定了网上食品交易的"三项义务"。主要包括:一是一般性义务,即要求网络食品交易第三方平台要对入网经营者实名登记,要明确管理责任。二是管理义务,即要求网络食品交易第三方平台要对依法取得许可证才能经营的食品经营者的许可证进行审查,特别是发现入网食品经营者有违法行为的,应当及时制止,并且要立即报告食品药品监管部门。三是保护消费者合法权益义务,即包括消费者通过网络食品交易第三方平台,购买食品其合法权益受到损害的,可以向入网的食品经营者或者食品生产者要求赔偿;网络食品交易第三方平台提供者赔偿后,消费者有权向入网食品经营者或者生产者进行追偿。食品安全法所规定的"三项义务",落实了互联网食品交易中的食品安全、消费者权益保护问题的责任承担者,在确保互联网食品的交易安全的同时,也保证了产生的纠纷能够切实得以解决。

(三) 食品生产经营的禁止性要求

《食品安全法》第34条规定了禁止生产经营的若干类食品,确保从源头上阻断不安全食品的出现。具体有:① 用非食品原料生产的食品或者添加食品添加剂以外的化学物质和其他可能危害人体健康物质的食品,或者用回收食品作为原料生产的食品;② 致病性微生物,农药残留、兽药残留、生物毒素、重金属等污染物质以及其他危害人体健康的物质含量超过食品安全标准限量的食品、食品添加剂、食品相关产品;③ 用超过保质期的食品原料、食品添加剂生产的食品、食品添加剂;④ 超范围、超限量使用食品添加剂的食品;⑤ 营养成分不符合食品安全标准的专供婴幼儿和其他特定人群的主辅食品;⑥ 腐败变质、油脂酸败、霉变生虫、污秽不洁、混有异物、掺假掺杂或者感官性状异常的食品、食品添加剂;⑦ 病死、毒死或者死因不明的禽、畜、兽、水产动物肉类及其制品;⑧ 未按规定进行检疫或者检疫不合格的肉类,或者未经检验或者检验不合格的肉类制品;⑨ 被包装材料、容器、运输工具等污染的食品、食品添加剂;⑩ 标注虚假生产日期、保质期或者超过保质期的食品、食品添加剂;⑪ 无标签的预包装食品、食品添加剂;⑫ 国家为防病等特殊需要明令禁止生产经营的食品;⑬ 其他不符合法律、法规或者食品安全标准的食品、食品添加剂、食品相关产品。

(四)食品生产经营的专项制度

《食品安全法》对食品生产经营规定了以下专项制度,以保证食品生产经营活动的规范。这些专项制度包括许可制度,全程追溯制度,从业人员健康管理制度,记录制度,标签、说明书和广告制度,召回制度和特殊食品严格监管制度七个方面。

1. 食品生产经营许可制度

食品生产经营许可是一种行政许可,是指有关行政机关根据公民、法人或者其他组织的申请,经依法审查,准予其从事特定食品生产经营活动的行为。

《食品安全法》第35条和39条规定,国家对食品生产经营实行许可制度。从事食品生产、食品销售、餐饮服务和食品添加剂生产,应当依法取得许可。由此,《食品安全法》中规定的许可制度有食品生产许可、食品销售许可、餐饮服务许可和食品添加剂生产许可四种。食品生产经营者从事食品生产、销售、餐饮服务及食品添加剂生产活动的,应当依法向县级以上食品药品监督管理部门提交相关资料申请许可,该部门应当依照《中华人民共和国行政许可法》的规定,审核申请人提交的相关资料,必要时对申请人的生产经营场所进行现场核查;对符合规定条件的,决定准予许可;对不符合规定条件的,决定不予许可并书面说明理由。《食品安全法》虽然规定食品生产经营采用许可制度,但考虑到我国的具体国情,在第35条中也有一些例外规定:

(1)销售食用农产品。农民个人销售其自产的使用农产品,不需要取得食品销售许可证。

(2)食品生产加工小作坊和食品摊贩等从事食品生产经营活动,不需要取得食品生产、销售许可证。但应当符合本法规定的与其生产经营规模、条件相适应的食品安全要求,保证所生产经营的食品卫生、无毒、无害。

(3)利用新的食品原料生产食品,或者生产食品添加剂新品种、食品相关产品新品种,应当向国务院卫生行政部门提交相关产品的安全性评估材料。

(4)添加按照传统既是食品又是中药材的物质,按照传统既是食品又是中药材的物质目录由国务院卫生行政部门会同国务院食品药品监督管理部门制定、公布。

如今网购已成为我国居民日常消费的主要方式之一。统计数据显示，2013年我国网络零售交易额达到1.85万亿元，其中网络食品交易324亿元，保健食品约40亿元。《食品安全法》还将网购食品纳入监管范围，并明确规定，网络食品交易第三方应当对入网食品经营者进行实名登记，明确其食品安全管理责任；依法应当取得许可证的，还应当审查其许可证。消费者通过网络食品交易第三方平台购买食品，其合法权益受到损害的，可以向入网食品经营者或者食品生产者要求赔偿。

2. 食品安全全程追溯制度

食品安全追溯是运用现代网络技术、数据库管理技术和条码技术，对食品链从生产、加工、包装、运输到存储销售所有环节的信息，进行采集、记录、整理、分析和录入，最终可以通过电子终端设备查询的质量保障制度。建立追溯制度的最终目的是当食品安全出现问题时，能够快速有效地追溯到出现问题的环节，查出经营者和问题原料，同时可以将问题食品召回，将质量问题引起的后果降至最低，并对出问题环节的组织进行整改和惩罚，以确保食品的质量安全。《食品安全法》第42条规定，国家建立食品安全全程追溯制度。食品生产经营者应当依照本法的规定，建立食品安全追溯体系，保证食品可追溯。国家鼓励食品生产经营者采用信息化手段采集、留存生产经营信息，建立食品安全追溯体系。国务院食品药品监督管理部门会同国务院农业行政等有关部门建立食品安全全程追溯协作机制。食品质量安全追溯制度具有三个主要作用：一是当食品出现安全问题时，可以快速追溯至发生问题的环节；二是可以迅速地收回未出售或未消费的食品；三是可以长期对危害人类健康、动物或环境的无意识的影响进行监测和识别。

3. 食品从业人员健康管理制度

食品从业人员的健康状况，直接关系到食品的安全。如果食品从业人员患有传染病或者是带菌者，就容易污染其直接生产经营的食品，这些被污染的食品进入食用者口中，对食用者的身体健康造成威胁。因此，食品生产经营者建立并执行从业人员健康管理制度是必要的。《食品安全法》第45条和《食品安全法实施条例》第23条规定，食品生产经营者应当建立并执行从业人员健康管理制度。具体包括从业人员健康检查制度和健康档案制度。食品生产经营人员每年应当进行健康检查，取得健康证明后方可参加工作。患有痢疾、伤寒、病毒性肝炎等消化道传染病的人员，以及患有活动性肺结核、化脓性或者渗出性皮肤病等有碍食品安全的疾病的人员，不得从事接触直接入口食品的工作，食品生产经营者应当将其调整到其他不影响食品安全的工作岗位。

4. 食品生产经营信息记录制度

食品生产经营信息记录制度，是对食品、食品添加剂、食品相关产品等的来源、用法、用量、保质期等相关信息作出记录，保障食品的可追溯性的制度。《食品安全法》中规定的食品生产经营信息记录制度主要包括：食用农产品生产记录制度、食品生产和经营企业进货查验记录制度、食品生产企业出厂检验记录制度。

《食品安全法》第 49 条规定的是食用农产品生产记录制度。食用农产品生产记录的主体是食用农产品的生产企业和农民专业合作经济组织,他们应当依照食品安全标准和国家有关规定记录使用农药、肥料、兽药、饲料和饲料添加剂等农业投入品,严格执行农业投入品使用安全间隔期或者休药期的规定,不得使用国家明令禁止的农业投入品。禁止将剧毒、高毒农药用于蔬菜、瓜果、茶叶和中草药材等国家规定的农作物。并对生产记录的真实性、完整性承担责任。该记录是规范农业生产管理过程,加强农产品质量安全控制的有效措施。

《食品安全法》第 50 条和 53 条分别规定了食品生产和经营企业进货查验记录制度。第 50 条规定,食品生产企业应当建立食品原料、食品添加剂、食品相关产品进货查验记录制度,如实记录食品原料、食品添加剂、食品相关产品的名称、规格、数量、供货者名称及联系方式、进货日期等内容。食品原料、食品添加剂及食品相关产品的安全状况直接关系到生产的食品的安全状况。因此,食品生产者采购食品原料、食品添加剂、食品相关产品,应当查验供货者的许可证和产品合格证明文件;对无法提供合格证明文件的食品原料,应当依照食品安全标准进行检验;不得采购或者使用不符合食品安全标准的食品原料、食品添加剂、食品相关产品。第 53 条规定,食品经营者采购食品,应当查验供货者的许可证和食品出厂检验合格证或者其他合格证明(以下称合格证明文件)。食品经营企业应当建立食品进货查验记录制度,如实记录食品的名称、规格、数量、生产日期或者生产批号、保质期、进货日期以及供货者名称、地址、联系方式等内容,并保存相关凭证。记录和凭证保存期限应当符合本法第 50 条第 2 款的规定。实行统一配送经营方式的食品经营企业,可以由企业总部统一查验供货者的许可证和食品合格证明文件,进行食品进货查验记录。

《食品安全法》第 51 条是关于食品出厂检验记录的制度。出厂检验是食品生产中的最后一道工序,是食品生产者能够控制的最后一道关卡,为防止不合格的食品流入市场,从根本上保证消费者食用安全,食品出厂必须实行检验制度。食品生产者必须如实记录食品的名称、规格、数量、生产日期、生产批号、检验合格证号、购货者名称及联系方式、销售日期等内容,还应当具有与所生产产品相适应的质量安全检验和剂量检测手段。

另外,《食品安全法》第 53 条还规定了从事食品批发业务的经营企业应当建立食品销售记录制度,如实记录批发食品的名称、规格、数量、生产日期或者生产批号、保质期、销售日期以及购货者名称、地址、联系方式等内容,并保存相关凭证。这些规定是对食品经营者规定的一项重要法律义务,其目的是为了对食品销售者销售的货源进行把关,保证食品经营者所销售食品的质量。

5. 食品召回制度

我国早在《食品卫生法》《国务院关于加强食品等产品安全监督管理的特别规定》中就已对食品召回制度作出了相关规定,《食品安全法》又再次规定了食品召回制度的基本要求。根据《食品安全法》第63条的规定,食品召回制度适用的是食品生产者生产的"不符合食品安全标准"或"有证据证明可能危害人体健康"的食品,或者是食品经营者经营的"不符合食品安全标准"或"有证据证明可能危害人体健康"的食品。食品召回的主体有两类:一类是实施主体,主要是食品生产经营者;另一类是监督主体,主要指县级以上人民政府食品药品监督管理部门。食品召回应经过三个步骤:首先,对食品安全危害进行调查和评估,决定是否启动召回程序。这里的调查和评估包括食品生产者的调查评估,还包括接到通知的监管部门的调查和评估。因此,我国食品召回程序的启动方式也相应的有两种:一是食品生产经营者主动召回。即食品生产经营者发现其生产或经营的食品不符合食品安全标准或有证据证明可能危害人体健康,立即停止生产销售,主动召回已经上市销售的食品。二是监管部门责令召回。即食品生产经营者未依法召回或者停止经营不符合食品安全标准的食品的,县级以上人民政府食品药品监督管理部门可以责令其召回或者停止经营。其次,根据前期的调查和评估结果认为确应将食品召回的,应当先停止生产和销售该食品,并通知消费者和该食品经营者,然后按照法律规定提出并实施食品召回计划。最后,对召回的不安全食品进行后续处理。针对于采取一定补救措施后允许销售的可以销售,而对于那些经过采取各种补救措施仍不能保证食品安全的,应该进行无害化处理或者销毁,以防其再次流入市场。食品召回制度是一种具有公共性质的行政管理制度,作为一项缺陷食品对社会造成危害前的预防措施,其目的是尽快而有效地处理不安全的或可能不安全的食品,最大限度地减少和预防食品安全危害。

6. 食品标签、说明书和广告制度

(1) 标签、说明书制度。《食品安全法》对标签、说明书制度的规定,分为食品和食品添加剂两个方面。其中,在食品方面,主要规定了预包装食品、散装食品、转基因食品的标注、标签要求。《食品安全法》第67条详细列举了预包装食品的包装标签上应当标明的事项,如名称,规格,净含量,生产日期,成分或者配料表,生产者的名称、地址、联系方式,保质期,产品标准代号,贮存条件,所使用的食品添加剂在国家标准中的通用名称,生产许可证编号,法律、法规或者食品安全标准规定应当标明的其他事项。特别规定,专供婴幼儿和其他特定人群的主辅食品,其标签还应当标明主要营养成分及其含量。第68条规定,食品经营者销售散装食品,应当在散装食品的容器、外包装上标明食品的名称、生产日期或者生产批号、保质期以及生产经营者名称、地址、联系方式等内容。第69条规定,生产经营转基因食品应当按照规定显著标示。

依照《食品安全法》第70条规定,食品添加剂应当有标签、说明书和包装。标签、说明书应当载明本法第67条第1款第1项至第6项、第8项、第9项规定的事项,以及食品添加剂的使用范围、用量、使用方法,并在标签上载明"食品添加剂"字样。第71条进一步规定,食品和食品添加剂的标签、说明书,不得含有虚假内容,不得涉及疾病预防、治疗功能。生产经营者要对其提供的标签、说明书的内容负责。食品和食品添加剂的标签、说明书应当清楚、明显,生产日期、保质期等事项应当显著标示,容易辨识。食品和食品添加剂与其标签、说明书的内容不符的,不得上市销售。标签、说明书制度对于保障消费者的知情权和选择权以及合理使用相关产品方面有着重要意义。

(2) 食品广告制度。食品广告是食品生产者为促销其产品,利用媒体宣传其优点,以占有更大市场、获取更多利润的一种手段,也是食品广告经营者获取利益的重要途径。根据《食品安全法》第73条和我国《广告法》的有关规定,食品广告应符合以下法定要求:

① 内容应当真实合法。具体而言,食品广告主、广告经营者、广告发布者发布食品广告,必须保证食品广告内容与食品实际状况相符合,如实披露食品信息。

② 品广告的内容不得涉及疾病预防、治疗功能。食品广告不得使用医疗用语或者易与药品混淆的用语,避免造成"药食不分"的混乱局面的情况。

③ 有关部门、社会团体或者其他组织不得以广告或者其他形式向消费者推荐食品。县级以上人民政府食品药品监督管理部门和其他有关部门以及食品检验机构、食品行业协会不得以广告或者其他形式向消费者推荐食品。消费者组织不得以收取费用或者其他牟取利益的方式向消费者推荐食品。

7. 特殊食品严格监管制度

特殊食品包括保健食品、特殊医学用途配方食品和婴幼儿配方食品等。国家对特殊食品实施更为严格的监管制度,针对食品安全事故高发的保健食品,《食品安全法》第75至79条,对保健食品的原料目录、进口、注册、标签、说明书,广告等做出了明确具体的规定。对于特殊医学用途的配方食品,《食品安全法》第80条规定,应当经国务院食品药品监督管理部门注册。注册时,应当提交产品配方、生产工艺、标签、说明书以及证明产品安全性、营养充足性和特殊医学用途临床效果的材料。特殊医学用途配方食品广告适用《中华人民共和国广告法》和其他法律、行政法规关于药品广告管理的规定。2008年"三聚氰胺"事件后,婴幼儿食品安全问题成为食品安全领域的焦点。关于婴幼儿配方食品,生产企业应当建立实施从原料进厂到成品出厂的全过程质量控制,对出厂的婴幼儿配方食品实施逐批检验,保证食品安全。《食品安全法》第81条规定,生产婴幼儿配方食品使用的生鲜乳、辅料等食品原料、食品添加剂等,应当符合法律、行政法规的规定和食品安全国家标准,保证婴幼儿生长发育所需的营养成分。婴幼儿配方食品生产企业应当将食品原料、食品添加剂、产品配方及标签等事项向省、自治区、直辖市人民政府食品药品监督管理部门备案。婴幼儿配方乳粉的产品配方应当经国务院食品药品监督管理部门注册。注册时,应当提交配方研发报告和其他表明配方科学性、安全性的材料。不得以分装方式生产婴幼儿配方乳粉,同一企业不得用同一配方生产不同品牌的婴幼儿配方乳粉。

四、食品检验制度

食品检验是指食品检验机构根据《食品安全法》制定的有关食品安全标准,对食品原料、辅助材料、成品的质量和安全性进行的检验,包括对食品理化指标、卫生指标、外观特性以及外包装、内包装、标志等进行的检验。食品检验制度在保证食品安全、加强食品安全监管、防止不安全食品危害人们健康的一项重要制度。

(一) 食品检验主体

根据《食品安全法》的规定,食品检验主体有依法享有检验权利的主体和享有检验委托权利的主体两类,前者包括食品检验机构、具备出厂检验能力的食品生产经营企业,后者包括食品安全监督管理部门、食品行业协会以及消费者等。

1. 食品检验机构

食品检验机构是落实监管技术的重要组织保证,其工作质量直接影响到食品质量安全监管制度的落实。我国对从事食品检验的机构实行资格准入制度,只有通过法定渠道获得检验资格的机构才能从事食品检验活动。不过,通过其他以法律的形式作出的例外规定,也能赋予某些特殊机构以特殊的检验资格。鉴于目前负责食品安全监管的卫生、农业、质检、工商、商务、食品药品监督等部门都有所属的食品检验机构,对食品检验机构的认定条件和办法并不完全一致,各食品检验机构水平参差不齐。为了统一资质认定条件和检验规范,《食品安全法》第 84 条规定,食品检验机构按照国家有关认证认可的规定取得资质认定后,方可从事食品检验活动。但是,法律另有规定的除外。食品检验机构的资质认定条件和检验规范,由国务院食品药品监督管理部门规定。符合本法规定的食品检验机构出具的检验报告具有同等效力。县级以上人民政府应当整合食品检验资源,实现资源共享。

另外,《食品安全法》对食品检验人员也提出了法定条件,要求我国从事食品检验的人员必须由食品检验机构专门指定,独立进行。

2. 食品生产企业

食品生产企业可以对自行生产的食品进行检验,但前提条件是具备相应的检验能力,该能力需满足以下法律要求:① 有独立行使食品检验并具有质量否决权的内部检验机构;② 检验机构有健全的产品质量管理制度,包括岗位质量规范、质量责任以及相应的考核办法;③ 检验机构具有符合机关产品技术标准要求的检验仪器和设备,能满足规定的精度、检测范围要求;④ 检验机构有满足检验工作需要的员工数量,检验人员熟悉标准,经培训考核合格;⑤ 能科学、公正、准确及时地提供检验报告,出具产品质量检验合格证明。如果食品生产经营企业不能满足以上一项或一项以上的检验项目要求,则该企业不具备自行检验能力,在这种情况下,食品生产企业只能委托食品检验机构进行检验。

3. 食品行业协会和消费者协会等组织、消费者

《食品安全法》第 89 条第 2 款规定,食品行业协会和消费者协会等组织、消费者需要委托食品检验机构对食品进行检验的,应当委托符合本法规定的食品检验机构进行。

(二)食品抽样检查制度

为切实保证食品检验对食品安全质量的监管作用,《食品安全法》废止了食品免检制度,并进一步明确规定对食品检验采取定期或不定期的抽样检验制度。根据《食品安全法》第87条规定,县级以上人民政府食品药品监督管理部门应当对食品进行定期或者不定期的抽样检验,并依据有关规定公布检验结果,不得免检。进行抽样检验,应当购买抽取的样品,委托符合本法规定的食品检验机构进行检验,并支付相关费用;不得向食品生产经营者收取检验费和其他费用。

五、食品安全事故处置制度

食品安全事故,指食物中毒、食源性疾病、食品污染等源于食品,对人体健康有危害或者可能有危害的事故。也就是说,所有与人体健康有关的食品问题都可能会成为安全事故,而不仅仅是指我们通常所认为的那些具有轰动性、损害和影响都较大的食品案件。而且,食品安全事故并不以发生实际危害为要件,对人体可能造成危害的也可构成食品安全事故。

(一)食品安全事故应急预案

食品安全事故应急预案,是指经过一定程序制定的开展食品安全事故应急处理工作的事先指导方案。[①] 我国早在2003年全国抗击非典型肺炎之际就出台了《突发公共卫生事件应急条例》,将食品安全事故作为公共卫生事件处理。随后,在2006年又先后颁布了《国家突发公共事件总体应急预案》《国家突发公共卫生事件应急预案》以及专门针对食品安全事故的《国家重大食品安全事故应急预案》。《食品安全法》在此基础上,作了进一步的补充。《食品安全法》第102条规定,国务院组织制定国家食品安全事故应急预案。县级以上地方人民政府应当根据有关法律、法规的规定和上级人民政府的食品安全事故应急预案以及本行政区域的实际情况,制定本行政区域的食品安全事故应急预案,并报上一级人民政府备案。食品安全事故应急预案应当对食品安全事故分级、事故处置组织指挥体系与职责、预防预警机制、处置程序、应急保障措施等作出规定。食品生产经营企业应当制定食品安全事故处置方案,定期检查本企业各项食品安全防范措施的落实情况,及时消除事故隐患。食品安全应急预案的制定一方面有利于对食品安全问题做到早发现、早预防、早整治、早解决,另一方面也是为了各机关各尽其职,共同做好食品安全事故预防及处理工作。食品安全事故预案虽然不是法律,但起到了法的作用,有关部

[①] 于华江.食品安全法[M].北京:对外经济贸易大学出版社,2010:04.

门应当依其行事,落实各自的职责。

(二) 食品安全事故处理

1. 食品安全事故报告

为了防止引起社会恐慌,危险的扩大,食品安全事故发生后,相关主体应该第一时间报告食品安全事故发生的情况并采取应急措施。根据《食品安全法》规定,负有食品安全事故报告义务的主体有三类。第一类是事故发生单位,即食品生产者或经营者。发生食品安全事故的单位对导致或者可能导致食品安全事故的食品及原料、工具、设备等,应当立即采取封存等控制措施,并自事故发生之时起2小时内向所在地县级人民政府食品药品监督管理部门报告。第二类是接收病人进行治疗的单位。食品安全事故发生后,接收病人进行治疗的单位应当及时向事故发生地县级人民政府食品药品监督管理、卫生行政部门报告。以便引起监管部门的注意,尽早发现和确定食品不安全因素。第三类是政府有关部门。农业行政、质量监督部门在日常监督管理中发现食品安全事故,或者接到有关食品安全事故的举报,应当立即向同级食品药品监督管理部门通报。接到报告的县级人民政府食品药品监督管理部门应当按照应急预案的规定向本级人民政府和上级人民政府食品药品监督管理部门报告。县级人民政府和上级人民政府食品药品监督管理部门应当按照应急预案的规定上报。

2. 食品安全事故调查

食品安全事故发生后,一方面,设区的市级以上人民政府食品药品监督管理部门应当立即会同有关部门进行事故责任调查,督促有关部门履行职责。涉及两个以上省、自治区、直辖市的重大食品安全事故由国务院食品药品监督管理部门依照前款规定组织事故责任调查。调查食品安全事故,除了查明事故单位的责任,还应当查明有关监督管理部门、食品检验机构、认证机构及其工作人员的责任。食品安全事故调查部门有权向有关单位和个人了解与事故有关的情况,并要求提供相关资料和样品。有关单位和个人应当予以配合,按照要求提供相关资料和样品,不得拒绝。另一方面,县级以上疾病预防控制机构应当对事故现场进行卫生处理,并对与事故有关的因素开展流行病学调查,有关部门应当予以协助。县级以上疾病预防控制机构应当向同级食品药品监督管理、卫生行政部门提交流行病学调查报告。

3. 食品安全事故处置

《食品安全法》第105条规定,县级以上人民政府食品药品监督管理部门接到食品安全事故的报告后,应当立即会同同级卫生行政、质量监督、农业行政等部门进行调查处理,并采取下列措施,防止或者减轻社会危害:

(1) 开展应急救援工作,组织救治因食品安全事故导致人身伤害的人员。

(2) 封存可能导致食品安全事故的食品及其原料,并立即进行检验;对确认属于被污染的食品及其原料,责令食品生产经营者依照本法第63条的规定召回或者停止经营。

（3）封存被污染的食品相关产品，并责令进行清洗消毒。

（4）做好信息发布工作，依法对食品安全事故及其处理情况进行发布，并对可能产生的危害加以解释、说明。

4. 提出事故责任调查处理报告

《食品安全法》第 106 条规定，发生食品安全事故，设区的市级以上人民政府食品药品监督管理部门应当立即会同有关部门进行事故责任调查，督促有关部门履行职责，向本级人民政府和上一级人民政府食品药品监督管理部门提出事故责任调查处理报告。

六、食品安全监督管理制度

根据修订后的《食品安全法》规定，完善统一权威的食品安全监管机构，由分段监管变成食药监部门统一监管。我国食品安全监督管理包括食品安全行政监督、食品安全行业监督及食品安全社会监督，其中以行政监督为主。

（一）食品安全行政监督

我国对食品安全实行全程控制、社会共治，建立科学、严格的监督管理制度。《食品安全法》规定，县级以上人民政府食品药品监督管理、质量监督部门根据食品安全风险监测、风险评估结果和食品安全状况等，确定监督管理的重点、方式和频次，实施风险分级管理。县级以上地方人民政府组织本级食品药品监督管理、质量监督、农业行政等部门制定本行政区域的食品安全年度监督管理计划，向社会公布并组织实施。

1. 食品安全监督管理的重点

《食品安全法》第 109 条规定，食品安全年度监督管理计划应当将下列事项作为监督管理的重点：① 专供婴幼儿和其他特定人群的主辅食品；② 保健食品生产过程中的添加行为和按照注册或者备案的技术要求组织生产的情况，保健食品标签、说明书以及宣传材料中有关功能宣传的情况；③ 发生食品安全事故风险较高的食品生产经营者；④ 食品安全风险监测结果表明可能存在食品安全隐患的事项。

2. 食品安全监督管理措施

为了使县级以上人民政府食品药品监督管理、质量监督部门更好地履行食品安全监督管理职责，《食品安全法》第 110 条规定，县级以上人民政府食品药品监督管理、质量监督部门履行各自食品安全监督管理职责，有权采取下列措施，对生产经营者遵守本法的情况进行监督检查：① 进入生产经营场所实施现场检查；② 对生产经营的食品、食品添加剂、食品相关产品进行抽样检验；③ 查阅、复制有关合同、票据、账簿以及其他有关资料；④ 查封、扣押有证据证明不符合食品安全标准或者有证据证明存在安全隐患以及用于违法生产经营的食品、食品添加剂、食品相关产品;⑤查封违法从事生产经营活动的场所。

3. 责任约谈

根据《食品安全法》第114和117条规定,食品生产经营过程中存在食品安全隐患,未及时采取措施消除的,县级以上人民政府食品药品监督管理部门可以对食品生产经营者的法定代表人或者主要负责人进行责任约谈。县级以上人民政府食品药品监督管理等部门未及时发现食品安全系统性风险,未及时消除监督管理区域内的食品安全隐患的,本级人民政府可以对其主要负责人进行责任约谈。地方人民政府未履行食品安全职责,未及时消除区域性重大食品安全隐患的,上级人民政府可以对其主要负责人进行责任约谈。约谈是一种低成本、灵活的行政手段,实践中取得了较好效果。纵观当前我国食品安全违法行为,有些是故意所为,有些是无知造成,有些是恶习形成。约谈制度有利于关口前移,提升生产经营者和监管者的素质和责任意识,从源头防范食品安全事件发生。

4. 食品安全信用档案制度

根据《食品安全法》第11条规定,食品药品监管部门应当建立食品生产经营者食品安全信用档案,依法向社会公布并实时更新。这一制度的建立不仅有利于引导食品生产经营者在生产经营活动中重质量、重服务、重信誉、重自律,进而形成确保食品安全的长效机制,而且对监管部门提升监督检查效率,增强执法威慑力具有重要意义。

(二)食品安全行业监督

《食品安全法》第9条规定,食品行业协会应当加强行业自律,按照章程建立健全行业规范和奖惩机制,提供食品安全信息、技术等服务,引导和督促食品生产经营者依法生产经营,推动行业诚信建设,宣传、普及食品安全知识。由于食品行业协会对行业的了解更具专业水准,发动群众更充分,再加上与食品生产经营企业也有着十分密切的联系,因而其所形成的监督管理力量是政府行政监督管理所不能替代的。

(三)食品安全社会监督

根据《食品安全法》第9条第2款、第10条第2款和第12条的规定,消费者协会和其他消费者组织对违反本法规定,损害消费者合法权益的行为,依法进行社会监督。新闻媒体应当开展食品安全法律、法规以及食品安全标准和知识的公益宣传,并对食品安全违法行为进行舆论监督。任何组织或者个人有权举报食品安全违法行为,依法向有关部门了解食品安全信息,对食品安全监督管理工作提出意见和建议。

（四）食品安全信息制度

食品安全信息制度是食品安全监督管理制度的一个重要内容，它决定了食品安全监督管理的工作效率和成败。根据《食品安全法》规定，我国食品安全信息制度具体包括食品安全信息公布制度、食品安全信息报告制度和食品安全信息通报制度。

1. 食品安全信息公布制度

食品安全关系着人民群众的身体健康和生命安全，食品安全信息公布不规范、不统一，就可能会出现公布的信息不科学、不准确，给消费者造成不必要的恐慌。《食品安全法》第118条具体规定了食品安全信息公布制度，依此规定，根据食品安全信息的内容及其重要程度、影响范围的不同，我国食品安全信息公布有三种情况：一是国务院食品药品监督管理部门统一公布，国家食品安全总体情况、食品安全风险警示信息、重大食品安全事故及其调查处理信息和国务院确定需要统一公布的其他信息。这些信息影响范围大、力度强、涉及面广，为保证食品安全信息公布的规范性、严肃性，必须由国务院食品药品监督管理部门统一公布。二是省、自治区、直辖市人民政府食品药品监督管理部门公布，食品安全风险警示信息和重大食品安全事故及其调查处理信息的影响力限于特定区域的信息。三是县级以上人民政府食品药品监督管理、质量监督、农业行政部门依据各自职责公布食品安全日常监督管理信息。无论在哪种情况下，信息公布应当做到准确、及时，并进行必要的解释说明，避免误导消费者和形成不良社会舆论。

2. 食品安全信息报告制度

《食品安全法》第119条第1款规定，县级以上地方人民政府食品药品监督管理、卫生行政、质量监督、农业行政部门获知本法规定需要统一公布的信息，应当向上级主管部门报告，由上级主管部门立即报告国务院食品药品监督管理部门；必要时，可以直接向国务院食品药品监督管理部门报告。根据报告程序的不同，食品安全信息报告有两种方式：一是一般情况下的逐级报告，即县级以上地方人民政府食品药品监督管理、卫生行政、质量监督、农业行政部门获知食品安全信息后，应当各自向其上级主管部门报告，由上级主管部门立即报告国务院卫生行政部门；二是情况必要的越级报告，即越过其上级主管部门，直接向国务院食品药品监督管理部门报告。两种方式，虽程序不同，但最终都是向国务院食品药品监督管理部门报告。

3. 食品安全信息通报制度

《食品安全法》第119条第2款规定，县级以上人民政府食品药品监督管理、卫生行政、质量监督、农业行政部门应当相互通报获知的食品安全信息。我国对生产、销售、餐饮服务等各环节实施严格的全过程管理，如果没有统一协调的信息共享机制，难免会造成由于信息资源利用率低下而影响监管工作效率的事实。因此，《食品安全法》的这一规定无疑可以实现食品安全信息的综合利用和资源共享，有利于及时研究分析食品安全情况,对食品安全问题做到早发现、早预防、早整治、早解决。

第三节 食品安全法律责任

法律责任意味着国家对违法行为的否定性反应和谴责。[①] 食品安全法律责任是国家运用法律标准对食品安全违法行为给予的否定性评价,是直接由违反食品安全法的行为所引起的不利法律后果。食品安全法确定了食品安全工作实行全程控制的责任链条,在这个责任链条中包括三种类型的责任,即行政责任、民事责任和刑事责任。这三种责任是相互独立、不可互相抵销的。

一、行政责任

行政责任在食品安全问题上主要表现为食品生产经营者或政府相关部门由于违反食品安全法律或不履行食品安全法所规定的义务而依法应承担的行政法律后果。根据《食品安全法》规定,我国食品安全行政责任按照不同的责任方式主要分为两种,即行政处罚和行政问责。

行政处罚主要适用于作为行政相对人的食品生产经营者。食品生产经营者作出违反法律规定的行为将会受到行政处罚,《食品安全法》详细列举了若干种违法行为,同时大幅提高了行政罚款的额度。比如,对生产经营添加药品的食品,生产经营营养成分不符合国家标准的婴幼儿配方乳粉等违法行为,最高可以处罚货值金额由现行的 10 倍罚款提高到 30 倍。针对多次、重复被罚而不改正的问题,食品药品监管部门对在 1 年内累计 3 次因违法受到罚款、警告等行政处罚的食品生产经营者,给予责令停产停业直至吊销许可证的处罚。

对于被吊销许可证的食品生产经营者及其法定代表人、直接负责的主管人员和其他直接责任人员自处罚决定作出之日起 5 年内不得申请食品生产经营许可,或者从事食品生产经营管理工作、担任食品生产经营企业食品安全管理人员。因食品安全犯罪被判处有期徒刑以上刑罚的,终身不得从事食品生产经营管理工作,也不得担任食品生产经营企业食品安全管理人员。食品生产经营者聘用以上两类人员的,由县级以上人民政府食品药品监督管理部门吊销许可证。

此外,针对有些违法者"怕关不怕罚"的情况,本法对违法添加非食用物质、经营病死畜禽、违法使用剧毒、高毒农药等屡禁不止的严重违法行为,增加了行政拘留的处罚。

行政问责主要适用于政府相关部门,尤其是地方政府食品药品监督管理部门。

[①] 孙国华,朱景文. 法理学[M]. 北京:中国人民大学出版社,2004:406.

我国食品药品监督管理部门对食品安全享有监督管理的职权,也负有若干禁止性义务。食品药品监督管理部门的行为触犯了这些禁止性义务即违法,需承担行政责任。《食品安全法》规定的违法行为包括以下四种:① 食品检验机构、食品检验人员出具虚假检验报告的;② 食品药品监督管理等部门、食品检验机构、食品行业协会以广告或者其他形式向消费者推荐食品,消费者组织以收取费用或者其他牟取利益的方式向消费者推荐食品的;③ 县级以上地方人民政府在食品安全监督管理中未履行职责,本行政区域出现重大食品安全事故、造成严重社会影响的;④ 对县级以上食品药品监督管理部门、卫生行政、农业行政、质量监督或者其他有关行政部门不履行食品安全法规定的职责或者滥用职权、玩忽职守、徇私舞弊的。政府相关部门承担行政问责责任的方式主要有记大过、降级、撤职或者开除、引咎辞职等。

二、民事责任

《食品安全法》中涉及民事责任的条款有 7 条(或款),规定了连带责任、补偿性赔偿、惩罚性赔偿。此 7 条(或款)的规定加大了食品安全民事责任的惩罚力度,有利于消费者的权利救济。

1. 连带责任

《食品安全法》关于连带责任的规定主要有 6 条(或款)。第 122 条第 2 款,明知食品、食品添加剂生产经营者未取得食品生产经营许可,仍为其提供生产经营场所或者其他条件的,使消费者的合法权益受到损害的,应当与食品、食品添加剂生产经营者承担连带责任。第 123 条第 2 款规定,明知从事前款规定的违法行为,仍为其提供生产经营场所或者其他条件,使消费者的合法权益受到损害的,应当与食品生产经营者承担连带责任。第 130 条规定,违反本法规定,集中交易市场的开办者、柜台出租者、展销会的举办者允许未依法取得许可的食品经营者进入市场销售食品,或者未履行检查、报告等义务,使消费者的合法权益受到损害的,应当与食品经营者承担连带责任。第 131 条规定,违反本法规定,网络食品交易第三方平台提供者未对入网食品经营者进行实名登记、审查许可证,或者未履行报告、停止提供网络交易平台服务等义务的,使消费者的合法权益受到损害的,应当与食品经营者承担连带责任。第 139 条第 2 款规定,认证机构出具虚假认证结论,使消费者的合法权益受到损害的,应当与食品生产经营者承担连带责任。第 140 条第 2 款、第 3 款规定,广告经营者、发布者设计、制作、发布虚假食品广告,使消费者的合法权益受到损害的,应当与食品生产经营者承担连带责任。社会团体或者其他组织、个人在虚假广告或者其他虚假宣传中向消费者推荐了食品,使消费者的合法权益受到损害的,应当与食品生产经营者承担连带责任。由此,虚假广告代言人承担连带责任的构成要件如下:① 行为人实施了虚假代言行为,即在虚假广告中向消费者推荐食品;② 消费者的合法权益遭受实际损害,包括财产权益和人身权益;③ 虚假代言行为与消费者损失之间有因果关系;④ 虚假代言人主观上存在过错,即代言人明知或应知所代言广告内容与真实内容不符。虚假广告代言人承担连带责任的规定有利于遏制明星虚假代言现象,防止消费者因盲目"追星"而受到非法损害。

2. 补偿性赔偿

《食品安全法》中承担民事责任的方式以民事赔偿为主,包括补偿性赔偿和惩罚性赔偿两种。补偿性赔偿责任主要是按照被害人的实际损失,着重于补偿受害者的利益。第 148 条第 1 款规定,消费者因不符合食品安全标准的食品受到损害的,可以向经营者要求赔偿损失,也可以向生产者要求赔偿损失。接到消费者赔偿要求的生产经营者,应当实行首负责任制,先行赔付,不得推诿;属于生产者责任的,经营者赔偿后有权向生产者追偿;属于经营者责任的,生产者赔偿后有权向经营者追偿。该条是方便消费者维权,在因不符合食品安全标准的食品受到损害的情况下,享有救济选择权,或向生产者或向销售中求偿。

3. 惩罚性赔偿

惩罚性赔偿是在受害人实际损害之外的金钱赔偿,是为惩罚加害人的行为,并吓阻该行为人及其他人于未来从事类似行为而给予的赔偿。《食品安全法》第 148 第 2 款规定,生产不符合食品安全标准的食品或者经营明知是不符合食品安全标准的食品,消费者除要求赔偿损失外,还可以向生产者或者经营者要求支付价款十倍或者损失三倍的赔偿金;增加赔偿的金额不足一千元的,按一千元赔偿。从该规定中可以看出,承担惩罚性赔偿责任有两个关键的条件,即:一是违法主体。惩罚性赔偿责任仅适用于食品生产经营者,其中经营者包括食品流通环节的经营者及提供餐饮服务环节的经营者,但是并不包括其他需承担赔偿性责任的主体,如集中交易市场的开办者、柜台出租者、展销会的举办者、广告经营者及代言人等。二是生产了不符合食品安全标准的食品或者销售明知是不符合食品安全标准的食品。如果食品经营者在不知情的情况下经营不符合食品安全标准的食品,本身没有过错,则不需要承担惩罚性赔偿责任。《食品安全法》中引入惩罚性赔偿制度,是维护消费者权益,惩罚生产销售者侵犯消费者合法权益的行为,遏制食品生产销售行业中同类违法行为的发生的有效措施。

三、刑事责任

为切实保障食品安全,除了行政法、民法保障外,也需刑法保护。刑法的正确适用,对及时打击严重食品安全违法行为及维持、改善食品安全状况而言都是一个坚强的后盾。《食品安全法》第 149 条规定,违反本法规定,构成犯罪的,依法追究刑事责任。这是属于一种统一刑法典的立法模式。《食品安全法》的这种刑事责任立法模式,与我国目前朝着统一性、集中性方向发展的统一刑法典立法模式是相一致的。根据我国刑法规定,刑事责任的追究采用罪行法定原则,即要追究食品安全犯罪行为的刑事责任需要有刑法的明确规定。我国刑法中规定了危害食品安全犯罪主要是指典型形态的危害食品安全的犯罪,包括"生产、销售不符合安全标准的食品罪""生产、销售有毒、有害食品罪"和"食品监管渎职罪"。这三类犯罪行为中涉及的责任主体不仅是相关食品生产经营者,还包括相关政府监管部门及其直接责任人员,以及相关服务组织和社会团体。

1. 生产、销售不符合安全标准的食品罪

根据《刑法》第143条规定,生产、销售不符合安全标准的食品罪,是指违反国家食品卫生管理法规,生产、销售不符合安全标准的食品,足以造成严重食物中毒事故或者其他食源性疾患的行为。本罪属于危险犯,仅要求"足以造成严重食物中毒事故或者其他严重食源性疾患"。本罪的主观方面是故意,即明知是不符合安全标准的食品而故意生产、销售。行为人认知的程度只需达到明知所生产、销售的食品不符合食品的卫生安全标准,无需对危险性有足够的认识。如果行为人对食品的危险后果作出错误的判断,不影响本罪的成立。例如在"三鹿奶粉"案件中,被告人原三鹿集团董事长田文华是以生产、销售不符合安全标准的食品罪被判处无期徒刑的。

2. 生产、销售有毒有害食品罪

根据《刑法》第144条的规定,生产、销售有毒有害食品罪,是指在生产、销售的食品中掺入有毒、有害的非食品原料的,或者销售明知掺有有毒、有害的非食品原料的食品的行为。在"三鹿奶粉"案件中,被告人耿金平就是以生产、销售有毒食品罪被判处死刑的。2013年2月上海对两起在餐馆中使用"地沟油"加工食物并予以销售的案件,也是以该罪进行判决的。本罪客观方面是行为人在食品中掺入有毒有害的非食品原料,或明知食品被掺入了有毒有害的非食品原料而进行销售。本罪主观方面是故意,即故意在生产、销售的食品中掺入有毒有害的非食品原料,或者明知是掺入有毒、有害的非食品原料而进行销售,并伴有非法营利之目的。在认知程度上,对掺入的非食品原料的危害性存在已知或应知。对于未明确规定为有毒、有害的物质,或者以现有科学技术水平未能认识其危害性的物质,行为人用于加工销售食品的,不构成本罪,构成其他罪的,则依实际罪名处理。

3. 食品监管渎职罪

2011年《刑法修正案(八)》新增了"食品监管渎职罪",是指负有食品安全监督管理职责的卫生行政、农业行政、质量监督、工商行政管理、食品药品监督管理等部门的国家机关工作人员,滥用职权或者玩忽职守,导致发生重大食品安全事故或者造成其他严重后果的行为。该罪没有依据《刑法》第397条确定为犯罪(即滥用职权罪和玩忽职守罪),而是分解出了"食品监管滥用职权罪"和"食品监管玩忽职守罪"两个罪名,避免了在司法实践中产生认识分歧,有利于及时有效地查办食品安全监管领域的渎职犯罪。

针对以上这些犯罪行为,刑法规定的刑罚有两种:一是主刑,包括管制、拘役、有期徒刑、无期徒刑及死刑;二是附加刑,有剥夺政治权利、罚金和没收财产。此外,犯罪行为人是外国人的,还可对其独立适用或附加适用驱逐出境。

四、民事赔偿责任优先原则

食品生产经营者实施了违反《食品安全法》的生产经营行为,可能同时需要承担行政责任和民事责任,情节严重构成犯罪的还需要承担刑事责任。在这种情况下,责任主体可能会面临财产责任的竞合,即需要同时承担罚款的行政处罚责任、民事赔偿责任及罚金的刑事责任。于是,责任主体便可能遭遇因财产不足而难以同时承担三种责任的问题。此时,先行执行哪种财产责任就成为了一个问题。《食品安全法》第147规定,违反本法规定,造成人身、财产或者其他损害的,依法承担赔偿责任。生产经营者财产不足以同时承担民事赔偿责任和缴纳罚款、罚金时,先承担民事赔偿责任。这一规定确立了食品安全民事责任优先原则,表明在食品安全法律责任中,民事损害赔偿优先得到救济,以便保障民生。民事赔偿目的是赔偿受害人所受到的人身和财产的损失,具有补偿性质;罚款是行政机关对违反行政管理秩序的当事人所给予的一种处罚手段;而罚金则是是审判机关对于触犯刑法,构成犯罪的当事人所给予的刑事制裁。从这个意义上说,民事赔偿责任优先原则的确立对保障受害者的合法权益具有十分重要的意义。

思 考 题

1. 试分析修订后的《食品安全法》所体现的新理念。
2. 《食品安全法》对监管部门和行业发展有哪些深刻影响?
3. 《食品安全法》有哪些规定确保食品安全社会共治?
4. 如何理解食品安全?
5. 《食品安全法》有哪些预防食品安全事件(故)发生的制度?
6. 食品生产经营者有哪些法定要求和禁止性要求?
7. 食品安全监管主体的职责有哪些?
8. 如何强化对互联网食品交易的监管?
9. 违反《食品安全法》的法律责任有哪些?
10. 如何理解民事责任优先原则?

参 考 文 献

[1] 于华江.食品安全法[M].北京:对外经济贸易大学出版社,2010.
[2] 王艳林.食品安全法概论[M].北京:中国计量出版社,2005.

[3] 张敬礼.中华人民共和国食品安全法及实施条例讲座[M].北京:中国法制出版社,2009.

[4] 《中华人民共和国食品安全法》编写小组.中华人民共和国食品安全法实用问答[M].北京:中国市场出版社,2009.

[5] 王艳林.中华人民共和国食品安全法实施问题[M].北京:中国计量出版社,2009.

[6] 张婷婷.中国食品安全规制改革研究[M].北京:中国物资出版社,2010.

[7] 《中华人民共和国食品安全法》编写组.中华人民共和国食品安全法2015年附新旧条文对照[M].北京:中国民主法制出版社,2015.

[8] 全国人大常委会法制工作委员会行政法室.中华人民共和国食品安全法解读[M].北京:中国法制出版社,2015.

[9] 袁曙宏.新食品安全法200问:含典型案例[M].北京:中国法制出版社,2016.

[10] 全国人大常委会法制工作委员会行政法室.《中华人民共和国食品安全法》释义及实用指南[M].北京:中国民主法制出版社,2015.

[11] 全国人大常委会法制工作委员会.中华人民共和国食品安全法释义[M].北京:法律出版社,2015.

第四章 传染病防治法律制度

内容提要 本章主要介绍传染病的概念与特征,传染病的分类管理,传染病的防治制度,传染病疫情的报告、通报和公布制度,传染病疫情的控制制度,传染病病人的医疗救治制度,传染病防治工作的监管制度,违反传染病防治的法律责任以及几种传染病防治的相关法律规定。

重点提示 法定传染病的分类　传染病的预防措施　传染病疫情的报告、通告和公布　传染病的控制　传染病病人的医疗救治　违反传染病防治的法律责任

第一节　传染病防治法律制度概述

一、传染病防治法的概念、适用范围及分类管理

(一) 传染病防治法的概念

传染病防治法是调整预防、控制和消除传染病的发生与流行,保障人体健康活动中产生的各种社会关系的法律规范的总和。

传染病是由病源性细菌、病毒、立克次体和原虫等引起的一类疾病,它可以在人与人之间、动物与动物之间或人与动物之间相互传播。由于这类疾病具有传染性、流行性和反复性等特点,因而发病率高,对人体健康和生命构成威胁,对国家经济建设的影响也最大。

为了更好地预防、控制和消灭各类传染病的发生和流行,保障人体健康,有利于国家经济建设,总结上海爆发甲型病毒型肝炎(以下简称甲肝)(1988年,上海市由于人群食用受粪便污染的未煮熟毛蚶而引起新中国成立以来最大的一次甲肝大流行,四个月内共发生31万病例)的经验和教训,1989年2月21日,七届全国人大常委会第六次会议通过了《中华人民共和国传染病防治法》(以下简称1989《传染病防治法》),并于同年9月1日开始施行。该法确立了传染病的预防、疫情的公布、传染病的控制措施、传染病防治工作的监督等方面的制度框架,使我国传染病防治工作走上了法制化的轨道。为了贯彻1989《传染病防治法》,1991年12月6日,经国务院批准,卫生部发布了《中华人民共和国传染病防治法实施办法》,对1989《传染病防治法》的实施进行了细化。

2003年,"非典"在中国内地的肆虐,诚如中国卫生部一位官员所说的,暴露出1989《传染病防治法》存在的许多缺陷,"例如,国家对传染病爆发流行的监测、预警能力较弱;疫情信息报告、通报渠道不畅;医疗机构对传染病病人的救治能力、医院内交叉感染的控制能力薄弱;传染病爆发流行时采取紧急控制措施的制度不够完善;疾病预防控制的财政保障不足。"[①]为了有效预防、及时控制和消除突发公共卫生事件的危害,保障公众身体健康与生命安全,维护正常的社会秩序,国务院依照1989《传染病防治法》和其他有关法律的相关规定,在总结前阶段防治"非典"工作实践经验的基础上,同年5月9日签署国务院第376号令,公布施行《突发公共卫生事件应急条例》,以在我国建立起"信息畅通、反应快捷、指挥有力、责任明确"的处理突发公共卫生事件的应急法律制度。这标志着我国突发公共卫生事件应急处理工作纳入法制化轨道,突发公共卫生事件应急处理机制进一步完善。当举国上下处于抗击"非典"的严峻关头,最高人民法院和最高人民检察院于2003年5月13日通过了《最高人民法院、最高人民检察院关于办理妨害预防、控制突发传染病疫情等灾害的刑事案件具体应用法律若干问题的解释》(自2003年5月15日起施行)。这是迄今为止直接涉及传染病预防和控制的司法解释。在涉及危害国家安全的犯罪、危害公共安全的犯罪、破坏经济秩序罪、妨害社会管理秩序罪和渎职罪等五个主要领域的18条司法解释里,司法机关强调了对妨碍抗击"非典"的行为或者与"非典"相关行为的从重处罚力度。

2003年及时总结应对"非典"和禽流感疫情的经验和教训,解决法律中存在的不足和缺陷,启动起草工作后14个月,即2004年8月28日,第十届全国人民代表大会常务委员会第十一次会议修订通过《中华人民共和国传染病防治法》,自2004年12月1日起施行。新修订的《传染病防治法》从整体上看,保留了原法律框架,增加了两章,即第五章"医疗救治"和第七章"保障措施",总章节由七章增为九章。从内容上看,修订是全面的。从现行传染病防治法的41条法条中,删除3条,对其余38条进行了修改,又新制定42条,法条增至80条,从而使其更加完善,更加人性化,更加体现时代特色,给以后的传染病防治带来了深远的影响。

(二)传染病防治法的适用范围

《传染病防治法》规定,在中华人民共和国领域内的一切单位和个人,必须接受医疗保健机构、卫生防疫机构有关传染病的查询、检验、调查取证以及预防、控制措施,并有权检举、控告违反传染病防治法的行为。一切单位包括我国的一切机关、团体、企事业单位,也包括我国领域内的外资企业和中外合资、合作企业等。一切个人,即我国领域内的一切自然人,包括中国人、具有外国国籍的人和无国籍人。

---

① 2004年4月2日高强在第十届全国人民代表大会常务委员会第八次会议上对《中华人民共和国传染病防治法(修订草案)》作的说明。

根据我国有关法律规定和国际惯例,外交人员没有传染病防治方面的豁免权,所有驻中国的外国使、领馆人员也必须遵守传染病防治法的规定。

(三) 传染病的分类管理

《传染病防治法》根据传染病的危害程度和应采取的监督、监测、管理措施,参照国际上统一分类标准,结合我国的实际情况,将全国发病率较高、流行面较大、危害严重的37种急性和慢性传染病列为法定管理的传染病,并根据其传播方式、速度及其对人类危害程度的不同,分为甲、乙、丙三类,实行分类管理。

(1) 甲类传染病。甲类传染病也称为强制管理传染病,包括鼠疫、霍乱。对此类传染病发生后报告疫情的时限,对病人、病原携带者的隔离、治疗方式以及对疫点、疫区的处理等,均强制执行。

(2) 乙类传染病。乙类传染病也称为严格管理传染病,包括非典型肺炎、艾滋病、病毒性肝炎、脊髓灰质炎、人感染高致病性禽流感、麻疹、流行性出血热、狂犬病、流行性乙型脑炎、登革热、炭疽、细菌性和阿米巴性痢疾、肺结核、伤寒和副伤寒、流行性脑脊髓膜炎、百日咳、白喉、新生儿破伤风、猩红热、布鲁氏菌病、淋病、梅毒、钩端螺旋体病、血吸虫病、疟疾。对此类传染病要严格按照有关规定和防治方案进行预防和控制。对其中的艾滋病、淋病、梅毒、狂犬病和炭疽病人必要时可采取某些强制性措施,以控制其传播。

(3) 丙类传染病。丙类传染病也称为监测管理传染病,包括流行性感冒、流行性腮腺炎、风疹、急性出血性结膜炎、麻风病、流行性和地方性斑疹伤寒、黑热病、包虫病、丝虫病,除霍乱、细菌性和阿米巴性痢疾、伤寒和副伤寒以外的感染性腹泻病。对此类传染病要按国务院卫生行政部门规定的监测管理办法进行管理。

上述规定以外的其他传染病,根据其爆发、流行情况和危害程度,需要列入乙类、丙类传染病的,由国务院卫生行政部门决定并予以公布。2008年5月2日,卫生部将手足口病列入《传染病防治法》规定的丙类传染病进行管理。2009年4月30日,卫生部经国务院批准,将甲型H1N1流感纳入乙类传染病,并采取甲类传染病的预防、控制措施。

二、《传染病防治法》的特点

现行的《传染病防治法》与1989《传染病防治法》相比更加完善,更加人性化,更加体现时代特色,主要有以下几个特点。

(1) "非典"、禽流感列入乙类但按甲类传染病对待。1989《传染病防治法》将35种传染病列为法定传染病,并分为甲、乙、丙三类。2003年,我国发生了突如其来的"非典"疫情,在我国部分地区和周边国家发生了禽流感,引发了社会对这两种新型传染病的关注。《传染病防治法》将"非典"、人感染高致病性禽流感列为乙类传染病,使列入法律的法定传染病达37种,其中甲类2种,乙类25种,丙类10种。

虽然人感染高致病性禽流感在我国很少发病,对是否将此列入法定传染病管理有不同意见,但考虑到英国、澳大利亚、新西兰等国以及我国香港、台湾地区都把人感染高致病性禽流感列入法定传染病管理,世界卫生组织也建议各国将人感染高致病性禽流感列入甲类传染病管理。因此将其列入乙类传染病,但按甲类传染病对待。

（2）艾滋病虽降级管理但仍受到"重点关照"。1989《传染病防治法》将艾滋病按照甲类传染病管理,《传染病防治法》改为按照一般乙类传染病管理。但目前我国艾滋病防治的形势严峻,正处于防治的关键时期。卫生部开展的流行病学调查结果显示,现在全国内地的艾滋病病毒感染者约84万人,其中艾滋病患者约8万例。尤其是近年来,艾滋病的流行呈快速上升趋势,流行范围广,局部地区疫情相当严重,疫情正在从高危人群向一般人群传播。

（3）建立疫情报告、通报和公布制度,隐瞒、谎报、缓报者将受惩处。在传染病防治过程中,一些地方出现了疫情报告不及时、传染病防治专业人员获取信息不畅通、掌握疫情信息的有关主管部门和单位沟通不够等问题。这在"非典"爆发时尤为明显。《传染病防治法》对现行传染病疫情报告和公布制度作了完善,并新设立了传染病疫情信息通报制度。本法还规定了有关单位和人员未履行报告职责,或者隐瞒、谎报、缓报传染病疫情的法律责任。

（4）强化实验室安全,严防病原体扩散。2004年春天,"非典"疫情在北京再度扩散,源于实验室疏于管理。《传染病防治法》加强了实验室的管理,严防传染病病原体的实验室感染和病原微生物的扩散。本法还规定,国家对可能导致甲类传染病传播以及国务院卫生主管部门规定的菌种、毒种、传染病检测样本的采集、保藏、携带、运输和使用实行许可制度,以保障传染病菌种、毒种以及传染病检测样本在采集、保藏、携带、运输和使用过程中的安全。违反规定的有关单位和个人应承担相应的法律责任。

（5）疫情控制更加具体,隔离有了法律依据。《传染病防治法》详细规定了医疗机构和疾病预防控制机构发现病人和疫情后应当采取的措施。对于甲类疑似病人,过去只规定"医学观察",现规定确诊前在指定场所单独隔离治疗。对于甲类病人、病原携带者、疑似病人的密切接触者,也规定了在指定场所进行医学观察的措施。本法还增加规定,对已经发生甲类传染病病例的场所或者该场所内的特定区域的人员,可以由县级以上地方人民政府实施隔离措施;在隔离期间,实施隔离措施的人民政府应当为被隔离人员提供生活保障;被隔离人员有工作单位的,所在单位不得停止支付隔离期间的工作报酬。针对禽流感发生时的需要,法律还增加授权,可以在传染病爆发、流行时采取控制或者扑杀染疫野生动物、家禽家畜等手段以切断传染病的传播途径。本法还增加条款,对患甲类传染病死亡后的尸体处置,以及疫区中被传染病病原体污染或者可能被污染的物品的使用、出售和运输作了更为具体的规定。

（6）严防医院成为传染源,医院不得拒收传染病病人。传染病爆发,医院往往容易成为传染源。尤其在 2003 年"非典"期间,一些医疗机构因建筑通风设计不合理,管理不科学等原因,造成较严重的院内感染。针对这种情况,《传染病防治法》规定,医疗机构的基本标准、建筑设计和服务流程应当符合预防传染病医院感染的要求。医疗机构必须严格执行国务院卫生行政部门的管理制度、操作规范,防止传染病的医源性感染和医院感染。针对一些医疗机构在传染病救治过程中不同程度存在对患者相互推诿、诊治不及时的现象,《传染病防治法》规定,医疗机构应当对传染病病人或者疑似传染病人提供医疗救护、现场救援和接诊治疗;应当实行传染病预检、分诊制度;对传染病病人、疑似传染病病人,应当引导至相对隔离的分诊点进行初诊;医疗机构不具备相应救治能力的,应当将患者及其病历记录复印件一并转至具备相应救治能力的医疗机构。

(7) 乙肝携带者等不再受歧视,法律给予平等地位。现实生活中,"非典"病人以及"非典"疑似病人曾受到歧视和乙肝病人在就业工作中遭受到不公正待遇,成为社会关注的焦点。《传染病防治法》规定,国家和社会应当关心、帮助传染病病人、病原携带者和疑似传染病病人,使其得到及时救治;任何单位和个人不得歧视传染病病人、病原携带者和疑似传染病病人。

(8) 传染病病人权利受保护,个人隐私受尊重。在传染病病人承担义务时也应保护其权益。1989《传染病防治法》没有规定保护传染病个人隐私,容易使病人及其家属的个人隐私在传染病预防和救治过程中受到侵犯,造成伤害。《传染病防治法》以人为本,规定疾病预防控制机构、医疗机构不得泄露涉及个人隐私的有关信息、资料,违者承担相应的法律责任。

第二节 传染病预防、控制和监督的法律规定

一、传染病的预防制度

传染病预防是传染病管理工作中一项极其重要的措施。做好传染病的预防工作,防患于未然,就能减少、控制和消灭传染病的发生和流行。对此,《传染病防治法》规定必须做好下列各项工作。

(一) 开展卫生宣传教育制度

《传染病防治法》第 10、13 条规定,各级政府、相关的行政部门、有关的组织和单位有责任开展卫生宣传教育活动,消除传染病传播媒介。广泛开展卫生宣传教育,提高人民群众健康意识,增加人民群众识别和预防传染病的知识,养成良好的卫生习惯,是预防传染病发生和早期发现传染病疫情的重要环节。

(二) 计划预防接种制度

计划预防接种制度是国家根据疫情监测和人群免疫状况分析,按照规定的免疫程序,有计划地利用生物制品进行人体预防接种,提高人体的免疫能力,达到控制、消灭相应传染病的目的。从医学预防技术的角度看,实行计划预防接种制度是从源头杜绝人体感染传染病病毒的有效措施。因此,《传染病防治法》规定:"国家实行有计划的预防接种制度。"《传染病防治法》第15条规定,预防接种制度包括以下内容:

(1) 具体负责预防接种的机关是国务院卫生行政部门和省、自治区、直辖市人民政府卫生行政部门,这些部门制定传染病预防接种规划并组织实施。

(2) 用于预防接种的疫苗必须符合国家质量标准。

(3) 预防接种的对象是人民群众,但是为了强调对儿童身体健康的保护,法律一方面明确规定儿童必须实行预防接种制度,另一方面,医疗机构、疾病预防控制机构和儿童的监护人负有互相配合、保证儿童及时接受预防接种的责任,具体的办法授权国务院制定。

(4) 用于预防接种的费用,属于国家免疫规划项目的预防接种的部分实行免费,由国家承担。

(三) 传染病监测制度

传染病监测制度是国家为预防传染病的发生,或者控制新发生的传染病,制定和落实监测规划和方案,对传染病的发生和流行以及影响其发生和流行的因素进行监测的一整套法律规范。传染病的发生和流行有一定的条件和外部因素,如果能够对具体传染病的发生和流行的条件,以及影响其发生和流行的因素进行预测和控制,抑制其发生和流行条件、减少外部因素,便能有效预防和控制传染病,防患于未然或遏制于初期。《传染病防治法》对此有如下规定:

(1) 由国务院卫生行政部门制定全国性的传染病监测规划和方案;省、自治区、直辖市人民政府卫生行政部门依据全国性的监测规划和方案,根据本辖区的具体情况制定相应的监测规划和方案。根据《传染病防治法》第18条第1款第1项和第3款,各级疾病预防控制机构负责实施传染病预防控制规划、计划和方案,其中,设区的市和县级的疾病预防控制机构负责传染病预防控制规划、方案的落实。

(2) 由国务院卫生行政部门和省级卫生行政部门实施各自制定的监测规划和方案。

(3) 各级疾病预防控制机构负责具体监测任务。

(四) 传染病预警制度

传染病预警制度是政府根据传染病发生、流行趋势的预测,及时发出传染病预测、预防警报,根据具体情况通过官方的媒体正式公布,以便有关国家机关、疾病预防控制机构、医疗机构和人民群众提前做好预防控制传染病的措施的一整套法律规范。传染病的预警是在对传染病可能发生的精确的预测基础之上的一种防范传染病的措施和制度。《传染病防治法》有如下规定:

(1) 有责任发出传染病预警的行政机关是国务院卫生行政部门和省、自治区、直辖市人民政府。

(2) 县级以上地方人民政府有责任制定传染病预防、控制预案,并且必须报上一级人民政府备案。

(3) 地方人民政府和疾病预防控制机构接到国务院卫生行政部门或者省、自治区、直辖市人民政府发出的传染病预警后,应当按照传染病预防、控制预案,采取相应的预防、控制措施。

(五)其他规定

(1) 强调传染病病人、病原携带者和疑似传染病病人的权利义务。《传染病防治法》第16条第1款规定了传染病病人、病原携带者和疑似传染病病人的权利。条文表述为:"国家和社会应当关心、帮助传染病病人、病原携带者和疑似传染病病人,使其得到及时救治。任何单位和个人不得歧视传染病病人、病原携带者和疑似传染病病人。"在同一条文的第2款中对传染病病人、病原携带者和疑似传染病病人规定了严格的义务。从第2款的内容看,立法者要求传染病病人、病原携带者和疑似传染病病人,在治愈前或者在排除传染病嫌疑前,不得从事法律、行政法规和国务院卫生行政部门规定禁止从事的、易使该传染病扩散的工作。

(2) 医疗机构在传染病预防中的职责。《传染病防治法》第21条规定了医疗机构在预防传染病中的职责:一方面必须严格执行国务院卫生行政部门规定的管理制度、操作规范,防止传染病的医源性感染和医院感染。另一方面,应当确定专门的部门或者人员,承担传染病疫情报告、本单位的传染病预防、控制以及责任区域内的传染病预防工作;承担医疗活动中与医院感染有关的危险因素监测、安全防护、消毒、隔离和医疗废物处置工作;同时应当接受疾病预防控制机构对其预防工作进行的指导、考核,以及流行病学调查。

(3) 传染病防治中的生物安全。《传染病防治法》第22条规定,疾病预防控制机构、医疗机构的实验室和从事病原微生物实验的单位,应当符合国家规定的条件和技术标准,建立严格的监督管理制度。对传染病病原体样本按照规定的措施实行严格监督管理,严防传染病病原体的实验室感染和病原微生物的扩散。第23条规定,采供血机构、生物制品生产单位必须严格执行国家有关规定,保证血液、血液制品的质量。禁止非法采集血液或者组织他人出卖血液。疾病预防控制机构、医疗机构使用血液和血液制品,必须遵守国家有关规定,防止因输入血液、使用血液制品引起经血液传播疾病的发生。第26条规定,国家建立传染病菌种、毒种库,对传染病菌种、毒种和传染病检测样本的采集、保藏、携带、运输和使用实行分类管理;建立健全严格的管理制度,对可能导致甲类传染病传播的以及国务院卫生行政部门规定的菌种、毒种和传染病检测样本,确需采集、保藏、携带、运输和使用的,须经省级以上人民政府卫生行政部门批准。具体办法由国务院制定。

（4）人畜共患传染病的预防。人畜共患传染病是指人与脊椎动物共同罹患的传染病,如鼠疫、狂犬病、血吸虫病等。《传染病防治法》第78条第6项对此类传染病的预防,《传染病防治法》第25条规定,县级以上人民政府农业、林业行政部门以及其他有关部门,依据各自的职责负责与人畜共患传染病有关的动物传染病的防治管理工作。与人畜共患传染病有关的野生动物、家畜家禽,经检疫合格后,方可出售、运输。

（5）污染物和场所的消毒管理。消毒是指采用化学、物理、生物的方法杀灭或消除环境中的致病性微生物,这是切断传染病传播途径的重要工作。根据《传染病防治法》第27条的规定,对被传染病病原体污染的污水、污物、场所和物品,有关单位和个人必须在疾病预防控制机构的指导下或者按照其提出的卫生要求,进行严格消毒处理;拒绝消毒处理的,由当地卫生行政部门或者疾病预防控制机构进行强制消毒处理。

（6）自然疫源地建设项目的卫生调查。《传染病防治法》第28条规定,在国家确认的自然疫源地计划兴建水利、交通、旅游、能源等大型建设项目的,应当事先由省级以上疾病预防控制机构对施工环境进行卫生调查。建设单位应当根据疾病预防控制机构的意见,采取必要的传染病预防、控制措施。施工期间,建设单位应当设专人负责工地上的卫生防疫工作。工程竣工后,疾病预防控制机构应当对可能发生的传染病继续进行监测。

（7）传染病防治用品和饮用水的规范。根据第29条的规定,用于传染病防治的消毒产品、饮用水供水单位供应的饮用水和涉及饮用水卫生安全的产品,应当符合国家卫生标准和卫生规范。饮用水供水单位从事生产或者供应活动,应当依法取得卫生许可证。生产用于传染病防治的消毒产品的单位和生产用于传染病防治的消毒产品,应当经省级以上人民政府卫生行政部门审批。具体办法由国务院制定。

二、传染病疫情的报告、通报和公布制度

政府的信息公开是一项法治原则,也是我们建设法治国家追求的目标。传染病疫情涉及公共安全问题,传染病的防治需要人民群众的参与。因此,有关传染病疫情的信息应当及时公开,让人民群众知道传染病疫情的真实情况。传染病疫情报告、通报和公布制度是政府信息公开在传染病防治领域的表现。它具体包括疫情报告制度、疫情通报制度和疫情公布制度。

（一）疫情报告制度

疫情报告是有关的疾病预防控制机构和医疗机构、人民政府卫生行政部门掌握疫情，及时做出反应预防控制的前奏。《传染病防治法》第30～33条及国务院《突发公共卫生事件应急条例》第19～22条有如下规定：

（1）我国传染病报告遵循属地管理原则。《传染病防治法》第30条规定，疾病预防控制机构、医疗机构和采供血机构及其执行职务的人员，发现本法规定的传染病疫情或者发现其他传染病爆发、流行以及突发原因不明的传染病时，应当遵循疫情报告属地管理原则，按照国务院规定的或者国务院卫生行政部门规定的内容、程序、方式和时限报告。军队医疗机构向社会公众提供医疗服务，发现传染病疫情时，应当按照国务院卫生行政部门的规定报告。第31条规定，任何单位和个人发现传染病病人或者疑似传染病病人时，应当及时向附近的疾病预防控制机构或者医疗机构报告。第32条规定港口、机场、铁路疾病预防控制机构以及国境卫生检疫机关发现甲类传染病病人、病原携带者、疑似传染病病人时，应当按照国家有关规定立即向国境口岸所在地的疾病预防控制机构或者所在地县级以上地方人民政府卫生行政部门报告并互相通报。第33条规定疾病预防控制机构应当主动收集、分析、调查、核实传染病疫情信息。接到甲类、乙类传染病疫情报告或者发现传染病爆发、流行时，应当立即报告当地卫生行政部门，由当地卫生行政部门立即报告当地人民政府，同时报告上级卫生行政部门和国务院卫生行政部门。疾病预防控制机构应当设立或者指定专门的部门、人员负责传染病疫情信息管理工作，及时对疫情报告进行核实、分析。

（2）疫情报告必须遵循的程序。根据国务院《突发公共卫生事件应急条例》第19～22条的规定，传染病疫情的报告分以下几个层次：① 突发事件监测机构、医疗卫生机构和有关单位有获悉发生或可能发生传染病爆发、流行的信息的，应当在两小时内向所在地的县级人民政府卫生行政主管部门报告；② 县级人民政府卫生行政主管部门接到疫情后，应当在两小时内向本级人民政府报告，并同时向上级人民政府卫生行政主管部门和国务院卫生行政主管部门报告。③ 县级人民政府应当在接到疫情报告后2小时内向设区的市人民政府或上一级人民政府报告；设区的市人民政府应当在接到报告后2小时内向省、自治区、直辖市人民政府报告；④ 省、自治区、直辖市人民政府在接到疫情报告后，1小时内必须向国务院卫生行政部门报告；⑤ 国务院卫生行政主管部门对可能造成重大社会影响的传染病突发事件，应当立即向国务院报告。

（3）违反疫情报告制度应承担的法律责任。由于种种原因（部门利益、报喜不报忧的错误观念等），现实生活中有少部分政府官员、疾病预防控制机构、采供血机构、医疗机构不愿意、不真实或不及时报告疫情，贻误了预防控制最佳时机，从而造成严重危害。因此，为了保障报告制度的落实，立法者强调，任何单位和个人，特别是负有传染病疫情报告职责的人民政府有关部门、疾病预防控制机构、医疗机构、采供血机构及其工作人员，不得隐瞒、谎报、缓报或者授意他人隐瞒、谎报、缓报传染病疫情（《传染病防治法》第37条，《突发公共卫生事件应急条例》第21条）。否则，视情况承担相应的民事责任，给予行政处罚或行政处分，或依法追究刑事责任（《传染病防治法》第65~77条，《突发公共卫生事件应急条例》第45条）。

（二）疫情通报制度

传染病疫情通报是接到传染病疫情后，在法定的时间内，按法定的程序，卫生行政部门向同级的行政部门或下级的卫生行政部门，毗邻的卫生行政部门之间，其他行政部门向同级卫生行政部门，卫生行政部门向辖区内的疾病预防控制机构和医疗机构，动物防疫机构和疾病预防控制机构之间通报有关传染病疫情信息的制度。

由于传染病防治工作本身的复杂性和系统性，为了避免现实生活中掌握疫情信息的有关主管部门和单位沟通不够，造成疾病预防控制不力，贻误防治时机等实际问题，《传染病防治法》增加了通报制度。关于负有通报责任的主体，法律规定是县级以上地方人民政府卫生行政部门、掌握疫情的其他行政部门、部队的卫生主管部门以及动物防疫部门和疾病预防控制机构。《传染病防治法》第34条、第35条、第36条的规定，是由于我国目前行政管理体系的条块结构，条块之间缺乏有效的沟通和协作机制。为有效预防控制传染病，只有改变沟通渠道不畅、部门机构协作不力的状况，通过有关的机关、机构和人员的疫情沟通，有关机关和机构才可能及时地应对传染病的发生和流行，有效地抑制病毒传播，减少人员伤亡。关于疫情的通报必须遵循的程序还有待于法规和规章进一步明确。

（三）疫情公布制度

疫情的公布是我国政府信息公开在传染病防治领域的反映，它是在抗击"非典"的过程中逐步产生的。（《传染病防治法》第38条第1款明确规定："国家建立传染病疫情信息公布制度。"）

由于政府是社会信息的最大占有者，卫生部是中国政府最高卫生主管部门，它肩负着全国卫生管理的重大职责，能够通过职权获得全国各地疾病的相关信息。因此卫生部成为法定最主要的传染病疫情公布的义务机关。然而，相对于自下而上的疫情报告制度，《传染病防治法》修改前，疫情公布制度采用了自上而下的模式，信息的发布权主要集中在卫生部，必要时卫生部可以授权省级政府卫生行政部门发布信息。但地方政府是否有职责发布本地疫情信息，没有做任何规定。此种状况曾遭到一些学者的批评。修改后的《传染病防治法》扩大了疫情信息发布主体的范围（《传染病防治法》第38条第2、3款）。

众所周知，疫情信息是否真实、准确，发布的时间是否及时，直接关系到传染病的有效预防。因此《传染病防治法》第 38 条第 4 款规定,公布传染病疫情信息应当及时、准确。国务院《突发公共卫生事件应急条例》第 25 条第 3 款也规定了突发事件信息发布应当及时、准确、全面。然而,如何及时公布传染病疫情,至今法律、法规没有作具体规定。

三、传染病的控制制度

传染病控制,是指当传染病发生或爆发、流行时,为了阻止传染病的扩散和蔓延而采取的措施。

(一)一般性控制措施

(1)对甲类传染病病人和病原携带者,乙类传染病中的"非典"、炭疽中的肺炭疽、人感染高致病性禽流感和甲型 H1N1 流感的病人,予以隔离治疗,隔离期限根据医学检查结果确定。拒绝隔离治疗或者隔离期未满擅自脱离隔离治疗的,可以由公安部门协助治疗单位采取强制隔离治疗措施。对医疗机构内的病人、病原携带者、疑似病人的密切接触者,在指定场所进行医学观察和采取其他必要的预防措施。

(2)对除"非典"、炭疽中的肺炭疽、人感染高致病性禽流感和甲型 H1N1 流感的病人以外的乙类、丙类传染病病人,根据病情采取必要的治疗和控制传播措施。

(3)对疑似甲类传染病病人,在明确诊断前,在指定场所单独隔离治疗。

(4)对传染病病人、病原携带者、疑似传染病病人传染的场所、物品和密切接触的人员,实施必要的卫生处理和预防措施。

在实施以上传染病控制措施时,传染病病人及其亲属和有关单位以及居民或者村民组织应当配合实施。

(二)紧急措施

传染病爆发、流行时,县级以上地方人民政府应当立即组织力量,按照预防、控制预案进行防治,切断传染病的传播途径,必要时,报经上一级人民政府决定,可以采取下列紧急措施并予以公告:

(1)限制或者停止集市、影剧院演出或者其他人群聚集的活动。

(2)停工、停业、停课。

(3)封闭或者封存被传染病病原体污染的公共饮用水源、食品以及相关物品。

(4)控制或者扑杀染疫野生动物、家畜家禽。

(5)封闭可能造成传染病扩散的场所。

上级人民政府接到下级人民政府关于采取前款所列紧急措施的报告时,应当及时作出决定。紧急措施的解除,由原决定机关决定并宣布。

（三）疫区封锁

疫区是指传染病在人群中爆发或者流行，其病原体向周围传播时可能波及的地区。疫区封锁就是限制疫区与非疫区之间的各种形式的交往。《传染病防治法》规定，甲类、乙类传染病爆发、流行时，县级以上地方政府报经上一级地方政府决定，可以宣布为疫区，在疫区内可采取前述紧急措施，并可对出入疫区的人员、物资和交通工具实施卫生检疫。由于封锁疫区关系到政治、经济以及人民群众生活、安全等问题，传染病爆发、流行时，根据传染病疫情控制的需要，国务院有权在全国范围或者跨省、自治区、直辖市范围内，县级以上地方人民政府有权在本行政区域内紧急调集人员或者调用储备物资，临时征用房屋、交通工具以及相关设施、设备。紧急调集人员的，应当按照规定给予合理报酬；临时征用房屋、交通工具以及相关设施、设备的，应当依法给予补偿；能返还的，应当及时返还。

《传染病防治法》还规定，省、自治区、直辖市人民政府可以决定对本行政区域内的甲类传染病疫区实施封锁。但是，封锁大、中城市的疫区或者封锁跨省、自治区、直辖市的疫区，以及封锁疫区导致中断干线交通或者封锁国境的，由国务院决定。疫区封锁的解除，由原决定机关决定并宣布。

四、传染病的医疗救治制度

疫情控制的主要目的是切断传染病的传播途径，控制感染范围，而彻底消灭传染病病毒、救治生命、维护健康，最终必须依靠有效的医疗救治手段。然而，医疗救治手段的有效与否在更大程度上取决于医疗救治能力的提高。因此，这主要是涉及专业技术方面的问题。法律的作用无非是明确规范各级政府和各地区、各层级医疗机构的医疗救治责任、医疗救治规范和设施标准，督促医疗机构严格依法救治传染病病人。为此，《传染病防治法》从传染病救治服务网络建设、传染病医疗机构设备要求和医疗机构救治规范三个方面作了原则规定，并授权有关行政机关确立相关标准。

（一）关于传染病救治服务网络建设

《传染病防治法》要求县级以上人民政府应当加强和完善传染病医疗救治服务网络的建设，指定具备传染病救治条件和能力的医疗机构承担传染病救治任务，或者根据传染病救治需要设置传染病医院。

（二）关于传染病医疗机构设备要求

《传染病防治法》强调：第一，医疗机构的基本标准、建筑设计和服务流程，应当符合预防传染病医院感染的要求。第二，医疗机构应当按照规定对使用的医疗器械进行消毒。对按照规定一次性使用的医疗器具，应当在使用后予以销毁。第三，医疗机构应当按照国务院卫生行政部门规定的传染病诊断标准和治疗要求,采取相应措施,提高传染病医疗救治能力。

(三) 关于医疗机构救治规范

《传染病防治法》规定:第一,医疗机构应当对传染病病人或者疑似传染病病人提供医疗救护、现场救援和接诊治疗,书写病历记录以及其他有关资料,并妥善保管。第二,医疗机构应当实行传染病预检、分诊制度。对传染病病人、疑似传染病病人,应当引导至相对隔离的分诊点进行初诊。医疗机构不具备相应救治能力的,应当将患者及其病历记录复印件一并转至具备相应救治能力的医疗机构。具体办法由国务院卫生行政部门规定。

五、传染病的监督管理制度

为了保障传染病的预防、控制和救治措施的落实,《传染病防治法》确立了监督管理制度,具体包括卫生行政执法监督、内部卫生行政监督和卫生行政法制监督。

(一) 卫生行政执法监督

卫生行政执法监督是特定的行政主体(主要是卫生行政部门),对有履行传染病的预防、控制和救治义务的外部行政相对人履行传染病的预防、控制和救治义务的情况进行监督、检查,对不履行或不正确履行的行政相对人依法采取强制措施或行政处罚的活动。

根据《传染病防治法》的规定,我国传染病卫生行政监督的主体是卫生行政部门。卫生行政部门在传染病卫生行政监督中的职权有:① 监督检查权(《传染病防治法》第53条);② 重大事项处理权。《传染病防治法》规定,省级以上人民政府卫生行政部门负责组织对传染病防治重大事项的处理;③ 调查权(《传染病防治法》第54条);④ 采取控制措施的权力(《传染病防治法》第55条)。

卫生行政部门执法监督的程序和要求:首先,卫生行政部门执法监督时必须遵循行政执法的一般程序;其次,执法人员应当符合法定条件(《传染病防治法》第56条)。

(二) 内部卫生行政监督

内部卫生行政监督是卫生行政机关对其具体职能部门和工作人员,上级卫生行政机关对下级卫生行政机关及其工作人员,以及卫生行政机关对其委托的组织依法履行职责的情况所作的监督。根据《传染病防治法》的规定,卫生行政部门应当依法建立健全内部监督制度,对其工作人员依据法定职权和程序履行职责的情况进行监督;上级卫生行政部门发现下级卫生行政部门不及时处理职责范围内的事项或者不履行职责的,应当责令纠正或者直接予以处理。

(三) 卫生行政法制监督

卫生行政法制监督指的是卫生行政机关以外的其他国家机关、政党、社会团体、企事业单位和公民个人,对卫生行政机关及其工作人员是否依法履行职责进行的监督活动(《传染病防治法》第58条)。

六、传染病的财政支持制度

对传染病预防制度、疫情报告、通报和公布制度、控制和救治制度、监督制度的设计,主要是从疾病本身的发生和流行规律的角度应对的,而传染病的财政支持制度则为维持这些制度的活力注入了血液。在吸取"非典"教训的基础上,修改后的《传染病防治法》增加了财政支持制度。

首先,法律要求政府将传染病防治工作作为关系民生大计之一纳入国民经济和社会发展计划中(《传染病防治法》第59条)。

其次,法律确定了传染病防治的经费来源。根据《传染病防治法》第60～64条的规定,传染病防治的经费包括日常经费、项目经费、扶持经费、救助经费、物资储备经费及补贴经费。

第三节 违反传染病防治法的法律责任

一、行政责任

(一) 行政处罚

《传染病防治法》第73条规定,违反本法规定,有下列情形之一,导致或者可能导致传染病传播、流行的,由县级以上人民政府卫生行政部门责令限期改正,没收违法所得,可以并处五万元以下的罚款;已取得许可证的,原发证部门可以依法暂扣或者吊销许可证;构成犯罪的,依法追究刑事责任。① 饮用水供水单位供应的饮用水不符合国家卫生标准和卫生规范的;② 涉及饮用水卫生安全的产品不符合国家卫生标准和卫生规范的;③ 用于传染病防治的消毒产品不符合国家卫生标准和卫生规范的;④ 出售、运输疫区中被传染病病原体污染或者可能被传染病病原体污染的物品,未进行消毒处理的;⑤ 生物制品生产单位生产的血液制品不符合国家质量标准的。

当事人对罚款决定不服的,可以自收到处罚决定通知书之日起十五日内向上一级卫生行政部门申请复议,上一级卫生行政部门在受理复议申请六十天内作出复议决定。对复议决定仍然不服的,可以自收到复议决定通知书之日起十五日内向法院提起诉讼。当事人也可以自收到处罚决定通知书之日起十五日内,直接向法院提起诉讼。逾期不申请复议或者不提起诉讼又不履行的,做出处罚决定的卫生行政部门可以申请法院强制执行。

(二) 行政处分

根据《传染病防治法》第 65~72 条的规定,地方各级人民政府、县级以上人民政府卫生行政部门、县级以上人民政府有关部门、疾病预防控制机构、医疗机构、采供血机构、国境卫生检疫机关、动物防疫机构和铁路、交通、民用航空经营单位违反本法,给予行政处分。

二、刑事责任

对违反《传染病防治法》,情节严重、造成严重后果的,由司法机关依法追究刑事责任。

《刑法》第 330 条规定,违反传染病防治法的规定,有下列情形之一,引起甲类传染病传播或者有传播严重危险的,处三年以下有期徒刑或者拘役;后果特别严重的,处三年以上七年以下有期徒刑。① 供水单位供应的饮用水不符合国家规定的卫生标准的;② 拒绝按照卫生防疫机构提出的卫生要求,对传染病病原体污染的污水、污物、粪便进行消毒处理的;③ 准许或者纵容传染病病人、病原携带者和疑似传染病病人从事国务院卫生行政部门规定禁止从事的易使该传染病扩散的工作的;④ 拒绝执行卫生防疫机构依照传染病防治法提出的预防、控制措施的。

单位犯前款罪的,对单位判处罚金,并对其直接负责的主管人员和其他直接责任人员,依照前款的规定处罚。甲类传染病的范围,依照《传染病防治法》和国务院有关规定确定。

《刑法》第 331 条规定,从事实验、保藏、携带、运输传染病菌种、毒种的人员,违反国务院卫生行政的有关规定,造成传染病菌种、毒种扩散,后果严重的,处三年以下有期徒刑或者拘役;后果特别严重的,处三年以上七年以下有期徒刑。

《刑法》第 332 条规定,违反国境卫生检疫规定,引起检疫传染病传播或者有传播严重危险的,处三年以下有期徒刑或者拘役,并处或者单处罚金。

《刑法》第 360 条规定,明知自己患有梅毒、淋病等严重性病卖淫、嫖娼的,处五年以下有期徒刑、拘役或者管制,并处罚金。

第四节 几种传染病防治的法律规定

一、艾滋病的监测管理

艾滋病(Acquired Immune Deficiency Syndrome,AIDS),即获得性免疫缺陷

综合征,其致病病原是人类免疫缺陷病毒(Human Immunodeficiency Virus, HIV),潜伏5～10年后衍变为艾滋病。

自1981年在美国发现第一个艾滋病病例以来,这种致命的传染病以不可抵挡之势,在世界各地蔓延。至1997年底,艾滋病已经波及193个国家和地区,艾滋病病毒感染者从最初的5人发展到3000万人。其中,840万人为艾滋病患者,640万人已经死亡。自从1985年6月我国发现第一例艾滋病患者后至今,艾滋病在我国已从传入期、扩散期进入到快速增长期。至1998年9月底,我国已累计报告发现艾滋病病毒感染者11170例,其中包括病人388例,死亡184例。2005年底,我国有艾滋病病毒感染者和病人约65万人,其中病人数约为7.5万人,因艾滋病死亡人数约为2.5万人。2005年新发艾滋病病毒感染者约为7万人,高于2003年6万左右的感染人数。截至2011年底,估计共有78万(62万至94万)成人和儿童艾滋病病毒感染者,其中包括该年内4.8万(4.1万至5.4万)新发感染者。在大约78万名艾滋病病毒感染者中,估计有15.4万(14.6万至16.2万)艾滋病病人。当前中国艾滋病防治工作面临的主要挑战是:一些地区和部门领导对艾滋病流行的严重危害认识不足;"四免一关怀"政策落实不平衡;实际掌握的感染者比例低;宣传教育不够深入,重点人群干预措施覆盖范围小;流动人口落实防治措施难度较大。1988年1月,经国务院批准,卫生部、外交部、公安部、国家教委、国家旅游局、民航总局、国家外国专家局联合发布了《艾滋病监测管理的若干规定》。2006年2月12日,国务院公布了温家宝总理签署的《艾滋病防治条例》,本条例自2006年3月1日起施行,《艾滋病监测管理的若干规定》同时废止。该条例为预防艾滋病从国外传入或者在我国发生和流行,保护艾滋病病毒感染者和病人的合法权益,保护人体健康提供了法律保障。

卫生部2006年1月25日公布了由中国卫生部、联合国艾滋病规划署、世界卫生组织联合作出的报告《2005年中国艾滋病疫情与防治工作进展》。该报告称,中国艾滋病疫情仍呈上升趋势,发病和死亡依然严重,疫情由高危人群向一般人群扩散,新发的感染以注射吸毒和性传播为主,存在疫情进一步蔓延的危险。中国吸毒人群中的艾滋病病毒感染率从1996年的1.95%上升到2004年的6.48%;暗娼中艾滋病病毒感染率从0.02%上升到0.93%;高流行地区孕产妇中的艾滋病病毒感染率从1997年的零,上升到2004年的0.26%。这些数据说明,中国艾滋病疫情在高危人群中仍呈上升趋势。

卫生部于2012年11月29日通报了我国艾滋病疫情及防治工作情况。通报显示,截至2012年10月底,累计报告艾滋病病毒感染者和病人370393例,其中病人132440例,死亡68315例。该通报显示,近两年,随着社会经济的发展和艾滋病防治工作的不断深入,艾滋病疫情出现了一些新的情况,呈现三个特点:一是艾滋病疫情持续上升,上升幅度有所减缓;二是性传播已成为主要传播途径,男性同性性传播上升速度明显;三是局部地区和特定人群疫情严重。云南、广西、河南、四川、新疆和广东六省累计报告感染者和病人数占全国报告总数的 77.1%。通报同时指出,中国政府本着对人民健康负责的精神,高度重视艾滋病的防治工作。

(一) 宣传教育

根据《艾滋病防治条例》第 10～21 条的规定,地方各级人民政府和政府有关部门应当在车站、码头、机场、公园等公共场所以及旅客列车和从事旅客运输的船舶等公共交通工具显著位置,设置固定的艾滋病防治广告牌或者张贴艾滋病防治公益广告,组织发放艾滋病防治宣传材料。

(二) 预防与控制

根据《艾滋病防治条例》第 22～37 条的规定,国家建立健全艾滋病监测网络。国务院卫生主管部门制定国家艾滋病监测规划和方案。省、自治区、直辖市人民政府卫生主管部门根据国家艾滋病监测规划和方案,制定本行政区域的艾滋病监测计划和工作方案,组织开展艾滋病监测和专题调查,掌握艾滋病疫情变化情况和流行趋势。疾病预防控制机构负责对艾滋病发生、流行以及影响其发生、流行的因素开展监测活动。出入境检验检疫机构负责对出入境人员进行艾滋病监测,并将监测结果及时向卫生主管部门报告。

国家实行艾滋病自愿咨询和自愿检测制度。国务院卫生主管部门会同国务院其他有关部门根据预防、控制艾滋病的需要,可以规定应当进行艾滋病检测的情形。

根据《艾滋病防治条例》第 38 条的规定,艾滋病病毒感染者和艾滋病病人应当履行下列义务:① 接受疾病预防控制机构或者出入境检验检疫机构的流行病学调查和指导;② 将感染或者发病的事实及时告知与其有性关系者;③ 就医时,将感染或者发病的事实如实告知接诊医生;④ 采取必要的防护措施,防止感染他人。艾滋病病毒感染者和艾滋病病人不得以任何方式故意传播艾滋病。

(三) 治疗与救助

1. 医疗机构治疗与救助

根据《艾滋病防治条例》第 41～43 条的规定,医疗机构应当为艾滋病病毒感染者和艾滋病病人提供艾滋病防治咨询、诊断和治疗服务。不得因就诊的病人是艾滋病病毒感染者或者艾滋病病人,推诿或者拒绝对其其他疾病进行治疗。对确诊的艾滋病病毒感染者和艾滋病病人,医疗卫生机构的工作人员应当将其感染或者发病的事实告知本人。本人为无行为能力人或者限制行为能力人的,应当告知其监护人。医疗卫生机构应当按照国务院卫生主管部门制定的预防艾滋病母婴传播技术指导方案的规定,对孕产妇提供艾滋病防治咨询和检测,对感染艾滋病病毒的孕产妇及其婴儿,提供预防艾滋病母婴传播的咨询、产前指导、阻断、治疗、产后访视、婴儿随访和检测等服务。

2. 政府的关怀与救助

根据《艾滋病防治条例》第44条的规定,县级以上人民政府应当采取下列艾滋病防治关怀、救助措施:① 向农村艾滋病病人和城镇经济困难的艾滋病病人免费提供抗艾滋病病毒治疗药品;② 对农村和城镇经济困难的艾滋病病毒感染者、艾滋病病人适当减免抗机会性感染治疗药品的费用;③ 向接受艾滋病咨询、检测的人员免费提供咨询和初筛检测;④ 向感染艾滋病病毒的孕产妇免费提供预防艾滋病母婴传播的治疗和咨询。

生活困难的艾滋病病人遗留的孤儿和感染艾滋病病毒的未成年人接受义务教育的,应当免收杂费、书本费;接受学前教育和高中阶段教育的,应当减免学费等相关费用。县级以上地方人民政府应当对生活困难并符合社会救助条件的艾滋病病毒感染者、艾滋病病人及其家属给予生活救助。县级以上地方人民政府有关部门应当创造条件,扶持有劳动能力的艾滋病病毒感染者和艾滋病病人,从事力所能及的生产和工作。

(四) 保障措施

根据《艾滋病防治条例》第48~51条的规定,县级以上人民政府应当将艾滋病防治工作纳入国民经济和社会发展规划,加强和完善艾滋病预防、检测、控制、治疗和救助服务网络的建设,建立健全艾滋病防治专业队伍。应当根据艾滋病防治工作需要,将艾滋病防治经费列入本级财政预算,并负责艾滋病预防、控制、监督工作所需经费。

(五) 法律责任

根据《艾滋病防治条例》第52~62条的规定,地方各级人民政府、县级以上人民政府卫生主管部门未依照本条例规定履行艾滋病防治工作职责,由上级人民政府责令改正,通报批评;造成艾滋病传播、流行或者其他严重后果的,对负有责任的主管人员依法给予行政处分;构成犯罪的,依法追究刑事责任。

二、性病的防治

性病是通过性行为传播的感染性疾病,其病原体除螺旋体、细菌外,还包括病毒、衣原体、支原体、真菌、原虫和昆虫等。1976年,世界卫生组织把性病所包含的种类扩大至十多种,并总称为性传播疾病。1983年11月,在日内瓦召开的专家会议上,确定用"性传播疾病"代替过去使用的"性病"一词。近年来,性病已扩展至包括最少50种微生物所感染的疾病。目前,较多的性病有淋病、梅毒、尖锐湿疣、艾滋病等,在原来4种经典性性病的基础上,增加到20余种。新增加的病种有:生殖器疱疹、传染性软疣、尖锐湿疣、艾滋病、腹股沟肉芽肿、非淋菌性尿道炎、巨细胞病毒感染、传染性单核细胞增多症、阿米巴病、生殖器念珠菌病、加特纳菌性阴道炎、肠梨形鞭毛虫病、疥疮、滴虫病、股癣、阴虱病、乙型肝炎等。我国已规定将淋病、梅毒、尖锐湿疣、非淋菌性尿道炎、生殖器疱疹、软性下疳、艾滋病等几种疾病作为我国的性病监测病种，其他一些疾病如乙型肝炎、阿米巴病、阴道念珠菌病、滴虫病等虽然也可以通过性交传染，但性交只是其途径之一，未列入监测病种。我国法律明确规定，淋病、梅毒和艾滋病为法定性病，软性下疳、性病性淋巴肉芽肿、非淋菌性尿道炎、尖锐湿疣和生殖器疱疹为监测性病。

我国在1964年已宣布消灭了性病。但自1979年以来，性病又在我国重新出现。目前，我国性病患者为数不少，其中以淋病最为多见，其次为非淋菌性尿道炎、尖锐湿疣、梅毒和生殖器疱疹等。针对性病在世界范围内广泛流行，对人们的身心健康造成了严重的威胁，各国政府和社会各界都十分重视性病防治工作，我国性病防治工作已被纳入预防控制艾滋病中长期规划，作为控制艾滋病的基本策略之一。据全国性病控制中心提供的数据表明，性病已经取代结核病成为继痢疾和肝炎之后我国第三大传染病，更为严重的是在婴儿中已陆续发现先天性梅毒。所以，必须充分认识到性病对人民健康、社会安定和社会经济发展的影响和危害。为了预防、控制和消除性病的发生和蔓延，保障人体健康，卫生部于1986年9月发布了《性病监测工作试行方案》，1991年8月发布了《性病防治管理办法》，进一步明确国家对性病防治实行"预防为主、防治结合、综合治理"的方针，并要求各级卫生行政部门在各级政府领导下，积极开展性病防治工作。1999年，全国共报告淋病、尖锐湿疣、梅毒等8种性病461510例，比1996年增长了15.85%。全国各地发病率为十万分之三十七左右，与以往相比继续呈上升趋势。性病防治是一项社会性很强的工作，在动员社会各方力量齐抓共管，综合治理的同时，还要加强性病知识的普及教育。使群众了解并掌握有关性病预防的知识，从而提高他们的自我防护能力，是预防和控制性病最有效的方法之一。

（一）性病防治机构

根据《性病防治管理办法》第5条规定，县以上卫生行政部门根据工作需要可设性病防治机构，并健全疫情报告监测网络。性病防治机构包括县以上皮肤病性病防治院、所、站或卫生行政部门指定承担皮肤病性病防治机构职责的医疗预防保健机构。

（二）性病的预防

根据《性病防治管理办法》第10～13条规定，性病防治机构要利用多种形式宣传性病的危害、传播方式和防治知识，严格执行各项管理制度和技术操作规程，防止性病的医源性感染，推广使用一次性用品和注射器。各级医疗预防保健机构在发现孕妇患有性病时，应当给予积极治疗，并建立新生儿1%硝酸银点眼制度。

（三）性病的治疗

根据《性病防治管理办法》第 14～19 条规定,凡性病患者或疑似患有性病的,应及时到性病防治机构进行诊断治疗,并如实提供染病有关情况,遵照医嘱进行定期检查、彻底治疗。性病防治机构要积极协助、配合公安、司法部门对查禁的卖淫、嫖娼人员进行性病检查。性病防治机构和从事性病诊断治疗业务的个体医生对诊治的性病患者应当进行规范性治疗,采取保护性医疗措施,严格为患者保密。

（四）性病疫情报告

根据《性病防治管理办法》第 21～24 条规定,性病防治机构、各级医疗预防保健机构和个体医生发现规定的性病病人及疑似病人时,应按有关规定报告。从事性病防治、卫生防疫、传染病监督的人员,不得隐瞒、谎报或者授意他人隐瞒、谎报疫情。

三、结核病防治

结核病俗称"肺痨",它是由结核杆菌侵入人体后引起的一种具有强烈传染性的慢性消耗性疾病。它不受年龄、性别、种族、职业、地区的影响,人体许多器官、系统均可患结核病,其中以肺结核最为常见。肺结核 90% 以上是通过呼吸道传染的。肺结核病人通过咳嗽、打喷嚏、高声喧哗使带有结核菌飞沫（医学上称微滴核）喷出体外,健康人吸入后而被感染。结核病是一种顽固的慢性疾病,一旦感染发病,若不及时、不规范、不彻底治疗,最终导致复发、恶化,产生耐药,形成难治性肺结核,形成慢性传染源,危害家庭、社会,最终因反复发作引发多种并发症而死亡。

我国属于发展中国家,结核病的流行形势十分严峻。全国大约有结核病感染者 3.3 亿,结核病病人 600 万,每年因结核病死亡的病人高达 25 万,为各类传染病死亡总和的两倍。因此国家已将结核病由丙类传染病升为乙类传染病,列入严格管理范畴。

1991 年 9 月,卫生部发布了《结核病防治管理办法》,对结核病防治机构、预防接种、调查与报告、治疗以及控制传染等作了规定。

（一）防治机构

根据《结核病防治管理办法》第 7 条的规定,国务院卫生行政部门设卫生部结核病控制中心与分中心,省、自治区、直辖市及所辖市(地)、县卫生行政部门设省、市(地)、县结核病防治机构,或指定医疗预防保健机构承担结核病防治机构的职责。上述机构应当加强结核病防治技术的研究,提高防治工作的质量。

（二）预防接种

根据《结核病防治管理办法》第 5 条、第 15 条的规定,国家实行有计划的卡介苗接种制度。各级卫生行政部门负责制定本地区卡介苗接种工作规划、目标,并组织实施。卡介苗接种必须按计划免疫程序进行。

(三) 调查与报告

根据《结核病防治管理办法》第22~24条的规定,结核病防治机构和指定的医疗预防保健机构,应当按规定进行结核病疫情和传染源的调查,有关地区和单位应配合防治机构的调查工作,并采取有效措施控制疫情蔓延。医疗预防保健机构和个体开业医生对确诊的肺结核病人,必须按规定时间向当地防治机构报告。

(四) 治疗

根据《结核病防治管理办法》第27条的规定,医疗预防保健机构对收治的肺结核病病人应当按《全国结核病防治工作手册》和《肺结核病诊疗规程》实施诊断、治疗和管理。不能按工作手册和诊疗规程要求实施治疗的,必须将肺结核病人及时转至当地结核病防治机构或指定的医疗预防保健机构。

(五) 控制传染

根据《结核病防治管理办法》第30~34条的规定:① 结核病防治机构或指定的医疗预防保健机构对食品、药品、化妆品从业人员以及教育、托幼等单位的从业人员中患有传染性肺结核病的,应通知其单位和当地卫生监督管理机构;② 新参加工作、参军、入学的人员,食品、药品、教育、托幼等从业人员,接触粉尘和有害气体的厂矿企业职工,排菌期肺结核病人的家属及其密切接触者等,应按规定进行预防性结核病体检;③ 按规定的卫生要求对结核菌污染的污水、带有结核病菌的排泄物和痰液进行消毒或卫生处理。

四、狂犬病防治

狂犬病又称恐水病、疯狗病,是一种人、兽(畜)共患的死亡率极高的传染病,多因携带狂犬病病毒的犬、狼、猫、鼠等肉食动物咬伤或抓伤而感染。临床表现为特有的狂躁、恐惧不安、怕风恐水、流涎和咽肌痉挛,终至发生瘫痪而危及生命。已感染狂犬病毒未发病的动物同样能使人感染狂犬病。人的狂犬病绝大多数是因被带狂犬病病毒的动物咬伤(抓伤)而感染发病。其潜伏期短到10天,长至2年或更长,一般为31天至60天,15%发生在3个月以后,视被咬部位距离中枢神经系统的远近和咬伤程度,或感染病毒的剂量而异。发病后90%以上的病人都会死亡。因此,做好预防工作至关重要。新中国成立后,各地为预防和控制狂犬病做了大量工作,取得了一定成绩。但是,目前在我国许多地区出现了狂犬病疫情上升的趋势,这与我国养犬数量增加和缺乏严格的管理有着直接关系。

为预防、控制和消灭狂犬病,保障人民生命安全,《传染病防治法实施办法》规定,狂犬病防治管理工作,由各级政府畜牧兽医、卫生、公安部门按照国务院的规定分工负责。公安部门负责对县以上城市养犬的审批与违章养犬的处理,捕杀狂犬、野犬。畜牧兽医部门负责兽用预防狂犬病疫苗的研制、生产和供应,对城乡所有经批准的养犬进行预防接种、登记和发放"免疫证",对犬类狂犬病的疫情进行监测,负责进出口犬类的检疫、免疫及管理。乡(镇)政府本着适当限制养犬的原则负责辖区内养犬的管理,组织力量捕杀狂犬、野犬。卫生部门负责对抗狂犬疫苗的研制、生产、供应、接种和病人的诊治。

五、其他传染病

(一)鼠疫

鼠疫是由鼠疫杆菌所致的烈性传染病,属于国际检疫传染病之一,也是我国法定管理的甲类传染病。鼠疫是传染性极强、发病快、病情重、死亡率高的法定传染病。鼠疫通常有腺型、肺型和败血症型三种。

鼠疫的主要防治对策是:改造主要宿主(鼠、蚤)动物的生态环境,破坏其生存条件,达到间接消灭鼠疫的目的;加强鼠疫监测工作,建立全国重点疫区的监测机构,对已知的鼠疫自然疫源地进行系统监测,作出短期或中长期科学预报;加强国境卫生检疫,进行预防接种以及疫区处理等。

(二)麻风病

麻风病(Leprosy)是由麻风分支杆菌(Mycobacterium Leprae)引起的一种慢性传染病。主要侵犯人体皮肤和周围神经的慢性传染病,是严重危害人类健康的地方病之一。目前我国麻风病患区主要集中在东南沿海和大江流域。早在20世纪50年代,我国政府就制定防治规划,采取"积极防治,控制污染"的原则,做到"早期发现、早期隔离、早期治疗"。1988年9月20日,卫生部颁布的《全国麻风病防治管理条例》提出,要加强领导,多部门协作,统一规划,广泛宣传,建立防治机构,开展联合治疗等综合措施。

(三)布氏杆菌病

布氏杆菌病是人畜共患的一种接触性传染病。主要侵害生殖道,引起子宫、胎膜、关节、睾丸及附睾的炎症以及淋巴结炎、关节炎、流产、不育等。各种布氏杆菌对其相应种类的动物具有极高的致病性,并对其他种类的动物也有一定的致病力,致使本病广泛流行。因此,加强对本病的监测和控制,保证人、畜健康是极其重要的。为预防和消灭布氏杆菌病,1979年12月22日国务院批准《防治布氏杆菌病暂行办法》,自1980年3月1日起施行。

思 考 题

1. 传染病有哪些法定的种类?每个种类都包括哪些传染病?
2. 什么是传染病的预防?包括哪些措施?
3. 对于传染病人应该如何依法救治?
4. 传染病爆发流行时该依法采取哪些控制措施?
5. 违反传染病防治法应承担哪些法律责任?

参 考 文 献

[1] 吴崇其,达庆东.卫生法学[M].北京:法律出版社,1999.
[2] 马怀德,等.应急反应的法学思考:"非典"法律问题研究[M].北京:中国政法大学出版社,2004.
[3] 樊立华.卫生法学概论[M].北京:人民卫生出版社,2002.
[4] 申卫星.中国卫生法前沿问题研究[M].北京:北京大学出版社,2005.

第五章 职业病防治法律制度

内容提要 本章阐述《职业病防治法》的立法宗旨和适用范围,职业病防治的工作方针与基本制度,用人单位在职业病防治中的责任与义务,从业人员的权利和义务、职业病的诊断、鉴定制度,职业病防治的监督管理,违反职业病防治法的法律责任等。

重点提示 法定职业病 职业健康权 职业病诊断 职业病病人的待遇 法律责任

第一节 职业病防治法概述

一、《职业病防治法》的立法背景和宗旨

(一) 立法背景

职业卫生立法是工业革命时代的产物,20世纪初,许多国家工业污染环境问题非常严重,直接影响工人的身体健康。针对当时许多国家以污染环境、职业危害为代价,片面追求经济增长的情况,1948年,联合国全体会议通过《全球人权宣言》,宣称所有人享受公正和良好的工作条件的权利。1950年,国际劳工组织、世界卫生组织在第一届职业卫生联合委员会上明确提出"职业卫生"的概念和内容。1992年,世界环境与发展大会将职业危害相关问题列为必须解决的七大全球问题之一,要求各国都应将其作为一项重要的政治任务,尽快立法加以控制。1996年,世界卫生组织向全球宣告"人人享有职业健康的全球战略"。国际劳工组织也先后制定了有关职业健康的国际公约和建议书。

法律作为遏制职业病的重要手段一直为各国所重视。从19世纪初,西欧一些国家就开始制定工厂法。进入20世纪以来,职业卫生立法有了较大发展。现在全球约有70多个国家、地区和国际组织制定了有关职业卫生的法律、法规。英国是世界上最早颁布职业健康安全法律、法规的国家。早在19世纪30年代英国就颁

布了与工厂法相关的法律、法规,开始实行向企业派遣安全监督员的制度。[①] 1974年颁布的《职业安全与健康法》(Health and Safety at Work Act)是改善英国职业安全的里程碑,英国现有的职业安全与健康管理系统、制度框架和科研体系就是根据这个法案建立健全的。法案的主要内容是,规定雇主和工人有安全生产的责任和义务,设置卫生安全委员会及其执行局。为了给职业安全与健康监管工作注入新的活力,为了确定进一步改善安全与健康的新方法,确保职业安全与健康法案适应今后形势的变化,2000年6月,英国职业安全与健康委员会(Health and Safety Commission,HSC)颁布《重塑职业安全与健康战略声明》。[②] 这是英国历史上首次为职业安全与健康确立战略目标。美国1970年颁布的《职业安全与健康法》(The Occupational Safety and Health Act,OSH Act)是美国现有的职业安全与健康法体系的基础。在亚洲,日本政府制定了《劳动安全卫生法》《矿山安全法》等一系列法律、法规。由于法律健全、措施得当、各方重视,日本的职业安全问题基本得到有效控制。由此可见,虽然各国的社会制度、经济发展水平、立法体系不同,但立法目的一样,就是控制和消除职业危害,确保劳动者的身体健康。

新中国成立以来,党和政府非常重视职业病的防治工作,为确保广大劳动者身体健康,预防、控制和消除职业病危害,采取了一系列保护措施。《中国人民政治协商会议共同纲领》和《宪法》都明确规定保护劳动者的健康是国家的重要职责。其后,国务院颁布了《工厂安全卫生暂行条例》《工厂安全卫生规程》《工业企业设计卫生标准》等规定;1957年卫生部颁布《职业病范围和职业病患者处理办法》;1987年国务院颁布《尘肺病条例》。经过几十年的努力,目前我国已经初步建立起一套适合我国国情又行之有效的职业病防治管理制度和措施,一些大中型国有企业劳动条件得到很大改善,职业病防治工作取得显著成效。但是,由于职业病和职业性疾患是影响劳动者健康、造成劳动者过早失去劳动能力的最主要卫生问题。近几年来,因粉尘、放射性污染和有毒、有害作业导致劳动者患职业病死亡、致残、丧失劳动能力的人数不断增加,其危害程度远远高于生产安全事故和交通事故。

面对这些问题,职业病防治立法得到全国人大的高度重视。1992年,全国人大代表提出制定职业病防治法的议案。随后,全国人大代表及全国人大教科文卫委员会委员多次考察职业病防治情况,并呼吁加快职业病防治立法进程。2001年10月27日,《职业病防治法》终于经第九届全国人民代表大会常务委员会第二十四次会议审议通过,于2002年5月1日正式实施,2011年12月31日第十一届全国人民代表大会常务委员会第二十四次会议修订。修订后的《职业病防治法》共七章九十条,内容包括总则、前期预防、劳动过程中的防护与管理、职业病诊断与职业病病人保障、监督检查、法律责任、附则等。此外,有关部门还陆续发布一系列配套

---

① 赵维军,冯元飞.英国施工企业职业健康安全管理述评[J].华南港工,2006(1):60-64.
② 房照增.英国的职业安全与健康(一)[J].现代职业安全.2004(4):52-54.

规章和文件,如《职业病目录》《职业病危害因素分类目录》《职业病危害项目申报管理办法》《建设项目职业病危害分类管理办法》《职业健康监护管理办法》《职业病诊断与鉴定管理办法》《职业病危害事故调查处理办法》《国家职业卫生标准管理办法》《建设项目职业病危害评价规范》等。至此,具有中国特色的职业病防治法律体系已经基本形成。

(二) 立法宗旨

根据《职业病防治法》第1条规定,其立法宗旨是为了预防、控制和消除职业病危害,防治职业病,保护劳动者健康及其相关权益,促进经济社会发展。

(1) 预防、控制和消除职业病危害,防治职业病。我国是职业病危害最严重的国家之一。尽管当前国家十分重视职业病防治工作,但是,我国职业病危害的现状从总体上说不容乐观。随着我国对外开放和高科技产业的发展,越来越多的行业存在着较大的职业危害。因此,预防、控制和消除职业病危害就成为《职业病防治法》的首要任务。这既说明国家对预防、控制和消除职业病危害的高度重视,又将为今后我国预防、控制和消除职业病危害提供有力的法律保障。

(2) 保护劳动者健康及相关的权益。职业病防治法的颁布实施,对于维护广大劳动者的合法权益有着重要意义。我国是社会主义国家,劳动者不仅是社会财富的创造者,而且是国家的主人。保护广大劳动者在职业活动中的安全、健康及相关权益,是我国的一项基本国策。保护劳动者健康及其相关权益,不仅是《职业病防治法》的重要立法原则和目的,同时也是我国制定相关法律、法规的基本出发点。可以说,一部《职业病防治法》尽管涉及很多内容,但最根本的目的就是保护劳动者健康及其相关权益。也可以说,《职业病防治法》总则中"预防、控制和消除职业病危害,防治职业病"这些立法宗旨都是措施和手段,而"保护劳动者健康及其相关权益"才是最根本的目的。

(3) 促进经济社会发展。职业卫生状况是国家经济发展和社会文明的反映,是社会健康发展的基本标志之一,也是保持社会安定团结和经济持续、快速、健康发展的重要条件。职业病防治工作不仅关系着劳动者的生命与健康,还直接影响着经济社会发展。目前,我国的职业卫生工作已经远远落后于我国经济社会发展的形势,越来越难以满足国家和人民的切实需要,在某种程度上已经成为我国经济腾飞、社会进步的障碍。同时,作为制约企业发展的重要因素之一,职业卫生工作极大地影响着企业经济的持续、健康发展。因此,不断提高职业卫生管理水平,并积极与国际职业卫生管理模式接轨,对我国经济的发展具有重要意义。

二、法定职业病的构成要件

学术上对职业病的理解一般指在生产环境和劳动过程中,职业性有害因素(如有毒化学物、生产性粉尘、有害物理因素或生物因素等)直接作用于人体,损害人体健康所引起的各种疾病。①

法律上所称的职业病一般是指由国家确认并经法定程序公布的职业病。许多国家采取由国家向社会公布职业病名单的方式确定职业病范围，列入该范围的职业病通常称为法定职业病。我国《职业病防治法》也采用法定职业病的办法。该法第2条第2、3款分别规定："本法所称职业病，是指企业、事业单位和个体经济组织等用人单位的劳动者在职业活动中，因接触粉尘、放射性物质和其他有毒、有害因素而引起的疾病。""职业病的分类和目录由国务院卫生行政部门会同国务院安全生产监督管理部门、劳动保障行政部门制定、调整并公布。"这就意味着，职业性疾病必须满足一定的条件，达到一定程度，并且必须是国家公布的职业病名单上的疾病才受《职业病防治法》的调整。

根据《职业病防治法》第2条的规定，法定职业病应当具备以下四个条件：

（1）劳动者的疾病在工作或其他职业活动中产生。这里的"劳动者"仅指"企业、事业单位和个体经济组织等用人单位的劳动者"，具体包括我国各类性质企业（国有、集体、外资企业和个体经济组织）内的劳动者以及事业单位、社会团体中的劳动者。

（2）职业危害因素客观存在。职业危害因素按其来源可分为三类：一类是与生产过程有关联的职业危害因素，如铅、苯、一氧化碳等工业毒物；一类是与劳动过程有关联的职业危害因素，如作业时间过长、作业强度过大等；另一类是与生产环境一般状况有关联的职业危害因素，如露天作业的高气温、厂房狭小、照明不良等。《职业病防治法》在附则第87条中将其统称为职业活动中存在的各种有害的化学、物理、生物因素以及在作业过程中产生的其他职业有害因素。

（3）职业病损害系职业危害因素直接引起。职业危害因素对接触者健康造成各种不良影响，并可能导致职业病，统称为职业危害、职业损害。职业损害不一定都是职业病。根据职业危害因素的性质、疾病的发病机制、临床表现、影响程度，职业损害可分为职业性特征、工作有关疾病、非特异作用、职业病四种情况。职业病是在从事生产劳动过程中，直接由职业危害因素引起的特定疾病。导致职业病的直接原因是职业危害因素，如果劳动者的健康损害和职业危害因素之间没有因果联系，即使劳动条件中存在着职业危害因素，也不能作为认定职业病的依据。

如果劳动者受到损害，排除职业因素以外的致病因素，但因为科学技术的原因不能明确直接职业危害因素，没有确凿充分的证据证明职业危害与病人临床表现之间的必然联系的，劳动者的合法权益将得不到有效的法律保障。鉴于此，《职业病防治法》第47条第2款规定，没有证据否定职业病危害因素与病人临床表现之间的必然联系的，应当诊断为职业病。

（4）职业病的法定性。只有列入国家相关法律、法规或规范性法律文件中的

---

① 梁友信. 劳动卫生与职业病学[M]. 北京：人民卫生出版社，1981：4.

才是职业病。我国《职业病防治法》确定了法定职业病范围的基本原则。第一,国家对职业病采取预防为主、防治结合的方针,对职业病和职业损害采取分类管理、综合治理的原则。明确职业病的法定范围,是分类管理、综合治理的基础环节。有些职业病能够用法律调整,通过法律的强制性,促使有关部门履行职责、承担义务,从而改善劳动条件,降低职业病发病率,依法保护劳动者的健康权利;有些不便于法律调整,应当通过安全和健康教育、道德感化、行政管理手段加以解决。第二,适应国民经济和社会发展的水平。由于我国尚处于社会主义初级阶段,生产力发展水平不高,因此,法定职业病的范围必须符合中国的现实国情,而不能超越中国的现实国情。范围太宽泛,即使用法律手段进行保护,但实践中执行难,同样没有任何意义。第三,依靠科技进步,积极与世界接轨。职业病和职业损害是随着生产发展和时代变化而变化的,它与科学进步密切相关,涉及生理、心理、人类工效学、卫生化学、毒理、卫生工程和临床等学科,在立法中应注意因时制宜,与时俱进。正是基于这种考虑,《职业病防治法》并未直接列举职业病的名单,而是进行概括式的规定:"职业病的分类和目录由国务院卫生行政部门会同国务院劳动保障行政部门规定、调整和公布。"第四,便于操作。职业危害是在生产过程中产生的。由于产生职业危害的因素种类很多,导致职业病的范围较广,职业病的类别较多,不同类别的职业病对劳动者产生的危害差异较大,对各类职业病的防治也不同,不可能把所有职业病的防治都纳入法律的调整范围。

第二节 职业病的前期预防、防护和监督检查

一、职业病的前期预防

在工业生产中,职业病危害的产生,往往是由于建设单位缺乏职业卫生防护意识,在项目的设计和施工阶段忽视职业卫生防护要求,没有配备应有的职业病危害防护设施,如通风、排尘等设施,从而导致项目建成后,先天存在严重的设计性职业病危害隐患,如消除这些职业危害需要付出巨大的代价,有些甚至不可挽回,从而导致严重的资金浪费和职业病危害后果。因此,在建设项目设计施工阶段做好职业危害预防工作,是一件事半功倍的大事,是职业病防治工作最有效最经济的措施。所以,以预防为主,从源头抓起,加强建设项目的预防性卫生审核管理是消除和控制职业危害的根本措施,是职业病防治工作的首要环节,其内容主要有以下几个方面。

(一)设立符合职业卫生条件的工作场所

这是防治职业病的起点,也是保护劳动者健康最有力的措施。这一环节做好

了,就可以最大限度地消除或者减少劳动者受到的职业病因素的危害。所以,职业病防治法中首先规定,产生职业病危害的用人单位在其设立时,不仅要符合法律、行政法规所规定的一般条件,在防治职业病方面还有特定的条件,就是其工作场所还应当符合职业病防治法所规定的条件,应当符合下列职业卫生要求:① 职业病危害因素的强度或者浓度符合国家职业卫生标准;② 有与职业病危害防护相适应的设施;③ 生产布局合理,符合有害与无害作业分开的原则;④ 有配套的更衣间、洗浴间、孕妇休息间等卫生设施;⑤ 设备、工具、用具等设施符合保护劳动者生理、心理健康的要求;⑥ 法律、行政法规和国务院卫生行政部门、安全生产监督管理部门关于保护劳动者健康的其他要求。

(二) 建立职业病危害项目申报制度

这是在职业病防治法中确立的一项重要制度,它是在立法过程中根据对职业病防治监督管理的实际需要和职业卫生工作的实践经验而确立的。职业病防治法第16条对此所作的规定为:国家建立职业病危害项目申报制度;用人单位工作场所存在职业病目录所列职业病的危害因素的,应当及时、如实向所在地安全生产监督管理部门申报危害项目,接受监督;职业病危害因素分类目录由国务院卫生行政部门会同国务院安全生产监督管理部门制定、调整并公布;职业病危害项目申报的具体办法由国务院安全生产监督管理部门制定。

(三) 职业病危害预评价制度

这是预防和控制职业病的一项基础工作和重要手段,它的主要作用在于从源头控制职业病危害,积极改善作业环境,有力地保障劳动力资源的可持续利用,同时也为企业在国际竞争中树立良好形象。与职业病危害项目预评价及有关措施相关的法律规定主要有以下内容:

1. 适用范围

新建、扩建、改建建设项目和技术改造、技术引进项目(以下统称建设项目),可能产生职业病危害的,建设单位在可行性论证阶段应当向安全生产监督管理部门提交职业病危害预评价报告。安全生产监督管理部门应当自收到职业病危害预评价报告之日起三十日内,作出审核决定并书面通知建设单位。未提交预评价报告或者预评价报告,未经安全生产监督管理部门审核同意的,有关部门不得批准该建设项目。

2. 预评价报告的内容

为了保证预评价报告能发挥实际作用,职业病防治法规定,职业病危害预评价报告应当对建设项目可能产生的职业病危害因素及其对工作场所和劳动者健康的影响作出评价,确定危害类别和职业病防治措施。有关建设项目职业病危害分类目录和分类管理办法由国务院安全生产监督管理部门制定。这样就有统一的标准、统一的管理办法,以保证安全生产监督管理部门发挥其对职业病防治的监督管理职能作用。

3. 实行"三同时"制度

职业病防治法规定,建设项目的职业病防护设施应当与主体工程同时设计、同时施工、同时投入生产和使用;所需投入的费用应当纳入建设项目的工程预算。这里所指的职业病防护设施的建设、三个同时的步骤、费用的列支,都是法定的,带有强制性,以防止只重视主体工程而忽视职业病防护设施的片面认识和做法,是实现对职业病预防为主方针的重要保证措施。

4. 防护设施的设计和验收

职业病危害严重的建设项目的防护设施设计,应当经安全生产监督管理部门审查,符合国家职业卫生标准和卫生要求的,方可施工;建设项目在竣工验收前,建设单位应当进行职业病危害控制效果评价;建设项目竣工验收时,其职业病防护设施经卫生行政部门验收合格后,方可投入正式生产和使用。

5. 职业病危害预评价和控制效果评价的法定机构

职业病防治法规定,职业病危害的预评价和控制效果评价由依法设立的、取得国务院安全生产监督管理部门或者设区的市级以上地方人民政府安全生产监督管理部门按照职责分工给予资质认可的职业卫生技术服务机构进行。按照这项规定,由国务院安全生产监督管理部门或者设区的市级以上地方人民政府安全生产监督管理部门按照职责分工给予资质认可的职业卫生技术服务机构是上述两项评价的法定机构。这些机构在技术上、人员素质上、担负责任的能力上都应当是合乎要求的,必须有一支高水平的专业队伍,才能符合职业病防治的立法要求。对于职业卫生服务机构,法律上还明确规定,所作的评价应当客观、真实。这也是针对现实中存在的一些问题作出的规定,从整体上这也是对这些机构的最基本的要求,必须认识到这是法定的义务。技术服务机构的评价必须具有公正性,对劳动者健康负责,而绝对不能为谋求自己的利益而失去客观、公正、真实,如果不履行法定义务,将受到法律的追究。

二、劳动过程中的职业病防护和管理

劳动过程中的防护与管理很重要,不但是职业病防治中前期预防的延伸,而且在这个过程中要有更具体的规则。

(一)职业病防治管理措施

用人单位防治职业病的管理措施是指用人单位在建立现代企业制度,加强企业内部的职业卫生管理方面应当采取的管理手段和方法,主要有以下内容:

(1)组织管理。设置或者指定职业卫生管理机构或者组织,配备专职或者兼职的职业卫生管理人员,负责本单位的职业病防治工作。

（2）计划管理。结合本单位职业病危害的实际，制定职业病危害防治计划和实施方案。

（3）制度管理。建立、健全职业卫生管理制度和操作规程；建立、健全工作场所职业病危害因素监测及评价制度和公告制度。

（4）档案管理。建立、健全职业卫生档案和劳动者职业健康监护档案。

（5）事故管理。建立、健全职业危害事故应急救援预案。

（6）责任管理。建立、健全职业病防治责任制，实行发生职业病损害的责任追究制度，即对直接负责的主管人员和其他直接责任人员依法追究责任。

另外，修订后的《职业病防治法》第 22 条还规定，用人单位应当保障职业病防治所需的资金投入，不得挤占、挪用，并对因资金投入不足而导致的后果承担责任。

上述各项是用人单位职业病防治的基本制度，它要求必须从组织、人员、资金上落实，要有防治计划，在实际中要有相应的措施以及坚实的基础工作，这样才能有效地应对事故的发生。

（二）工作环境和工作场所的防护

工作环境和工作场所是劳动者从事职业活动所在的环境，其中的危害因素和劳动者与其接触的状况是产生职业病的重要因素，必须采取防护措施消除或者减少对劳动者的危害，职业病防治法有以下规定：

（1）用人单位在醒目位置设置公告栏，公布职业病防治的规章制度、操作规程、职业病危害事故应急救援措施和工作场所职业病危害因素检测结果。

（2）对产生严重职业病危害的作业岗位，应当在其醒目位置，设置警示标志和中文警示说明。警示说明应当载明产生职业病危害的种类、后果、预防以及应急救治措施等内容。

（3）对可能发生急性职业损伤的有毒、有害工作场所，用人单位应当设置报警装置，配置现场急救用品、冲洗设备、应急撤离通道和必要的泄险区。

（4）对放射性工作场所和放射性同位素的运输、贮存，用人单位必须配置防护设备和报警装置，保证接触放射线的工作人员佩戴个人剂量计。

（5）用人单位应当定期对工作场所进行职业病危害因素检测、评价；检测、评价结果存入本单位的职业卫生档案，定期向所在地卫生行政部门报告并向劳动者公布。

（三）生产设备的防护

（1）用人单位应当优先采用有利于防治职业病和保护劳动者健康的新技术、新工艺、新设备、新材料，逐步替代职业病危害严重的技术、工艺、设备、材料。

（2）向用人单位提供可能产生职业病危害的设备的，应当提供中文说明书，并在设备的醒目位置设置警示标志和中文警示说明。警示说明应当载明设备性能、可能产生的职业病危害、安全操作和维护注意事项、职业病防护以及应急救治措施等内容。

（3）向用人单位提供可能产生职业病危害的化学品、放射性同位素和含有放射性物质的材料的，应当提供中文说明书。说明书应当载明产品特性、主要成分、存在的有害因素、可能产生的危害后果、安全使用注意事项、职业病防护以及应急救治措施等内容。产品包装应当有醒目的警示标志和中文警示说明。贮存上述材料的场所应当在规定的位置设置危险物品标志或者放射性警示标志。国内首次使用或者首次进口与职业病危害有关的化学材料，使用单位或者进口单位按照国家规定经国务院有关部门批准后，应当向国务院卫生行政部门报送该化学材料的毒性鉴定以及经有关部门登记注册或者批准进口的文件等资料。进口放射性同位素、射线装置和含有放射性物质的物品的，按照国家有关规定办理。

（4）任何单位和个人不得生产、经营、进口和使用国家明令禁止使用的可能产生职业病危害的设备或者材料。

（5）用人单位对采用的技术、工艺、设备、材料，应当知悉其产生的职业病危害，对有职业病危害的技术、工艺、设备、材料隐瞒其危害而采用的，对所造成的职业病危害后果承担责任。

（四）个人防护

在用人单位采用有效的职业病防护措施的同时，还应当重视劳动者个人的防护。对此，在职业病防治法中作出多项规定。

（1）用人单位必须采用有效的职业病防护设施，并为劳动者提供个人使用的职业病防护用品。

（2）用人单位为劳动者个人提供的职业病防护用品，必须符合防治职业病的要求，不符合要求的，不得使用。

（3）对职业病防护设备、应急救援设施和个人使用的职业病防护用品，用人单位应当进行经常性的维护、检修，定期检测其性能和效果。

三、职业病的监督检查

（一）监督机关及监督人员

县级以上人民政府职业卫生监督管理部门，依照职业病防治法律、法规、国家职业卫生标准和卫生要求，依据职责划分，对职业病防治工作进行监督检查。职业卫生监督执法人员应当依法经过资格认定。职业卫生监督管理部门应当加强队伍建设，提高职业卫生监督执法人员的政治、业务素质，依照本法和其他有关法律、法规的规定，建立健全内部监督制度，对其工作人员执行法律、法规和遵守纪律的情况，进行监督检查。

(二) 监督检查措施

安全生产监督管理部门履行监督检查职责时,有权采取下列措施:
(1) 进入被检查单位和职业病危害现场,了解情况,调查取证。
(2) 查阅或者复制与违反职业病防治法律、法规的行为有关的资料和采集样品。
(3) 责令违反职业病防治法律、法规的单位和个人停止违法行为。

(三) 临时控制措施

发生职业病危害事故,或者有证据证明危害状态可能导致职业病危害事故发生时,安全生产监督管理部门可以采取下列临时控制措施:
(1) 责令暂停导致职业病危害事故的作业。
(2) 封存造成职业病危害事故,或者可能导致职业病危害事故发生的材料和设备。
(3) 组织控制职业病危害事故现场。在职业病危害事故或者危害状态得到有效控制后,卫生行政部门应当及时解除控制措施。

(四) 注意事项

(1) 职业卫生监督执法人员依法执行职务时,应当出示监督执法证件。
(2) 职业卫生监督执法人员应当忠于职守,秉公执法,严格遵守执法规范;涉及用人单位保密事项的,应当为其保密。
(3) 安全生产监督管理部门及其职业卫生监督执法人员履行职责时,不得有下列行为:① 对不符合法定条件的,发给建设项目有关证明文件、资质证明文件或者予以批准;② 对已经取得有关证明文件的,不履行监督检查职责;③ 发现用人单位存在职业病危害的,可能造成职业病危害事故,不及时依法采取控制措施;④ 其他违反本法的行为。

第三节 劳动者的职业卫生保护权

一、劳动者的职业卫生保护权

(一) 知情权

(1) 用人单位与劳动者订立劳动合同(含聘用合同)时,应当将工作过程中可能产生的职业病危害及其后果、职业病防护措施和待遇等如实告知劳动者,并在劳动合同中写明,不得隐瞒或者欺骗。

(2)劳动者在已订立劳动合同期间,因工作岗位或者工作内容变更,从事与所订立劳动合同中未告知的存在职业病危害的作业时,用人单位应当依照前款规定,向劳动者履行如实告知的义务,并协商变更原劳动合同相关条款。

(3)用人单位违反前两项规定的,劳动者有权拒绝从事存在职业病危害的作业,用人单位不得因此解除与劳动者所订立的劳动合同。

(4)对从事接触职业病危害的作业的劳动者,用人单位应当组织上岗前、在岗期间和离岗时的职业健康检查,并将检查结果如实告知劳动者。

(5)劳动者有权了解工作场所产生或者可能产生的职业病危害因素、危害后果和应当采取的职业病防护措施。

(二)培训权

(1)用人单位的主要负责人和职业卫生管理人员应当接受职业卫生培训,遵守职业病防治法律、法规,依法组织本单位的职业病防治工作。这是对负责人、管理人员的要求,必须规范他们的行为,增强他们防治职业病的观念,尤其是守法意识。

(2)对用人单位的要求。规定用人单位应当对劳动者进行上岗前的职业卫生培训和在岗期间的定期职业卫生培训,普及职业卫生知识,督促劳动者遵守职业病防治的法律、法规、规章和操作规程,指导劳动者正确使用职业病防护设备和个人使用的职业病防护用品。

(3)劳动者应当学习和掌握相关的职业卫生知识,增强职业病防范意识,遵守职业病防治法律、法规、规章和操作规程,正确使用、维护职业病防护设备和个人使用的职业病防护用品,发现职业病危害事故隐患应当及时报告。

(三)拒绝冒险权

(1)劳动者有权拒绝在没有职业病防护措施下从事职业危害作业,有权拒绝违章指挥和强令的冒险作业。

(2)用人单位若与劳动者设立劳动合同时,没有将可能产生的职业病危害及其后果等告知劳动者,劳动者有权拒绝从事存在职业病危害的作业,用人单位不得因此解除或者终止与劳动者所订立的劳动合同。

(四)职业健康权

(1)对从事接触职业病危害作业的劳动者,用人单位应当按照国务院安全生产监督管理部门、卫生行政部门的规定组织上岗前、在岗期间和离岗位时的职业健康检查,并将检查结果书面告知劳动者。职业健康检查费用由用人单位承担。

(2)用人单位不得安排未经上岗前职业健康检查的劳动者从事接触职业病危

害的作业；不得安排有职业禁忌的劳动者从事其所禁忌的作业；对在职业健康检查中发现有与从事的职业相关的健康损害的劳动者，应当调离原工作岗位，并妥善安置；对未进行离岗前职业健康检查的劳动者不得解除或者终止与其订立的劳动合同。职业健康检查应当由省级以上人民政府卫生行政部门批准的医疗卫生机构承担。

（3）用人单位应当为劳动者建立职业健康监护档案，并按照规定的期限妥善保存。职业健康监护档案应当包括劳动者的职业史、职业病危害接触史、职业健康检查结果和职业病诊疗等有关个人健康资料。劳动者离开用人单位时，有权索取本人职业健康监护档案复印件。用人单位应当如实、无偿提供，并在所提供的复印件上盖章。

（4）当劳动者被疑患有职业病时，职业病防治法规定用人单位应及时安排对病人进行诊断，在病人诊断或者医学观察期间，不得解除或者终止与其订立的劳动合同。职业病病人依法享受国家规定的职业病待遇。用人单位应按照国家有关规定，安排病人进行治疗、康复和定期检查；对不适宜继续从事原工作的病人，应调离原岗位，并妥善安置；对从事接触职业病危害作业的劳动者，应给予适当岗位津贴。职业病病人的诊疗、康复费用，伤残以及丧失劳动能力职业病病人的社会保障，按照国家有关工伤社会保障的规定执行。

（五）特殊保障权

未成年人、女职工、有职业禁忌的劳动者，在职业病防治法中享有特殊的职业卫生保护的权利。职业病防治法规定如下：

（1）产生职业病危害的用人单位在工作场所应有配套的更衣间、洗浴间、孕妇休息间等卫生设施。

（2）国家对从事放射、高毒等作业实行特殊管理。

（3）用人单位不得安排未成年工从事接触职业病危害的作业，不得安排孕期、哺乳期的女职工从事对本人和胎儿、婴儿有危害的作业。

（4）不得安排有职业禁忌的劳动者从事其所禁忌的作业。

（六）参与决策权

劳动者可参与用人单位职业卫生工作的民主管理，对职业病防治工作提出意见和建议，是职业病防治法规定的劳动者所享有的又一项职业卫生保护权利。

（七）检举、控告权

任何单位和个人有权对违反本法的行为进行检举和控告。对违反职业病防治法律、法规以及危及生命健康的行为提出批评、检举和控告，是职业病防治法赋予劳动者的一项职业卫生保护权利。用人单位若因劳动者依法行使检举、控告权而降低其工资、福利等待遇或者解除、终止与其订立的劳动合同,职业病防治法明确规定这种行为是无效的。

(八) 损害赔偿权

《职业病防治法》第 52 条规定,职业病病人除依法享有工伤保险外,依照有关民事法律,尚有获得赔偿的权利,有权向用人单位提出赔偿要求。

为了有效预防和控制职业病,职业病防治法不仅赋予劳动者职业卫生保护的权利,也要求劳动者对防治职业病承担以下几项义务:① 必须遵守用人单位劳动合同的义务;② 遵守职业病防治法律、法规、规章、标准的义务;③ 遵守用人单位职业卫生规章制度的义务;④ 接受职业卫生教育和培训的义务;⑤ 按规定使用职业卫生防护设施及个人用品和遵守操作规程的义务;⑥ 参与改善工作环境和健康促进的活动;⑦ 参与职业健康监护;⑧ 不得从事患有职业禁忌的作业。

第四节 职业病诊断与职业病病人的待遇

一、职业病诊断

(一) 职业病诊断机构

职业病的诊断不同于一般疾病的诊断,而有特定的要求,同时还要方便职业病病人。依照职业病防治法的规定,医疗卫生机构承担职业病诊断,应当经省、自治区、直辖市人民政府卫生行政部门批准。承担职业病诊断的医疗卫生机构不得拒绝劳动者进行职业病诊断的要求。劳动者可以在用人单位所在地、本人户籍所在地或者经常居住地依法承担职业病诊断的医疗卫生机构进行职业病诊断。

省、自治区、直辖市人民政府卫生行政部门应当向社会公布本行政区域内承担职业病诊断的医疗卫生机构的名单。承担职业病诊断的医疗卫生机构应当具备下列条件:① 持有"医疗机构执业许可证";② 具有与开展职业病诊断相适应的医疗卫生技术人员;③ 具有与开展职业病诊断相适应的仪器、设备;④ 具有健全的职业病诊断质量管理制度。

(二) 职业病诊断标准

为了统一标准、统一办法、职责明确,职业病防治法规定,职业病诊断标准和职业病诊断、鉴定办法由国务院卫生行政部门制定;职业病伤残等级的鉴定办法由国务院劳动保障行政部门会同国务院卫生行政部门制定。

（三）职业病诊断

1. 诊断标准

（1）病人的职业史。

（2）职业病危害接触史和工作场所职业病危害因素情况。

（3）临床表现以及辅助检查结果等。

没有证据否定职业病危害因素与病人临床表现之间的必然联系的,应当诊断为职业病。

2. 诊断程序

（1）承担职业病诊断的医疗卫生机构在进行职业病诊断时,应当组织三名以上取得职业病诊断资格的执业医师集体诊断。

（2）职业病诊断证明书应当由参与诊断的医师共同签署,并经承担职业病诊断的医疗卫生机构审核盖章。

（四）职业病诊断争议的鉴定

职业病诊断是一项复杂的技术问题,同时又涉及职业病病人的重大利益与用人单位的经济负担,因此必须认真对待。矛盾的焦点往往集中在诊断的争议上,职业病防治法在制度上对比作出规定,主要有以下内容：

（1）当事人对职业病诊断有异议的,有申请鉴定的权利,可以向作出诊断的医疗卫生机构所在地地方人民政府卫生行政部门申请鉴定。

（2）职业病诊断争议鉴定,由设区的市级以上地方人民政府卫生行政部门根据当事人的申请,组织职业病诊断鉴定委员会进行鉴定;当事人对设区的市级职业病诊断鉴定委员会的鉴定结论不服的,可以向省、自治区、直辖市人民政府卫生行政部门申请再鉴定。

（3）职业病诊断鉴定委员会由相关专业的专家组成。省、自治区、直辖市人民政府卫生行政部门应当设立相关的专家库,需要对职业病争议作出诊断鉴定时,由当事人或者当事人委托有关卫生行政部门从专家库中以随机抽取的方式确定参加诊断鉴定委员会的专家。

（4）职业病诊断鉴定。

① 职业病诊断鉴定委员会应当按照国务院卫生行政部门颁布的职业病诊断标准和职业病诊断、鉴定办法进行职业病诊断鉴定,向当事人出具职业病诊断鉴定书。

② 职业病诊断、鉴定费用由用人单位承担。

③ 职业病诊断鉴定委员会组成人员应当遵守职业道德,客观、公正地进行诊断鉴定,并承担相应的责任,不得私下接触当事人,不得收受当事人的财物或者其他好处,与当事人有利害关系的,应当回避。

④ 人民法院受理有关案件需要进行职业病鉴定时,应当从省、自治区、直辖市人民政府卫生行政部门依法设立的相关的专家库中选取参加鉴定的专家。

⑤ 用人单位应当如实提供职业病诊断、鉴定所需的劳动者职业史和职业病危害接触史、工作场所职业病危害因素检测结果等资料;安全生产监督管理部门应当监督检查和督促用人单位提供上述资料;劳动者和有关机构也应当提供与职业病诊断、鉴定有关的资料。职业病诊断、鉴定机构需要了解工作场所职业病危害因素情况时,可以对工作场所进行现场调查,也可以向安全生产监督管理部门提出,安全生产监督管理部门应当在十日内组织现场调查。用人单位不得拒绝、阻挠。

⑥ 职业病诊断、鉴定过程中,用人单位不提供工作场所职业病危害因素检测结果等资料的,诊断、鉴定机构应当结合劳动者的临床表现、辅助检查结果和劳动者的职业史、职业病危害接触史,并参考劳动者的自述、安全生产监督管理部门提供的日常监督检查信息等,作出职业病诊断、鉴定结论。劳动者对用人单位提供的工作场所职业病危害因素检测结果等资料有异议,或者因劳动者的用人单位解散、破产,无用人单位提供上述资料的,诊断、鉴定机构应当提请安全生产监督管理部门进行调查,安全生产监督管理部门应当自接到申请之日起三十日内对存在异议的资料或者工作场所职业病危害因素情况作出判定,有关部门应当配合。

(五)职业病病人和疑似职业病病人的报告制度

(1)用人单位和医疗卫生机构发现职业病病人或者疑似职业病病人时,应当及时向所在地卫生行政部门和安全生产监督管理部门报告。确诊为职业病的,用人单位还应当向所在地劳动保障行政部门报告。接到报告的部门应当依法作出处理。

(2)医疗卫生机构发现疑似职业病病人时,应当告之劳动者本人并及时通知用人单位,用人单位应当及时安排对其进行诊断,在诊断或者医学观察期间,不得解除或者终止与其订立的劳动合同。

二、职业病病人的待遇

劳动者在职业活动中,因遭受职业病危害因素的危害而引起疾病,依法享受国家规定的职业病待遇。

(一)一般规定

(1)用人单位应当按照国家有关规定,安排职业病病人进行治疗、康复和定期检查。

(2)用人单位对不适宜继续从事原工作的职业病病人,应当调离原岗位,并妥善安置。

(3)职业病病人的诊疗、康复费用,伤残以及丧失劳动能力的职业病病人的社会保障,按照国家有关工伤保险的规定执行。

(4) 职业病病人除依法享有工伤保险外,依照有关民事法律,尚有获得赔偿的权利的,有权向用人单位提出赔偿要求。

(二) 特殊规定

(1) 劳动者被诊断患有职业病,但用人单位没有依法参加工伤保险的,其医疗和生活保障由该用人单位承担。

(2) 职业病病人变动工作单位,其依法享有的待遇不变。用人单位发生分立、合并、解散、破产等情形的,应当对从事接触职业病危害的作业的劳动者进行健康检查,并按照国家有关规定妥善安置职业病病人。

(3) 用人单位已经不存在或者无法确认劳动关系的职业病病人,可以向地方人民政府民政部门申请医疗救助和生活等方面的救助。地方各级人民政府应当根据本地区的实际情况,采取其他措施,使前款规定的职业病病人获得医疗救治。

(三) 疑似职业病病人的待遇

医疗卫生机构发现疑似职业病病人时,应当告知劳动者本人并及时通知用人单位。用人单位应当及时安排对疑似职业病病人进行诊断;在疑似职业病病人诊断或者医学观察期间,不得解除或者终止与其订立的劳动合同。疑似职业病病人在诊断、医学观察期间的费用,由用人单位承担。

第六节 违反职业病防治法的法律责任

一、建设单位

建设单位违反本法规定,有下列行为之一的,由安全生产监督管理部门给予警告,责令限期改正;逾期不改正的,处十万元以上五十万元以下的罚款;情节严重的,责令停止产生职业病危害的作业,或者提请有关人民政府按照国务院规定的权限责令停建、关闭。

(1) 未按照规定进行职业病危害预评价或者未提交职业病危害预评价报告,或者职业病危害预评价报告未经安全生产监督管理部门审核同意而开工建设的。

(2) 建设项目的职业病防护设施未按照规定与主体工程同时投入生产和使用的。

(3) 职业病危害严重的建设项目,其职业病防护设施设计未经安全生产监督管理部门审查,或者不符合国家职业卫生标准和卫生要求施工的。

(4) 未按照规定对职业病防护设施进行职业病危害控制效果评价、未经安全生产监督管理部门验收或者验收不合格,擅自投入使用的。

二、用人单位

(1) 用人单位有下列行为之一的,由安全生产监督管理部门给予警告,责令限期改正;逾期不改正的,处十万元以下的罚款。① 工作场所职业病危害因素检测、评价结果没有存档、上报、公布的;② 未采取本法第 21 条规定的职业病防治管理措施的;③ 未按照规定公布有关职业病防治的规章制度、操作规程、职业病危害事故应急救援措施的;④ 未按照规定组织劳动者进行职业卫生培训,或者未对劳动者个人职业病防护采取指导、督促措施的;⑤ 国内首次使用或者首次进口与职业病危害有关的化学材料,未按照规定报送毒性鉴定资料以及经有关部门登记注册或者批准进口的文件的;

(2) 用人单位有下列行为之一的,由安全生产监督管理部门责令限期改正,给予警告,可以并处五万元以上十万元以下的罚款:① 未按照规定及时、如实向安全生产监督管理部门申报产生职业病危害的项目的;② 未实施由专人负责的职业病危害因素日常监测,或者监测系统不能正常监测的;③ 订立或者变更劳动合同时,未告知劳动者职业病危害真实情况的;④ 未按照规定组织职业健康检查、建立职业健康监护档案或者未将检查结果书面告知劳动者的;⑤ 未依照本法规定在劳动者离开用人单位时提供职业健康监护档案复印件的。

(3) 用人单位有下列行为之一的,由安全生产监督管理部门给予警告,责令限期改正;逾期不改正的,处五万元以上二十万元以下的罚款;情节严重的,责令停止产生职业病危害的作业,或者提请有关人民政府按照国务院规定的权限责令关闭:① 工作场所职业病危害因素的强度或者浓度超过国家职业卫生标准的;② 未提供职业病防护设施和个人使用的职业病防护用品,或者提供的职业病防护设施和个人使用的职业病防护用品不符合国家职业卫生标准和卫生要求的;③ 对职业病防护设备、应急救援设施和个人使用的职业病防护用品未按照规定进行维护、检修、检测,或者不能保持正常运行、使用状态的;④ 未按照规定对工作场所职业病危害因素进行检测、评价的;⑤ 工作场所职业病危害因素经治理仍然达不到国家职业卫生标准和卫生要求时,未停止存在职业病危害因素的作业的;⑥ 未按照规定安排职业病病人、疑似职业病病人进行诊治的;⑦ 发生或者可能发生急性职业病危害事故时,未立即采取应急救援和控制措施或者未按照规定及时报告的;⑧ 未按照规定在产生严重职业病危害的作业岗位醒目位置设置警示标志和中文警示说明的;⑨ 拒绝职业卫生监督管理部门监督检查的;⑩ 隐瞒、伪造、篡改、毁损职业健康监护档案、工作场所职业病危害因素检测评价结果等相关资料,或者拒不提供职业病诊断、鉴定所需资料的;⑪ 未按照规定承担职业病诊断、鉴定费用和职业病病人的医疗、生活保障费用的。

(4) 用人单位和医疗卫生机构未按照规定报告职业病、疑似职业病的,由有关主管部门依据职责分工责令限期改正,给予警告,可以并处一万元以下的罚款;弄虚作假的,并处两万元以上五万元以下的罚款;对直接负责的主管人员和其他直接责任人员,可以依法给予降级或者撤职的处分。

(5) 有下列情形之一的,由安全生产监督管理部门责令限期治理,并处五万元以上三十万元以下的罚款;情节严重的,责令停止产生职业病危害的作业,或者提请有关人民政府按照国务院规定的权限责令关闭。① 隐瞒技术、工艺、设备、材料所产生的职业病危害而采用的;② 隐瞒本单位职业卫生真实情况的;③ 可能发生急性职业损伤的有毒、有害工作场所、放射工作场所或者放射性同位素的运输、贮存不符合本法第 23 条规定的;④ 使用国家明令禁止使用的可能产生职业病危害的设备或者材料的;⑤ 将产生职业病危害的作业转移给没有职业病防护条件的单位和个人,或者没有职业病防护条件的单位和个人接受产生职业病危害的作业的;⑥ 擅自拆除、停止使用职业病防护设备或者应急救援设施的;⑦ 安排未经职业健康检查的劳动者、有职业禁忌的劳动者、未成年工或者孕期、哺乳期女职工从事接触职业病危害的作业或者禁忌作业的;⑧ 违章指挥和强令劳动者进行没有职业病防护措施的作业的。

(6) 生产、经营或者进口国家明令禁止使用的可能产生职业病危害的设备或者材料的,依照有关法律、行政法规的规定给予处罚。

(7) 用人单位违反本法规定,已经对劳动者生命健康造成严重损害的,由安全生产监督管理部门责令停止产生职业病危害的作业,或者提请有关人民政府按照国务院规定的权限责令关闭,并处十万元以上五十万元以下的罚款。

(8) 用人单位违反本法规定,造成重大职业病危害事故或者其他严重后果,构成犯罪的,对直接负责的主管人员和其他直接责任人员,依法追究刑事责任。

三、职业卫生技术服务机构

(1) 未取得职业卫生技术服务资质认可擅自从事职业卫生技术服务的,或者医疗卫生机构未经批准擅自从事职业健康检查、职业病诊断的,由安全生产监督管理部门和卫生行政部门依据职责分工责令立即停止违法行为,没收违法所得;违法所得五千元以上的,并处违法所得两倍以上十倍以下的罚款;没有违法所得或者违法所得不足五千元的,并处五千元以上五万元以下的罚款;情节严重的,对直接负责的主管人员和其他直接责任人员,依法给予降级、撤职或者开除的处分。

(2) 从事职业卫生技术服务的机构和承担职业健康检查、职业病诊断的医疗卫生机构违反本法规定,有下列行为之一的,由安全生产监督管理部门和卫生行政部门依据职责分工责令立即停止违法行为,给予警告,没收违法所得;违法所得五千元以上的,并处违法所得两倍以上五倍以下的罚款;没有违法所得或者违法所得不足五千元的,并处五千元以上两万元以下的罚款;情节严重的,由原认可或者批准机关取消其相应的资格;对直接负责的主管人员和其他直接责任人员,依法给予降级、撤职或者开除的处分;构成犯罪的,依法追究刑事责任。① 超出资质认证或者批准范围从事职业卫生技术服务或者职业健康检查、职业病诊断的;② 不按照本法规定履行法定职责的;③ 出具虚假证明文件的。

(3) 职业病诊断鉴定委员会组成人员收受职业病诊断争议当事人的财物或者其他好处的,给予警告,没收收受的财物,可以并处三千元以上五万元以下的罚款,取消其担任职业病诊断鉴定委员会组成人员的资格,并从省、自治区、直辖市人民政府卫生行政部门设立的专家库中予以除名。

四、县级以上地方人民政府、卫生行政部门、安全生产监督管理部门及职业卫生监督执法人员

(1) 县级以上地方人民政府在职业病防治工作中未依照本法履行职责,本行政区域出现重大职业病危害事故、造成严重社会影响的,依法对直接负责的主管人员和其他直接责任人员给予记大过直至开除的处分。

(2) 县级以上人民政府职业卫生监督管理部门不履行本法规定的职责,滥用职权、玩忽职守、徇私舞弊,依法对直接负责的主管人员和其他直接责任人员给予记大过或者降级的处分;造成职业病危害事故或者其他严重后果的,依法给予撤职或者开除的处分。

(3) 卫生行政部门、安全生产监督管理部门不按照规定报告职业病和职业病危害事故的,由上一级行政部门责令改正,通报批评,给予警告;虚报、瞒报的,对单位负责人、直接负责的主管人员和其他直接责任人员依法给予降级、撤职或者开除的处分。

(4) 违反本法第17、18条规定,有关部门擅自批准建设项目或者发放施工许可的,对该部门直接负责的主管人员和其他直接责任人员,由监察机关或者上级机关依法给予记过直至开除的处分。

此外,《职业病防治法》还规定向用人单位提供可能产生职业病危害的设备、材料,未按照规定提供中文说明书或者设置警示标志和中文警示说明的,由安全生产监督管理部门责令限期改正,给予警告,并处五万元以上二十万元以下的罚款。

思 考 题

1. 如何理解职业病防治法实施的意义?
2. 法定职业病的含义是什么?
3. 职业病病人有哪些特殊待遇?
4. 违反职业病防治法的法律责任有哪些?

参 考 文 献

[1] 中国法制出版社. 中华人民共和国职业病防治法[M]. 北京:中国法制出版社,2012.
[2] 中国法制出版社. 职业病防治法配套规定[M]. 北京:中国法制出版社,2004.
[3] 中华人民共和国职业病防治法教育读本编写组. 中华人民共和国职业病防治法教育读本[M]. 北京:中国劳动社会保障出版社,2004.
[4] 卞耀武. 中华人民共和国职业病防治法释义[M]. 北京:法律出版社,2002.
[5] 史敏,赵同刚. 中华人民共和国职业病防治法知识读本[M]. 北京:中国法制出版社,2001.
[6] 刘世杰. 中华人民共和国职业病防治法解释[M]. 北京:中国工人出版社,2001.
[7] 刘雄. 工伤保险[M]. 北京:中国劳动社会保障出版社,2000.
[8] 达庆东. 卫生法学纲要[M]. 上海:复旦大学出版社,2004.
[9] 刘世杰. 中华人民共和国职业病防治法与职业病防治管理全书[M]. 北京:中国工人出版社,2001.

第六章 精神卫生法律制度

内容提要 本章阐述《精神卫生法》的立法宗旨、适用范围、基本原则,精神障碍患者的权利及其保障措施,心理健康促进和精神障碍预防,精神障碍的诊断和治疗,相关保障措施以及违反《精神卫生法》的法律责任等。

重点提示 精神卫生 精神障碍 精神障碍的诊断和治疗 法律责任

第一节 精神卫生法律制度概述

一、精神卫生法的概念

(一)精神卫生和精神障碍

精神卫生(Mental Health)是指开展精神障碍的预防、治疗和康复,促进公民心理健康的各项活动。精神卫生有狭义和广义之分。狭义的精神卫生是指精神障碍的预防、医疗和康复工作,即对精神障碍患者早期发现、及时治疗、有效康复,最终使其回归社会。广义的精神卫生,除了上述内容外,还包括促进全体公民心理健康,通过政府、用人单位、学校、新闻媒体等有关部门的工作,促进公民了解精神卫生知识,提高社会公众的心理健康水平。本法所称的精神卫生是指广义的概念。

精神障碍(Mental Disorder)是一种精神疾病,是指由各种原因引起的感知、情感和思维等精神活动的紊乱或者异常,导致患者有明显的心理痛苦或者社会适应等功能损害。

精神障碍根据病情的严重程度,分为一般的精神障碍和严重的精神障碍。严重精神障碍是指疾病症状严重,导致患者社会适应等功能严重受损,对自身健康状况或者客观现实不能完整认识或者不能处理自身事务的精神障碍。

(二)精神卫生法的概念

精神卫生法的概念有广义和狭义之分。广义的精神卫生法是指在维护和增进公民心理健康、预防和治疗精神障碍、促进精神障碍患者康复的活动中产生的各种社会关系的法律规范的总和。狭义的精神卫生法特指 2012 年 10 月 26 日第十一届全国人民代表大会常务委员会第二十九次会议通过的《中华人民共和国精神卫生法》(以下简称《精神卫生法》)。

二、精神卫生立法沿革

精神卫生立法历时27年,分为三个阶段:卫生部起草阶段、国务院法制办审查修改阶段、全国人大常委会审议阶段。

卫生部起草阶段用时22年,即从1985年至2007年底,在此期间卫生部曾多次开展立法调研,并征求法律专家、医学专家、医疗机构和有关部门、社会团体的意见。

2007年底,卫生部向国务院报送了精神卫生法草案(送审稿),精神卫生法立法进入了国务院法制办审查修改阶段。国务院法制办先后四次征求有关部门、地方政府和部分高校、医疗机构及专家的意见,两次征求世界卫生组织等国际组织驻华代表处的意见,分专题召开专家论证会,并于2011年6月向社会公开征求意见。

2011年10月、2012年8月、2012年10月,全国人大常委会三次审议精神卫生法草案,直至2012年10月26日表决通过。这标志着我国精神卫生工作走上了法制轨道。

三、制定《精神卫生法》的意义

精神卫生问题既是公共卫生问题,也是重大的社会问题。随着社会经济的发展,生活节奏的加快,人们面临的工作、生活等各方面的压力越来越大,精神健康问题也逐渐增多,成为亟待解决的一个重要问题。《精神卫生法》的制定,对于做好精神障碍的预防、治疗和康复工作,维护和增进人民群众的身心健康,保障我国经济的全面、协调和可持续发展具有重大意义。

(一) 填补了我国精神卫生领域的法律空白

《精神卫生法》共七章八十五条,对精神卫生工作的方针、原则和管理机制,心理健康促进和精神障碍预防,精神障碍的诊断和治疗,精神障碍的康复,精神卫生工作的保障措施,维护精神障碍患者的合法权益等作了规定。这部《精神卫生法》是我国首部保障精神障碍患者合法权益的法律,填补了我国精神卫生领域中的法律空白。

(二) 有利于提高公众心理健康水平

《精神卫生法》采取预防为主的方针,坚持预防、治疗和康复相结合的原则,规定了政府及各部门、单位、学校等在心理健康促进和精神障碍预防方面的责任。《精神卫生法》的制定,对于引导公众关注心理健康,增强心理健康意识,提高心理健康水平和减少精神障碍的发生产生了重要的推动作用。

（三）维护精神障碍患者的合法权益

作为弱势群体，精神障碍患者往往受到不同程度的歧视，合法权益常常得不到保障。侵犯精神障碍患者合法权益的行为时有发生。鉴于此，我们需要制定精神卫生法，规范精神卫生服务，保护精神障碍患者的合法权益，包括他们的人格尊严，人身和财产安全，教育、劳动、医疗以及从国家和社会获得物质帮助等方面的合法权益。

（四）推动我国精神卫生事业的发展

我国精神障碍患者人数众多，而我国精神卫生工作总体上比较薄弱，精神卫生专业机构和人员缺乏，精神障碍防治和康复能力严重不足。《精神卫生法》面对这一现实，加强人、财、物等方面的投入，解决防治和康复能力不足等突出问题，促进了我国精神卫生事业的发展。

四、《精神卫生法》的适用范围

《精神卫生法》于2013年5月1日起正式施行。在中华人民共和国境内开展维护和增进公民心理健康、预防和治疗精神障碍、促进精神障碍患者康复的活动，均适用该法。

五、精神卫生工作的方针和原则

精神卫生工作实行预防为主的方针，坚持预防、治疗和康复相结合的原则。预防是精神卫生工作中非常重要的一环，通过积极有效的预防，可以减少精神障碍的发生，促进全民的心理健康。除了预防为主的方针外，对于已经患有精神障碍的患者来说，及时的治疗和有效的康复就显得极为重要。预防、治疗和康复是"全面治疗"的三个不可分割的组成部分。大部分精神障碍是慢性疾病，并有可能导致某种程度的残疾。因此，精神障碍需要坚持预防、治疗和康复相结合的原则，三个方面都要重视。

六、精神卫生工作的管理机制

精神卫生工作实行政府组织领导，部门各负其责，家庭和单位尽力尽责，全社会共同参与的综合管理机制。

（一）政府组织领导

县级以上人民政府领导精神卫生工作，将其纳入国民经济和社会发展规划，建设和完善精神障碍的预防、治疗和康复服务体系，建立健全精神卫生工作协调机制和工作责任制，对有关部门承担的精神卫生工作进行考核、监督。

乡镇人民政府和街道办事处根据本地区的实际情况,组织开展预防精神障碍发生、促进精神障碍患者康复等工作。

(二) 部门各司其职

国务院卫生行政部门主管全国的精神卫生工作。县级以上地方人民政府卫生行政部门主管本行政区域的精神卫生工作。

县级以上人民政府司法行政、民政、公安、教育、人力资源社会保障等部门在各自职责范围内负责有关的精神卫生工作。同时,要注意各部门之间的相互配合,既要有分工,又要有合作。

(三) 家庭和单位尽力尽责

精神障碍患者的监护人应当履行监护职责,维护精神障碍患者的合法权益,禁止对精神障碍患者实施家庭暴力,禁止遗弃精神障碍患者。学校、医疗机构、用人单位等在精神卫生工作中都应依法承担起相应的责任。

(四) 全社会共同参与

做好精神卫生工作,需要全社会的共同参与。《精神卫生法》规定,中国残疾人联合会及其地方组织,依照法律、法规或者接受政府委托,动员社会力量,开展精神卫生工作。村民委员会、居民委员会依照本法的规定开展精神卫生工作,并对所在地人民政府开展的精神卫生工作予以协助。国家鼓励和支持工会、共产主义青年团、妇女联合会、红十字会、科学技术协会等团体依法开展精神卫生工作。

各级人民政府和县级以上人民政府有关部门应当采取措施,鼓励和支持组织、个人提供精神卫生志愿服务,捐助精神卫生事业,兴建精神卫生公益设施。对在精神卫生工作中做出突出贡献的组织、个人,按照国家有关规定给予表彰、奖励。

第二节 精神障碍患者的权利及其保障措施

精神障碍患者属于社会上的弱势群体,一方面因为罹患精神疾病而身心遭受痛苦,另一方面也因为精神疾病而受到社会上一些人的歧视,给正常的生活、学习工作等造成影响。因此,我们需要对精神障碍患者的合法权益给予特别保护。《精神卫生法》规定了精神障碍患者享有物质、精神等各方面的权利,这体现了法律对社会弱势群体的权益维护,也彰显了社会的文明和进步。

一、精神障碍患者的人格尊严、人身和财产安全不受侵犯

人格尊严、人身和财产安全既是公民的宪法权利,也是公民的民事权利。对于

精神障碍患者来说,依法维护他们的人格尊严、人身和财产安全不受侵犯具有更为重要的意义。由于社会上歧视和偏见的存在,精神障碍患者的人格尊严有时得不到应有的尊重;同时,由于监护人没有履行好监护职责,导致一些患者的人身安全、财产安全受到侵犯。为了有效保护精神障碍患者的人身权益和财产权益,《精神卫生法》明确规定,全社会应当尊重、理解、关爱精神障碍患者,任何组织或者个人不得歧视、侮辱、虐待精神障碍患者,不得非法限制精神障碍患者的人身自由;新闻报道和文学艺术作品等不得含有歧视、侮辱精神障碍患者的内容。同时,《精神卫生法》对侵害精神障碍患者人身权益、财产权益的违法行为规定了相应的责任。

二、精神障碍患者的教育、劳动、医疗以及从国家和社会获得物质帮助等方面的合法权益受法律保护

(一) 精神障碍患者的教育权、劳动权

《精神卫生法》对患者这几项权利的保护,都作了具体规定。在维护患者教育权、劳动权方面,本法规定县级以上地方人民政府及其有关部门应当采取有效措施,保证患有精神障碍的适龄儿童、少年接受义务教育,扶持有劳动能力的精神障碍患者从事力所能及的劳动,并为已经康复的人员提供就业服务。国家对安排精神障碍患者就业的用人单位依法给予税收优惠,并在生产、经营、技术、资金、物资、场地等方面给予扶持。

(二) 精神障碍患者的医疗权

在维护患者的医疗权方面,法律规定医疗机构应当配备适宜的设施、设备,保护就诊和住院治疗的精神障碍患者的人身安全,防止其受到伤害,并为住院患者创造尽可能接近正常生活的环境和条件。医疗机构接到送诊的疑似精神障碍患者时,不得拒绝为其作出诊断;不得因就诊者是精神障碍患者,推诿或者拒绝为其治疗属于本医疗机构诊疗范围的其他疾病。医疗机构及其医务人员应当将患者在诊疗过程中享有的权利和治疗方案、方法、目的及可能产生的后果告知患者。监狱、强制隔离戒毒所等场所应当采取措施,保证患有精神障碍的服刑人员、强制隔离戒毒人员等获得治疗。

(三) 获得物质帮助权

县级以上人民政府卫生行政部门应当组织医疗机构为严重精神障碍患者免费提供基本公共卫生服务。精神障碍患者的医疗费用按照国家有关社会保险的规定由基本医疗保险基金支付。医疗保险经办机构应当按照国家有关规定将精神障碍患者纳入城镇职工基本医疗保险、城镇居民基本医疗保险或者新型农村合作医疗的保障范围。县级人民政府应当按照国家有关规定对家庭经济困难的严重精神障

碍患者参加基本医疗保险给予资助。人力资源社会保障、卫生、民政、财政等部门应当加强协调，简化程序，实现属于基本医疗保险基金支付的医疗费用由医疗机构与医疗保险经办机构直接结算。精神障碍患者通过基本医疗保险支付医疗费用后仍有困难的，或者不能通过基本医疗保险支付医疗费用的，民政部门应当优先给予医疗救助。对符合城乡最低生活保障条件的严重精神障碍患者，民政部门应当会同有关部门及时将其纳入最低生活保障范围。对属于农村五保供养对象的严重精神障碍患者，以及城市中无劳动能力、无生活来源且无法定赡养、抚养、扶养义务人，或者其法定赡养、抚养、扶养义务人无赡养、抚养、扶养能力的严重精神障碍患者，民政部门应当按照国家有关规定予以供养、救助。除此以外的严重精神障碍患者确有困难的，民政部门可以采取临时救助等措施，帮助其解决生活困难。

三、精神障碍患者的隐私权受法律保护

为了保护精神障碍患者的隐私，防止由于与患者病情有关的信息非法外泄而给患者的正常生活、工作、就医等造成不必要的干扰，《精神卫生法》明确规定有关单位和个人应当对精神障碍患者的姓名、肖像、住址、工作单位、病历资料以及其他可能推断出其身份的信息予以保密。但是，依法履行职责需要公开的除外。

四、精神障碍患者有通信和会见探访者等权利

医疗机构及其医务人员应当尊重住院精神障碍患者的通信和会见探访者等权利。除在急性发病期或者为了避免妨碍治疗可以暂时性限制外，不得限制患者的通信和会见探访者等权利。

赋予住院的精神障碍患者像其他人一样享有完全的通信、会见的自由权利尤为重要。一方面可以维护患者本人的利益，减少因住院治疗对住院患者正常生活的影响；另一方面有利于规范医务人员的护理、治疗行为；同时也有利于外界对医务人员的护理、治疗行为予以监督。

五、精神障碍患者有查阅、复制病历资料的权利

精神障碍患者及其监护人可以查阅、复制病历资料。但是，患者查阅、复制病历资料可能对其治疗产生不利影响的除外。在诊疗活动中产生的病历资料，必须在公平、合理的限度内保障患者一方的查阅和复制权利。关于对患者该项权利的保障，我国的《侵权责任法》《医疗事故处理条例》等相关法律、法规也有明确规定。

六、精神障碍患者有申请救济的权利

《精神卫生法》规定，对有危害他人安全行为或者危险的严重患者实施住院治疗；患者或者其监护人对需要住院治疗的诊断结论有异议的，可以要求再次诊断；对再次诊断结论仍有异议的，可以自主委托依法取得执业资质的鉴定机构进行精

神障碍医学鉴定。为保障患者的司法救济权利,患者或者其监护人、近亲属认为有关单位和个人侵害患者合法权益的,可以依法提起诉讼。

第三节 心理健康促进和精神障碍预防

精神卫生工作重在预防,很多精神障碍的发病原因是清楚的,通过必要的预防措施,能使精神障碍不发生、少发生或减轻危害。精神卫生法大力加强精神障碍预防工作,明确政府及有关部门、用人单位、学校等的责任,增强公众心理健康意识,减少精神障碍的发生。

一、各级政府以及相关部门的职责

各级人民政府和县级以上人民政府有关部门应当采取措施,加强心理健康促进和精神障碍预防工作,提高公众心理健康水平。

各级人民政府和县级以上人民政府有关部门制定的突发事件应急预案,应当包括心理援助的内容。发生突发事件,履行统一领导职责或者组织处置突发事件的人民政府应当根据突发事件的具体情况,按照应急预案的规定,组织开展心理援助工作。县级以上地方人民政府人力资源社会保障、教育、卫生、司法行政、公安等部门,应当在各自职责范围内,分别对本法规定的单位履行精神障碍预防义务的情况进行督促和指导。

国务院卫生行政部门建立精神卫生监测网络,实行严重精神障碍发病报告制度,组织开展精神障碍发生状况、发展趋势等的监测和专题调查工作。精神卫生监测和严重精神障碍发病报告管理办法,由国务院卫生行政部门制定。国务院卫生行政部门应当会同有关部门、组织,建立精神卫生工作信息共享机制,实现信息互联互通、交流共享。

二、用人单位的义务

用人单位作为职工活动的主要场所,工作环境是影响职工心理健康的重要因素。用人单位应通过日常管理和教育工作,来促进职工心理健康和预防职工发生精神障碍,应当创造有益于职工身心健康的工作环境,关注职工的心理健康;对处于职业发展特定时期或者在特殊岗位工作的职工,应当有针对性地开展心理健康教育。

三、学校的义务

目前,儿童和青少年心理行为问题已逐渐成为突出的社会问题之一。在学校开展心理健康教育、普及精神卫生知识,是开展精神卫生预防工作的重要环节。这不仅可以对广大学生有针对性地做好精神卫生预防工作,也可以通过学生对学生家庭乃至整个社会产生积极影响,加大社会对精神卫生的普及度和重视程度。从长远看,切实做好这项工作有利于打牢精神卫生工作的社会基础。

法律规定,各级各类学校应当对学生进行精神卫生知识教育,配备或者聘请心理健康教育教师、辅导人员,并可以设立心理健康辅导室,对学生进行心理健康教育。学前教育机构应当对幼儿开展符合其身心发展特点的心理健康教育。发生自然灾害、意外伤害、公共安全事件等可能影响学生心理健康的事件,学校应当及时组织专业人员对学生进行心理援助。教师应当学习和了解相关的精神卫生知识,关注学生心理健康状况,正确引导、激励学生。地方各级人民政府教育行政部门和学校应当重视教师心理健康。学校和教师应当与学生父母或者其他监护人、近亲属沟通学生心理健康情况。

四、医务人员的义务

加强医疗环节的心理健康指导,是精神卫生预防工作的重要组成部分。实践中,医疗环节既是产生精神障碍的诱因之一,也是发现精神障碍苗头、尽早开展精神卫生预防工作的重要途径。医务人员开展疾病诊疗服务,应当按照诊断标准和治疗规范的要求,对就诊者进行心理健康指导;发现就诊者可能患有精神障碍的,应当建议其到符合本法规定的医疗机构就诊。

五、监狱等场所的义务

为了缓解被监管人员的心理压力,同时也为了维护正常的监所秩序,羁押、管教机关对被监管人员开展精神卫生知识宣传,以及在必要时提供心理咨询,是十分必要的。监狱、看守所、拘留所、强制隔离戒毒所等场所,应当对服刑人员、被依法拘留、逮捕、强制隔离戒毒的人员等,开展精神卫生知识宣传,关注其心理健康状况,必要时提供心理咨询和心理辅导。

六、基层群众性自治组织的义务

村民委员会、居民委员会应当协助所在地人民政府及其有关部门,开展社区心理健康指导和精神卫生知识宣传教育活动,创建有益于居民身心健康的社区环境。乡镇卫生院或者社区卫生服务机构应当为村民委员会、居民委员会开展社区心理健康指导和精神卫生知识宣传教育活动提供技术指导。

七、家庭的义务

家庭和谐是预防精神障碍发生的基础。家庭成员之间应当相互关爱,创造良好、和睦的家庭环境,提高精神障碍预防意识;发现家庭成员可能患有精神障碍的,应当帮助其及时就诊,照顾其生活,做好看护管理。

八、其他社会组织及人员的义务

新闻媒体及其他社会组织应做好精神卫生的宣传工作。国家鼓励和支持新闻媒体、社会组织开展精神卫生的公益性宣传,普及精神卫生知识,引导公众关注心理健康,预防精神障碍的发生。

心理咨询对精神障碍的预防起着十分重要的作用。对于心理咨询人员,法律规定,心理咨询人员应当提高业务素质,遵守执业规范,为社会公众提供专业化的心理咨询服务;心理咨询人员不得从事心理治疗或者精神障碍的诊断、治疗;心理咨询人员发现接受咨询的人员可能患有精神障碍的,应当建议其到符合本法规定的医疗机构就诊;心理咨询人员应当尊重接受咨询人员的隐私,并为其保守秘密。

第四节 精神障碍的诊断和治疗

一、精神障碍诊疗活动的原则及开展条件

(一) 精神障碍诊疗活动的原则

精神障碍的诊断、治疗,应当遵循维护患者合法权益、尊重患者人格尊严的原则,保障患者在现有条件下获得良好的精神卫生服务。

(二) 开展精神障碍诊疗活动的条件

专科医疗机构开展精神障碍诊断、治疗活动,应当具备下列条件,并依照医疗机构的管理规定办理有关手续。① 有与从事的精神障碍诊断、治疗相适应的精神科执业医师、护士;② 有满足开展精神障碍诊断、治疗需要的设施和设备;③ 有完善的精神障碍诊断、治疗管理制度和质量监督制度。

从事精神障碍诊断、治疗的专科医疗机构还应当配备从事心理治疗的人员。

二、疑似精神障碍患者的送诊

送诊是进行精神障碍诊断、治疗的第一步,是极为关键的一个环节。既要保证需要到医疗机构进行精神障碍诊断的疑似精神障碍患者及时就诊,又要保证送诊程序不被滥用,防止公民的合法权益受到侵害。为此,法律对送诊的主体、条件作了严格规定。

(一) 一般情况下的送诊

除个人自行到医疗机构进行精神障碍诊断外,疑似精神障碍患者的近亲属可

以将其送往医疗机构进行精神障碍诊断。对查找不到近亲属的流浪乞讨疑似精神障碍患者,由当地民政等有关部门按照职责分工,帮助送往医疗机构进行精神障碍诊断。

(二) 紧急情况下的送诊

疑似精神障碍患者发生伤害自身、危害他人安全的行为,或者有伤害自身、危害他人安全的危险的,其近亲属、所在单位、当地公安机关应当立即采取措施予以制止,并将其送往医疗机构进行精神障碍诊断。

三、精神障碍诊断

(一) 诊断的一般规定

精神障碍的诊断应当以精神健康状况为依据,由精神科执业医师作出。除法律另有规定外,不得违背本人意志进行确定其是否患有精神障碍的医学检查。发生伤害自身、危害他人安全的行为,或者有伤害自身、危害他人安全的危险的疑似精神障碍患者被送诊的,医疗机构应当将其留院,立即指派精神科执业医师进行诊断,并及时出具诊断结论。

(二) 再次诊断的规定

(1) 再次诊断的提出。精神障碍患者已经发生危害他人安全的行为,或者有危害他人安全的危险的,患者或者其监护人对需要住院治疗的诊断结论有异议,不同意对患者实施住院治疗的,可以要求再次诊断。要求再次诊断的,应当自收到诊断结论之日起三日内向原医疗机构或者其他具有合法资质的医疗机构提出。

(2) 再次诊断的要求。承担再次诊断的医疗机构应当在接到再次诊断要求后,指派两名初次诊断医师以外的精神科执业医师进行再次诊断,并及时出具再次诊断结论。承担再次诊断的执业医师应当到收治患者的医疗机构面见、询问患者,该医疗机构应当予以配合。

四、精神障碍医学鉴定

(一) 鉴定的申请

对再次诊断结论有异议的,患者或者其监护人可以自主委托依法取得执业资质的鉴定机构进行精神障碍医学鉴定。

(二) 公示

医疗机构应当公示经公告的鉴定机构名单和联系方式。

（三）鉴定机构

接受委托的鉴定机构应当指定本机构具有该鉴定事项执业资格的两名以上鉴定人共同进行鉴定，并及时出具鉴定报告。

（四）实施鉴定

鉴定人应当到收治精神障碍患者的医疗机构面见、询问患者，该医疗机构应当予以配合。鉴定机构、鉴定人应当遵守有关法律、法规、规章的规定，尊重科学，恪守职业道德，按照精神障碍鉴定的实施程序、技术方法和操作规范，依法独立进行鉴定，出具客观、公正的鉴定报告。鉴定人应当对鉴定过程进行实时记录并签名。记录的内容应当真实、客观、准确、完整，记录的文本或者声像载体应当妥善保存。

（五）回避制度

鉴定人本人或者其近亲属与鉴定事项有利害关系，可能影响其独立、客观、公正进行鉴定的，应当回避。

五、精神障碍患者住院的规定

（一）住院治疗的原则

精神障碍的住院治疗与其他疾病的住院治疗一样，原则上都要根据患者的意愿进行，实行自愿原则。法律另有规定的除外，患者不同意住院治疗的，医疗机构不得对患者实施强制住院治疗。

（二）非自愿住院治疗的条件

本法在规定精神障碍的住院治疗实行自愿原则的同时，也对一些严重精神障碍患者规定了非自愿住院治疗制度，以保证需要住院治疗的患者得到及时的住院治疗，维护患者健康和他人安全。同时，为了保证公民的合法权益不因滥用非自愿住院治疗措施而受到侵害，法律严格设定了非自愿住院治疗的条件，即诊断结论、病情评估表明，就诊者为严重精神障碍患者并有下列情形之一的，应当对其实施住院治疗。① 已经发生伤害自身的行为，或者有伤害自身的危险的；② 已经发生危害他人安全的行为，或者有危害他人安全的危险的。

（三）有伤害自身行为或危险的患者的住院治疗的规定

精神障碍患者已经发生伤害自身的行为，或者有伤害自身的危险的，经其监护人同意，医疗机构应当对患者实施住院治疗；监护人不同意的，医疗机构不得对患者实施住院治疗。监护人应当对在家居住的患者做好看护管理。

(四) 经过再次诊断或者鉴定后患者的住院治疗的规定

如果精神障碍患者经过再次诊断或者鉴定,再次诊断结论或者鉴定报告表明,不能确定就诊者为严重精神障碍患者,或者患者不需要住院治疗的,医疗机构不得对其实施住院治疗;如果再次诊断结论或者鉴定报告表明,精神障碍患者已经发生危害他人安全的行为,或者有危害他人安全的危险的,其监护人应当同意对患者实施住院治疗。监护人阻碍实施住院治疗或者患者擅自脱离住院治疗的,可以由公安机关协助医疗机构采取措施对患者实施住院治疗。在相关机构出具再次诊断结论、鉴定报告前,收治精神障碍患者的医疗机构应当按照诊疗规范的要求对患者实施住院治疗。

(五) 住院手续的办理

诊断结论表明需要住院治疗的精神障碍患者,本人没有能力办理住院手续的,由其监护人办理住院手续;患者属于查找不到监护人的流浪乞讨人员的,由送诊的有关部门办理住院手续。

精神障碍患者已经发生危害他人安全的行为,或者有危害他人安全的危险的,其监护人不办理住院手续的,由患者所在单位、村民委员会或者居民委员会办理住院手续,并由医疗机构在患者病历中予以记录。

六、精神障碍的治疗

(一) 医疗机构及其医务人员的告知义务

医疗机构及其医务人员,应当将精神障碍患者在诊断、治疗过程中享有的权利告知患者或者其监护人;应当向精神障碍患者或者其监护人告知治疗方案和治疗方法、目的以及可能产生的后果;实施保护性医疗措施后要告知患者的监护人;应当在病历资料中如实记录精神障碍患者的病情、治疗措施、用药情况、实施约束、隔离措施等内容,并如实告知患者或者其监护人。

医疗机构对精神障碍患者实施下列治疗措施,应当向患者或者其监护人告知医疗风险、替代医疗方案等情况,并取得患者的书面同意;无法取得患者意见的,应当取得其监护人的书面同意,并经本医疗机构伦理委员会批准。① 导致人体器官丧失功能的外科手术;② 与精神障碍治疗有关的实验性临床医疗。

(二) 精神障碍治疗的具体规定

医疗机构及其医务人员应当遵循精神障碍诊断标准和治疗规范,制订治疗方案。精神障碍患者在医疗机构内发生或者将要发生伤害自身、危害他人安全、扰乱医疗秩序行为的,医疗机构及其医务人员在没有其他可替代措施的情况下,可以实施约束、隔离等保护性医疗措施。实施保护性医疗措施应当遵循诊断标准和治疗规范,禁止利用约束、隔离等保护性医疗措施惩罚精神障碍患者。

对精神障碍患者使用药物,应当以诊断和治疗为目的,使用安全、有效的药物,不得因诊断或者治疗以外的目的使用药物。医疗机构不得强迫精神障碍患者从事生产劳动。

对于已经发生伤害自身的行为或者有伤害自身的危险的,以及已经发生危害他人安全的行为或者有危害他人安全的危险的这两种情形下的精神障碍患者,禁止对其实施以治疗精神障碍为目的的外科手术。医疗机构对精神障碍患者实施导致人体器官丧失功能的外科手术,因情况紧急查找不到监护人的,应当取得本医疗机构负责人和伦理委员会批准。禁止对精神障碍患者实施与治疗其精神障碍无关的实验性临床医疗。

心理治疗活动应当在医疗机构内开展。专门从事心理治疗的人员不得从事精神障碍的诊断,不得为精神障碍患者开具处方或者提供外科治疗。心理治疗的技术规范由国务院卫生行政部门制定。

七、精神障碍患者出院的规定

自愿住院治疗的精神障碍患者可以随时要求出院,医疗机构应当同意。对已经发生伤害自身的行为,或者有伤害自身的危险的精神障碍患者实施住院治疗的,监护人可以随时要求患者出院,医疗机构应当同意。医疗机构认为上述两种精神障碍患者不宜出院的,应当告知不宜出院的理由。患者或者其监护人仍要求出院的,执业医师应当在病历资料中详细记录告知的过程,同时提出出院后的医学建议,患者或者其监护人应当签字确认。

对已经发生危害他人安全的行为,或者有危害他人安全的危险的精神障碍患者实施住院治疗,医疗机构认为患者可以出院的,应当立即告知患者及其监护人。

医疗机构应当根据精神障碍患者病情,及时组织精神科执业医师对已经发生伤害自身的行为或者有伤害自身的危险的,以及已经发生危害他人安全的行为,或者有危害他人安全的危险的这两种实施住院治疗的患者进行检查评估。评估结果表明患者不需要继续住院治疗的,医疗机构应当立即通知患者及其监护人。

精神障碍患者出院,本人没有能力办理出院手续的,监护人应当为其办理出院手续。

八、未住院精神障碍患者的看护

精神障碍患者的监护人应当妥善看护未住院治疗的患者,按照医嘱督促其按时服药、接受随访或者治疗。村民委员会、居民委员会、患者所在单位等应当依患者或者其监护人的请求,为监护人看护患者提供必要的帮助。

九、卫生行政部门的职责

县级以上地方人民政府卫生行政部门应当定期就下列事项对本行政区域内从事精神障碍诊断、治疗的医疗机构进行检查。① 相关人员、设施、设备是否符合本法要求;② 诊疗行为是否符合本法以及诊断标准、治疗规范的规定;③ 对精神障碍患者实施住院治疗的程序是否符合本法规定;④ 是否依法维护精神障碍患者的合法权益。

县级以上地方人民政府卫生行政部门进行上述检查,应当听取精神障碍患者及其监护人的意见;发现存在违反本法行为的,应当立即制止或者责令改正,并依法作出处理。

第五节 精神障碍的康复

康复是精神障碍患者最终摆脱疾病,走向健康的重要环节。精神障碍的康复工作需要社会各界的共同努力。《精神卫生法》对各部门在康复工作方面承担的义务作出了详细的规定。

一、社区康复机构的义务

社区康复机构应当为需要康复的精神障碍患者提供场所和条件,对患者进行生活自理能力和社会适应能力等方面的康复训练。

二、医疗机构的义务

医疗机构应当为在家居住的严重精神障碍患者提供精神科基本药物维持治疗,并为社区康复机构提供有关精神障碍康复的技术指导和支持。

社区卫生服务机构、乡镇卫生院、村卫生室应当建立严重精神障碍患者的健康档案,对在家居住的严重精神障碍患者进行定期随访,指导患者服药和开展康复训练,并对患者的监护人进行精神卫生知识和看护知识的培训。县级人民政府卫生行政部门应当为社区卫生服务机构、乡镇卫生院、村卫生室开展上述工作给予指导和培训。

三、基层群众性自治组织的义务

村民委员会、居民委员会应当为生活困难的精神障碍患者家庭提供帮助,并向所在地乡镇人民政府或者街道办事处以及县级人民政府有关部门反映患者及其家庭的情况和要求,帮助其解决实际困难,为患者融入社会创造条件。

四、残疾人组织的义务

残疾人组织或者残疾人康复机构应当根据精神障碍患者康复的需要,组织患者参加康复活动。

五、用人单位的义务

用人单位应当根据精神障碍患者的实际情况,安排患者从事力所能及的工作,保障患者享有同等待遇,安排患者参加必要的职业技能培训,提高患者的就业能力,为患者创造适宜的工作环境,对患者在工作中取得的成绩予以鼓励。

六、监护人的义务

精神障碍患者的监护人应当协助患者进行生活自理能力和社会适应能力等方面的康复训练。精神障碍患者的监护人在看护患者过程中需要技术指导的,社区卫生服务机构或者乡镇卫生院、村卫生室、社区康复机构应当提供。

第六节 保障措施

一、政府及各单位的职责

(一)政府及各部门的职责

1. 国家和各级政府的职责

国家加强基层精神卫生服务体系建设,扶持贫困地区、边远地区的精神卫生工作,保障城市社区、农村基层精神卫生工作所需经费。

省、自治区、直辖市人民政府根据本行政区域的实际情况,统筹规划,整合资源,建设和完善精神卫生服务体系,加强精神障碍预防、治疗和康复服务能力建设。县级人民政府根据本行政区域的实际情况,统筹规划,建立精神障碍患者社区康复机构。县级以上地方人民政府应当采取措施,鼓励和支持社会力量举办从事精神障碍诊断、治疗的医疗机构和精神障碍患者康复机构。

各级人民政府应当根据精神卫生工作需要,加大财政投入力度,保障精神卫生工作所需经费,将精神卫生工作经费列入本级财政预算。

2. 相关部门的职责

县级以上人民政府卫生行政部门会同有关部门依据国民经济和社会发展规划的要求,制定精神卫生工作规划并组织实施。精神卫生监测和专题调查结果应当作为制定精神卫生工作规划的依据。县级以上人民政府卫生行政部门应当组织医务人员进行精神卫生知识培训,提高其识别精神障碍的能力。

县级以上人民政府教育行政部门对教师进行上岗前和在岗培训,应当有精神卫生的内容,并定期组织心理健康教育教师、辅导人员进行专业培训。

(二) 学校的责任

医学院校应当加强精神医学的教学和研究,按照精神卫生工作的实际需要培养精神医学专门人才,为精神卫生工作提供人才保障。师范院校应当为学生开设精神卫生课程;医学院校应当为非精神医学专业的学生开设精神卫生课程。

(三) 医疗机构的责任

综合性医疗机构应当按照国务院卫生行政部门的规定开设精神科门诊或者心理治疗门诊,提高精神障碍预防、诊断、治疗能力。医疗机构应当组织医务人员学习精神卫生知识和相关法律、法规、政策。从事精神障碍诊断、治疗、康复的机构应当定期组织医务人员、工作人员进行在岗培训,更新精神卫生知识。

(四) 其他组织和个人的责任

做好精神障碍的预防、治疗和康复工作,不仅需要各级政府及其有关部门发挥主导作用和家庭承担应有的扶助义务,还需要积极发挥社会组织和个人的力量。这些组织和个人与群众密切联系,贴近基层生活,在服务特定人群方面有着得天独厚的优势,也负有相应职责,应当充分发挥好这些团体在精神卫生工作方面的作用。

二、精神卫生工作人员的权利保障

精神卫生工作人员的人格尊严、人身安全不受侵犯,精神卫生工作人员依法履行职责受法律保护。全社会应当尊重精神卫生工作人员。县级以上人民政府及其有关部门、医疗机构、康复机构应当采取措施,加强对精神卫生工作人员的职业保护,提高精神卫生工作人员的待遇水平,并按照规定给予适当的津贴。精神卫生工作人员因工致伤、致残、死亡的,其工伤待遇以及抚恤按照国家有关规定执行。

第七节 法律责任

一、行政责任

(一) 卫生部门的行政责任

县级以上人民政府卫生行政部门和其他有关部门未依照本法规定履行精神卫生工作职责,或者滥用职权、玩忽职守、徇私舞弊的,由本级人民政府或者上一级人民政府有关部门责令改正,通报批评,对直接负责的主管人员和其他直接责任人员依法给予警告、记过或者记大过的处分;造成严重后果的,给予降级、撤职或者开除的处分。

(二) 医疗机构及医务人员的行政责任

不符合本法规定条件的医疗机构擅自从事精神障碍诊断、治疗的,由县级以上人民政府卫生行政部门责令停止相关诊疗活动,给予警告,并处五千元以上一万元以下罚款;有违法所得的,没收违法所得;对直接负责的主管人员和其他直接责任人员依法给予或者责令给予降低岗位等级或者撤职、开除的处分;对有关医务人员,吊销其执业证书。

医疗机构及其工作人员有下列行为之一的,由县级以上人民政府卫生行政部门责令改正,给予警告;情节严重的,对直接负责的主管人员和其他直接责任人员依法给予或者责令给予降低岗位等级或者撤职、开除的处分,并可以责令有关医务人员暂停一个月以上六个月以下执业活动。① 拒绝对送诊的疑似精神障碍患者作出诊断的;② 对已经发生伤害自身的行为或者有伤害自身的危险的,以及已经发生危害他人安全的行为或者有危害他人安全的危险的,实施住院治疗的患者未及时进行检查评估或者未根据评估结果作出处理的。

医疗机构及其工作人员有下列行为之一的,由县级以上人民政府卫生行政部门责令改正,对直接负责的主管人员和其他直接责任人员依法给予或者责令给予降低岗位等级或者撤职的处分;对有关医务人员,暂停六个月以上一年以下执业活动;情节严重的,给予或者责令给予开除的处分,并吊销有关医务人员的执业证书。① 违反本法规定,实施约束、隔离等保护性医疗措施的;② 违反本法规定,强迫精神障碍患者劳动的;③ 违反本法规定,对精神障碍患者实施外科手术或者实验性临床医疗的;④ 违反本法规定,侵害精神障碍患者的通信和会见探访者等权利的;⑤ 违反精神障碍诊断标准,将非精神障碍患者诊断为精神障碍患者的。

（三）心理咨询人员、心理治疗人员的行政责任

有下列情形之一的，由县级以上人民政府卫生行政部门、工商行政管理部门依据各自职责责令改正，给予警告，并处五千元以上一万元以下罚款；有违法所得的，没收违法所得；造成严重后果的，责令暂停六个月以上一年以下执业活动，直至吊销执业证书或者营业执照。① 心理咨询人员从事心理治疗或者精神障碍的诊断、治疗的；② 从事心理治疗的人员在医疗机构以外开展心理治疗活动的；③ 专门从事心理治疗的人员从事精神障碍的诊断的；④ 专门从事心理治疗的人员为精神障碍患者开具处方或者提供外科治疗的。

（四）其他单位及人员的行政责任

有关单位和个人违反本法规定，侵犯精神障碍患者隐私，给患者造成损害的，对单位直接负责的主管人员和其他直接责任人员，应当依法给予处分。

在精神障碍的诊断、治疗、鉴定过程中，寻衅滋事，阻挠有关工作人员依照本法的规定履行职责，扰乱医疗机构、鉴定机构工作秩序的，依法给予治安管理处罚。违反本法规定，或有其他构成违反治安管理行为的，依法给予治安管理处罚。

二、民事责任

心理咨询人员、专门从事心理治疗的人员在心理咨询、心理治疗活动中造成他人人身、财产或者其他损害的，依法承担民事责任。

违反本法规定，有下列情形之一，给精神障碍患者或者其他公民造成人身、财产或者其他损害的，依法承担赔偿责任：① 将非精神障碍患者故意作为精神障碍患者送入医疗机构治疗的；② 精神障碍患者的监护人遗弃患者，或者有不履行监护职责的其他情形的；③ 歧视、侮辱、虐待精神障碍患者，侵害患者的人格尊严、人身安全的；④ 非法限制精神障碍患者人身自由的；⑤ 其他侵害精神障碍患者合法权益的情形。

医疗机构出具的诊断结论表明精神障碍患者应当住院治疗而其监护人拒绝，致使患者造成他人人身、财产损害的，或者患者有其他造成他人人身、财产损害情形的，其监护人依法承担民事责任。

有关单位和个人违反本法规定，侵犯精神障碍患者隐私，给患者造成损害的，依法承担赔偿责任。

此外，《精神卫生法》还规定，违反该法规定构成犯罪的，依法追究刑事责任。

思 考 题

1. 如何理解《精神卫生法》的宗旨?
2. 精神障碍诊疗活动应遵循的原则有哪些?
3. 精神障碍的康复权的主要表现有哪些?
4. 违反《精神卫生法》的法律责任有哪些?

参 考 文 献

[1] 信春鹰,黄薇.中华人民共和国精神卫生法解读[M].北京:中国法制出版社,2012.
[2] 全国人大常委会法制工作委员会行政法室.《中华人民共和国精神卫生法》释义及实用指南[M].北京:中国民主法制出版社,2012.
[3] 浅井邦彦.精神医学和精神医疗:从临床到社区[M].上海:复旦大学出版社,2011.

第七章 公共场所卫生法律制度

内容提要 本章主要介绍公共场所卫生的法律规定,学校卫生工作的法律规定和放射卫生防护的法律规定,对《公共场所卫生管理条例》《学校卫生工作条例》《放射性同位素与射线装置放射防护条例》等法规进行解释。

重点提示 公共卫生 公共场所卫生管理与监督 学校卫生工作管理

第一节 公共场所卫生的法律规定

一、公共场所及公共场所卫生立法

(一) 公共场所的概念

公共场所,是指为了满足人们对生活、文化、人际交往的需要而设立的,供公众共同使用的具有一定封闭性的社会公共设施。

我国目前法定管理的公共场所,属于人为环境,是指人群聚集,并供公众进行生活活动和文化娱乐活动等使用的一切有围护结构的场所。根据《公共场所卫生管理条例》规定,公共场所主要包括七类 28 种:① 住宿和交流场所:宾馆、饭馆、旅店、招待所、车马店、咖啡馆、酒吧、茶座;② 净身与美容场所:公共浴室、理发店、美容店;③ 文化娱乐场所:影剧院、录像厅(室)、游艺厅(室)、舞厅、音乐厅;④ 文化交流场所:展览馆、博物馆、美术馆、图书馆;⑤ 商业活动场所:商场(店)、书店;⑥ 就诊和交通场所:候诊室、候车(机、船)室、公共交通工具;⑦ 体育、休息场所:体育场(馆)、游泳场(馆)、公园。

根据《公共场所卫生管理条例实施细则》的规定,饭店的监督范围和内容系指安装空调设施的就餐场所的环境卫生状况;公园的监督范围系指有围护结构的公共场所;公共交通工具系指国内运送旅客的飞机、火车、轮船;商场(店)、书店系指城市营业面积在 300 平方米以上,县、乡、镇营业面积在 200 平方米以上的场所。未达到上述规定条件的暂时没有纳入监督监测的范围。诸如邮政局、照相馆、集贸市场、银行营业厅、证券公司营业厅、网吧等均尚未纳入法定监督管理范围,有待今后从立法上修改完善。

(二) 公共场所卫生管理立法

为创造良好的公共场所卫生条件,预防疾病、保障人体健康,国务院于1987年4月1日颁布了《公共场所卫生管理条例》,对全国公共场所的卫生工作实行法制管理。这是新中国成立以来,由国家最高行政机关发布的第一部公共场所卫生管理法规,充分体现了我国政府对人民群众身心健康的重视与关怀。1987年9月15日,卫生部发布了《公共场所卫生管理条例实施细则》,1991年对其进行修订并发布。2011年2月14日卫生部发布了《公共场所卫生管理条例实施细则》,并于2011年5月1日起实施。卫生部1991年发布的同名文件同时废止。此外,1987年卫生部制定了《公共卫生场所卫生监督监测要点》和《公共场所从业人员培训大纲》。卫生部2003年8月19日颁布了《公共场所集中空调通风系统卫生规范》,2006年卫生部发布《公共场所集中空调通风系统卫生管理办法》等,该《办法》自2006年3月1日起施行。另外,还包括《旅店卫生标准》等十几项公共场所国家卫生标准。

(三) 公共场所的卫生要求

对公共场所的卫生要求,主要有八个方面:① 室内空气清洁;② 微小气候适宜;③ 采光照明良好;④ 环境整洁安静;⑤ 卫生制度健全;⑥ 卫生设施完好;⑦ 从业人员无传染病;⑧ 从业人员个人卫生好。这八项要求是各类公共场所经营单位都应做到的基本要求。

《公共场所卫生管理条例》规定,各类公共场所的空气、小气候(温度、湿度、风速)、水质、采光、照明、噪声、顾客用具和卫生措施应符合国家有关卫生标准。对于不同的公共场所,上述项目的具体规定各有不同,卫生部、商务部于2007年印发了《住宿业卫生规范》《沐浴场所卫生规范》和《美容美发场所卫生规范》,以进一步加强住宿业、沐浴业和美容美发业的卫生管理,规范经营行为,提高卫生管理水平。

为了预防空气传播性疾病在公共场所的传播,保障公众健康,2006年卫生部还发布了《公共场所集中空调通风系统卫生管理办法》《公共场所集中空调通风系统卫生规范》《公共场所集中空调通风系统卫生学评价规范》和《公共场所集中空调通风系统清洗规范》,该《办法》自2006年3月1日起施行。《办法》提出,公共场所集中空调通风系统应符合卫生规范和卫生标准的要求;风管系统、风口和机房的卫生管理要求;冷却塔、过滤器(网)、表冷器、加热(湿)器、冷凝水盘等的检查、清洗或更换要求;新建、改建和扩建空调通风系统的要求。

二、公共场所的卫生管理

（一）建立公共场所卫生管理制度

公共场所的主体主要包括公共场所的主管部门及经营单位。

公共场所的主管部门应当建立卫生管理制度，配备专职或兼职卫生管理人员，对所属经营单位（包括个体经营者）的卫生状况进行经常性检查，并提供必要的条件。

经营单位应当负责所经营的公共场所的卫生管理，建立卫生责任制度，对本单位的从业人员进行卫生知识的培训和考核工作。

卫生监督机构负责监督和指导公共场所经营单位对其从业人员进行卫生知识培训和考核工作，其中个体经营者的培训考核工作由所在地区卫生监督机构负责。

（二）公共场所从业人员卫生要求

（1）接受卫生知识培训。公共场所卫生负责人和从业人员必须完成全国"公共场所从业人员卫生知识培训教学大纲"规定的培训学时，掌握教学大纲规定的有关卫生法规、基本卫生知识和基本卫生操作技能等。

（2）取得健康合格证。公共场所直接为顾客服务的人员，持有"健康合格证"方能从事本职工作。凡患有痢疾、伤寒、病毒性肝炎、活动期肺结核、化脓性或者渗出性皮肤病以及其他有碍公共卫生的疾病的，必须调离岗位，治愈前不得从事直接为顾客服务的工作。其中旅店、咖啡馆、酒吧、茶座、浴室、理发店、美容店、游泳池等直接为顾客服务的人员每年必须进行一次健康检查；其他场所的可每两年进行一次健康检查；对可疑传染病患者须随时进行健康检查。

（三）实行卫生许可制度

经营单位在经营前须到所在地卫生行政部门申请卫生许可。在《公共卫生管理条例》实施前已开业的，须经卫生防疫机构验收合格后，补发"卫生许可证"。"卫生许可证"两年复核一次。

（四）事故报告

公共场所因不符合卫生标准和要求造成危害健康事故的，经营单位应妥善处理，并及时报告卫生防疫机构。

三、公共场所的卫生监督

（一）公共场所卫生监督机构及其职责

各级卫生防疫机构，负责管辖范围内的公共场所卫生监督工作。

民航、铁路、交通、厂（场）矿卫生防疫机构对管辖范围内的公共场所施行卫生监督，并接受当地卫生防疫机构的业务指导。国境口岸及出入境交通工具的监督按照《国境卫生检疫法》及其实施细则的规定执行。部队、学校以及其他系统所属的、对社会开放的公共场所由所在地卫生监督机构实施卫生监督。

公共场所卫生监督机构的主要职责是：① 对公共场所进行卫生监测和卫生技术指导；② 监督从业人员健康检查，指导有关部门对从业人员进行卫生知识的教育和培训；③ 对新建、扩建、改建的公共场所的选址和设计进行卫生审查，并参加竣工验收；④ 对违反《公共场所卫生管理条例》的单位有关部门和个人进行行政处罚。

（二）公共场所卫生监督员

卫生防疫机构根据需要设立公共场所卫生监督员，执行卫生防疫机构交办的任务。公共场所卫生监督员由同级人民政府发给证书。民航、铁路、交通、工矿企业卫生防疫机构的公共场所卫生监督员，由其上级主管部门发给证书。

卫生监督员有权对公共场所进行现场检查，索取有关资料，经营单位不得拒绝或隐瞒。但同时也规定公共场所卫生监督员在执行任务时，应佩戴证章、出示证件，必须尽职尽责、依法办事，对提供的技术资料有保密的责任。

四、法律责任

凡有下列行为之一的单位或者个人，卫生防疫机构可以根据情节轻重，给予警告、罚款、停业整顿、吊销"卫生许可证"的行政处罚：① 卫生质量不符合国家卫生标准和要求，而继续营业的；② 未获得"健康合格证"，而从事直接为顾客服务的；③ 拒绝卫生监督的；④ 未取得"卫生许可证"，擅自营业的。

违反《公共场所卫生管理条例》的规定造成严重危害公民健康的事故或中毒事故的单位或者个人，应当对受害人赔偿损失。致人残疾或者死亡构成犯罪的，应由司法机关依法追究直接责任人员的刑事责任。

对罚款、停业整顿及吊销"卫生许可证"的行政处罚不服的，在接到处罚通知之日起十五天内，可以向当地人民法院起诉，但对公共场所卫生质量控制的决定应立即执行。对处罚的决定不履行又逾期不起诉的，由卫生防疫机构向人民法院申请强制执行。

公共场所卫生监督机构和卫生监督员必须尽职尽责，依法办事。对玩忽职守、滥用职权、收取贿赂的,由上级主管部门给予直接责任人员行政处分。构成犯罪的,由司法机关依法追究直接责任人员的刑事责任。

第二节 学校卫生工作的法律规定

一、学校卫生与学校卫生立法

(一) 学校卫生

学校,指普通中小学、农业中学、职业中学、中等专业学校、技工学校及普通高等学校等。

学校卫生,是指根据儿童和青少年生长发育的特点,通过制定相应的法律规定,提出相应的学校卫生要求和卫生标准,消除各种不利于儿童和青少年学习和生活的因素,创造良好的学校教育环境,保护和促进学生的正常发育、身心健康,以实现德、智、体全面发展的社会主义教育目标。

(二) 学生卫生立法

新中国成立后,为保护学生的身心健康,政务院颁布了《关于改善各级学校学生状况的决定》。此后,《关于全日制学校的教学、劳动和生活安排的规定》《中小学学生体质健康卡片》等30余项学校卫生方面的规范性文件相继出台。1979年和1980年,教育部和卫生部相继联合颁布了《中、小学卫生工作暂行规定(草案)》和《高等学校卫生工作暂行规定(草案)》。1990年4月经国务院批准,国家教育委员会和卫生部于1990年6月4日共同颁布了《学校卫生工作条例》,这是我国第一部关于学校卫生工作的行政法规,使学校卫生工作走上了法制化的轨道。

卫生部、教育部还制定了配套的规章,如1999年卫生部制定了《健康促进学校工作指南》,2002年教育部、卫生部联合颁布了《学校食堂与学生集体用餐卫生管理规定》,2003年国务院办公厅转发了教育部、卫生部《关于加强学校卫生防疫与食品卫生安全工作的意见》。此外,国家还制定了一系列学校卫生标准,如《中小学教室采光和照明标准》(GB7793-85)、《学校课桌椅卫生标准》(GB7792-87)、《中小学校建筑设计规范》(GBJ99-86)等。

二、学校卫生工作的任务和要求

(一) 主要任务

《学校卫生工作条例》规定,学校卫生工作的主要任务是:① 监测学生健康状况;② 对学生进行健康教育,培养学生良好的卫生习惯;③ 改善学校卫生环境和教育卫生条件;④ 加强对传染病、学生常见病的预防和治疗。

(二) 教学卫生要求

学校应针对不同年龄组学生的生理、心理特点合理安排教学时间,减轻学生的学习负担。学生每日学习时间(包括自习),小学不超过 6 小时,中学不超过 8 小时,大学不超过 10 小时。

学校应当根据学生的年龄,组织学生参加适当的劳动,并对参加劳动的学生,进行安全教育,提供必要的安全和卫生防护措施。中小学生不得参加有毒有害作业或者不安全工种的作业,不得让学生参加夜班劳动。高等学校、中等专业学校等组织学生参加的生产劳动,若接触有毒有害物质的,应按照国家有关规定加强卫生防护,提供保健服务,并定期进行体格检查。

学校体育场地和器材应当符合卫生和安全要求。运动项目和运动强度应当适合学生的生理承受能力和体质健康状况,防止发生伤害事故。学校在安排体育课以及劳动课等体力活动时,应当注意女学生的生理特点,给予必要的照顾。

(三) 教学设施卫生要求

(1) 学校建筑和设备的卫生规定。对新建、改建、扩建校舍,其选址、设计应当符合国家的卫生标准,并取得当地卫生行政部门的许可。学校教学建筑、环境噪声、室内微小气候、采光、照明等环境质量以及黑板、课桌椅的设置应当符合国家有关标准。竣工后应当由当地卫生行政部门参加验收。

(2) 对学校卫生设施的规定。学校应当为学生提供充足的、符合卫生标准的饮用水。学校应当按照有关规定为学生设置厕所和洗手设施。寄宿制学校应当为学生提供相应的洗漱、洗澡等卫生设施。

(3) 学校食堂的卫生规定。学校食堂与学生集体用餐的卫生管理必须坚持预防为主的工作方针,实行卫生行政部门监督指导、教育行政部门管理督查、学校具体实施的工作原则。食堂应当保持内外环境整洁,采取有效措施,消除老鼠、蟑螂、苍蝇和其他有害昆虫及其孳生条件。食堂的设施设备布局应当合理,应有相对独立的食品原料存放间、食品加工操作间、食品出售场所及用餐场所。经营单位采购食品,并按照国家有关规定进行索证,应相对固定食品采购的场所,以保证其质量。食堂从业人员、管理人员必须掌握有关食品卫生的基本要求。学校必须建立健全食物中毒或者其他食源性疾患的报告制度,发生食物中毒或疑似食物中毒事故应及时报告当地教育行政部门和卫生行政部门。

(四) 卫生保健和健康教育要求

(1) 学校卫生保健的规定。学校应当积极做好近视眼、弱视、沙眼、龋齿、寄生虫、营养不良、贫血、脊柱弯曲、神经衰弱等学生常见疾病的群体预防和矫治工作。应根据条件定期进行健康检查,有条件的学校每年对中、小学生作一次全面体检。暂无条件的可在学生进入初小、高小及初中时各进行一次,初中及高中毕业时再进行一次。大学要认真做好新生入学的体检复查工作。学校应建立学生体质健康卡片,纳入学生档案。对体格检查中发现学生有器质性疾病的,应当配合学生家长做好转诊治疗。学校应当按照《传染病防治法》的要求,做好急、慢性传染病及地方病的预防和控制。学校还应当配备可以处理一般伤病事故的医疗用品。

(2) 对学校健康教育的规定。普通中小学必须开设健康教育课,普通高等学校、中等专业学校、技工学校、农业中学、职业中学应当开设健康教育选修课或者讲座,还应开展学生健康咨询活动。对小学生重点是培养养成良好的卫生习惯,中学生的重点在青春期教育,大学生的重点是开展心理卫生教育。

(3) 对特殊儿童卫生保健的规定。特殊儿童,指盲童、聋哑儿童、肢体残障儿童、智力低下儿童等。《学校卫生工作条例》规定,学校对特殊儿童应当加强医学照顾和心理卫生工作。对特殊儿童应每年一次定期体检,根据检查结果,填写健康卡片,并逐年做动态观察。针对特殊儿童的情感问题,更应加强心理卫生教育,进行行为指导。

三、学校卫生工作的管理和监督

各级教育行政部门应把学校卫生工作纳入学校工作计划和考评内容,学校卫生经费也应纳入教育经费预算。普通高等学校、中等专业学校、技工学校和规模较大的农业中学、职业中学、普通中小学,可以设立卫生管理机构,或根据需要配备专职或兼职卫生保健教师。

县以上卫生行政部门对学校卫生工作行使监督职权包括:① 对新建、改建、扩建校舍的选址、设计实行卫生监督;② 对学校内影响学生健康的学习、生活、劳动、环境、食品等方面的卫生和传染病防治工作实行卫生监督;③ 对学生使用的文具、娱乐器具、保健用品实行卫生监督。

四、法律责任

凡违反《学校卫工作条例》规定者由卫生行政部门给予行政处罚。

(1) 未经许可就新建、改建、扩建校舍的,对直接责任单位或者个人给予警告、责令停止施工或者限期改建。

(2) 学校教学建筑、环境噪声、室内微小气候、采光、照明等环境质量以及黑板、课桌椅的设置不符合国家有关标准的;学校未按有关规定为学生设置厕所和洗手设施的;寄宿制学校没有为学生提供相应的洗漱、洗澡等卫生设施的;学校体育场地和器材不符合卫生和安全要求或者运动项目和运动强度不适合学生的生理承受能力和体质健康状况,发生伤害事故的,对直接责任单位或者个人给予警告并责令限期改进。情节严重的,可以同时建议教育行政部门给予行政处分。

(3) 不根据学生的年龄组织参加劳动,或对参加劳动的学生不进行安全教育、未提供必要的安全和卫生防护措施,致使学生健康受到损害的,对直接责任单位或者个人给予警告,责令限期改进。

(4) 有关单位供学生使用的文具、娱乐器具、保健用品,不符合国家有关卫生标准的,对直接责任单位或者个人给予警告。情节严重的,可以会同工商行政部门没收其不符合国家有关卫生标准的物品,并处以非法所得两倍以下的罚款。

(5) 拒绝或者妨碍卫生行政部门依照本条例实施卫生监督的,对直接责任单位或者个人给予警告。情节严重的,可以建议教育行政部门给予行政处分或者处以一百元以下的罚款。

第三节 放射卫生防护的法律规定

一、放射卫生防护与放射卫生防护立法

放射卫生防护包括放射性同位素和射线装置放射的防护。放射性同位素,指不包括作为核燃料、核原料、核材料的其他放射性物质。射线装置,指X线机、加速器及中子发生器。

为加强放射卫生管理,国家出台了一系列法律、法规,如1979年2月24日卫生部、公安部、国家科委发布了《放射性同位素工作卫生防护管理办法》,1989年10月,卫生部会同有关部门经国务院批准,正式颁布了《放射性同位素与射线装置放射防护条例》(以下简称《放射防护条例》),同时还制定了《放射性同位素及射线事故管理规定》《射线器材防护质量管理规定》及《放射卫生防护工作规范》等。2005年8月31日国务院第104次常务会议通过《放射性同位素与射线装置安全和防护条例》,自2005年12月1日起施行,1989年10月24日国务院发布的《放射性同位素与射线装置放射防护条例》同时废止。

二、放射卫生防护的卫生管理

国家对放射源和射线装置实行分类管理。根据放射源、射线装置对人体健康和环境的潜在危害程度,从高到低将放射源分为Ⅰ类、Ⅱ类、Ⅲ类、Ⅳ类、Ⅴ类,具体分类办法由国务院环境保护主管部门制定;将射线装置分为Ⅰ类、Ⅱ类、Ⅲ类,具体分类办法由国务院环境保护主管部门和国务院卫生主管部门制定。

(一) 放射工作的许可登记制度

生产放射性同位素、销售和使用Ⅰ类放射源、销售和使用Ⅰ类射线装置的单位

的许可证,由国务院环境保护主管部门审批颁发。

前款规定之外的单位的许可证,由省、自治区、直辖市人民政府环境保护主管部门审批颁发。

国务院环境保护主管部门向生产放射性同位素的单位颁发许可证前,应当将申请材料抄送其行业主管部门征求意见。

环境保护主管部门应当将审批颁发许可证的情况通报同级公安部门、卫生主管部门。

《放射防护条例》规定,生产、销售、使用放射性同位素和射线装置的单位申请领取许可证,应当具备下列条件:① 有与所从事的生产、销售、使用活动规模相适应的,具备相应专业知识和防护知识及健康条件的专业技术人员;② 有符合国家环境保护标准、职业卫生标准和安全防护要求的场所、设施和设备;③ 有专门的安全和防护管理机构或者专职、兼职安全和防护管理人员,并配备必要的防护用品和监测仪器;④ 有健全的安全和防护管理规章制度、辐射事故应急措施;⑤ 产生放射性废气、废液、固体废物的,具有确保放射性废气、废液、固体废物达标排放的处理能力或者可行的处理方案。

环境保护主管部门应当自受理申请之日起20个工作日内完成审查,符合条件的,颁发许可证,并予以公告;不符合条件的,书面通知申请单位并说明理由。

许可证有效期为五年。有效期届满,需要延续的,持证单位应当于许可证有效期届满30日前,向原发证机关提出延续申请。原发证机关应当自受理延续申请之日起,在许可证有效期届满前完成审查,符合条件的,予以延续;不符合条件的,书面通知申请单位并说明理由。

(二) 安全和防护

生产、销售、使用放射性同位素和射线装置的单位,应当做到以下几点:

(1) 对本单位的放射性同位素、射线装置的安全和防护工作负责,并依法对其造成的放射性危害承担责任。生产放射性同位素的单位的行业主管部门,应当加强对生产单位安全和防护工作的管理,并定期按照法律、法规和国家标准规定的情况进行监督检查。对本单位的放射性同位素、射线装置的安全和防护状况进行年度评估。发现安全隐患的,应当立即进行整改。

(2) 人员管理。对直接从事生产、销售、使用活动的工作人员进行安全和防护知识教育培训,并进行考核;考核不合格的,不得上岗。应当严格按照国家关于个人剂量监测和健康管理的规定,对直接从事生产、销售、使用活动的工作人员进行个人剂量监测和职业健康检查,建立个人剂量档案和职业健康监护档案。

(3) 放射防护设施的管理。按照国家有关规定设置明显的放射性标志,设置安全和防护设施以及必要的防护安全联锁、报警装置或者工作信号。射线装置的生产调试和使用场所,应当具有防止误操作、防止工作人员和公众受到意外照射的安全措施。

放射性同位素的包装容器、含放射性同位素的设备和射线装置,应当设置明显的放射性标志和中文警示说明;放射源上能够设置放射性标志的,应当一并设置。

(4) 放射性物质生产的管理。辐射防护器材、含放射性同位素的设备和射线装置,以及含有放射性物质的产品和伴有产生 X 射线的电器产品,应当符合辐射防护要求,不合格的产品不得出厂和销售。

(5) 放射性物质贮存的管理。放射性同位素应当单独存放,不得与易燃、易爆、腐蚀性物品等一起存放,并指定专人负责保管。贮存、领取、使用、归还放射性同位素时,应当进行登记、检查,做到账物相符。对放射性同位素贮存场所应当采取防火、防水、防盗、防丢失、防破坏、防射线泄漏的安全措施。

(6) 放射性物质运输的管理。运输放射性同位素和含放射源的射线装置的工具,应当按照国家有关规定设置明显的放射性标志或者显示危险信号。

(7) 放射性物质使用的管理。使用放射性同位素和射线装置进行放射诊疗的医疗卫生机构,应当依据国务院卫生主管部门有关规定和国家标准,制定与本单位从事的诊疗项目相适应的质量保证方案,遵守质量保证监测规范,按照医疗照射正当化和辐射防护最优化的原则,避免一切不必要的照射,并事先告知患者和受检者辐射对健康的潜在影响。

(8) 放射性废物的管理。冶炼厂回收冶炼废旧金属时,应当采取必要的监测措施,防止放射性物质熔入产品中。监测中发现问题的,应当及时通知所在地设区的市级以上人民政府环境保护主管部门。

(三) 辐射事故的管理

辐射事故,是指放射源丢失、被盗、失控,或者放射性同位素和射线装置失控导致人员受到意外的照射。根据辐射事故的性质、严重程度、可控性和影响范围等因素,从重到轻将辐射事故分为特别重大辐射事故、重大辐射事故、较大辐射事故和一般辐射事故四个等级。

特别重大辐射事故,是指 I 类、II 类放射源丢失、被盗、失控造成大范围严重辐射污染后果,或者放射性同位素和射线装置失控导致 3 人以上(含 3 人)急性死亡。

重大辐射事故,是指 I 类、II 类放射源丢失、被盗、失控,或者放射性同位素和射线装置失控导致 2 人以下(含 2 人)急性死亡或者 10 人以上(含 10 人)急性重度放射病、局部器官残疾。

较大辐射事故,是指 III 类放射源丢失、被盗、失控,或者放射性同位素和射线装置失控导致 9 人以下(含 9 人)急性重度放射病、局部器官残疾。

一般辐射事故,是指 IV 类、V 类放射源丢失、被盗、失控,或者放射性同位素和射线装置失控导致人员受到超过年剂量限值的照射。

1. 制订应急预案

县级以上人民政府环境保护主管部门应当会同同级公安、卫生、财政等部门编制辐射事故应急预案,报本级人民政府批准。辐射事故应急预案应当包括下列内容:① 应急机构和职责分工;② 应急人员的组织、培训以及应急和救助的装备、资金、物资准备;③ 辐射事故分级与应急响应措施;④ 辐射事故调查、报告和处理程序。

生产、销售、使用放射性同位素和射线装置的单位,应当根据可能发生的辐射事故的风险,制订本单位的应急方案,做好应急准备。

2. 事故处理

发生辐射事故时,生产、销售、使用放射性同位素和射线装置的单位应当立即启动本单位的应急方案,采取应急措施,并立即向当地环境保护主管部门、公安部门、卫生主管部门报告。

环境保护主管部门、公安部门、卫生主管部门接到辐射事故报告后,应当立即派人赶赴现场,进行现场调查,采取有效措施,控制并消除事故影响,同时将辐射事故信息报告本级人民政府和上级人民政府环境保护主管部门、公安部门、卫生主管部门。

县级以上地方人民政府及其有关部门接到辐射事故报告后,应当按照事故分级报告的规定及时将辐射事故信息报告上级人民政府及其有关部门。发生特别重大辐射事故和重大辐射事故后,事故发生地省、自治区、直辖市人民政府和国务院有关部门应当在4小时内报告国务院;特殊情况下,事故发生地人民政府及其有关部门可以直接向国务院报告,并同时报告上级人民政府及其有关部门。禁止缓报、瞒报、谎报或者漏报辐射事故。

环境保护主管部门、公安部门、卫生主管部门应当及时相互通报辐射事故应急响应、调查处理、定性定级、立案侦查和医疗应急情况。国务院指定的部门根据环境保护主管部门确定的辐射事故的性质和级别,负责有关国际信息通报工作。

发生辐射事故的单位应当立即将可能受到辐射伤害的人员送至当地卫生主管部门指定的医院或者有条件救治辐射损伤病人的医院,进行检查和治疗,或者请求医院立即派人赶赴事故现场,采取救治措施。

三、放射防护监督

县级以上人民政府环境保护主管部门和其他有关部门应当按照各自职责对生产、销售、使用放射性同位素和射线装置的单位进行监督检查。

县级以上人民政府环境保护主管部门应当配备辐射防护安全监督员。辐射防护安全监督员由从事辐射防护工作,具有辐射防护安全知识并经省级以上人民政府环境保护主管部门认可的专业人员担任。辐射防护安全监督员应当定期接受专业知识培训和考核。

县级以上人民政府环境保护主管部门在监督检查中发现生产、销售、使用放射性同位素和射线装置的单位有不符合原发证条件的情形的,应当责令其限期整改。

监督检查人员依法进行监督检查时,应当出示证件,并为被检查单位保守技术秘密和业务秘密。

任何单位和个人对违反本条例的行为,有权向环境保护主管部门和其他有关部门检举;对环境保护主管部门和其他有关部门未依法履行监督管理职责的行为,有权向本级人民政府、上级人民政府有关部门检举。

四、法律责任

对违反本条例的单位或者个人,县级以上卫生行政部门可以视其情节轻重,给予警告并限期改进、停工或者停业整顿,或者处以罚款和没收违法所得,直至吊销其许可登记证的行政处罚。

违反条例规定,造成辐射事故的,由原发证机关责令限期改正,并处五万元以上二十万元以下的罚款;情节严重的,由原发证机关吊销许可证;构成违反治安管理行为的,由公安机关依法予以治安处罚;构成犯罪的,依法追究刑事责任。因辐射事故造成他人损害的,依法承担民事责任。

生产、销售、使用放射性同位素和射线装置的单位被责令限期整改,逾期不整改或者经整改仍不符合原发证条件的,由原发证机关暂扣或者吊销许可证。被依法吊销许可证的单位或者伪造、变造许可证的单位,五年内不得申请领取许可证。

县级以上地方人民政府环境保护主管部门的行政处罚权限的划分,由省、自治区、直辖市人民政府确定。

思 考 题

1. 如何进行公共场所的卫生管理?
2. 公共场所卫生监督机构的主要职责是什么?
3. 学校卫生工作要求有哪些?
4. 放射卫生防护的卫生管理有哪些具体规定?

参 考 文 献

[1] 达庆东.卫生法学纲要[M].2版.上海:上海医科大学出版社,2000.
[2] 赵同刚.卫生法[M].2版.北京:人民卫生出版社,2006.

第八章 人口与计划生育法律制度

内容提要 本章介绍我国的人口与计划生育法律制度。计划生育是我国的一项基本国策,《人口与计划生育法》是我国人口与计划生育工作领域的一部基本法律,基本涵盖了人口与计划生育工作的最主要、最核心的内容,是做好人口与计划生育工作最基本的要求。流动人口计划生育管理是人口与计划生育工作的一个主要方面,管理对象为已婚育龄流动人口。计划生育技术服务是指计划生育技术指导、咨询以及与计划生育有关的临床医疗服务,计划生育技术服务是计划生育工作的重要环节。

重点提示 《人口与计划生育法》 社会抚养费制度 流动人口计划生育管理 计划生育技术服务

第一节 人口与计划生育法律制度概述

一、人口与计划生育政策的形成和发展

人口是构成社会生活主体并具有一定数量和质量的人所组成的社会群体,是一切社会生活的基础与出发点。人口的数量、结构及变动与经济、社会发展密不可分。

"人口多底子薄"是中国社会主义初级阶段的基本国情。根据这个国情,我国制定了以"控制人口数量、提高人口素质"为主要内容的人口与计划生育政策,并最终使其成为一项基本国策。

一项卓有成效的公共政策往往是在不断完善和调整的过程中形成的,人口与计划生育政策也不例外。20世纪50年代到60年代初,政府对人口问题虽然有所认识,也有节制生育的思想,但并没有具体的行动与措施,更没有形成行之有效的公共政策。因此,这一时期的人口增长基本上处于自然状态。

在"大跃进"失败和"三年困难时期"的严重影响下,党和政府面对迅猛增加的人口和受挫的经济发展,开始认真考虑计划生育的必要性。1962年12月18日,中共中央、国务院发出了《关于认真提倡计划生育的指示》,这是党和政府对人口问题在认识上的一次重大转变。文件发出之后,计划生育工作首先在城市然后在农村逐步展开。

文化大革命开始后,党和政府再次强调了实施计划生育的决心。1971年国务院强调指出,"除人口稀少的少数民族地区和其他地区外,都要加强对这项工作的领导,深入开展宣传教育,使晚婚和计划生育变为群众的自觉行为。"此后,真正意义上的计划生育开始在全国范围内开展起来。

1978年10月26日,中共中央转发了国务院计划生育领导小组《关于国务院计划生育领导小组第一次会议的报告》,肯定了其中提出的具体政策要求,"晚婚年龄,农村提倡女23周岁、男25周岁结婚,城市略高于农村。提倡一对夫妇生育子女数最好一个,最多两个,生育间隔三年以上。"以此为标志,中国明确而全面的人口与计划生育政策初步形成。

1982年9月,党的十二大明确指出,实行计划生育,控制人口数量,提高人口素质是我国的一项基本国策。

1991年5月12日,中共中央、国务院发布了《关于加强计划生育工作严格控制人口增长的决定》,重申了既定的人口与计划生育政策,要求保持政策的稳定性和连续性。之后各省、自治区、直辖市相继制定了计划生育条例,作为地方法规执行。这样,全国范围内的计划生育政策的完善工作告一段落。

2000年3月2日,中共中央、国务院发布了《关于加强人口与计划生育工作稳定低生育水平的决定》指出,虽然中国已经进入低生育水平阶段,但人口数量问题在今后相当长的一个时期内,仍将是中国社会经济发展的首要制约因素,稳定低生育水平是我国今后一个时期重大而艰巨的任务,必须保持既定的人口与计划生育政策不变。

2006年12月17日,中共中央、国务院发布了《关于全面加强人口和计划生育工作统筹解决人口问题的决定》,以科学发展观为统领,以人的全面发展为中心,以统筹解决人口问题为主线,在充分肯定人口和计划生育工作取得伟大成就的同时,深刻分析了现阶段中国面临的人口形势和严峻挑战,精辟阐述了人口和计划生育工作在经济社会发展中的重要地位和作用,明确提出在千方百计稳定低生育水平的基础上,大力提高出生人口素质、综合治理出生人口性别比偏高问题、不断完善流动人口管理服务体系、积极应对人口老龄化等主要任务、政策制度和保障措施。这标志着中国人口和计划生育事业进入稳定低生育水平、统筹解决人口问题、促进人的全面发展的新阶段。

2006年12月29日,国务院办公厅印发了《人口发展"十一五"和2020年规划》,重点提出了"十一五"时期人口发展的主要任务:一是稳定现行生育政策,综合运用经济社会发展政策,将总和生育率保持在1.8左右,确保人口总量目标的实现;二是提高出生人口素质,综合治理出生人口性别比偏高问题,积极应对人口老龄化;三是坚持优先发展教育,充分开发人力资源;四是统筹城乡、区域协调发展,引导人口有序流动和合理分布;五是发展公共卫生、妇女儿童和社会福利事业,促进社会和谐与公平。

二、人口与计划生育法制建设

在稳定人口与计划生育政策的同时,相关的法制建设逐步加强。1982年通过的《宪法》第25条规定,国家推行计划生育,使人口的增长同经济和社会发展计划相适应。第49条规定,夫妻双方有实行计划生育的义务。

1999年9月,全国计划生育法制工作会议提出:到2005年,基本形成具有中国特色的计划生育法律、法规框架体系,初步建立以综合治理人口与计划生育为特征、以维护和实现公民合法权益为目标的法律制度和基层管理制度;到2015年,形成较完备的计划生育法律、法规体系,使相关经济社会政策都有利于人口与计划生育事业,建立较完善的计划生育行政执法监督机制和社会监督机制。

2001年12月29日,九届全国人大常委会第25次会议审议通过了《人口与计划生育法》,于2002年9月1日起施行。《人口与计划生育法》首次以国家法律的形式确立了计划生育基本国策的地位,把国家推行计划生育的基本方针、政策、制度、措施用法律形式固定下来,为进一步做好人口与计划生育工作,综合治理人口问题,为地方人口与计划生育立法提供了法律依据。《人口与计划生育法》的颁布实施,是我国人口与计划生育事业发展史上一个里程碑,是做好人口与计划生育工作最根本的保障和最有力的推动。

1991年12月经国务院批准,国家人口和计划生育委员会发布了《流动人口计划生育工作管理办法》,并于1998年9月经修订后重新颁布。2001年6月13日,国务院发布了《计划生育技术服务管理条例》。2002年8月2日,国务院发布了《社会抚养费征收管理办法》。近年来,国家人口和计划生育委员会根据实际工作的需要,制定了《计划生育技术服务管理条例实施细则》《计划生育技术服务机构执业管理办法》《流动人口计划生育管理和服务工作若干规定》《关于禁止非医学需要的胎儿性别鉴定和选择性别的人工终止妊娠的规定》《计划生育统计工作管理办法》等规章,卫生部制定了《女性节育手术并发症诊断标准》《男性节育手术并发症诊断标准》等规章。这些法律、法规和规章的制定实施,为人口与计划生育工作提供了基本的法律依据。

我国政府还坚持从本国的实际情况出发,充分考虑和遵守国际机构和组织制定的有关人口、计划生育的原则和各项规定。目前,我国已加入17个国际人权公约,其中涉及人口与计划生育的主要有:《消除对妇女一切形式歧视公约》《儿童权利公约》《经济、社会和文化权利国际公约》等。

第二节 《人口与计划生育法》

一、《人口与计划生育法》的结构

《人口与计划生育法》是我国人口与计划生育工作领域的一部基本法律,共七章47条,基本涵括了人口与计划生育工作的最主要、最核心的内容,是做好人口与计划生育工作的最基本的要求。

第一章总则,规定了立法宗旨、目的、依据,开展人口与计划生育工作的基本方针、原则,各级政府、计划生育主管部门及相关部门、社会各方面开展人口与计划生育工作的职责,以及推行计划生育工作应当严格依法行政,计划生育行政部门及其工作人员依法执行公务受法律保护。

第二章人口发展规划的制定与实施,规定了人口发展规划的制定与实施,人口与计划生育事业发展的经费保障及人口与计划生育宣传教育,流动人口计划生育管理的基本原则。

第三章生育调节,规定了国家稳定现行生育政策,将现行的生育政策上升到法律的地位,规定了公民实行计划生育的权利与义务,以及计划生育工作过程中的管理、业务措施。

第四章奖励与社会保障,规定了对实行计划生育公民的奖励、优待,建立有利于计划生育的社会保障制度。

第五章计划生育技术服务,规定了国家在提高出生人口素质、为公民提供计划生育、生殖保健业务方面应承担的责任,明确了计划生育技术业务机构的法律地位。

第六章法律责任,规定了国家机关及其工作人员、技术业务机构及技术业务人员、公民、法人和其他组织违反本法的法律责任。

第七章附则,规定了授权国务院依据本法制定流动人口计划生育工作的具体管理办法、计划生育技术业务管理的具体办法、社会抚养费的征收管理办法,授权中央军事委员会制定中国人民解放军执行本法的具体办法以及本法的施行时间。

二、人口与计划生育政策的法律地位和内容

《人口与计划生育法》第2条规定,实行计划生育是国家的基本国策。这是对人口与计划生育政策的法律地位的明确。

《人口与计划生育法》第18条明确了人口与计划生育政策的内容,即国家稳定现行生育政策,鼓励公民晚婚晚育,提倡一对夫妻生育一个子女;符合法律、法规规定条件的,可以要求安排生育第二个子女。具体办法由省、自治区、直辖市人民代

表大会或者其常务委员会规定。少数民族也要实行计划生育,具体办法由省、自治区、直辖市人民代表大会或者其常务委员会规定。

三、人口与计划生育综合治理原则

《人口与计划生育法》第2条规定,国家依靠宣传教育、科学技术进步、综合业务、建立健全奖励和社会保障制度,开展人口与计划生育工作。这是对人口与计划生育综合治理原则的明确。

《人口与计划生育法》明确了各级政府、计划生育部门及相关部门在人口与计划生育工作中的法定职责,规定了企事业单位、社会团体、村(居)民委员会协助做好人口与计划生育工作的法律责任。第5条规定,国务院领导全国的人口与计划生育工作,地方各级人民政府领导本行政区域内的人口与计划生育工作。第6条规定,国务院计划生育行政部门负责全国计划生育工作和与计划生育有关的人口工作,县级以上地方各级人民政府计划生育行政部门负责本行政区域内的计划生育工作和与计划生育有关的人口工作,县级以上各级人民政府其他有关部门在各自的职责范围内,负责有关的人口与计划生育工作。第7条规定,工会、共产主义青年团、妇女联合会及计划生育协会等社会团体、企业事业组织和公民应当协助人民政府开展人口与计划生育工作。第12条规定,村(居)民委员会应当依法做好计划生育工作。

四、奖励与社会保障

《人口与计划生育法》第23条规定,国家对实行计划生育的夫妻,给予奖励。考虑到各地经济社会发展不平衡,授权各省、自治区、直辖市和较大的市人民代表大会及其常委会或者人民政府结合当地实际情况制定具体实施办法。

目前,我国各地计划生育的奖励措施主要有以下几方面:

(1) 国家为实行计划生育的群众免费供应避孕药具,免费提供基本项目的计划生育技术服务,免费治疗节育手术并发症并对因此导致生活困难的群众实行救济。

(2) 增加晚婚晚育假、产假。

(3) 发放独生子女父母奖励费并对独生子女入托、入学、就医等给予照顾。加发独生子女父母退休金或养老保险金。对符合生育第二个子女而自愿放弃生育并领取"独生子女父母光荣证"的夫妻,给予一次性奖励。

(4) 对实行计划生育的农民适当减免义务工、统筹款、提留款。城镇职工分配住房,城镇企业招工,农村划分责任田、自留地、宅基地等,给独生子女家庭以适当优先和照顾。

(5) 开展以农村计划生育养老保险为主要内容的计划生育保险。

(6) 把计划生育工作与农村发展经济、扶贫开发、建设文明幸福家庭结合起来,在资金、项目、技术、培训等方面对实行计划生育家庭给予优先优惠等。

《人口与计划生育法》第24条规定,国家建立、健全基本养老保险、基本医疗保险、生育保险和社会福利等社会保障制度,促进计划生育。

五、社会抚养费制度

实行计划生育是公民的法定义务。公民违反计划生育义务,计划外生育子女,应当承担法律责任。对此,《人口与计划生育法》规定了社会抚养费制度。

第41条规定,计划外生育子女的公民应当依法缴纳社会抚养费。未在规定的期限内足额缴纳应缴纳的社会抚养费的,自欠缴之日起,按照国家有关规定加收滞纳金。不缴纳滞纳金的,由作出征收决定的计划生育行政部门依法向人民法院申请强制执行。

国务院根据《人口与计划生育法》的授权,于2002年8月2日制定出台了《社会抚养费征收管理办法》,自2002年9月1日起施行。该办法对社会抚养费的征收对象、征收标准、征收主体、缴费方式、征收程序与管理等问题作出了原则规定。基于各地经济、社会发展状况不平衡等因素,社会抚养费制度的具体问题由省、自治区、直辖市根据本地实际情况规定。

第三节 流动人口计划生育管理的法律规定

流动人口,是指到异地从事务工、经商等活动的人口。从一定意义上说,人口流动是社会经济发展的必然结果,"特别是劳动力在产业结构上由种植业转向制造业并进而向服务业转移和人口在居住方式上由农村向城市的转移,是社会发展的必然过程和趋势。"[1]

由于流动人口不能像常住人口一样享有方便的、安全的计划生育和生殖保健服务,而且流动人口居住、择业等情况变化较为频繁,增加了计划生育工作的难度。所以,流动人口计划生育管理是人口与计划生育工作的一个主要方面。

为了加强流动人口计划生育管理工作,维护流动人口的合法权益,有效地控制人口增长,1991年12月,经国务院批准,国家计生委发布了《流动人口计划生育工作管理办法》,并于1998年9月经修订后重新颁布。

一、管理对象

根据《流动人口计划生育工作管理办法》,流动人口计划生育管理的对象为已婚育龄流动人口,即现居住地不是户籍所在地,异地从事务工、经商等活动或者以

---

[1] 赵同刚.卫生法[M].北京:人民卫生出版社,2005:215.

生育为目的异地居住,可能生育子女的已婚育龄人员。

二、管理机构

根据《人口与计划生育法》和《流动人口计划生育工作管理办法》的规定,流动人口的计划生育工作由其户籍所在地和现居住地的人民政府共同负责管理,以现居住地为主。流动人口现居住地的地方人民政府负责对流动人口计划生育工作的日常管理,并将流动人口计划生育工作纳入当地计划生育管理。

三、主要内容

(一) 婚育证明

成年流动人口在离开户籍所在地前,应当凭合法的婚姻、身份证件,到当地县级人民政府计划生育行政管理部门或者乡(镇)人民政府、街道办事处办理婚育证明。婚育证明的内容应当包括:姓名、性别、年龄、婚姻状况、居民身份证号码、生育状况、落实节育措施状况、计划生育奖罚情况等。

成年流动人口到现居住地后,应当向现居住地的乡(镇)人民政府或者街道办事处交验婚育证明。现居住地的乡(镇)人民政府或者街道办事处查验婚育证明后,应当予以登记,并告知其接受当地乡(镇)人民政府或者街道办事处的管理;婚育证明不完备的,应当按照要求补办。

有关部门审批成年流动人口的暂住证、营业执照、务工许可证等证件时,应当核查其现居住地的乡(镇)人民政府或者街道办事处查验过的婚育证明,并将审批结果通报其现居住地的乡(镇)人民政府或者街道办事处;没有婚育证明的,不得批准。

已婚育龄流动人口申请在现居住地生育子女的,应当在其户籍所在地的县级人民政府计划生育行政管理部门或者乡(镇)人民政府、街道办事处按照当地有关规定办理生育证明材料。据此,已婚育龄流动人口可以在现居住地生育子女。

(二) 避孕节育服务

流动人口现居住地的乡(镇)人民政府或者街道办事处应当向其中的已婚育龄流动人口进行人口与计划生育宣传,并组织有关单位向育龄夫妻提供避孕节育措施服务。实行计划生育的流动人口育龄夫妻免费享受国家规定的基本项目的计划生育技术服务。

已婚育龄流动人口现居住地的乡(镇)人民政府或者街道办事处应当与其户籍所在地的乡(镇)人民政府或者街道办事处建立联系,并将已婚育龄流动人口的避孕节育情况向其户籍所在地的乡(镇)人民政府或者街道办事处通报。已婚育龄流动人口也可以自行将其现居住地的乡(镇)人民政府或者街道办事处出具的避孕节育情况证明寄回其户籍所在地的乡(镇)人民政府或者街道办事处。已婚育龄流动人口户籍所在地的乡(镇)人民政府或者街道办事处在了解已婚育龄流动人口避孕节育情况后,不得再要求其回户籍所在地接受避孕节育情况检查。

已婚育龄流动人口的节育手术费,有用工单位的,由用工单位负担;无用工单位的,先由本人垫付,凭其现居住地的乡(镇)人民政府或者街道办事处证明,由本人在其户籍所在地的乡(镇)人民政府或者街道办事处报销。

第四节 计划生育技术服务的法律规定

计划生育技术服务,是指计划生育技术指导、咨询以及与计划生育有关的临床医疗服务。计划生育技术服务是计划生育工作的重要环节。为了加强对计划生育技术服务工作的管理,控制人口数量,提高人口素质,保障公民的生殖健康权利,国务院于2001年6月13日发布了《计划生育技术服务管理条例》,同年10月1日起实施。

一、国家指导与个人自愿相结合的原则

《计划生育技术服务管理条例》规定,计划生育技术服务实行国家指导和个人自愿相结合的原则。

(一)公民享有避孕方法的知情选择权

《计划生育技术服务管理条例》规定,公民享有避孕方法的知情选择权。避孕方法的知情选择,就是国家通过提供计划生育和避孕方法的信息,介绍各种避孕方法的效果、优缺点,使需要采取避孕措施的育龄群众在充分了解避孕方法情况以及自身情况的基础上,自主、自愿而且负责任地作出决定,选择安全、有效、适宜的避孕措施。避孕方法的知情选择权,充分体现了计划生育技术服务以人为本、尊重人权的指导思想,体现了群众在计划生育工作中的主人翁地位,体现了计划生育工作者依靠群众、为群众服务的宗旨;目的是提高避孕方法的普及率、及时率、有效率,提高育龄群众的生殖健康水平,是计划生育优质服务的核心内容。

但是,避孕方法的"知情选择"不是"随意选择",而是在国家指导和个人自愿相结合的基础上实现的。国家指导就是国家通过规范的渠道,帮助群众充分了解各种现行避孕节育方法的安全性、有效性、禁忌症、适应症以及自身的生理、心理特点。《人口与计划生育法》规定,计划生育技术服务人员应当指导实行计划生育的公民选择安全、有效、适宜的避孕措施。

(二)国家保障公民获得适宜的计划生育技术服务的权利

《人口与计划生育法》规定,各级人民政府应当采取措施,保障公民享有计划生

育技术服务,提高公民的生殖健康水平。地方各级人民政府应当合理配置、综合利用卫生资源,建立、健全由计划生育技术服务机构和从事计划生育技术服务的医疗、保健机构组成的计划生育技术服务网络,改善技术业务设施和条件,提高技术业务水平。

《人口与计划生育法》第21条规定,实行计划生育的育龄夫妻免费享受国家规定的基本项目的计划生育技术服务。免费提供的服务范围一般包括:避孕药具;孕情、环情监测;放置和取出宫内节育器及技术常规所规定的各项医学检查;人工流产术、引产术及技术常规所规定的各项医学检查;输卵管结扎术、输精管结扎术及技术常规所规定的各项医学检查;计划生育手术并发症诊治等。

《计划生育技术服务管理条例》规定,国家向农村实行计划生育的育龄夫妻免费提供避孕、节育技术服务,所需经费由地方财政予以保障,中央财政对西部困难地区给予适当补助。

二、计划生育技术服务的范围

《人口与计划生育法》第33条规定,计划生育技术服务机构和从事计划生育技术服务的医疗、保健机构应当在各自的职责范围内,针对育龄人群开展人口与计划生育基础知识宣传教育,对已婚育龄妇女开展孕情检查、随访服务工作,承担计划生育、生殖保健的咨询、指导和技术服务。《计划生育技术服务管理条例》第6条规定,计划生育技术服务包括计划生育技术指导、咨询以及与计划生育有关的临床医疗业务。这些规定明确了计划生育技术服务机构和从事计划生育技术服务的医疗、保健机构的服务范围。

(一) 开展人口与计划生育基础知识宣传教育

人口与计划生育基础知识宣传教育的内容应该包括:进行马克思主义人口基本理论的宣传教育;进行基本国情和基本国策的宣传教育;进行可持续发展战略的宣传教育;进行科学、文明、进步的婚育观的宣传教育;进行计划生育政策法规宣传教育;进行婚育科普知识的宣传教育等。

(二) 对已婚育龄妇女开展孕情检查、随访服务工作

开展孕情检查服务,是落实"计划生育以避孕为主"方针的有效方法。通过开展孕情检查服务,可以发现非意愿的早期怀孕,及时采取补救措施。在开展孕情检查服务的同时,还可以为育龄妇女检查妇科疾病,提供生殖保健服务。做好随访服务工作,包括对避孕药具的使用和效果的随访,也包括对节育手术后的随访。随访可以预防和及早发现避孕药具的不良反应,使育龄妇女躯体上的疾病得到及时的诊治。随访把关怀和温暖送到每个避孕节育者的家庭,是计划生育技术服务工作不可缺少的工作环节。

(三）承担计划生育技术服务

1. 提供计划生育技术指导、咨询

计划生育技术指导、咨询包括：① 生殖健康科普宣传、教育、咨询；② 提供避孕药具及相关的指导、咨询、随访；③ 对已经施行避孕、节育手术和输卵（精）管复通手术的，提供相关的咨询、随访。

2. 开展与计划生育有关的临床医疗业务

县级以上城市从事计划生育技术服务的机构可以在批准的范围内开展与计划生育有关的临床医疗业务，包括：① 避孕和节育的医学检查；② 计划生育手术并发症和计划生育药具不良反应的诊断、治疗；③ 施行避孕、节育手术和输卵（精）管复通手术；④ 开展围绕生育、节育、不育的其他生殖保健项目。

三、健全计划生育技术服务网络

《人口与计划生育法》第32条规定，地方各级人民政府应当合理配置、综合利用卫生资源，建立、健全由计划生育技术服务机构和从事计划生育技术服务的医疗、保健机构组成的计划生育技术服务网络，改善技术服务设施和条件，提高技术服务水平。

（一）计划生育技术服务网络的组成

根据《人口与计划生育法》和《计划生育技术服务管理条例》的规定，计划生育技术服务网络由计划生育技术服务机构和从事计划生育技术服务的医疗、保健机构组成，并纳入区域卫生规划。

计划生育技术服务机构，是指直属计划生育行政部门管理的以计划生育技术服务为主要服务内容的各级计划生育科研院（所），计划生育技术服务站（所、室），指导中心或生殖健康服务中心。从事计划生育技术服务的医疗、保健机构，是指直属卫生行政部门管理的，内设开展计划生育技术服务的业务科室的各级综合医院、卫生院、门诊部以及妇幼保健院（站、所）。

各地计划生育技术服务网络的规划和建设，遵循布局合理，规模适当，广泛覆盖和方便服务群众的原则，以保证人口与计划生育工作的需要，满足人民群众生育调节和生殖保健的需求。计划生育技术服务机构和从事计划生育技术服务的医疗、保健机构应当合理布局，合理分工，密切合作，形成省、市（地）、县、乡、村工作与服务网络体系，覆盖全体育龄人群，围绕生育、节育、不育为育龄群众提供优质的避孕节育全程服务和生殖保健服务。

（二）综合利用卫生资源

地方各级人民政府健全计划生育技术服务网络，应当合理配置、综合利用卫生资源。计划生育技术服务机构提供临床技术服务,具有医疗保健性质,是卫生资源的一部分。但是,计划生育技术服务的宗旨、对象、内容与一般意义的妇幼保健工作又有明显的不同。前者的服务对象是健康和亚健康人群,其服务方式以"面向基层、深入乡村、方便群众、服务上门"和避孕节育全程服务为特点;后者以防病治病为主要目的,以降低有关疾病的发生率和特殊人群的死亡率为考核指标。二者互有交叉,可以很好地结合,但不能互相代替。应当本着尊重历史、立足现状、面向未来的精神,实行优势互补,充分发挥计生、卫生两个积极性,努力把这两方面的工作在法制化的基础上协调好,既保证国家和地方人口控制目标的实现,又最大限度地增进育龄群众的生殖健康水平,共同为群众提供优质的计划生育和生殖保健服务。

(三) 改善技术服务设施和条件,提高技术服务水平

改善技术服务设施和条件,提高技术服务水平,是做好计划生育技术服务工作的前提条件。《人口与计划生育法》规定,计划生育技术服务人员应当指导实行计划生育的公民选择安全、有效、适宜的避孕措施。国家鼓励计划生育新技术、新药具的研究、应用和推广,依靠科技进步提高计划生育技术服务质量。《计划生育技术服务管理条例》规定,向公民提供的计划生育技术服务和药具应当安全、有效,符合国家规定的质量技术标准。从事计划生育技术服务的机构施行避孕、节育手术、特殊检查或者特殊治疗时,应当征得施行对象同意,并保证其安全。

四、计划生育技术服务机构和人员

(一) 计划生育技术服务机构

《计划生育技术服务管理条例》规定,从事计划生育技术服务的机构包括计划生育技术服务机构和从事计划生育技术服务的医疗、保健机构。从事计划生育技术服务的机构,必须符合国务院计划生育行政部门规定的设置标准。

个体医疗机构不得从事计划生育手术。

1. 计划生育技术服务机构的审批

设立计划生育技术服务机构,由设区的市级以上地方人民政府计划生育行政部门批准,发给"计划生育技术服务机构执业许可证",并在"计划生育技术服务机构执业许可证"上注明获准开展的计划生育技术服务项目。"计划生育技术服务机构执业许可证"每三年由原批准机关校验一次。

从事计划生育技术服务的医疗、保健机构,由县级以上地方人民政府卫生行政部门审查批准,在其"医疗机构执业许可证"上注明获准开展的计划生育技术服务项目,并向同级计划生育行政部门通报。

从事计划生育技术服务的机构应当按照批准的业务范围和业务项目执业,并遵守有关法律、行政法规和国务院卫生行政部门制定的医疗技术常规和抢救与转

诊制度。

2. 从事产前诊断和使用辅助生育技术的审批

计划生育技术服务机构从事产前诊断的,应当经省、自治区、直辖市人民政府计划生育行政部门同意后,由同级卫生行政部门审查批准,并报国务院计划生育行政部门和国务院卫生行政部门备案。

从事计划生育技术服务的机构使用辅助生育技术治疗不育症的,由省级以上人民政府卫生行政部门审查批准,并向同级计划生育行政部门通报。

(二)计划生育技术服务人员

从事与计划生育有关的临床业务人员,应当依照执业医师法和国家有关护士管理的规定,分别取得执业医师、执业助理医师、乡村医生或者护士的资格,并在计划生育技术服务机构执业。在计划生育技术服务机构执业的执业医师和执业助理医师,应当依照执业医师法的规定,向所在地县级以上地方人民政府卫生行政部门申请注册。

计划生育技术服务人员必须按照批准的业务范围、业务项目、手术术种从事计划生育技术服务,遵守与执业有关的法律、法规、规章、技术常规、职业道德规范和管理制度。

五、监督管理

国务院计划生育行政部门负责全国计划生育技术服务的监督管理工作。

县级以上地方人民政府计划生育行政部门负责本行政区域内计划生育技术服务的监督管理工作。县级以上人民政府卫生行政部门负责对从事计划生育技术服务的医疗、保健机构的监督管理工作。

国家建立计划生育技术服务统计制度和计划生育技术服务事故、计划生育手术并发症和计划生育药具不良反应的鉴定制度和报告制度。

第五节 与人口与计划生育法律制度有关的法律责任

一、行政责任

(一)违反计划生育技术服务规定的行政责任

(1)《人口与计划生育法》规定,有下列行为之一的,由计划生育行政部门或者卫生行政部门责令改正、给予警告、没收违法所得、罚款;情节严重的,吊销执业资格或者执业许可证书:① 非法为他人施行计划生育手术的;② 为他人进行非医学需要的胎儿性别鉴定或者选择性别的人工终止妊娠的;③ 实施假节育手术、进行假医学鉴定、出具假计划生育证明的。

(2)《计划生育技术服务管理条例》规定:① 计划生育技术服务机构或者医疗、保健机构以外的机构或者人员违反规定,擅自从事计划生育技术服务的,由县级以上计划生育行政部门责令改正,给予警告,没收违法所得和有关药品、医疗器械,并处罚款;② 未经批准擅自从事产前诊断和使用辅助生殖技术治疗不育症的,由县级以上卫生行政部门会同计划生育行政部门责令改正,给予警告,并没收违法所得和有关药品、医疗器械,并处罚款;情节严重的,并由原发证部门吊销计划生育技术服务机构的执业资格;③ 从事计划生育技术服务的机构违反规定,向农村实行计划生育的育龄夫妻提供避孕、节育技术服务,收取费用的,由县级计划生育行政部门责令退还所收费用,给予警告,并处罚款;情节严重的,并对该机构的正职负责人、直接负责的主管人员和其他直接责任人员给予降级或者撤职的行政处分;④ 从事计划生育技术服务的机构未经批准擅自扩大计划生育技术服务项目的,由原发证部门责令改正,给予警告,没收违法所得,并处罚款;情节严重的,吊销计划生育技术服务机构的执业资格;⑤ 从事计划生育技术服务的机构使用没有依法取得相应的医师资格的人员从事与计划生育技术服务有关的临床医疗服务的,由县级以上卫生行政部门责令改正,没收违法所得,并处罚款;情节严重的,吊销计划生育技术服务机构的执业资格。

(二)违反计划生育证明规定的行政责任

(1)《人口与计划生育法》规定,伪造、变造、买卖计划生育证明,由计划生育行政部门没收违法所得,并处罚款。以不正当手段取得计划生育证明的,由计划生育行政部门吊销其计划生育证明,对有过错的提供证明的单位的直接负责的主管人员和其他直接责任人员依法给予行政处分。

(2)《计划生育技术服务管理条例》规定,买卖、出借、出租或者涂改、伪造计划生育技术服务执业许可证明文件的,由原发证部门责令改正,没收违法所得,并处罚款;情节严重的,吊销相关的执业资格。从事计划生育技术服务的机构出具虚假证明文件,尚不构成犯罪的,由原发证部门责令改正,没收违法所得,并处罚款;情节严重的,吊销计划生育技术服务机构的执业资格。

(3)《流动人口计划生育工作管理办法》规定,不按照规定办理婚育证明,经其现居住地的计划生育行政管理部门通知后,逾期仍拒不补办或者拒不交验婚育证明的,由其现居住地的县级以上地方人民政府计划生育行政管理部门给予警告,可以并处罚款。伪造、出卖或者骗取婚育证明的,由县级以上地方人民政府计划生育行政管理部门给予警告,可以并处罚款;有违法所得的,没收违法所得,可以并处罚款。

(三)国家工作人员违法失职行为的行政责任

《人口与计划生育法》规定,国家机关工作人员在计划生育工作中,有下列行为之一,尚不构成犯罪的,依法给予行政处分,有违法所得的,没收违法所得:① 侵犯公民人身权、财产权和其他合法权益的;② 滥用职权、玩忽职守、徇私舞弊的;③ 索取、收受贿赂的;④ 截留、克扣、挪用、贪污计划生育经费或者社会抚养费的;⑤ 虚报、瞒报、伪造、篡改或者拒报人口与计划生育统计数据的。

(四)相关部门和组织不履行协助计划生育管理义务的行政责任

(1)《人口与计划生育法》规定,相关部门和组织违反人口与计划生育法律、法规,不履行协助计划生育管理义务的,由有关地方人民政府责令改正,并给予通报批评;对直接负责的主管人员和其他直接责任人员依法给予行政处分。

(2)《流动人口计划生育工作管理办法》规定,与已婚育龄流动人口形成劳动关系的用人单位和个人拒不履行流动人口计划生育管理职责的,由当地县级以上地方人民政府计划生育行政管理部门给予警告,可以并处罚款。拒绝为成年流动人口办理婚育证明或者为其出具假证明的,由县级以上地方人民政府计划生育行政管理部门责令改正,并可建议有关部门对直接责任人员依法给予行政处分。县级以上地方人民政府公安、工商行政管理、劳动就业、卫生、房产管理等行政部门工作人员审批成年流动人口有关证件时,不查验婚育证明或者明知无婚育证明而予以批准的,依法给予行政处分。

(五)违反生育政策的行政责任

《人口与计划生育法》规定,违反生育政策生育子女的公民,应当依法缴纳社会抚养费,未在规定的期限内足额缴纳应当缴纳的社会抚养费的,自欠缴之日起,按照国家有关规定加收滞纳金,仍不缴纳的,由作出征收决定的计划生育行政部门依法向人民法院申请强制执行。按照规定缴纳社会抚养费的人员,是国家工作人员的,还应当依法给予行政处分,其他人员还应当由其所在单位或者组织给予纪律处分。

(六)拒绝、阻碍依法执行公务的行政责任

《人口与计划生育法》规定,拒绝、阻碍计划生育行政部门及其工作人员依法执行公务的,由计划生育行政部门给予批评教育并予以制止,构成违反治安管理行为的,依法给予治安管理处罚。

二、民事责任

计划生育技术服务人员违章操作或者延误抢救、诊治,造成严重后果的,依据

《执业医师法》《母婴保健法》《母婴保健法实施办法》《计划生育技术服务管理条例》《医疗事故处理条例》等有关法律、行政法规的规定承担相应的民事责任。

三、刑事责任

(1)《人口与计划生育法》规定,违反人口与计划生育法律、法规,有下列行为之一,构成犯罪的,依法追究刑事责任:① 非法为他人施行计划生育手术的;② 为他人进行非医学需要的胎儿性别鉴定或者选择性别的人工终止妊娠的;③ 实施假节育手术、进行假医学鉴定、出具假计划生育证明的。

(2)《计划生育技术服务管理条例》规定,计划生育技术服务机构或者医疗、保健机构以外的机构或者人员违反规定,擅自从事计划生育技术服务,造成严重后果,构成犯罪的,依法追究刑事责任。

《刑法》第336条规定,未取得医生执业资格的人擅自为他人进行节育复通手术、假节育手术、终止妊娠手术或者摘取宫内节育器,情节严重的,处三年以下有期徒刑、拘役或者管制,并处或者单处罚金;严重损害就诊人身体健康的,处三年以上十年以下有期徒刑,并处罚金;造成就诊人死亡的,处十年以上有期徒刑,并处罚金。

(3)《人口与计划生育法》规定,伪造、变造、买卖计划生育证明,情节严重,构成犯罪的,依法追究刑事责任。

(4)《计划生育技术服务管理条例》规定,从事计划生育技术服务的机构出具虚假证明文件,构成犯罪的,依法追究刑事责任。

(5)《流动人口计划生育工作管理办法》规定,伪造、出卖或者骗取婚育证明,构成犯罪的,依法追究刑事责任。

(6)《人口与计划生育法》规定,国家机关工作人员在计划生育工作中,有下列行为之一,构成犯罪的,依法追究刑事责任:① 侵犯公民人身权、财产权和其他合法权益的;② 滥用职权、玩忽职守、徇私舞弊的;③ 索取、收受贿赂的;④ 截留、克扣、挪用、贪污计划生育经费或者社会抚养费的;⑤ 虚报、瞒报、伪造、篡改或者拒报人口与计划生育统计数据的。

(7)《人口与计划生育法》规定,拒绝、阻碍计划生育行政部门及其工作人员依法执行公务,构成犯罪的,依法追究刑事责任。

思 考 题

1. 人口与计划生育政策是如何形成和发展起来的?
2. 《人口与计划生育法》的主要内容有哪些?
3. 如何有效开展计划生育技术服务工作?

4. 与人口与计划生育法律制度有关的法律责任有哪些?

参 考 文 献

[1] 吴崇其.卫生法学[M].北京:法律出版社,2005.
[2] 赵同刚.卫生法[M].北京:人民卫生出版社,2005.
[3] 冯建妹.现代医学与法律研究[M].南京:南京大学出版社,1994.
[4] 黄丁全.医疗、法律与生命伦理[M].北京:法律出版社,2004.

第九章 医疗机构管理法律制度

内容提要 本章介绍我国医疗机构管理法律制度。医疗机构是依法设立的从事疾病诊断、治疗活动的卫生机构。医疗机构管理包括医疗机构的规划布局和设置审批,医疗机构的登记和执业,医疗机构的名称,医疗广告管理等。本章以医疗机构管理的对象为线索,重点介绍医院、社会民办医疗机构、医疗急救机构的管理。

重点提示 医疗机构 医院 社会民办医疗机构 医疗急救机构

第一节 医疗机构管理法律制度概述

一、医疗机构和医疗机构管理立法

(一)医疗机构的概念

医疗机构,是指依法设立的从事疾病诊断、治疗活动的卫生机构。从这个概念可以看出:

第一,医疗机构必须依法成立。也就是说,医疗机构必须依据国务院《医疗机构管理条例》及其实施细则的规定进行设置和登记。只有依法取得设置医疗机构批准证书,并履行登记手续,领取"医疗机构执业许可证"的单位或者个人才能开展相应的诊疗、治疗活动。

第二,医疗机构是从事疾病诊断和治疗活动的卫生机构。根据卫生机构目的的不同,我国的卫生机构分为医疗机构和疾病预防机构等。医疗机构从事疾病诊断和治疗活动,疾病预防机构主要开展卫生防疫、疾病预防和控制活动。

第三,医疗机构是从事疾病诊断、治疗活动的卫生机构的总称。医院、卫生院是我国医疗机构的主要形式,还有疗养院、门诊部、诊所、卫生所(室)以及急救站等,共同构成了我国的医疗机构。

(二)医疗机构的分类

按医疗机构的功能、任务、规模等,医疗机构可分为:① 综合医院、中医医院、中西医结合医院、民族医医院、专科医院、康复医院;② 妇幼保健院;③ 中心卫生院、乡(镇)卫生院;④ 疗养院;⑤ 综合门诊部、专科门诊部、中医门诊部、中西医结合门诊部、民族医门诊部;⑥ 诊所、中医诊所、民族医诊所、卫生所、医务室、卫生保健所、卫生站;⑦ 村卫生室(所);⑧ 急救中心、急救站;⑨ 临床检验中心;⑩ 专科疾病防治院(所、站);⑪ 护理院(站);⑫ 其他诊疗机构。

卫生防疫、国境检验检疫、医学科研和教学等机构在本机构业务范围之外开展诊疗活动以及美容服务机构开展医疗美容业务,应根据法律规定申请设置相应类别的医疗机构。

为促进医疗机构和医药行业健康发展,让广大人民群众享有价格合理、质量优良的医疗服务,提高人民的健康水平,从2000年起,国家建立新的医疗机构分类管理制度,将医疗机构分为非营利性和营利性两类进行管理。非营利性医疗机构,是指为社会公众利益服务而设立和运营的医疗机构,不以营利为目的,其收入用于弥补医疗服务成本,实际运营中的收支节余只能用于自身的发展,如改善医疗条件、引进技术、开展新的医疗服务项目等。非营利性医疗机构在医疗服务体系中占主导地位,享受相应的税收优惠政策。政府举办的非营利性医疗机构由同级财政给予合理补助,并按扣除财政和药品差价收入后的成本制定医疗服务价格。其他非营利性医疗机构不享受政府补助,医疗服务价格执行政府指导价。卫生、财政等部门要加强对非营利性医疗机构的财政监督管理。营利性医疗机构,是指医疗服务所得收益可用于投资者经济回报的医疗机构。政府不举办营利性医疗机构。营利性医疗机构医疗服务价格放开,依法自主经营,照章纳税。

随着卫生领域的对外开放和交流合作,我国允许外国医疗机构、公司、企业和其他经济组织,按照平等互利的原则,经中国政府主管部门批准,在中国境内(香港、澳门及台湾地区除外)与中国的医疗机构、公司、企业和其他经济组织以合资或者合作形式设立医疗机构。

(三) 医疗机构管理立法

新中国成立后,党和政府为改变旧中国医疗机构少、设施落后、分布不平衡的状况,在国民经济十分困难的情况下,本着"先普及后提高,以加强基层卫生组织建设为重点"的原则,依靠国家、集体、群众三方面力量兴办医疗事业,使我国的医疗机构有了较大的发展。同时,也颁布了一些医疗机构管理方面的法律、法规。1951年1月政务院批准颁发的《医院诊所管理暂行条例》是我国第一个医疗机构管理方面的行政法规。之后,国务院以及卫生部等又陆续制定了一些有关医疗机构管理方面的行政法规和部门规章,如《医院诊所组织编制原则(草案)》《关于组织联合医疗机构实施办法》《县卫生院暂行组织通则》《县属区卫生所暂行组织通则》等,但由于种种原因,这些法规和规章没有得到很好地贯彻和实施。

改革开放以来,国家实行多层次、多形式和多渠道办医的政策,准许社会组织甚至个人举办医疗机构,允许军队、企事业单位的医疗机构向社会开放。为了对医疗机构进行规范管理,卫生部先后制定颁布了一些部门规章,如《综合医院组织编制原则(试行草案)》《农村合作医疗章程(试行草案)》《全国城市街道卫生院工作条例(试行草案)》《全国医院工作条例》《医院工作制度》《医师、中医师个体开业暂行管理办法》《医院分级管理办法(试行)》《医院工作制度补充规定(试行)》等。由于立法层次较低,权威性不够,这些规章未能充分发挥规范管理医疗机构的作用。

为了加强对医疗机构的管理,稳定正常工作秩序,保证医疗质量,促进医疗卫生事业的发展,保障公民健康,1994年2月26日,国务院发布了《医疗机构管理条例》,自同年9月1日起施行。此后,卫生部又陆续颁布了《医疗机构管理条例实施细则》《医疗机构监督管理行政处罚程序》《医疗机构设置规划指导原则》《医疗机构基本标准(试行)》《医疗机构诊疗科目名录》《医疗机构评审委员会章程》等规章。随着卫生改革的深入和社会需要的变化。2000年2月,国务院办公厅转发了由国务院体改办等八部门制定的《关于城镇医药卫生体制改革的指导意见》。之后,为贯彻该指导意见,国务院有关部委相继发布了《关于城镇医疗机构分类管理的实施意见》《关于医疗卫生机构有关税收政策的通知》《国家计委、卫生部印发关于改革医疗服务价格管理的意见的通知》等一系列规范性文件。

为了加强对中外合资、合作医疗机构的管理,2000年5月15日,卫生部、对外经济贸易合作部联合发布了《中外合资、合作医疗机构暂行管理办法》。

为了实施医疗机构分类管理制度,2000年12月民政部、卫生部联合发布了《关于城镇非营利性医疗机构进行民办非企业单位登记有关问题的通知》。

为进一步规范和加强医疗机构审批(包括设置审批和执业登记)管理,2008年6月24日卫生部颁布了《卫生部关于医疗机构审批管理的若干规定》。

为建立中国特色医药卫生体制,逐步实现人人享有基本医疗卫生服务的目标,提高全民健康水平,2009年3月17日,中共中央、国务院提出《关于深化医药卫生体制改革的意见》。

(四)医疗卫生体制改革中的医疗机构管理

改革开放以来,医疗卫生体制发生了很大的变化,基本走向是商业化、市场化。在医疗卫生服务体制方面,医疗机构的所有制结构从单一公有制变为多种所有制并存;公立机构的组织与运行机制在扩大经营管理自主权的基础上发生了很大变化;不同医疗服务机构之间的关系从分工协作走向全面竞争;医疗机构的服务目标从追求公益目标为主转变为全面追求经济目标。

商业化、市场化走向的体制变革,极大提高了医疗服务领域的供给能力,医疗机构的数量、医生数量以及床位数量都有了明显的增长,技术装备水平全面改善,医务人员的业务素质迅速提高,能够开展的诊疗项目不断增加。

然而,商业化、市场化的变革过分重视经济增长,忽视甚至否认了医疗卫生服务的公共性,违背了医疗卫生事业发展的基本规律,导致医疗服务的公平性下降和卫生投入的宏观效率低下。

2007年1月召开的全国卫生工作会议上,时任卫生部部长、医改协调小组组长高强指出,医疗卫生体制改革要借鉴国外的有益经验,但是更要符合我国的国情,要着眼于人人享有基本卫生保健服务,着眼于缩小医疗卫生服务差距,着力于建设让群众能及时就医、安全用药、合理负担的医疗服务体系,以基本卫生保健制度、医疗保障体系、国家基本药物制度和公立医院管理制度为支撑,探索中国特色的卫生发展道路。在医疗机构管理的问题上,要强化公立医院的公共服务职能,纠正片面追求经济收益的倾向,实行"政事分开"和"管办分开"以及"医药分开"。"政事分开"和"管办分开"意在强化政府对医疗机构的监管,申明实行属地化全行业管理。即对医疗机构不分投资渠道和隶属关系,由属地政府明确有关部门监管职责,实行各负其责、密切配合、形成合力、共同监管的机制。"医药分开"的实质是改变医院"以药补医"的状况,逐步取消药品加成政策,政府财政对医院给予相应经费补贴,并实行药品收支两条线管理,切断药品收入与医院的经济收入联系。

2009年3月17日,中共中央国务院提出《关于深化医药卫生体制改革的意见》,明确指出必须进一步完善医疗服务体系。坚持非营利性医疗机构为主体、营利性医疗机构为补充,公立医疗机构为主导,非公立医疗机构共同发展的办医原则,建设结构合理,覆盖城乡的医疗服务体系,大力发展农村医疗卫生服务体系。进一步健全以县级医院为龙头,乡镇卫生院和村卫生室为基础的农村医疗卫生服务网络。完善以社区卫生服务为基础的新型城市医疗卫生服务体系。充分发挥中医药(民族医药)在疾病预防控制、应对突发公共卫生事件、医疗服务中的作用。

二、医疗机构的规划布局和设置审批

(一)医疗机构的规划布局

1. 医疗机构设置规划的制定

制定医疗机构设置规划的目的是为了合理配置卫生资源,全面统筹医疗机构的数量、规模和分布,使有限的医疗卫生资源能得到充分利用,更好地为公民提供符合成本效益的医疗、预防、保健、康复服务。

根据《医疗机构管理条例》,医疗机构设置规划由县级以上地方人民政府卫生行政部门根据本行政区域内的人口、医疗资源、医疗需求和现有医疗机构的分布状况,依据《医疗机构设置规划指导原则》制定,经上一级卫生行政部门审核,报同级人民政府批准后,在本行政区域内发布实施。机关、企业和事业单位可以根据需要设置医疗机构,并纳入当地医疗机构的设置规划。

2. 医疗机构设置规划的原则

第一,公平性原则。医疗机构的设置应当从当地的医疗供需实际出发,面向全体人群,充分发挥现有医疗资源的作用。现阶段发展要以农村、基层为重点,严格控制城市医疗机构的发展规模,保证全体居民尤其是广大农民公平地享有基本医疗服务。

第二,整体效益原则。医疗机构的设置要符合当地卫生发展总体规划的要求,要充分发挥医疗系统的整体功能,合理配置医疗资源,提高医疗预防保健网的整体效益,局部要服从全局。

第三,可及性原则。医疗机构服务的半径适宜,交通便利,布局合理,易于为群众服务。

第四,分级原则。按医疗机构的功能、任务、规模将其分为不同级别,实行标准有别、要求不同的管理,建立和完善分级医疗体系,从而合理有效地利用卫生资源,确保医疗机构的服务质量。

第五,公有制主导原则。医疗机构应坚持国家和集体举办为主,个人和其他社会团体举办为补充的原则。

第六,中西医并重原则。医疗机构的设置应当遵循卫生工作的基本方针,中西医并重,实现中西医结合,保证民族医疗机构的合理布局及资源配置。

(二) 医疗机构的设置审批

1. 申请设置医疗机构的条件

医疗机构不分类别、所有制形式、隶属关系、业务对象,其设置必须符合当地《医疗机构设置规划》和医疗机构基本标准。

《医疗机构管理条例》及其实施细则规定,有下列情形之一的,不得申请设置医疗机构:① 不能独立承担民事责任的单位;② 正在服刑或者不具有完全民事行为能力的个人;③ 医疗机构在职的、因病退职或者停薪留职的医务人员;④ 发生二级以上医疗事故未满五年的医务人员;⑤ 因违反有关法律、法规和规章,已被吊销执业证书的医务人员;⑥ 被吊销"医疗机构执业许可证"的医疗机构法定代表人或者主要负责人;⑦ 省、自治区、直辖市政府卫生行政部门规定的其他情形。

在城市申请设置诊所的个人,应当同时具备下列条件:① 经医师执业技术考核合格,取得"医师执业证书";② 取得"医师执业证书"或者医师职称后,从事五年以上同一专业临床工作;③ 省、自治区、直辖市卫生行政部门规定的其他条件。在乡镇和村申请设置诊所的个人的条件,由省、自治区、直辖市卫生行政部门规定。

中外合资、合作医疗机构的设置和发展必须符合区域卫生规划和医疗机构设置规划,并执行医疗机构基本标准;能够提供国际先进的医疗机构管理经验、管理模式和服务模式,能够提供具有国际领先水平的医学技术和设备,可以补充或完善当地在医疗服务能力、医疗技术、资金和医疗设施方面的不足。同时应当符合以下条件:① 必须是独立的法人;② 投资总额不得低于 2000 万元人民币;③ 中方在中外合资、中外合作医疗机构中所占有的股份比例或权益不得低于 30%;④ 合资、合作期限不超过 20 年;⑤ 省级以上卫生行政部门规定的其他条件。

2. 医疗机构的设置审批程序

《医疗机构管理条例》及其实施细则规定,任何单位或者个人设置医疗机构,必须经县级以上地方人民政府卫生行政部门审查批准,并取得设置医疗机构批准书,方可向有关部门办理其他手续。申请设置医疗机构时,应当提交设置申请书、设置可行性研究报告、选址报告和建筑设计平面图。

设置不设床位或者床位不满 100 张的医疗机构,向所在地的县级人民政府卫生行政部门申请。设置床位在 100 张以上的综合医院、中医医院、中西医结合医院、民族医医院以及专科医院、疗养院、康复医院、妇幼保健院、急救中心、临床检验中心和专科疾病防治机构,按照省、自治区、直辖市人民政府卫生行政部门规定的设置审批权限,向卫生行政部门提出申请。机关、企业、事业单位按照国家医疗机构基本标准设置为内部职工服务的门诊部、诊所、卫生所(室),报所在地的县级人民政府卫生行政部门备案。国家统一规划的医疗机构的设置,由国务院卫生行政部门决定。

卫生行政部门对设置医疗机构的申请,应当自受理之日起 30 日内依据当地医疗机构设置规划进行审查,对符合医疗机构设置规划和卫生部制定的医疗机构基本标准的,发给设置医疗机构批准书。有下列情形之一的不予批准:① 不符合当地《医疗机构设置规划》;② 设置人不符合规定的条件;③ 不能提供满足投资总额的资信证明;④ 投资总额不能满足各项预算开支;⑤ 医疗机构选址不合理;⑥ 污水、污物、粪便处理方案不合理;⑦ 省、自治区、直辖市卫生行政部门规定的其他情形。对不予批准的要以书面形式告知理由。

设置中外合资、合作医疗机构的,其申请获卫生部批准后,还需按有关规定向外经贸部提出申请,取得"外商投资企业批准证书"。

三、医疗机构的登记和执业

(一)医疗机构的登记

医疗机构执业,必须进行登记,领取"医疗机构执业许可证"。

1. 申请

申请执业登记必须具备下列条件:① 有设置医疗机构批准书;② 符合医疗机构的基本标准;③ 有适合的名称、组织机构和场所;④ 有与其开展的业务相适应的经费、设施和卫生技术人员;⑤ 有相应的规章制度;⑥ 能够独立承担民事责任。

申请医疗机构执业登记必须填写"医疗机构申请执业登记注册书",并向登记机关提交下列材料:①"设置医疗机构批准书"或者"设置医疗机构备案回执";② 医疗机构用房产权证明或者使用证明;③ 医疗机构建筑设计平面图;④ 验资证明、资产评估报告;⑤ 医疗机构规章制度;⑥ 医疗机构法定代表人或者主要负责人以及各科室负责人名录和有关资格证书、执业证书复印件;⑦ 省、自治区、直辖市卫生行政部门规定提交的其他材料。

申请门诊部、诊所、卫生所、医务室、卫生保健所和卫生站登记的,还应当提交附设药房(柜)的药品种类清单、卫生技术人员名录及其有关资格证书、执业证书复印件以及省、自治区、直辖市卫生行政部门规定提交的其他材料。

2. 审核批准

医疗机构的执业登记,由批准其设置的人民政府卫生行政部门办理。卫生行政部门在受理医疗机构执业登记申请后,应当按照规定的条件和时限对申请人提交的材料进行审查和实地考察、核实,并对有关执业人员进行消毒、隔离和无菌操作等基本知识和技能的现场抽查考核。经审核合格的,发给"医疗机构执业许可证";审核不合格的,将审核结果和不予批准的理由以书面形式通知申请人。

3. 不予登记

申请医疗机构执业登记有下列情形之一的,不予登记:① 不符合"设置医疗机构批准书"核准的事项;② 不符合《医疗机构基本标准》;③ 投资不到位;④ 医疗机构用房不能满足诊疗服务功能;⑤ 通信、供电、上下水道等公共设施不能满足医疗机构正常运转;⑥ 医疗机构规章制度不符合要求;⑦ 消毒、隔离和无菌操作等基本知识和技能的现场抽查考核不合格;⑧ 省、自治区、直辖市卫生行政部门规定的其他情形。

4. 登记事项

医疗机构执业登记的事项包括:① 类别、名称、地址、法定代表人或者主要负责人;② 所有制形式;③ 注册资金(资本);④ 服务方式;⑤ 诊疗科目;⑥ 房屋建筑面积、床位(牙椅);⑦ 服务对象;⑧ 职工人数;⑨ 执业许可证登记号(医疗机构代码);⑩ 省、自治区、直辖市卫生行政部门规定的其他登记事项。

门诊部、诊所、卫生所、医务室、卫生保健所、卫生站,还应当核准登记附设药房(柜)的药品种类。

5. 变更登记和注销登记

医疗机构变更名称、地址、法定代表人或者主要负责人、所有制形式、服务对象、服务方式、注册资金(资本)、诊疗科目、床位(牙椅)的,必须向登记机关申请办理变更登记。机关、企业和事业单位设置的为内部职工服务的医疗机构向社会开放,也必须按规定申请办理变更登记。

医疗机构歇业,必须向原登记机关办理注销登记,经登记机关核准后,收缴"医疗机构执业许可证"。医疗机构非因改建、扩建、迁建原因停业超过一年的,视为歇业。

6. 登记校验

床位在100张以上的综合医院、中医医院、中西医结合医院、民族医医院以及专科医院、疗养院、康复医院、妇幼保健院、急救中心、临床检验中心和专科疾病防治机构的校验期为三年,其他医疗机构的校验期为一年。医疗机构应当于校验期满前三个月向登记机关申请办理校验手续。

(二) 医疗机构的执业

医疗机构开展执业活动,首先应当进行登记,领取"医疗机构执业许可证",这是医疗机构合法行医的前提。任何单位或者个人,未取得"医疗机构执业许可证",不得开展诊疗活动。为内部职工服务的医疗机构未经许可和变更登记不得向社会开放。医疗机构被吊销或者注销执业许可证后,不得继续开展诊疗活动。

医疗机构开展执业活动,必须遵守有关法律、法规和医疗技术规范,并做好以下工作:将"医疗机构执业许可证"、诊疗科目、诊疗时间和收费标准悬挂于明显处;按照核准登记的诊疗科目开展诊疗活动;不得使用非卫生技术人员从事医疗卫生技术工作;工作人员上岗工作,必须佩带载有本人姓名、职务或者职称的标牌;应当按照政府物价等有关部门核准的收费标准收取医疗费用,详细列项,并出具收据;正确使用医疗机构标志;严格执行无菌消毒、隔离制度,采取科学有效的措施处理污水和废弃物,预防和减少医院感染;遵守病历管理的有关规定,门诊病历的保存期不得少于 15 年,住院病历的保存期不得少于 30 年。

同时,医疗机构开展诊疗活动必须遵守如下执业规则:① 对危重病人应立即抢救,对限于设备或技术条件不能诊治的病人应当及时转院;② 未经医师(士)亲自诊查病人,不得出具疾病诊断书、健康证明书或死亡证明书等证明文件;未经医师(士)、助产人员亲自接产,不得出具出生证明书或死产报告书;③ 施行手术、特殊检查或特殊治疗时,必须征得患者同意,并应当取得其家属或者关系人同意并签字;④ 发生医疗事故,按国家有关规定处理;⑤ 对传染病、精神病、职业病等患者的特殊诊治和处理,应按国家有关法律、法规的规定办理;⑥ 必须按照有关药品管理的法律、法规,加强药品管理。

除开展疾病诊疗外,医疗机构还必须承担相应的预防保健工作,承担县级以上人民政府卫生行政部门委托的支援农村、指导基层医疗卫生工作等任务。在发生重大灾害、事故、疾病流行或者其他意外情况时,医疗机构及其卫生技术人员必须服从县级以上人民政府卫生行政部门的调遣。

四、医疗机构的名称

(一) 医疗机构的名称的组成

医疗机构的名称由识别名称和通用名称依次组成。

医疗机构的通用名称为:医院、中心卫生院、卫生院、疗养院、妇幼保健院、门诊部、诊所、卫生所、卫生站、卫生室、医务室、卫生保健所、急救中心、急救站、临床检验中心、防治院、防治所、防治站、护理院、护理站、中心以及卫生部规定或者认可的其他名称。

医疗机构可以以下列名称作为识别名称：地名、单位名称、个人姓名、医学学科名称、医学专业和专科名称、诊疗科目名称和核准机关批准使用的名称。

（二）医疗机构的命名原则

(1) 医疗机构的命名必须符合下列原则：① 名称必须名副其实；② 名称必须与医疗机构类别或者诊疗科目相适应；③ 各级地方人民政府设置的医疗机构的识别名称中应当含有省、市、县、区、街道、乡、镇、村等行政区划名称，其他医疗机构的识别名称中不得含有行政区划名称；④ 国家机关、企业和事业单位、社会团体或者个人设置的医疗机构的名称中应当含有设置单位名称或者个人的姓名。

(2) 医疗机构不得使用的名称。医疗机构不得使用下列名称：① 有损于国家、社会或者公共利益的名称；② 侵犯他人利益的名称；③ 以外文字母、汉语拼音组成的名称；④ 以医疗仪器、药品、医用产品命名的名称；⑤ 含有"疑难病""专治""专家""名医"或者同类含义文字的名称以及其他宣传或者暗示诊疗效果的名称；⑥ 超出登记的诊疗科目范围的名称；⑦ 省级以上卫生行政部门规定不得使用的名称。

除专科疾病防治机构以外，医疗机构不得以具体疾病名称作为识别名称，确有需要的由省、自治区、直辖市卫生行政部门核准。

（三）医疗机构名称的核准

医疗机构的名称中含有外国国家（地区）名称及其简称、国际组织名称，或者含有"中国""全国""中华""国家"等字样以及跨省地域名称，或者各级地方人民政府设置的医疗机构的识别名称中不含有行政区划名称的，由卫生部核准。

属于中医、中西医结合和民族医医疗机构的，名称由国家中医药管理局核准。

以"中心"作为医疗机构通用名称的医疗机构名称，由省级以上卫生行政部门核准；在识别名称中含有"中心"字样的医疗机构名称的核准，由省、自治区、直辖市卫生行政部门规定。含有"中心"字样的医疗机构名称必须同时含有行政区划名称或者地名。

（四）医疗机构名称的使用

医疗机构名称经核准登记，于领取"医疗机构执业许可证"后方可使用，在核准机关管辖范围内享有专用权。

医疗机构名称不得买卖、出借。未经核准机关许可，医疗机构名称不得转让。

医疗机构只准使用一个名称。确有需要，经核准机关核准可以使用两个或者两个以上名称，但必须确定一个第一名称。

（五）医疗机构名称的争议

两个以上申请人向同一核准机关申请相同的医疗机构名称,核准机关依照申请在先原则核定。属于同一天申请的,应当由申请人双方协商解决;协商不成的,由核准机关作出裁决。

两个以上医疗机构因已经核准登记的医疗机构名称相同发生争议时,核准机关依照登记在先原则处理。属于同一天登记的,应当由双方协商解决;协商不成的,由核准机关报上一级卫生行政部门作出裁决。

五、医疗广告管理

医疗广告是指医疗机构通过一定的媒介或者形式,向全社会或者公众宣传其运用科学技术诊疗疾病的活动。

（一）医疗广告的内容限制

1993年11月,国家工商行政管理局、卫生部联合颁布《医疗广告管理办法》规定,医疗广告必须真实、健康、科学、准确,不得以任何形式欺骗或误导公众,内容仅限于医疗机构名称、诊疗地点、从业医师姓名、技术职称、服务商标、诊疗时间、诊疗科目、诊疗方法、通信方式等。

医疗广告中禁止出现下列内容:① 有淫秽、迷信、荒诞语言文字、画面的;② 贬低他人的;③ 保证治愈或者隐含保证治愈的;④ 宣传治愈率、有效率等诊疗效果的;⑤ 利用患者或者其他医学权威机构、人员和医生的名义、形象或者使用其推荐语言进行宣传的;⑥ 冠以祖传秘方或者名医传授等内容的;⑦ 单纯以一般通信方式诊疗疾病的;⑧ 国家卫生行政部门规定的不宜进行广告宣传的诊疗方法;⑨ 违反其他有关法律、法规的。

（二）医疗广告的管理机关

国家工商行政管理局和地方各级工商行政管理机关是医疗广告的管理机关。医疗广告专业技术内容的出证者是省、自治区、直辖市卫生行政部门。医疗机构必须持有卫生行政部门出具的"医疗广告证明"方可进行广告宣传。

六、医疗机构的监督管理

（一）医疗机构监督管理机构及其职责

各级卫生行政部门负责所辖区域内医疗机构的监督管理工作。县级以上人民政府卫生行政部门行使下列监督管理职权:① 负责医疗机构的设置审批、执业登记和校验;② 对医疗机构的执业活动进行检查指导;③ 负责组织对医疗机构的评审;④ 对违反本条例的行为给予处罚。

各级卫生行政部门对医疗机构的执业活动进行检查指导,项目包括:① 执行国家有关法律、法规、规章和标准;② 执行医疗机构内部各项规章制度和各级各类人员岗位责任制;③ 医德医风;④ 服务质量和服务水平;⑤ 执行医疗收费标准;⑥ 组织管理;⑦ 人员任用;⑧ 省、自治区、直辖市卫生行政部门规定的其他检查、指导项目。

在监督管理工作中,要充分发挥医院管理学会和卫生工作者协会等学术性和行业性社会团体的作用。

(二) 医疗机构评审制度

国家实行医疗机构评审制度,由专家组成的评审委员会按照医疗机构评审办法和评审标准,对医疗机构的执业活动、医疗业务质量等进行综合评价。县级以上地方人民政府卫生行政部门负责组织本行政区域医疗机构评审委员会,并根据评审委员会的评审意见,对达到评审标准的医疗机构,发给评审合格证书;对未达到评审标准的医疗机构,提出处理意见。

(三) 处罚

(1) 未取得"医疗机构执业许可证"擅自执业的,责令其停止执业活动,没收非法所得和药品、器械,并处以三千元以下的罚款;有下列情形之一的,责令其停止执业活动,没收非法所得和药品、器械,处以三千元以上一万元以下的罚款:① 因擅自执业曾受过卫生行政部门处罚的;② 擅自执业的人员为非卫生技术专业人员的;③ 擅自执业时间在三个月以上的;④ 给患者造成伤害的;⑤ 使用假药、劣药蒙骗患者的;⑥ 以行医为名骗取患者钱物的;⑦ 省自治区、直辖市卫生行政部门规定的其他情形。

(2) 医疗机构逾期不校验"医疗机构执业许可证"又不停止诊疗活动的,责令其限期补办校验手续;拒不校验的,吊销其"医疗机构执业许可证"。

(3) 医疗机构出卖、转让、出借"医疗机构执业许可证"转让、出借"医疗机构执业许可证"的,没收其非法所得,并处以三千元以下的罚款;有下列情形之一的,没收其非法所得,处以三千元以上五千元以下的罚款,并吊销"医疗机构执业许可证":① 出卖"医疗机构执业许可证"的;② 转让或者出借"医疗机构执业许可证"是以营利为目的的;③ 受让方或者承借方给患者造成伤害的;④ 转让、出借"医疗机构执业许可证"给非卫生技术专业人员的;⑤ 省、自治区、直辖市卫生行政部门规定的其他情形。

(4) 除急诊和急救外,医疗机构诊疗活动超出登记的诊疗科目范围,情节轻微的,处以警告;有下列情形之一的,责令其限期改正,并可处以三千元以下罚款:① 超出登记的诊疗科目范围的诊疗活动累计收入在三千元以下的;② 给患者造成伤害的。有下列情形之一的,处以三千元罚款,并吊销"医疗机构执业许可证":① 超出登记的诊疗科目范围的诊疗活动累计收入在三千元以上的;② 给患者造成伤害的;③ 省、自治区、直辖市卫生行政部门规定的其他情形。

(5) 医疗机构任用非卫生技术人员从事医疗卫生技术工作的,责令其立即改正,并可处以三千元以下的罚款;有下列情形之一的,处以三千元以上五千元以下罚款并可以吊销其"医疗机构执业许可证":① 任用两名以上非卫生技术人员从事诊疗活动的;② 任用的非卫生技术人员给患者造成伤害的。医疗机构使用卫生技术人员从事本专业以外的诊疗活动的,按使用非卫生技术人员处理。

(6) 医疗机构出具虚假证明文件,情节轻微的,给予警告,并可处以五百元以下的罚款;有下列情形之一的,处以五百元以上一千元以下的罚款:① 出具虚假证明文件造成延误诊治的;② 出具虚假证明文件给患者精神造成伤害的;③ 造成其他危害后果的。对直接责任人员由所在单位或者上级机关给予行政处分。

(7) 当事人对行政处罚决定不服的,可以依照国家法律、法规的规定申请行政复议或者提起行政诉讼。当事人对罚款及没收药品、器械的处罚决定未在法定期限内申请复议或者提起诉讼又不履行的,县级以上人民政府卫生行政部门可以申请人民法院强制执行。

第二节 医院管理的法律规定

一、医院的组织结构和编制原则

(一) 医院的概念和任务

1. 医院的概念

医院是指拥有一定数量的病床设施,具备相应的医务人员和医疗设备,通过医务人员的集体协作,对住院病人或门诊病人实行诊疗活动,达到防病治病、保障人体健康的医疗机构。

2. 医院的分类

医院按不同的标准有不同的分类。依所有制形式,可以分为全民所有制医院、集体所有制医院、股份合作制医院及个体医院;依医院规模、医疗技术水平及服务区域,可以分为一级医院、二级医院、三级医院;按隶属关系,可分为军队医院、企业医院、医学院校附属医院等。

医院分类最常见的是依据收治病人的范围,分为综合医院和专科医院。综合医院是指设有一定数量的病床,划分内、外、妇、儿、中医、五官等专科,配备药剂、检验、放射等医技部门和相应的人员和设备的医疗机构。综合医院的多专科性最容易实现现代医学所要求的对病人进行多专科协作诊疗的功能,是各类医院的主体,占我国医院总数的80%。

专科医院是指为医疗某些特种疾病而设立的单科性医疗机构。专科医院包括:传染病医院、精神病医院、结核病医院、麻风病医院、职业病医院、儿童医院、妇幼保健院、肿瘤医院、口腔医院、眼耳鼻喉科医院、胸科医院、骨科医院、中医医院等十多种。

中医医院和儿童医院,由于其有较完全的分科,可视为特殊类型的综合医院。

3. 医院的任务

根据《全国医院工作条例》,我国医院的任务是:以医疗工作为中心,在提高医疗质量的基础上,保证教学和科研任务的完成,并不断提高教学质量和科研水平,同时做好扩大预防、指导基层和计划生育的技术工作。

医院的任务和功能具有综合性。它既是医疗机构中的主要组成部分,又是医疗与卫生防疫、专业保健机构相互衔接的纽带,同时也是医学教育和科学研究的重要基地。

(二) 医院的组织结构

科学合理的医院组织结构,是完成医院各项任务,提高医疗工作质量和管理水平的组织保证。我国的综合性医院通常由诊疗部门、辅助诊疗部门、护理部门、行政、后勤等部门构成。

(三) 综合医院组织编制

医院人员编制是指医院工作人员的定员、结构比例和职务配备。医院人员编制是以病床为基数核定的。

《综合医院组织编制原则(试行草案)》规定,综合医院机构设置实行院和科室两级制。医院设置科室,应以医院的性质、任务、规模、本身的技术力量和业务实际需要和业务发展规划为依据,从有利于病员的诊断、治疗、康复和增进健康出发设立。

综合医院病床数与工作人员编制比例为:① 300 张床位以下的,按 1∶1.3～1.4 计算;② 300～500 张床位的,按 1∶1.4～1.5 计算;③ 500 张床位以上的,按 1∶1.6～1.7 计算。病床与门诊量之比应按 1∶3 计算,不符合 1∶3 时,可按每增减 100 门诊人次增减 5～7 人。对于医药科研和教学所需人员,可在总编制内增加 5%～15%。

综合医院各类人员的比例为:卫生技术人员占总编制的 70%～72%,其中中西医师占 25%,护理人员占 50%,药剂人员占 8%,检验人员占 4.6%,放射人员占 4.4%,其他卫生技术人员占 8%;行政、管理和工勤人员占总编制的 28%～30%,其中行政管理人员占总编制的 8%～10%。

新建医院的编制申报,由主管局人事部门以正式文件的形式,向编制主管部门提出编制的专项申请。申请的内容包括新开设医院的理由、规模、级别、人员编制总额、主要内部机构设置、人员来源及分步实施的步骤等。医院因病床增加或其他因素要求增加编制时,必须向主管局提出申请报告,经业务主管局审核后,再由主管局向编制主管部门提出申请报告。

二、医院分级管理和评审

医院分级管理和评审,是运用现代卫生管理和医院管理理论,在总结我国三级医疗网建设经验的基础上,吸取国际上"区域卫生发展规划"的思想,借鉴国外医院评审的经验,实行具有中国特色的医院宏观管理制度。医院分级管理和评审是我国医院管理体制的一项重大改革,也是加强行业管理、深化卫生改革的一个重要步骤。其目的在于优化医疗服务整体结构,增强医疗卫生机构的整体效能,调整与健全三级医疗预防体系,充分合理地利用卫生资源,提高医院科学管理水平和医疗卫生服务质量,更好地为人民健康服务。

(一) 医院分级管理

医院分级管理是指从地区医疗保健供求现状出发,制定区域卫生规划,适当调整原有医疗机构,并根据地区内医院的不同功能、任务、规模、服务面大小和技术条件等,划分为一定的级别和等次,按相应的医院分级管理标准,实行标准化、目标化管理的制度。

根据卫生部发布的《综合医院分级管理标准(试行)》及《医疗机构基本标准》,现行的医院分级管理标准由以下三部分组成:

(1) 医院基本标准,即各级医院无论其规模大小、技术水平高低都必须达到的必备条件和最低要求。其主要内容是:① 医院规模;② 医院功能和任务;③ 医院管理;④ 质量管理;⑤ 思想政治工作和医德医风建设;⑥ 医院安全;⑦ 医院环境。

(2) 医院分级标准,即依据国际惯例和我国三级医疗保健网建设的实际情况,根据医院的功能和任务,将医院划分为一级、二级和三级医院三个级别。其划分标准是:① 一级医院是直接向一定人口的社区提供预防、医疗、保健、康复服务的基层医院、卫生院,属初级卫生保健机构;② 二级医院是向多个社区提供综合医疗卫生服务和承担一定教学、科研任务的地区性医院;③ 三级医院是向几个地区提供高水平专科性医疗卫生服务和执行高等医学教学、科研任务的区域性以上的医院。在卫生行政部门的规划和指导下,一、二、三级医院之间应建立与完善双向转诊制度和逐级技术指导关系。

(3) 医院分等标准,即各级医院建设和发展的标准,由临床、医技、教学、科研及护理等部门的管理水平、技术水平和技术质量所组成,是对医院医疗技术质量和医院学术水平的评价依据。我国医院共分为三级十等,即一、二级医院各分为甲、乙、丙三等,三级医院分为特、甲、乙、丙四等。

(二)医院评审

医院评审是按医院分级管理标准,对医院综合质量作出的院外评价。医院评审是对医院评价质量的有效形式和手段,可以推动医院实行标准化、目标化管理,提高科学管理水平,促进医院提高医疗质量和服务质量,改善医疗条件和就医环境,充分发挥医院的功能。

为实施医院评审,各级卫生行政部门要按照有关规定,聘请有经验的医院管理、医学教育、临床、医技、护理和财务等有关方面专家组成评审委员会。评审委员会是在同级卫生行政部门领导下,独立从事医院评审的专业组织。

我国的医院评审委员会分为部级评审委员会、省级评审委员会、地(市)级评审委员会三级。部级评审委员会,由卫生部组织,负责评审三级特等医院,制定与修订医院分级管理标准及实施方案,并对地方各级评审结果进行必要的抽查复核。省级评审委员会,由省、自治区、直辖市卫生厅(局)组织,负责评审二、三级甲、乙、丙等医院(包括计划单列市的二、三级医院)。地(市)评审委员会,由地(市)卫生局组织,负责评审一级甲、乙、丙等医院。

医院评审,一般规定三年为一个评审周期。

三、医院工作制度

为加强对医院的科学管理,提高医疗护理质量,保证医院各项工作任务的完成,保障公民健康,卫生部先后发布了《全国卫生工作条例》《医院工作制度》《医院工作人员职责》《医务人员医德规范及实施办法》和《医疗机构院务公开监督考核办法(试行)》,以使医院各项工作和医院各级各类工作人员的管理有章可循。

《全国医院工作条例》规定了医院实行党委领导下的院长负责制,科室实行科主任负责制。同时,对医院的门诊、急诊和住院诊疗工作作了详细规定,并对护理、医技、中医和中西医结合、隔离消毒、医院预防保健、计划生育门诊以及划区划级分工医疗等工作提出了具体要求。另外,对教学科研工作、技术管理工作、经济管理工作和总务工作以及思想政治工作等制度也作了规定。

《医院工作制度》,是为加强对医院的科学管理,建立正常工作秩序,改善服务态度,提高医疗护理质量,防止医疗差错事故,在总结经验的基础上,对医院各项工作制度提出的原则要求。其内容涉及医院工作的各个方面和环节。

《医院工作人员职责》,是为增强各级各类工作人员的责任心,实行岗位责任制而制定的,内容包括各个岗位的职责范围和履行岗位职责的具体要求。

《医疗机构院务公开监督考核办法(试行)》,是为了进一步推动和规范院务公开工作,促进医疗机构民主科学管理,依法执业,提高医疗机构的医疗服务能力,构建和谐的医患关系。

第三节 社会民办医疗机构管理的法律规定

一、个体医疗机构的性质和管理

新中国成立以来,根据我国的实际情况,在大力发展国家办和集体办医疗机构的同时,一直允许少数符合个体开业的医师行医。1963年卫生部发布了《开业医师暂行管理办法》。

改革开放以后,许多地方陆续出现了个体开业从业人员。为了对社会民办医疗机构进行统一规范和管理,1980年8月20日,国务院批转了卫生部《关于允许个体开业行医问题的请示报告》;1988年11月21日,卫生部、国家中医药管理局联合发布了《医师、中医师个体开业暂行管理办法》,对个体开业医师的开业资格、执业管理等作了明确规定;1989年5月3日,国家中医药管理局又发布了《中医人员个体开业管理补充规定》;1994年2月26日,国务院《医疗机构管理条例》及其实施细则对个人设置医疗机构作了规定;1998年6月26日,第九届全国人大常委会第三次会议通过的《中华人民共和国执业医师法》对执业医师申请个体行医以及管理作了明确规定,从而使我国的社会民办医疗机构管理也纳入了法制化轨道。

(一)个体医疗机构的性质

个体医疗机构是社会主义卫生事业的组成部分,其任务是:贯彻预防为主的方针,承担卫生行政部门规定的初级卫生保健工作。

个体开业医师、中医师等在执业活动中必须遵守国家法律、法规、医疗卫生工作制度和技术操作规程,遵守医疗道德规范,坚持文明行医,钻研业务技术,保证医疗卫生工作质量,并且必须参加当地的卫生工作者协会,接受行业性监督、管理和业务培训。

个体开业医师依靠自身的医疗技术,在国家规定的范围内,依法从事医疗卫生活动,受国家法律保护。

(二)个体医疗机构的开业条件

《执业医师法》规定,申请在城市设置诊所的个人,应当同时具备下列条件:① 具有执业医师资格;② 经注册取得"医师执业证书"或医师职称后,在医疗、预防、保健机构中从事同一专业临床工作五年以上;③ 取得"医疗机构执业许可证"。

在乡镇和村设置诊所的个人条件,由省、自治区、直辖市卫生行政部门规定。

未经批准,不得行医。

(三) 个体医疗机构的监督管理

《执业医师法》规定,县级以上地方人民政府卫生行政部门对个体行医的医师,应当按照国务院卫生行政部门的规定,经常监督检查。凡发现医师注册后有下列情形之一的,应当即时注销注册,收回医师执业证书:① 死亡或被宣告失踪的;② 受刑事处罚的;③ 受吊销医师执业证书行政处罚的;④ 依照执业医师法有关规定,定期考核不合格暂停执业活动期满,再次考核仍不合格的;⑤ 中止医师执业活动满两年的;⑥ 有国务院卫生行政部门规定不宜从事医疗、预防、保健业务的其他情形的。

二、社会民办医疗机构的性质和管理

社会民办医疗机构是相对于政府办医疗机构而言的,是指公民或社会组织根据国家法律规定单独或者联合开办的门诊所、病房、康复医院或医院。

社会民办医疗机构将是我国医疗机构的一个重要组成部分。社会民办医疗机构不仅指私人投资,也包括社会组织的单独或联合投资。传统的个体医疗机构只是社会民办医疗机构的一种形式。

随着我国医疗体制改革的深入,政府出资兴办医疗机构的局面逐步被打破。医疗机构的投资主体呈现多元化,包括政府、民间资本、外资或者是国有资本与其他资本共股等。相应地,根据投资主体的不同,医疗机构划分为政府办医疗机构和社会民办医疗机构。国家鼓励兴办社会民办医疗机构,目的是为了吸引社会资金投向医院,以缓解目前存在的就医难问题,满足人们多层次的医疗需求。

目前的医疗机构产权制度改革正处于探索之中,尚未有全国性的社会民办医疗机构管理方面的立法,从一些地方的管理条例或指导意见看,对社会民办医疗机构的名称、类别、组织形式、性质、执业范围、运作模式等规定不尽一致。

天津市的《天津市社会办医机构管理条例》,把"社会办医机构"界定为两类:一是公民单独或者联合兴办的医疗机构;二是机关、部队、团体、企业事业单位和其他组织单独或者联合兴办的向社会开放的医疗机构(但经市卫生行政部门认定的二级以上医疗机构除外)。上海市的《关于本市促进社会办医发展民办医疗机构若干意见(试行)》,规定"社会办医,是指除本市各级政府用财政经费举办的医疗卫生机构之外的其他社会化办医形式,重点是民办医疗机构。[①]"

---

① 吴崇其.卫生法学[M].北京:法律出版社,2005:330.

第四节 医疗急救机构管理的法律制度

一、医疗急救机构的管理立法

（一）医疗急救机构的概念和任务

1. 医疗急救机构的概念

医疗急救包括现场急救、途中护送以及医院急诊救治的全部过程。

医疗急救机构是指在各级卫生行政部门统一领导下实施急诊抢救工作的医疗组织。包括大中城市的各级急救站(急救中心)和医院的急诊科(室)。

2. 医疗急救机构的任务

独立急救站的主要任务是：① 中心急救站在市卫生行政部门直接领导下，统一指挥全市日常急救工作，分站在中心急救站的领导下担负一定范围的抢救任务；② 以医疗急救为中心，负责对各种危重患者及意外灾害事故现场和护送途中的抢救治疗；③ 在基层卫生组织和群众中宣传普及急救知识，有条件的急救站可承担一定的科研教学任务；④ 接受上级领导指派的临时救护任务。

城市医院急诊室(科)的任务是：① 迅速准确地诊断和治疗从基层医院、急救站转来的或自行来院的急诊病人；② 根据城市急救中心的指挥，派出医护人员及车辆到现场抢救伤病员。

（二）医疗急救机构管理立法

随着我国人口老龄化的发展和疾病谱的改变，以及工业、交通的迅速发展，急救病人和各种灾害、事故造成的伤亡人数逐年增加。医疗急救是医疗工作的最前线，它对救治伤病员，保障人体健康发挥着重要的作用。

为了提高急救医疗部门对灾情、事故的应变能力和日常急救工作水平，1980年卫生部发布了《关于加强城市急救工作的意见》，1983年颁布了《城市医院急救科(室)建设方案》，1986年颁布了《关于进一步加强急诊抢救工作的补充规定》，1987年颁布了《关于加强急诊抢救和提高应急能力的通知》。这些规范性文件对建立健全医疗急救机构网，提高急诊抢救和应急能力提出了具体要求。2004年卫生部和信息产业部联合颁布了《关于加强院前急救网络建设及"120"特服号码管理的通知》，对院前急救工作的重要性、院前急救机构的设置、院前急救工作的管理等作了规定。

为了加强灾害事故医疗救援工作，1995年卫生部发布了《灾害事故医疗救援工作管理办法》，对灾情报告、现场医疗救护、部门协调与培训等作了明确规定。

二、医疗急救机构的设置

院前急救是社会保障体系的重要组成部分。院前急救机构的建立和工作开展,在应对灾害事故和突发公共卫生事件,抢救急危重症病人生命和保障人民群众健康,促进经济、社会协调发展等方面有着重要的作用。

为保证急救工作的及时性和有效性,卫生行政部门要科学规划,加强对急救资源的管理,要将组建院前急救网络纳入区域卫生规划,根据当地社会、经济发展及急救服务需求、卫生资源等状况统一规划、统一设置、统一管理,按照就近、安全、迅速、有效的原则,科学组建院前急救网络。

直辖市、省会城市和地级市的院前急救机构,由卫生行政部门建立紧急救援中心,并以紧急救援中心为核心组建院前急救网络,以便紧急救援中心能够有效地统一指挥、调度院前急救工作。

原则上一个城市只建立一个急救中心(站);确因地域辽阔或交通不便等原因,直辖市、省会城市和地级市院前急救网络未覆盖的县和县级市,也可以建立一个独立的急救站。急救中心(站)可单独设置,也可依托辖区内医疗技术力量最强的综合医院设置,根据人口分布组建院前急救网络,以缩短急救半径,提高应急反应速度和能力。

卫生行政部门对院前急救机构实行属地化、全行业管理,统一规划、统一设置审批、登记注册、校验和执业监管。未经卫生行政部门审批,任何机构、组织、个人等不得使用"紧急救援中心""急救中心(站)"的名称,并从事院前急救工作。

三、医疗急救机构的组织管理

为了充分发挥医疗急救网的作用,使急救工作迅速、准确、有效、合理,高效率、高质量地抢救各种危急重病人,减少伤亡,必须加强医疗急救机构的组织管理。

具体需要做好以下工作:① 急救中心(站、分站)与医院急诊室分工负责全市的急救工作,建立适合本地情况的、能有效协调急诊抢救的组织指挥系统和充分发挥各级医疗单位作用的急救网络;② 遇有重大灾难、意外事故时,各级急救组织应迅速报告卫生局并立即组织现场抢救和护送伤病员;③ 充实急救站、急诊室(科)各类人员的骨干力量,配备固定的人员编制,提高抢救人员的应急能力;④ 急救站应有比较现代化的交通、通信设备和车辆维修场地,急诊室(科)的装备与布局要逐步自成系统化,不断采用新设备、新技术,提高抢救成功率;⑤ 加强救护车辆管理,使分散在各医疗单位的救护车统一管理、调动,提高使用率,切实发挥在救护工作中的作用;⑥ 各级急救组织必须建立健全以岗位责任制为中心的规章制度,提高科学管理水平和急救质量;⑦ 搞好经济管理,充分调动职工的积极性,为急救医疗事业作贡献。

思 考 题

1. 医疗机构的概念及其分类。
2. 医疗机构登记和执业的法律规定有哪些?
3. 有关个体医疗机构的法律规定有哪些?
4. 医疗急救机构管理的法律制度。

参 考 文 献

[1] 吴崇其.卫生法学[M].北京:法律出版社,2005.
[2] 赵同刚.卫生法[M].北京:人民卫生出版社,2005.
[3] 冯建妹.现代医学与法律研究[M].南京:南京大学出版社,1994.
[4] 黄丁全.医疗、法律与生命伦理[M].北京:法律出版社,2004.

第十章 卫生技术人员管理法律制度

内容提要 本章主要介绍卫生技术人员的概念和卫生技术人员任职的基本条件,执业医师法的概念、医师资格考试和注册、医师的执业规则、医师的考核和培训及违反执业医师法的法律责任,执业药师法的概念、执业药师资格考试和注册、执业药师职责、继续教育和法律责任,护士执业资格考试和注册、护士的权利和义务,乡村医生管理的法律规定。

重点提示 卫生技术人员的概念 医师资格考试和注册 医师的执业规则 执业药师资格考试和注册 执业药师职责、继续教育 护士执业资格考试和注册 护士的权利和义务 乡村医生的执业规则

第一节 卫生技术人员管理法律制度概述

一、卫生技术人员的概念及分类

(一)卫生技术人员的概念

卫生技术人员是指受过高等或中等医药卫生教育或培训,掌握医药卫生知识,经卫生行政部门审查合格,从事医疗、预防、药剂、护理、医技、卫生技术管理等专业的技术人员。

(二)卫生技术人员的分类

(1)根据从事业务的性质不同,卫生技术人员可分为:① 防疫人员:从事卫生防疫、寄生虫、地方病、流行病、传染病防治、工业卫生、环境卫生、学校卫生、食品卫生监测和管理的人员;② 医疗人员:从事临床医疗的中、西医和中西医结合医生;③ 妇幼保健人员:从事妇女和儿童保健的卫生技术人员和计划生育技术的人员;④ 护理人员:在医院的门诊、病房以及其他卫生机构担任各种护理工作的人员;⑤ 药剂人员:从事药剂、药检工作的卫生技术人员,包括从事中药、西药的调配和医院制剂、药品保管、药品检验人员;⑥ 医技人员:从事检验、心电图、超声波、放射、同位素检查、理疗、病理等专业的卫生技术人员;⑦ 卫生技术管理人员:在卫生行政部门、医疗卫生单位和学术团体从事医疗、防疫、科研、保健、计划生育等卫生

技术管理工作的干部；⑧ 其他卫生技术人员：从事医疗器械维修、营养、生物制品生产等专业技术人员。

(2) 根据学历的不同，卫生技术人员可分为：① 初级卫生技术人员：不具备中等专业学历的卫生防疫员、药剂员、护理员等；② 中级卫生技术人员：有中等专业学历的医士、药士、护士等；③ 高级卫生技术人员：有高等专业学历的医师、药师、护师、技师等。

(3) 根据技术职务的不同，卫生技术人员可分为：① 正、副主任医(药、护、技)师；② 主治(主管)医(药、护、技)师；③ 医(药、护、技)师和医(药、护、技)士。

二、卫生技术人员管理的法制建设

卫生技术人员管理是指对卫生技术人员进行的标准化科学管理。它始于19世纪中期的欧美国家，伴随近代医院的出现而产生。新中国成立前，卫生技术人员管理基本上是照搬西方国家的管理方式。新中国成立后，我国政府在大力加强医疗卫生机构建设的同时，也加强了卫生技术人员的管理，并逐步走上法制轨道。

早在我国西周时代，《周礼》就有对医师进行年终考核以定其报酬的记载。以后历代的法典《唐律》《元典章刑部》《大明会典》等都有规范医师执业行为的法律条文。20世纪20年代开始，我国出现了对医师执业管理的单行法律，如国民党政府1929年颁布的《医师暂行条例》，1931年的《高等考试西医师考试条例》，1943年的《医师法》。

新中国成立后，卫生部经政务院批准颁布了《医师暂行条例》《中医师暂行条例》等。十一届三中全会以后，卫生部制定发布了一系列规范性文件，使医师执业管理法律、法规逐步完善，如《卫生技术人员职称及晋升条例(试行)》(1979年)、《医院工作人员职责》(1982年)、《医师、中医师个体开业暂行管理办法》(1988年)、《外国医师来华短期行医管理办法》(1993年)等。1998年6月26日，第九届全国人大常委会第三次会议通过了《执业医师法》，自1999年5月1日起施行。1999年卫生部成立了国家医师资格考试委员会，发布了《医师资格考试暂行办法》《医师执业注册暂行办法》《关于医师执业注册中执业范围的暂行规定》等配套规章，我国的执业医师管理走上了法制化、规范化的轨道。

关于其他卫生技术人员的法制建设，国家也颁布了相应的案例。为了加强护士管理，提高护理质量，保障医疗和护理安全，保护护士的合法权益，1993年3月26日，卫生部发布了《中华人民共和国护士管理办法》，2008年1月23日，国务院第206次常务会议通过《护士条例》，自2008年5月12日起施行。为了加强对医药专业技术人员的职业准入控制和对药品生产和流通的管理，确保药品质量，保障人民用药安全和维护人民健康，1994年3月15日，国家医药管理局与人事部联合颁发了《执业药师资格制度暂行规定》，1995年7月5日，国家中医药管理局与人事部联合颁发了《执业中药师资格制度暂行规定》。为了提高乡村医生的职业道德和职业素质,加强乡村医生从业管理,保护乡村医生的合法权益,保障村民获得初级卫生保健服务,2003年7月30日,国务院第16次常务会议通过《乡村医生从业管理条例》,自2004年1月1日起正式施行。

三、卫生技术人员任职的基本条件

(一) 政治条件

卫生技术人员必须热爱祖国,遵守宪法和法律,拥护中国共产党的领导,贯彻执行党的卫生工作方针,遵守职业道德,全心全意为人民服务,积极为社会主义现代化建设贡献力量。

(二) 业务条件

卫生技术人员所从事的是专门技术工作,除了必备良好的政治思想条件外,还必须有相应的业务条件,包括学识水平、业务能力和工作成绩。不同的技术职务,有不同的专业要求。

(1) 主任医(药、护、技)师。① 精通本专业基础理论和专业知识,掌握本专业国内外发展趋势,能根据国家需要和专业发展确定本专业工作和科学研究方向;② 工作成绩突出,具有丰富的临床或技术工作经验,能解决复杂疑难的重大技术问题或具有较高水平的科学专著、论文或经验总结,能熟练阅读一种外文专业书刊(中医药专业可不要求);③ 作为本专业的学术、技术带头人,善于指导和组织本专业的全面业务工作,有培养高级专门人才的能力;④大学本科以上学历,从事副主任医(药、护、技)师工作五年以上。

(2) 副主任医(药、护、技)师。① 具有本专业较系统的基础理论和专业知识,了解本专业国内外现状和发展趋势,能吸取最新科研成就并应用于实际工作;② 工作成绩突出,具有较丰富的临床或技术工作经验,能解决本专业复杂疑难问题或具有较高水平的科学论文或经验总结,能顺利阅读一种外文专业书刊(中医药专业可不要求);③ 具有指导和组织本专业技术工作和科学研究的能力,有指导和培养下一级卫生技术人员工作和学习的能力;④ 大专以上学历,从事主治(主管)医(药、护、技)师工作五年以上。

(3) 主治(主管)医(药、护、技)师。① 熟悉本专业基础理论,具有较系统的专业知识,掌握国内本专业先进技术并能在实际工作中应用;② 具有较丰富的临床或技术工作经验,能熟练地掌握本专业技术操作,处理较复杂的专业技术问题,对下一级卫生技术人员能进行业务指导,能阅读一种外文专业书刊(中医药专业可不要求);③ 在临床或技术工作中取得较好的成绩,或具有一定水平的科学论文或经验总结;④ 从事医(药、护、技)师工作五年以上。

(4) 医(药、护、技)师。① 熟悉本专业基础理论和基本知识,具有一定的技术操作能力;② 能独立处理本专业常见病或常用专业技术问题,并能对中、初级卫生技术人员进行业务指导;③ 能借助工具书阅读一种外文专业书刊(中医药专业可不要求);④ 高等医药院校本科毕业工作一年,专科毕业工作三年,或从事本专业医(药、护、技)士工作五年以上,或高中文化程度从师学习五年(初中文化程度七年)以上,并经考核合格者。

(5) 医(药、护、技)士。① 了解本专业的基础理论,具有一定的技术操作能力;② 能承担本专业一般常见病防治或一般常用业务技术工作,并能对初级卫生技术人员进行业务指导;③ 中专毕业一年,或中医药学徒出师,或初中文化程度独立从事本专业工作三年以上,并经考核合格者。

(6) 卫生员。① 初步了解本专业的一般知识,并能担任一般的专业工作;② 具有初中以上文化程度,在卫生防疫或妇幼保健、药剂、护理等实际工作中经过短期学徒或培训,并经考核合格者。

第二节 执业医师管理的法律制度

一、执业医师法的概念

执业医师法是调整加强医师队伍建设,提高医师职业道德和业务素质,保障医师的合法权益和保障人民健康活动中产生的各种社会关系的法律规范的总和。

医师(Practicing Physician)是指取得执业医师资格或者执业助理医师资格,经注册在医疗、预防或者保健机构(包括计划生育技术服务机构)中执业的专业医务人员。全社会应当尊重医师。医师依法履行职责,受法律保护。

为了加强医师队伍的建设,提高医师的职业道德和业务素质水平,保障医师的合法权益,保障人民健康,全国人大常委会颁布了《执业医师法》,这对于依法治医起到了重要作用。

(一) 有利于加强医师队伍管理

新中国成立以来,我国医师队伍建设取得了很大发展。1949 年,我国仅拥有西医师 3.8 万人,西医士 4.94 万人,每千人口拥有医生 0.67 人。到 1997 年底,我国从事医疗、预防、保健工作的各级各类医师已达 150.5 万人、医士 46.3 万人,每千人口拥有医生 1.65 人。截止到 2004 年,据有关部门统计,我国执业医师人数超过 200 万人。

为了加强医师队伍管理,新中国成立初期,政务院颁布了《医师暂行条例》《中医师暂行条例》《牙医师暂行条例》。但由于历史的原因,这 3 个条例在 20 世纪 50 年代中期以后就停止执行了。1956 年又废除了中外医学界沿袭已久的医师资格考试制度。其后,我国对医师执业的管理实际上处于无法可依的状态,医师队伍质量难以得到保证。

随着社会主义市场经济体制的逐步建立,卫生改革进程的不断深化,我国的医疗服务市场逐渐开放,除国家财政支持的全民所有制医疗机构外,还有国有企业举办、合资合作、社团主办、社会办医、个体诊所等多种形式的医疗机构并存。但是,也有少数人以行医为名行诈骗钱财之实,严重威胁着人民群众的身体健康。《执业医师法》的颁布实施,使医师队伍的管理有法可依,有章可循。

(二)有利于提高医师业务素质

我国现有本科高等医学院校中,20%是20世纪80年代初由专科学校升格成本科院校的,毕业生质量良莠不齐。20世纪90年代初,一部分非医学院校从市场需求出发,开设医学专业,卫生部对其培养状况难以掌握,造成一定程度上医学人才培养的混乱。许多民办医学学校组织学生参加医学自学高考,获得与正规医科大学具有同等效力的本科学历,卫生系统对其数量和质量无法进行评估。多渠道、多样化办学,使医学教育的质量难以保证。《执业医师法》的颁布实施,实行全国医师资格统一考试,更注重临床知识技能和相关的法律知识的考核,这就把那些没有真才实学和缺乏基本技能的人拒于医师队伍之外。

(三)有利于保障医师的合法权益

长期以来,由于医师的权利和义务不明确,侵犯医师人身安全和名誉、扰乱正常医疗秩序的现象屡见不鲜。同时少数医师不负责任、违反医疗规范,造成医疗损害的现象时有发生。现在,《执业医师法》对医师的权利和义务作了明确规定,医师在执业活动中的人格尊严、人身安全不受侵犯。医师在享有权利的同时,也承担着相应的法律责任。这对提高医师的职业道德素质,增强医师的法律意识,保障医师的合法权益有着重要意义。

二、执业医师法的实施情况

《执业医师法》的实施情况至今没有立法者的调研报告,中国医师协会成立后先后进行了两次大的调研,相应的调研情况已有了正式的报告。从了解情况看,我国目前的医师准入基本上能够贯彻《执业医师法》第二章的要求。从医师的角度看,广大医师对第三章的执行和理解也比较到位,如医师的执业行为无论从诊疗、继续教育、保护患者、完成病历、紧急救治、知情同意、突发事件的灾害防治等都完成得比较好。

《执业医师法》实施有待改进之处是行政处理不到位,使其规定流于形式。《执业医师法》实施最不好之处是"全社会应当尊重医师,医师依法履行职责,受法律保护"。在现实生活中,医师被打、被骂、被杀并不鲜见,甚至且极个别媒体公然污蔑医师的人格却没有任何法律约束和制裁,让人感到痛心。

而且《执业医师法》的颁布,使尚未取得执业医师资格的实习医师临床操作的合法性受到挑战,实习医师动手机会越来越少。在大型教学医院,事实上连住院医师和进修医师也少有动手操作的机会。随着社会进步和法制观念健全,病人自我保护意识越来越强,有时已超出合理的限度。为了保障广大病人的根本利益,保障见(实)习医生得到较好临床技能训练,应该制定相关法规,增加医学生的临床技能训练,保证医科毕业生的质量。

三、医师工作的管理

《执业医师法》规定,国务院卫生行政部门主管全国的医师工作。县级以上地方人民政府卫生行政部门负责管理本行政区域内的医师工作。国家对在医疗、预防、保健工作中作出贡献的医师,给予奖励。

四、医师资格考试和注册制度

(一) 医师资格考试制度

《执业医师法》第 8 条规定,国家实行医师资格考试制度。医师资格考试分为执业医师资格考试和助理执业医师资格考试。医师资格统一考试办法由国务院卫生行政部门制定。

《执业医师法》第 9 条规定,申请执业医师资格考试的条件:① 具有高等学校医学专业类本科以上学历,在执业医师指导下,在医疗、预防或者保健机构中试用期满一年的;② 具有高等学校医学专科学历,取得助理医师执业证书后,在医疗、预防或者保健机构中工作满两年的;③ 具有中等专业学校医学专业学历,在医疗、预防或者保健机构中工作满五年的,可以申请参加执业医师资格考试。

具有高等学校医学专科学历或者中等专业学校医学专业学历,在执业医师指导下,在医疗、预防或者保健机构中试用期满一年的,可以申请参加助理执业医师资格考试。

《执业医师法》第 11 条规定,以师承方式学习传统医学满三年或者经多年实践医术确有专长的,经县级以上地方人民政府卫生行政部门确定的医学专业组织或医疗、预防、保健机构考核合格并推荐,可以申请参加执业医师资格或者助理执业医师资格考试。考试的内容和办法由国务院卫生行政部门另行制定。

(二) 医师执业注册制度

《执业医师法》第 13、14 条规定,国家实行医师执业注册制度。取得医师资格的,可以向所在地县级以上人民政府卫生行政部门申请注册。医师经注册后,可以在医疗、预防、保健机构中按照注册的执业地点、执业类别、执业范围执业,从事相应的医疗、预防、保健业务。未经医师注册取得执业证书,不得从事医师执业活动。

(1) 不予注册的规定。《执业医师法》第 15 条规定,有下列情形之一的,不予注册:① 不具有完全民事行为能力的;② 因受刑事处罚,自刑罚执行完毕之日起至申请注册之日止不满两年的;③ 在执业活动中,受吊销医师执业证书的行政处罚,自行政处罚决定之日起至申请注册之日止不满两年的;④ 有国务院卫生行政部门规定不宜从事医疗、预防、保健业务的其他情形的。

(2) 注销注册的规定。《执业医师法》第 16 条规定,医师注册后有下列情形之一的,卫生行政部门应当注销注册,收回医师执业证书。① 死亡或者被宣告失踪的;② 受刑事处罚的;③ 受吊销医师执业证书行政处罚的;④ 因参加医师考核不合格暂停执业活动期满,再次考核仍不合格的;⑤ 中止医师执业活动满两年的;⑥ 有国务院卫生行政部门规定不宜从事医疗、预防、保健业务的其他情形的。

(3) 变更注册的规定。《执业医师法》第 17 条规定,医师变更执业地点、执业类别、执业范围等注册事项的,应到准予注册的卫生行政部门办理变更注册手续。

(三) 个体行医的规定

《执业医师法》第 17 条规定,申请个体行医的执业医师,须经注册后在医疗、预防、保健机构中执业满五年,并按照国家有关部门规定办理审批手续;未经批准,不得行医。

五、医师的执业规则

医师应当具备良好的职业道德和医疗执业水平,发扬人道主义精神,履行防病治病、救死扶伤、保护人民健康的神圣职责。医师可以依法组织和参加医师协会。

(一) 医师的权利

《执业医师法》第 21 条规定,医师在执业活动中享有下列权利。

(1) 在注册的执业范围内,进行医学诊查、疾病调查、医学处置、出具相应的医学证明文件,选择合理的医疗、预防、保健方案。

(2) 按照国务院卫生行政部门规定的标准,获得与本人执业活动相当的医疗设备基本条件。

(3) 从事医学研究、学术交流,参加专业学术团体。

(4) 参加专业培训,接受继续医学教育。

(5) 在执业活动中,人格尊严、人身安全不受侵犯。

(6) 获取工资报酬和津贴,享受国家规定的福利待遇。

(7) 对所在机构的医疗、预防、保健工作和卫生行政部门的工作提出意见和建议,依法参与所在机构的民主管理。

（二）医师的义务

《执业医师法》第 22 条规定，医师在执业活动中应当履行下列义务：
(1) 遵守法律、法规，遵守技术操作规范。
(2) 树立敬业精神，遵守职业道德，履行医师职责，尽职尽责为患者服务。
(3) 关心、爱护、尊重患者，保护患者的隐私。
(4) 努力钻研业务，更新知识，提高专业技术水平。
(5) 宣传卫生保健知识，对患者进行健康教育。

（三）医师的执业规则

《执业医师法》第 22~29 条对医师的执业规则作了明确规定。
(1) 医师实施医疗、预防、保健措施，签署有关医学证明文件，必须亲自诊查、调查，并按照规定及时填写医学文书，不得隐匿、伪造或者销毁医学文书及有关资料。医师不得出具与自己执业范围无关或者与执业类别不相符的医学证明文件。
(2) 对急危患者，医师应当采取紧急措施进行诊治，不得拒绝急救处置。
(3) 医师应当使用经国家有关部门批准使用的药品、消毒药剂和医疗器械。除正当诊断治疗外，不得使用麻醉药品、医疗用毒性药品、精神药品和放射性药品。
(4) 医师应当如实向患者或者其家属介绍病情，但应注意避免对患者产生不利后果。医师进行实验性临床医疗，应当经医院批准并征得患者本人或者其家属同意。
(5) 医师不得利用职务之便，索取、非法收受患者财物或者牟取其他不正当利益。
(6) 遇有自然灾害、传染病流行、突发重大伤亡事故及其他严重威胁人民生命健康的紧急情况时，医师应当服从县级以上人民政府卫生行政部门的调遣。
(7) 医师发生医疗事故或者发现传染病疫情时，应当按照有关规定及时向所在机构或者卫生行政部门报告，发现患者涉及伤害事件或者非正常死亡时，应当按照有关规定向有关部门报告。

六、医师的考核和培训

《执业医师法》第 31~34 条规定，国家建立医师工作考核制度。县级以上人民政府卫生行政部门负责指导、检查和监督医师考核工作。

受县级以上人民政府卫生行政部门委托的机构或者组织，应当按照医师执业标准，对医师的业务水平、工作成绩和职业道德状况进行定期考核。医师考核的结果，考核机构应当报告准予注册的卫生行政部门备案。对考核不合格的医师，县级以上人民政府卫生行政部门可以责令其暂停执业活动三个月至六个月，并接受培训和继续医学教育。

县级以上人民政府卫生行政部门应当制定医师培训计划,对医师进行多种形式的培训,为医师接受继续医学教育提供条件。受委托承担医师考核任务的医疗卫生机构,应当为医师的培训和接受继续医学教育提供和创造条件。医疗、预防、保健机构应当按照规定和计划,保证本机构医师的培训和继续医学教育。

七、违反执业医师法的法律责任

(一)行政责任

(1)《执业医师法》第36条规定,以不正当手段取得医师执业证书的,由发给该证书的卫生行政部门予以吊销。对负有直接责任的主管人员和其他直接责任人员,依法给予行政处分。

(2)《执业医师法》第37条规定,医师在执业活动中,有下列行为之一的,由县级以上地方人民政府卫生行政部门给予警告或者责令暂停六个月以上一年以下执业活动,情节严重的,吊销执业证书。① 违反卫生行政规章制度或者技术操作规范,造成严重后果的;② 由于不负责任延误急危患者的抢救和诊治,造成严重后果的;③ 造成医疗责任事故的;④ 未经亲自诊查、调查,签署诊断、治疗、流行病学等证明文件或者有关出生、死亡等证明文件的;⑤ 隐匿、伪造或者擅自销毁医学文书及有关资料的;⑥ 使用未经批准使用的药品、消毒药剂和医疗器械的;⑦ 不按照规定使用麻醉药品、医疗用毒药品、精神药品和放射性药品的;⑧ 未经患者或者其家属同意,对患者进行实验性临床医疗的;⑨ 泄露患者隐私,造成严重后果的;⑩ 利用职务之便,索取、非法收受患者财物或者牟取其他不正当利益的;⑪ 发生自然灾害、传染病流行、突发重大伤亡事故以及其他严重威胁人民生命健康的紧急情况时,不服从卫生行政部门调遣的;⑫ 发生医疗事故或者发现传染病疫情,患者涉嫌伤害事件或者非正常死亡,不按照规定报告的。

(3)《执业医师法》第39条规定,未经批准擅自开办医疗机构行医或者非医师行医的,由县级以上地方人民政府卫生行政部门予以取缔,没收其违法所得及其药品、器械,并处十万元以下的罚款,对医师吊销其执业证书。

(4)《执业医师法》第40条规定,阻碍医师依法执业,侮辱、诽谤、威胁、殴打医师或者侵犯医师人身自由、干扰医师正常工作、生活的,依照《治安管理处罚法》的规定处罚。

(5)《执业医师法》第41条的规定,医疗、预防、保健机构未依照有关规定履行报告职责,导致严重后果的,由县级以上人民政府卫生行政部门给予警告,并对该机构的行政负责人依法给予行政处分。

(6)《执业医师法》第42条的规定,卫生行政部门工作人员或者医疗、预防、保健机构工作人员违反有关规定,弄虚作假、玩忽职守、滥用职权、徇私舞弊,尚不构成犯罪的,由所在机构或者卫生行政部门依法给予行政处分。

(二) 民事责任

《执业医师法》规定,医师在医疗、预防、保健工作中造成事故的,依照法律或者国家有关规定处理。未经批准擅自开办医疗机构行医或者非医师行医,给患者造成损害的,依法承担赔偿责任。

(三) 刑事责任

《执业医师法》第42条规定,违反执业医师法,构成犯罪的,依法追究刑事责任。

《刑法》第335条规定,医务人员出于严重不负责任,造成就诊人死亡或者严重损害就诊人身体健康的,处三年以下有期徒刑或者拘役。

《刑法》第336条规定,未取得医生执业资格的人非法行医,情节严重的,处三年以下有期徒刑、拘役或者管制,并处或者单处罚金;严重损害就诊人身体健康的,处三年以上十年以下有期徒刑,并处罚金;造成就诊人死亡的,处十年以上有期徒刑,并处罚金。

未取得医生执业资格的人擅自为他人进行节育复通手术、假节育手术、终止妊娠手术或者摘取宫内节育器,情节严重的,处三年以下有期徒刑、拘役或者管制,并处或者单处罚金;严重损害就诊人身体健康的,处三年以上十年以下有期徒刑,并处罚金;造成就诊人死亡的,处十年以上有期徒刑,并处罚金。

第三节 执业药师管理的法律规定

一、执业药师法的概念

执业药师法是调整加强对医药专业技术人员的职业准入控制,加强对药品生产和流通的管理,确保药品质量,保障人民用药安全和维护人民健康,促进我国医药事业的活动中产生的各种社会关系的法律规范的总和。

执业药师(Licensed Pharmacist)是指经全国统一考试合格,取得"执业药师资格证书"并经注册登记,在药品生产、经营、使用单位中执业的药学技术人员。

1993年11月14日,中共中央十四届三中全会《关于建立社会主义市场经济体制若干问题的决定》指出:要制定各种职业资格的标准和录用标准,实行学历文凭和职业资格两种证书制度。此时,我国的执业药师资格制度正在制订之中。1994年2月22日,劳动部、人事部联合发布了《职业资格证书规定》,明确提出:执业资格是政府对某些责任较大,社会通用性强,关系公共利益的专业(工种)实行的准入控制,是专业技术人员依法独立开业或独立从事某种专业技术工作学识、技术和能力的必备标准。此时,我国的执业药师资格制度已经基本完成制订工作。1994年3月15日,国家医药管理局与人事部联合颁发了《执业药师资格制度暂行规定》,1995年7月5日,国家中医药管理局与人事部联合颁发了《执业中药师资格制度暂行规定》。1997年1月,《中共中央、国务院关于卫生改革与发展的决定》又明确提出要建立执业药师资格制度。1998年8月,国务院机构改革,组建了国家药品监督管理局,赋予其实施执业药师资格制度的职能,揭开了我国执业药师管理工作新的篇章。1999年4月1日,国家药品监督管理局与人事部以人发[1999]34号文件联合颁布了修订过的《执业药师资格制度暂行规定》,执业药师资格制度实行全国统一大纲、统一考试、统一注册、统一管理、分类执业。《执业药师资格制度暂行规定》在制度上使执业药师管理覆盖了药品生产、经营和使用领域。随后依据《执业药师资格制度暂行规定》,相继修订发布了相配套的《执业药师资格考试实施办法》《执业药师注册管理暂行办法》《执业药师继续教育管理暂行办法》等一系列规范性文件。2000年下半年,国家药品监督管理局人事教育司组织了三个专家调研组,开始执业药师法立法前基础调研工作,比较研究了国外的执业药师管理制度,结合国内的具体情况,经过广泛征求意见,在执业药师的业务领域、行为规范、义务权利和法律责任等方面基本形成了法律规范的框架,于2002年年底前完成执业药师法草案的起草工作。2003年7月,国家食品药品监督管理局召开《执业药师法》专家论证会,组织有关方面的专家、学者,科学论证了《执业药师法》(草案送审稿)。2003年10月,在科学、系统的基础研究资料支持和科学论证前提下,国家食品药品监督管理局起草并上报了《中华人民共和国执业药师法》(送审稿)。

《执业药师法》尚未出台,但这一消息已对执业药师数量增长产生了很大的影响。2003年度有1.89万人获得执业药师资格。截止到2003年年底,全国共拥有执业药师9.83万人。

二、执业药师资格考试和注册制度

(一)执业药师资格考试制度

对执业药师资格考试成绩合格者,国家发给"执业药师资格证书",可在全国范围内的药品生产、经营、使用单位执业。报考条件为:① 药学、中药学或相关专业毕业后从事药学或中药学专业工作的技术人员可以申请参加执业药师资格考试;② 不同学历水平其工作年限要求为中专七年,大专五年,本科三年,双学士或硕士研究生一年,博士研究生毕业当年即可参加考试。

按照国家有关规定,评聘为高级专业技术职务,并具备下列条件之一者,可免试药学(或中药学)专业知识(一)和(二)两个科目,只参加药学管理与法规、综合知识与技能两个科目的考试。① 中药学徒,药学或中药学专业中专毕业,连续从事药学或中药学专业工作满二十年;② 取得药学、中药学专业或相关专业大专以上学历,连续从事药学或中药学专业工作满十五年。

（二）执业药师注册制度

执业药师实行注册制度。国家药品监督管理局是全国执业药师注册的管理机构,各省、自治区、直辖市药品监督管理机构为注册机构。注册时发给"执业药师注册证",注明执业类别(药学或中药学)、执业范围(生产、经营、使用)等内容。执业药师只能在一个省注册,如果要变更执业地区、执业范围,应及时办理变更注册手续。注册有效期为三年,有效期满前三个月须到注册机构办理再次注册手续,再注册时要有参加继续教育的证明。

三、执业药师职责

根据《执业药师资格制度暂行规定》的规定,执业药师必须遵守执业道德,忠于职守,以对药品质量负责、保证用药安全有效为基本准则。

（1）必须严格执行《药品管理法》及国家有关药品研究、生产、经营、使用的各项法规及政策。对违反《药品管理法》及有关规定的行为或决定,有责任提出劝告、制止、拒绝执行并向上级报告。

（2）在执业范围内负责对药品质量的监督和管理,参与制定、实施药品全面质量管理及对本单位违反规定的处理。

（3）负责处方的审核及监督调配,提供用药咨询与信息,指导合理用药,开展治疗药物的检测及药品疗效的评价等临床药学工作。

四、继续教育

根据《执业药师资格制度暂行规定》的要求,执业药师必须接受继续教育,实行继续教育登记制度。执业药师接受继续教育经考核合格后,由培训机构在证书上登记盖章,并以此作为再次注册的依据。执业药师继续教育工作由国家药品监督管理局负责制定继续教育的办法,组织拟订、审批继续教育内容。省级药品监督管理局负责组织实施。经国家药品监督管理局批准的培训机构承担培训。

五、法律责任

违反《药品管理法》和《执业药师资格制度暂行规定》的规定,必须承担相应的行政责任、民事责任或刑事责任。

对未按规定配备执业药师的单位,应限期配备,逾期将追究单位负责人的责任。

对已在应由执业药师担任工作岗位的,但尚未通过资格考试的人员,要进行强化培训,限期达到要求。对经过培训仍不能通过考试者,必须调离岗位。

对涂改、伪造或以虚假和不正当手段获取"执业药师资格证书"或"执业药师注册证"的人员,发证机构应收回证书,取消其执业药师资格,注销注册,并对直接责任者给予行政处分,并追究法律责任。

执业药师有违反本规定的,所在单位须如实上报,由药品监督管理部门根据情况给予警告、罚款、停职检查、注销其注册,并收回"执业药师资格证书"等处分。注册机构对执业药师所受处分,应及时记录在其"执业药师资格证书中"的"执业情况记录"中。凡注销注册,收回"执业药师资格证书"的,应报当地人事(职改)部门和国家医药管理局备案。

执业药师在执业期间违反《药品管理法》及其他法律、法规构成犯罪的,由司法机关依法追究其刑事责任。

第四节 护士管理的法律规定

一、护士管理立法现状

护士是指依法取得"中华人民共和国护士执业证书"并经过注册的护理专业人员。护士在医疗、预防、保健和康复工作中有着重要作用,护理工作是医疗卫生工作的重要组成部分。为了加强护士管理,提高护理质量,保障医疗和护理安全,保护护士的合法权益,1993年3月26日,卫生部发布了《中华人民共和国护士管理办法》,明确规定国家发展护理事业,促进护理学科的发展。护士的劳动受全社会的尊重,护士的执业权利受法律保护,任何单位和个人不得侵犯。目前,我国有医生200万人,护士128万人,医护比为1:0.61,低于世界平均水平1:2.7,每千人护士数我国排世界倒数第三,由此显现护士人力配备严重不足,今后五年将大力加强护士队伍建设和培养。另外,护士队伍的整体水平在数量、业务素质、知识结构等方面明显不够。一方面,未经正规护理专业培训进入护士队伍,从事护理技术工作的问题在部分地区非常突出,护理质量得不到保障;另一方面,由于长期以来护理管理一直无法可依,由此侵害护士权益的事件屡有发生,护士准入的管理制度也缺失。

2008年1月23日,国务院第206次常务会议通过了《护士条例》,自2008年5月12日起施行,它的颁布与实施填补了我国护士立法的空白,对推进我国护理事业的健康发展具有深远的历史影响和现实意义,它将成为我国护理事业发展史上一个重要的里程碑。为规范全国护士执业资格考试工作,加强护理专业队伍建设,根据《护士条例》第7条规定,卫生部和人力资源社会保障部审议通过了《护士执业资格考试办法》,自2010年7月1日起施行。

二、护士资格考试和注册制度

(一) 护士执业资格考试制度

根据《护士执业资格考试办法》的规定,国家护士执业资格考试是评价申请护士执业资格者是否具备执业所必需的护理专业知识与工作能力的考试,由卫生部负责组织实施护士执业资格考试。

具有护理、助产专业中专和大专学历的人员,参加护士执业资格考试并成绩合格,可取得护理初级(士)专业技术资格证书;护理初级(师)专业技术资格按照有关规定通过参加全国卫生专业技术资格考试取得。具有护理、助产专业本科以上学历的人员,参加护士执业资格考试并成绩合格,可以取得护理初级(士)专业技术资格证书;在达到《卫生技术人员职务试行条例》规定的护师专业技术职务任职资格年限后,可直接聘任护师专业技术职务。

护士执业资格考试实行国家统一考试制度。统一考试大纲,统一命题,统一合格标准。护士执业资格考试原则上每年举行一次,包括专业实务和实践能力两个科目。具体考试日期在举行考试三个月前向社会公布。申请参加护士执业资格考试者,应当按国家价格主管部门确定的收费标准缴纳考试费。护士执业资格考试成绩于考试结束后45个工作日内公布。考生成绩单由报名考点发给考生。一次考试通过两个科目为考试成绩合格,考试成绩合格者,取得考试成绩合格证明,可申请护士执业注册。

(二) 护士执业注册制度

《护士条例》第二章规定,申请护士执业注册的,应当向拟执业地省、自治区、直辖市人民政府卫生主管部门提出申请。申请护士执业注册,应当具备下列条件:① 具有完全民事行为能力;② 在中等职业学校、高等学校完成国务院教育主管部门和国务院卫生主管部门规定的普通全日制三年以上的护理、助产专业课程学习,包括在教学、综合医院完成八个月以上护理临床实习,并取得相应学历证书;③ 通过国务院卫生主管部门组织的护士执业资格考试;④ 符合国务院卫生主管部门规定的健康标准。

护士执业注册申请,应当自通过护士执业资格考试之日起三年内提出;逾期提出申请的,除应当具备前款第(1)、(2)和(4)项规定条件外,还应当在符合国务院卫生主管部门规定条件的医疗卫生机构接受三个月临床护理培训并考核合格。

收到申请的卫生主管部门应当自收到申请之日起二十个工作日内做出决定,对具备本条例规定条件的,准予注册,并发给护士执业证书;对不具备本条例规定条件的,不予注册,并书面说明理由。护士执业注册有效期为五年。

护士执业注册有效期届满需要继续执业的,应当在护士执业注册有效期届满前三十日内向执业地省、自治区、直辖市人民政府卫生主管部门申请延续注册。收到申请的卫生主管部门对具备本条例规定条件的,准予延续,延续执业注册有效期为五年;对不具备本条例规定条件的,不予延续,并书面说明理由。护士有行政许可法规定的应当予以注销执业注册情形的,原注册部门应当依照行政许可法的规定注销其执业注册。

县级以上地方人民政府卫生主管部门应当建立本行政区域的护士执业良好记录和不良记录,并将该记录记入护士执业信息系统。

三、护士执业的权利和义务

《护士条例》设专章(第三章)明确规定护士的权利和义务。

(一) 护士的权利

根据《护士条例》第12~15条的规定,护士享有以下权利:

(1) 护士有按照国家有关规定获取工资报酬、享受福利待遇、参加社会保险的权利。任何单位或者个人不得克扣护士工资,降低或者取消护士福利等待遇。

(2) 护士有获得与其所从事的护理工作相适应的卫生防护、医疗保健服务的权利。从事直接接触有毒有害物质、有感染传染病危险工作的护士,有依照有关法律、行政法规的规定接受职业健康监护的权利;患职业病的,有依照有关法律、行政法规的规定获得赔偿的权利。

(3) 护士有按照国家有关规定获得与本人业务能力和学术水平相应的专业技术职务、职称的权利;有参加专业培训、从事学术研究和交流、参加行业协会和专业学术团体的权利。

(4) 护士有获得疾病诊疗、护理相关信息的权利和其他与履行护理职责相关的权利,可以对医疗卫生机构和卫生主管部门的工作提出意见和建议。

(二) 护士的义务

根据《护士条例》第16~19条的规定,护士承担以下义务:
(1) 护士执业应当遵守法律、法规、规章和诊疗技术规范的规定。
(2) 护士在执业活动中,发现患者病情危急,应当立即通知医师;在紧急情况下为抢救垂危患者生命,应当先行实施必要的紧急救护。

护士发现医嘱违反法律、法规、规章或者诊疗技术规范规定的,应当及时向开具医嘱的医师提出;必要时,应当向该医师所在科室的负责人或者医疗卫生机构负责医疗服务管理的人员报告。

(3) 护士应当尊重、关心、爱护患者,保护患者的隐私。

(4) 护士有义务参与公共卫生和疾病预防控制工作。发生自然灾害、公共卫生事件等严重威胁公众生命健康的突发事件,护士应当服从县级以上人民政府卫生主管部门或者所在医疗卫生机构的安排,参加医疗救护。

四、医疗卫生机构的职责

根据《护士条例》第四章的规定,医疗卫生机构在监管护士工作中承担以下职责:

(1) 医疗卫生机构配备护士的数量不得低于国务院卫生主管部门规定的护士配备标准。

(2) 医疗卫生机构不得允许下列人员在本机构从事诊疗技术规范规定的护理活动:① 未取得护士执业证书的人员;② 未依照本条例第9条的规定办理执业地点变更手续的护士;③ 护士执业注册有效期届满未延续执业注册的护士。在教学、综合医院进行护理临床实习的人员应当在护士指导下开展有关工作。

(3) 医疗卫生机构应当为护士提供卫生防护用品,并采取有效的卫生防护措施和医疗保健措施。

(4) 医疗卫生机构应当执行国家有关工资、福利待遇等规定,按照国家有关规定为在本机构从事护理工作的护士足额缴纳社会保险费用,保障护士的合法权益。

对在艰苦边远地区工作,或者从事直接接触有毒有害物质、有感染传染病危险工作的护士,所在医疗卫生机构应当按照国家有关规定给予津贴。

(5) 医疗卫生机构应当制定、实施本机构护士在职培训计划,并保证护士接受培训。

护士培训应当注重新知识、新技术的应用;根据临床专科护理发展和专科护理岗位的需要,开展对护士的专科护理培训。

(6) 医疗卫生机构应当按照国务院卫生主管部门的规定,设置专门机构或者配备专(兼)职人员负责护理管理工作。医疗卫生机构应当建立护士岗位责任制并进行监督检查。护士因不履行职责或者违反职业道德受到投诉的,其所在医疗卫生机构应当进行调查。经查证属实的,医疗卫生机构应当对护士作出处理,并将调查处理情况告知投诉人。

五、法律责任

《护士条例》第五章规定了医疗卫生机构、护士和扰乱医疗秩序,阻碍护士依法执业的人的法律责任。

(一) 卫生主管部门工作人员的法律责任

《护士条例》第27条规定,卫生主管部门的工作人员未依照本条例规定履行职责,在护士监督管理工作中滥用职权、徇私舞弊,或者有其他失职、渎职行为的,依法给予处分;构成犯罪的,依法追究刑事责任。

(二) 医疗卫生机构负有责任的主管人员和其他直接责任人员的法律责任

《护士条例》第 28 条规定,医疗卫生机构有下列情形之一的,由县级以上地方人民政府卫生主管部门依据职责分工责令限期改正,给予警告;逾期不改正的,根据国务院卫生主管部门规定的护士配备标准和在医疗卫生机构合法执业的护士数量核减其诊疗科目,或者暂停其六个月以上一年以下执业活动;国家举办的医疗卫生机构有下列情形之一、情节严重的,还应当对负有责任的主管人员和其他直接责任人员依法给予处分。① 违反本条例规定,护士的配备数量低于国务院卫生主管部门规定的护士配备标准的;② 允许未取得护士执业证书的人员或者允许未依照本条例规定办理执业地点变更手续、延续执业注册有效期的护士在本机构从事诊疗技术规范规定的护理活动的。

《护士条例》第 29 条规定,医疗卫生机构有下列情形之一的,依照有关法律、行政法规的规定给予处罚;国家举办的医疗卫生机构有下列情形之一、情节严重的,还应当对负有责任的主管人员和其他直接责任人员依法给予处分。① 未执行国家有关工资、福利待遇等规定的;② 对在本机构从事护理工作的护士,未按照国家有关规定足额缴纳社会保险费用的;③ 未为护士提供卫生防护用品,或者未采取有效的卫生防护措施、医疗保健措施的;④ 对在艰苦边远地区工作,或者从事直接接触有毒有害物质、有感染传染病危险工作的护士,未按照国家有关规定给予津贴的。

《护士条例》第 30 条规定,医疗卫生机构有下列情形之一的,由县级以上地方人民政府卫生主管部门依据职责分工责令限期改正,给予警告。① 未制定、实施本机构护士在职培训计划或者未保证护士接受培训的;② 未依照本条例规定履行护士管理职责的。

(三) 护士执业中的法律责任

《护士条例》第 31、32 条规定,护士在执业活动中有下列情形之一的,由县级以上地方人民政府卫生主管部门依据职责分工责令改正,给予警告;情节严重的,暂停其六个月以上一年以下执业活动,直至由原发证部门吊销其护士执业证书。① 发现患者病情危急未立即通知医师的;② 发现医嘱违反法律、法规、规章或者诊疗技术规范的规定,未依照本条例第 17 条的规定提出或者报告的;③ 泄露患者隐私的;④ 发生自然灾害、公共卫生事件等严重威胁公众生命健康的突发事件,不服从安排参加医疗救护的。

护士在执业活动中造成医疗事故的,依照医疗事故处理的有关规定承担法律责任。护士被吊销执业证书的,自执业证书被吊销之日起两年内不得申请执业注册。

(四）扰乱医疗秩序，阻碍护士依法开展执业活动的法律责任

《护士条例》第33条规定，扰乱医疗秩序，阻碍护士依法开展执业活动，侮辱、威胁、殴打护士，或者有其他侵犯护士合法权益行为的，由公安机关依照治安管理处罚法的规定给予处罚；构成犯罪的，依法追究刑事责任。

第五节　乡村医生管理的法律规定

一、乡村医生立法和发展状况

乡村医生是指尚未取得执业医师资格或者执业助理医师资格，经注册在村医疗卫生机构从事预防、保健和一般医疗服务的医生。

根据1998年全国卫生服务调查资料显示，农村60%以上的就诊者在村级卫生机构就诊。长期以来，乡村医生在保障农村居民健康上发挥了积极作用，但同时也存在医疗基础设施和设备不足，乡村医生整体素质偏低，医疗行为随意性较大，药品使用混乱，以药养医和提供非必需服务情况严重，预防保健、妇幼保健、爱国卫生运动、健康教育等社会公共卫生服务职能缺失或不足，存在乡村医生行医不规范、监管不力和缺乏有效的法律手段等突出问题。《中华人民共和国执业医师法》的出台，对医师队伍建设提出了新的要求。因此，加强乡村医生的管理，建立乡村医生行医规范，对提高乡村医生的医疗服务能力，完善农村基本医疗保障体系是至关重要的。2003年7月30日，国务院第16次常务会议通过《乡村医生从业管理条例》，自2004年1月1日起正式施行。该条例的立法目的，是为了提高乡村医生的职业道德和职业素质，加强乡村医生从业管理，保护乡村医生的合法权益，保障村民获得初级卫生保健服务。条例进一步明确了乡村医生应如何适应我国乡村医生管理的发展，如何适应农村卫生事业的发展，为完善城市郊区农村卫生服务体系提供了人力资源方面的立法保障。

回顾乡村医生发展的历史，我们可以将其分为三个阶段。

（一）"赤脚医生"阶段

乡村医生这支队伍自20世纪50年代随着农村三级卫生服务网的逐渐形成而产生，"文革"前称"半农半医"。1965年，《中央批转卫生部党委关于把卫生工作重点放到农村的报告》指出，大力为农村培养医药卫生人员。争取在5~10年内，为生产队和生产大队培养质量较好的不脱产的卫生人员。不脱产卫生人员在生产队是卫生员，在生产大队一般是"半农半医"。生产队卫生员一般要求三会：会针灸，会治常见的小伤小病，会做一些预防和急救工作。生产大队"半农半医"一般要求

能处理最常见疾病的诊断、治疗和预防,并指导卫生员的工作。每个生产大队可选择1~2名女卫生员,学会"新法接生"。"文革"中,南方某些地区群众对村级卫生组织中不脱产的卫生人员称"赤脚医生"。"赤脚医生"实际上是随着农村合作医疗的产生而发展起来的。当时规定,"赤脚医生"必须实行"半农半医",所从事的工作是农业集体劳动的一部分,人员从有一定文化程度的社员中选拔,经过培训,由县卫生行政部门考核合格发给证书,主要职责是开展卫生防疫和小伤小病的治疗。限于当时的历史条件,赤脚医生的服务能力非常有限,由于以生产劳动为主,他们的管理同社员的管理一样,缺乏针对行医职责的专门管理规范。到1980年,全国"赤脚医生"总数已达到1463406人。

(二)"乡村医生"初级阶段

鉴于"赤脚医生"的称谓不够确切,1981年,国务院《批转卫生部关于合理解决赤脚医生补助问题的报告的通知》提到,"凡经考核合格,相当于中专水平的赤脚医生,发给'乡村医生'证书"。1985年1月,全国卫生厅局长会议决定将"赤脚医生"改为"乡村医生",规定达到医士水平的称"乡村医生",达不到医士水平的称卫生员。这一阶段,随着医院管理和专业技术人员管理立法的涌现,乡村医生的管理得到加强。1991年,国务院《批转卫生部等部门关于改革和加强农村医疗卫生工作请示的通知》中提到"今后应争取做到村级卫生组织新补充的乡村医生必须经中专或县卫校三年以上系统医学教育";1994年,《医疗机构管理条例》及配套规章颁布后,公布了村卫生室的基本标准,明确了村卫生室应该具备的基本条件,从一定程度上规范了乡村医生的行为。但标准仅对乡村医生行医条件进行了限定,缺乏对行医行为的有效约束,由于没有建立真正的从医许可制度,许多未经专业教育的人员进入乡村医生队伍,乡村医生管理仍然无法可依。到1999年底,我国乡村医生已有1009665人,卫生员315272人,分布在全国72.8万个村卫生所(室)。我国的乡村医生是一支具有中国特色的、庞大的农村卫生技术队伍。

(三)"乡村医生"过渡阶段

1998年,全国人大常委会通过了《中华人民共和国执业医师法》,虽然对乡村医生没有具体的规范,但在附则第45条规定"在乡村医疗卫生机构向村民提供预防、保健和一般医疗服务的乡村医生,符合本法有关规定,可以依法取得执业医师资格或者执业助理医师资格;不具备本法规定的执业医师资格或者执业助理医师资格的乡村医生,由国务院另行制定管理办法(《乡村医生从业管理条例》)"。

二、乡村医生的执业注册制度

根据《乡村医生从业管理条例》的规定,国家实行乡村医生执业注册制度。

(一)执业注册的条件

本条例公布前的乡村医生,取得县级以上地方人民政府卫生行政主管部门颁发的乡村医生证书,并符合下列条件之一的,可以向县级人民政府卫生行政主管部门申请乡村医生执业注册,取得乡村医生执业证书后,继续在村医疗卫生机构执业:① 已经取得中等以上医学专业学历的;② 在村医疗卫生机构连续工作二十年以上的;③ 按照省、自治区、直辖市人民政府卫生行政主管部门制定的培训规划,接受培训并取得合格证书的。

(二)不予注册的情况

乡村医生有下列情形之一的,不予注册:① 不具有完全民事行为能力的;② 受刑事处罚,自刑罚执行完毕之日起至申请执业注册之日止不满两年的;③ 受吊销乡村医生执业证书行政处罚,自处罚决定之日起至申请执业注册之日止不满两年的。

乡村医生经注册取得执业证书后,方可在聘用其执业的村医疗卫生机构从事预防、保健和一般医疗服务,未经注册取得乡村医生执业证书的,不得执业。

(三)注销执业注册的情况

乡村医生有下列情形之一的,由原注册的卫生行政主管部门注销执业注册,收回乡村医生执业证书。① 死亡或者被宣告失踪的;② 受刑事处罚的;③ 中止执业活动满两年的;④ 考核不合格,逾期未提出再次考核申请或者经再次考核仍不合格的。

三、乡村医生的执业规则

(一)乡村医生的执业权利

根据《乡村医生从业管理条例》的规定,乡村医生在执业活动中享有下列权利:
(1)进行一般医学处置,出具相应的医学证明。
(2)参与医学经验交流,参加专业学术团体。
(3)参加业务培训和教育。
(4)在执业活动中,人格尊严、人身安全不受侵犯。
(5)获取报酬。
(6)对当地的预防、保健、医疗工作和卫生行政主管部门的工作提出意见和建议。

(二)乡村医生的执业义务

根据《乡村医生从业管理条例》的规定,乡村医生在执业活动中应当履行下列义务：

(1) 遵守法律、法规、规章和诊疗护理技术规范、常规。

(2) 树立敬业精神，遵守职业道德，履行乡村医生职责，为村民健康服务。

(3) 关心、爱护、尊重患者，保护患者的隐私。

(4) 努力钻研业务，更新知识，提高专业技术水平。

(5) 向村民宣传卫生保健知识，对患者进行健康教育。

（三）乡村医生的其他执业规则

乡村医生应当协助有关部门做好初级卫生保健服务工作，按照规定及时报告传染病疫情和中毒事件，如实填写并上报有关卫生统计报表，妥善保管有关资料。

乡村医生在执业活动中，不得重复使用一次性医疗器械和卫生材料。对使用过的一次性医疗器械和卫生材料，应当按照规定处置。

乡村医生应当如实向患者或者其家属介绍病情，对超出一般医疗服务范围或者限于医疗条件和技术水平不能诊治的病人，应当及时转诊，情况紧急不能转诊的，应当先行抢救并及时向有抢救条件的医疗卫生机构求助。

乡村医生不得出具与执业范围无关或者与执业范围不相符的医学证明，不得进行实验性临床医疗活动。

省、自治区、直辖市人民政府卫生行政主管部门应当按照乡村医生的一般医疗服务范围，制定乡村医生基本用药目录。乡村医生应当在乡村医生基本用药目录规定的范围内给患者用药。

四、乡村医生的培训与考核

（一）乡村医生的培训

根据《乡村医生从业管理条例》的规定，省、自治区、直辖市人民政府组织制定乡村医生培训规划，保证乡村医生至少每两年接受一次培训。县级人民政府根据培训规划制定本地区乡村医生培训计划。

县级人民政府卫生行政主管部门根据乡村医生培训计划，负责组织乡村医生的培训工作。乡村医生应当按照培训规划的要求至少每两年接受一次培训，更新医学知识，提高业务水平。

（二）乡村医生的考核

根据《乡村医生从业管理条例》的规定，县级人民政府卫生行政主管部门负责组织本地区乡村医生的考核工作，对乡村医生的考核，每两年组织一次。

对乡村医生的考核应当客观、公正，充分听取乡村医生执业的村医疗卫生机构、乡村医生本人、所在村村民委员会和村民的意见。

县级人民政府卫生行政主管部门负责检查乡村医生执业情况,收集村民对乡村医生业务水平、工作质量的评价和建议,接受村民对乡村医生的投诉,并进行汇总、分析。汇总、分析结果与乡村医生接受培训的情况作为对乡村医生进行考核的主要内容。

乡村医生经考核合格的,可以继续执业,经考核不合格的,在六个月之内可以申请进行再次考核。逾期未提出再次考核申请或者经再次考核仍不合格的乡村医生,原注册部门应当注销其执业注册,并收回乡村医生执业证书。

有关人民政府卫生行政主管部门对村民和乡村医生提出的意见、建议和投诉,应当及时调查处理,并将调查处理结果告知村民或者乡村医生。

五、乡村医生的法律责任

根据《乡村医生从业管理条例》的规定,有关人员违反本条例依法承担民事责任、行政责任和刑事责任。

(一)民事责任

以不正当手段取得乡村医生执业证书的,由发证部门收缴乡村医生执业证书;造成患者人身损害的,依法承担民事赔偿责任;未经注册在村医疗卫生机构从事医疗活动的,造成患者人身损害的,依法承担民事赔偿责任。

(二)行政责任

乡村医生在执业活动中,违反本条例规定,有下列行为之一的,由县级人民政府卫生行政主管部门责令限期改正,给予警告;逾期不改正的,责令暂停三个月以上六个月以下执业活动;情节严重的,由原发证部门暂扣乡村医生执业证书。① 执业活动超出规定的执业范围,或者未按照规定进行转诊的;② 违反规定使用乡村医生基本用药目录以外的处方药品的;③ 违反规定出具医学证明,或者伪造卫生统计资料的;④ 发现传染病疫情、中毒事件不按规定报告的。

乡村医生在执业活动中,违反规定进行实验性临床医疗活动,或者重复使用一次性医疗器械和卫生材料的,由县级人民政府卫生行政主管部门责令停止违法行为,给予警告,可以并处一千元以下的罚款;情节严重的,由原发证部门暂扣或者吊销乡村医生执业证书。

乡村医生变更执业的村医疗卫生机构,未办理变更执业注册手续的,由县级人民政府卫生行政主管部门给予警告,责令限期办理变更注册手续。

(三)刑事责任

以不正当手段取得乡村医生执业证书,造成患者人身损害,构成犯罪的,依法追究刑事责任;未经注册在村医疗卫生机构从事医疗活动,造成患者人身损害构成犯罪的,依法追究刑事责任;寻衅滋事、阻碍乡村医生依法执业,侮辱、诽谤、威胁、殴打乡村医生,构成犯罪的,依法追究刑事责任。

思 考 题

1. 简述医师的执业规则。
2. 论述医师资格考试和注册制度。
3. 简述执业药师职责。
4. 申请护士执业注册,应当具备哪些条件?

参 考 文 献

[1] 吴崇其,达庆东.卫生法学[M].北京:法律出版社,1999.
[2] 樊立华.卫生法学概论[M].北京:人民卫生出版社,2002.
[3] 达庆东.卫生法学纲要[M].上海:上海医科大学出版社,1996.
[4] 黄丁全.医事法[M].北京:中国政法大学出版社,2003.

第十一章 药品管理法律制度

内容提要 本章介绍我国药品管理法律制度。药品管理法是调整药品研制、生产、经营、监督管理,保证药品质量,保障人的用药安全有效,维护人民身体健康和用药合法权益活动中产生的各种社会关系的法律规范的总称。《药品管理法》是我国药品管理领域的基本法律。

重点提示 药品　药品生产企业　药品经营企业　医疗机构制剂　药品价格　药品广告

第一节　药品管理法律制度概述

一、药品的概念和特征

药品,是指用于预防、治疗、诊断人的疾病,有目的地调节人的生理功能并规定有适应症或功能主治、用法和用量的物质,包括中药材、中药饮片、中成药、化学原料药及其制剂、抗生素、生化药品、放射性药品、血清、疫苗、血液制品和诊断药品等。

药品直接关系到人的身体健康和生命安危,是一种特殊的商品,其特殊性主要表现在:

第一,药品作用具有两重性。一方面,药品可以防病治病、康复保健;另一方面,多数药品有不同程度的毒副作用。只有管理有序,使用适当,才能治病救人,保障健康。

第二,药品质量的重要性。只有符合国家规定标准的药品,才能保证疗效。因此,进入流通渠道的药品,只允许是合格品,绝对不允许有次品或等外品。

第三,药品鉴定具有很强的科学性。药品质量的优劣、真伪,一般患者或消费者难以识别。必须由专门机构和专门的技术人员,依据法定的标准,运用合乎要求的设备仪器和科学方法,经过检测才能作出鉴定和评价。

第四,药品具有很强的专用性。人们只能在医生的指导下甚至还要在医药专业人员的监护下才能合理用药,达到防病治病和保护健康的目的。

二、药品管理法制建设

为配合禁止鸦片烟毒工作和解决旧中国遗留的伪劣药品充斥市场的情况,

1950年11月,经政务院批准,卫生部颁发了《麻醉药品管理暂行条例》,这是我国药品管理的第一部行政法规。1963年,经国务院批准,卫生部、化工部、商业部联合颁布了我国药品管理法的第一部综合性法规《关于加强药品管理的若干规定(草案)》,对药品的生产、经营、使用和进出口管理起到了重要作用。

随着社会主义经济建设的发展和人民生活水平的日益提高,为了强化药品的监督管理,保证药品质量,增进药品疗效,保障公民用药安全,维护公民身体健康,1984年9月20日,第六届全国人大常委会第七次会议通过了《中华人民共和国药品管理法》,并于1985年7月1日起施行。这是新中国成立以来我国第一部药品管理法律,为人体用药的合理有效提供了法律保证。2001年2月28日第九届全国人大常委会第二十次会议审议并通过了经过修订的《药品管理法》,自2001年12月1日起施行。

为了保证《药品管理法》的贯彻实施,国务院先后颁布了《中华人民共和国药品管理法实施条例》《医疗用毒性药品管理办法》《麻醉药品和精神药品管理条例》等行政法规。

近年来,卫生部先后制定颁布《国家基本药物目录(基层医疗卫生机构配备使用部分)》(2009版)、《药品类易制毒化学品管理办法》、《药品生产质量管理规范》(2010年修订)、《药品不良反应报告和监测管理办法》等部门规章。

1998年4月,国家药品监督管理局成立。国家药品监督管理局陆续制定颁布了《新药审批办法》《新生物制品审批办法》《新药保护和技术转让的规定》《仿制药品审批办法》《进口药品管理办法》《药品生产质量管理规范》《戒毒药品管理办法》《麻黄素管理办法(试行)》《处方药与非处方药分类管理办法》《药品流通监督管理办法(暂行)》等行政规章。

2003年3月,在国家药品监督管理局基础上组建了国家食品药品监督管理局。作为国务院综合监督食品、保健品、化妆品安全管理和主管药品监管的直属机构,负责对药品的研究、生产、流通、使用进行行政监督和技术监督;负责食品、保健品、化妆品安全管理的综合监督、组织协调和依法组织开展对重大事故查处;负责保健品的审批。近几年,国家食品药品监督管理局陆续颁布了《药品注册管理办法》《药品说明书和标签管理规定》《药品流通监督管理办法》《药品广告审查办法》《药品召回管理办法》《医疗机构药品监督管理办法(试行)》等行政规章。

各省、自治区、直辖市人民政府也制定了一系列药品管理领域的地方法规。

我国已初步形成了以《药品管理法》为基本法律,包括行政法规、行政规章、地方性法规等具备中国特色药品监督管理法律体系。

三、《药品管理法》概述

药品管理法是调整药品研制、生产、经营、监督管理,保证药品质量,保障人的用药安全有效,维护人民身体健康和用药合法权益活动中产生的各种社会关系的法律规范的总称。

《药品管理法》是我国药品管理领域的基本法律。在中华人民共和国境内从事药品的研制、生产、经营、使用和监督管理的单位或者个人,必须遵守《药品管理法》。

《药品管理法》包括总则、药品生产企业管理、药品经营企业管理、医疗机构的制剂管理、药品管理、药品包装的管理、药品价格和广告的管理、药品监督、法律责任和附则,共十章106条。

第二节 药品生产经营的法律规定

一、药品生产企业管理

药品生产企业是指生产药品的专营企业或者兼营企业。加强对药品生产企业的管理是保证药品质量的中心环节。

(一)开办药品生产企业的基本条件

开办药品生产企业必须具备以下条件:① 具有依法经过资格认定的药学技术人员、工程技术人员及相应的技术工人;② 具有与药品生产相适应的厂房、设施和卫生环境;③ 具有能对所生产的药品进行质量管理和质量检验的机构、人员及必要的仪器设备;④ 具有保证药品质量的规章制度。

(二)药品生产许可和生产批准文号

开办药品生产企业,须经企业所在地省、自治区、直辖市人民政府药品监督管理部门批准并发给"药品生产许可证",凭"药品生产许可证"到工商行政管理部门办理登记注册。无"药品生产许可证"的,不得生产药品。"药品生产许可证"应当标明有效期和生产范围,到期重新需新审查发证。

生产新药或者已有国家标准的药品的,须经国务院药品监督管理部门批准,并发给药品批准文号;但生产没有实施批准文号管理的中药材和中药饮片除外。药品生产企业在取得药品批准文号后,方可生产该药品。

(三)药品生产质量的管理

药品生产企业必须按照《药品生产质量管理规范》(简称GMP)的要求组织生产,并经GMP认证,取得认证证书。

除中药饮片炮制外,药品必须按照国家药品标准和国务院药品监督管理部门批准的生产工艺进行生产,生产记录必须完整准确。药品生产企业改变影响药品质量的生产工艺的,必须报原批准部门审核批准。

中药饮片必须按照国家药品标准炮制,国家药品标准没有规定的,必须按照省级人民政府药品监督管理部门制定的炮制规范进行炮制。

生产药品所需的原料、生产药品和调和处方时所用的赋形剂和附加剂等辅料必须符合国家药典或其他药用要求。

药品生产企业必须对其生产的药品进行质量检验,不符合国家药品标准或者不按照省级药品监督管理部门制定的中药饮片炮制规范炮制的,不得出厂。

二、药品经营企业管理

(一)开办药品经营企业的基本条件

开办药品经营企业,应遵循合理布局和方便群众购药的原则。同时必须具备以下条件:① 具有依法经过资格认定的药学技术人员;② 具有与所经营药品相适应的营业场所、设备、仓储设施和卫生环境;③ 具有与所经营药品相适应的质量管理机构或者人员;④ 具有保证所经营药品质量的规章制度。

(二)药品经营许可

开办药品批发企业,须经企业所在地省、自治区、直辖市人民政府药品监督管理部门批准并发给"药品经营许可证";开办药品零售企业,须经企业所在地县级以上地方药品监督管理部门批准发给"药品经营许可证",凭该证到工商行政管理部门办理登记注册。无"药品经营许可证"的,不得经营药品。"药品经营许可证"应当标明有效期和经营范围,到期重新审查发证。

(三)药品经营的质量管理

药品经营企业必须按照国务院药品监督管理部门制定的《药品经营质量管理规范》(简称 GSP)经营药品,并经 GSP 认证,取得认证证书。

药品经营企业购进药品,必须建立并执行进货检查验收制度,验明药品合格证明和其他标志;不符合规定要求的,不得购进。

药品经营企业购销药品,必须有真实完整的购销记录。购销记录必须注明药品的通用名称、剂型、规格、批号、有效期、生产厂商、购(销)货单位、购(销)货数量、购销价格、购(销)货日期及国务院药品监督管理部门规定的其他内容。

经营企业销售药品必须准确无误,并正确说明用法、用量和注意事项;调配处方必须经过核对,对处方所列药品不得擅自更改或者代用。对有配制禁忌或者超剂量的处方,应当拒绝调配;必要时,经处方医师更正或者重新签字,方可调配。药品经营企业所销售的中药材,必须标明产地。

药品经营企业必须制定和执行药品保管制度,采取必要的冷藏、防冻、防潮、防虫、防鼠等措施,保证药品质量。药品入库和出库必须执行检查制度。

三、医疗机构的制剂管理

(一)医疗机构配制制剂管理

1. 医疗机构配制制剂的条件

医疗机构配制制剂,须经所在地省、自治区、直辖市人民政府卫生行政部门审核同意,由省、自治区、直辖市人民政府药品监督管理部门批准,发给"医疗机构制剂许可证"。无"医疗机构制剂许可证"的,不得配制制剂。"医疗机构制剂许可证"应当标明有效期,到期重新审查发证。

医疗机构必须配备依法经过资格认定的药学技术人员。非药学技术人员不得直接从事药剂技术工作。

医疗机构配制的制剂,应当是本单位临床需要而市场上没有供应的品种,并须经所在地省、自治区、直辖市人民政府药品监督管理部门批准后方可配制。

2. 医疗机构配制制剂的质量管理

医疗机构配制制剂,必须具有能够保证制剂质量的设施、管理制度、检验仪器和卫生条件。灭菌制剂室要具备更衣、缓冲、洗涤、配制、灌封、灭菌、包装等适宜的条件和空调设施。配制输液剂的,必须具备超净条件。

配制的制剂必须按照规定进行质量检验,合格的方可使用。

3. 医疗机构配制制剂的使用

医疗机构配制的制剂,凭医生处方在本医疗机构使用。特殊情况下,经国务院或省级药品监督管理部门批准,可以在指定的医疗机构之间调剂使用。

医疗机构配制的制剂不得在市场销售。

(二)医疗机构药品管理

医疗机构购进药品,必须建立并执行进货检查验收制度,验明药品合格证明和其他标志;不符合规定要求的,不得购进和使用。

医疗机构的药剂人员调配处方,必须经过核对,对处方所列药品不得擅自更改或者代用。对有配制禁忌或者超剂量的处方,应当拒绝调配;必要时,经处方医师更正或者重新签字,方可调配。

医疗机构必须制定和执行药品保管制度,采取必要的冷藏、防冻、防潮、防虫、防鼠等措施,保证药品质量。

(三)医疗机构药事管理

医疗机构药事管理是指医疗机构内以医院药学为基础,以临床药学为核心,促进临床科学、合理用药的药学技术服务和相关的药品管理工作。《医疗机构药事管理办法》规定,医疗机构根据实际工作需要,应设立药事管理组织和药学部门,逐步建立临床药师制,创造条件支持药学研究管理。

四、药品包装的管理

(一)药品包装材料和容器的要求

直接接触药品的包装材料和容器,必须符合药用要求,符合保障人体健康、安全的标准,并由药品监督管理部门在审批药品时一并审批。

药品生产企业不得使用未经批准的直接接触药品的包装材料和容器。对不合格的直接接触药品的包装材料和容器,由药品监督管理部门责令停止使用。

(二)药品包装质量的要求

药品包装必须适合药品质量的要求,方便储存、运输和医疗使用。

发运中药材必须有包装,在每件包装上必须注明品名、产地、日期、调出单位,并附有质量合格的标志。

(三)药品标签和说明书的要求

药品包装必须按照规定印有或者贴有标签并附有说明书。

标签或者说明书上必须注明药品的通用名称、成分、规格、生产企业、批准文号、产品批号、生产日期、有效期、适应症或者功能主治、用法、用量、禁忌、不良反应和注意事项。

麻醉药品、精神药品、医疗用毒性药品、放射性药品、外用药品和非处方药的标签,必须印有规定的标志。

五、药品价格和广告的管理

(一)药品价格管理

1. 政府定价、政府指导价药品

依法实行政府定价、政府指导价的药品,政府价格主管部门应当依照《中华人民共和国价格法》规定的定价原则,依据社会平均成本、市场供求状况和社会承受能力合理制定和调整价格,做到质价相符,消除虚高价格,保护用药者的正当利益。

药品的生产企业、经营企业和医疗机构必须执行政府定价、政府指导价,不得以任何形式擅自提高价格。

药品生产企业应当依法向政府价格主管部门如实提供药品的生产经营成本,不得拒报、虚报、瞒报。

2. 市场调节价药品

依法实行市场调节价的药品,药品的生产企业、经营企业和医疗机构应当按照公平、合理和诚实信用、质价相符的原则制定价格,为用药者提供价格合理的药品。

药品的生产企业、经营企业和医疗机构应当遵守药价管理的规定,制定和标明药品零售价格,禁止暴利和损害用药者利益的暴利价格欺诈行为。

药品的生产企业、经营企业和医疗机构应当依法向价格主管部门提供药品的实际购销价格和购销数量等资料。

3. 药品价格管理中的禁止行为

医疗机构应当向患者提供所用药品的价格清单。医疗保险定点医疗机构还应当按照规定的办法如实公布其常用药的价格。

禁止药品的生产企业、经营企业和医疗机构在药品购销中账外暗中给予、收受回扣或者牟取其他利益。

禁止药品的生产企业、经营企业或者其代理人以任何名义给予使用药品的医疗机构的负责人、药品采购人员、医师等有关人员以财物或者其他利益。禁止医疗机构的负责人、药品采购人员、医师等有关人员以任何名义收受药品的生产企业、经营企业或者其代理人给予的财物或者其他利益。

4. 药品价格形成机制

《中共中央国务院关于深化医药卫生体制改革的意见》明确指出,要改革药品价格形成机制。合理调整政府定价范围,改进定价方法,提高透明度,利用价格杠杆鼓励企业自主创新,促进国家基本药物的生产和使用。对新药和专利药品逐步实行定价前药物经济性评价制度。对仿制药品实行后上市从低定价制度,抑制低水平重复建设。严格控制药品流通环节差价率。对医院销售药品开展差别加价、收取药事服务费等试点,引导医院合理用药。健全医药价格监测体系,规范企业自主定价行为。

5. 国家基本药物制度

《中共中央国务院关于深化医药卫生体制改革的意见》明确指出,要建立国家基本药物制度。中央政府统一制定和发布国家基本药物目录,按照防治必需、安全有效、价格合理、使用方便、中西药并重的原则,结合我国用药特点,参照国际经验,合理确定品种和数量。建立基本药物的生产供应保障体系,在政府宏观调控下充分发挥市场机制的作用,基本药物实行公开招标采购,统一配送,减少中间环节,保障群众基本用药。国家制定基本药物零售指导价格,在指导价格内,由省级人民政府根据招标情况确定本地区的统一采购价格。

(二)药品广告管理

1. 药品广告发布管理

药品广告须经企业所在地省、自治区、直辖市人民政府药品监督管理部门批准,并发给药品广告批准文号;未取得药品广告批准文号的,不得发布。

处方药可以在国务院卫生行政部门和国务院药品监督管理部门共同指定的医学、药学专业刊物上介绍,但不得在大众传播媒介发布广告或者以其他方式进行以公众为对象的广告宣传。

2. 药品广告内容管理

药品广告的内容必须真实、合法,以国务院药品监督管理部门批准的说明书为准,不得含有虚假的内容。

药品广告不得含有不科学的表示功效的断言或者保证;不得利用国家机关、医药科研单位、学术机构或者专家、学者、医师、患者的名义和形象作证明。

非药品广告不得有涉及药品的宣传。

第三节 药品管理的法律规定

一、药品标准

(一) 国家药品标准

药品标准是国家对药品质量规格及检验方法所做的技术性规定,是药品生产、销售、使用和检验单位共同遵守的法定依据。《药品管理法》规定,药品必须符合国家药品标准。

我国的药品标准只有国家标准,包括国务院药品监督管理部门颁布的《中华人民共和国药典》和药品标准。国务院药品监督管理部门组织药典委员会,负责国家药品标准的制定和修订。

(二) 禁止生产(配制)、销售假药、劣药

《药品管理法》规定,禁止生产(配制)、销售假药、劣药。

1. 假药

根据《药品管理法》的规定,有下列情形之一的,为假药:① 药品所含成分与国家药品标准规定的成分不符的;② 以非药品冒充药品或者以他种药品冒充此种药品的。

有下列情形之一的药品,按假药论处:① 国务院药品监督管理部门规定禁止使用的;② 依照《药品管理法》必须批准而未经批准生产、进口,或者必须检验而未经检验即销售的;③ 变质的;④ 被污染的;⑤ 使用依照《药品管理法》必须取得批准文号而未取得批准文号的原料药生产的;⑥ 所标明的适应症或者功能主治超出规定范围的。

2. 劣药

根据《药品管理法》的规定,药品成分的含量不符合国家药品标准的,为劣药。

有下列情形之一的药品,按劣药论处:① 未标明有效期或者更改有效期的;② 不注明或者更改生产批号的;③ 超过有效期的;④ 直接接触药品的包装材料和容器未经批准的;⑤ 擅自添加着色剂、防腐剂、香料、矫味剂及辅料的;⑥ 其他不符合药品标准规定的。

二、药品注册

药品注册是指依照法定程序,对拟上市销售的药品的安全性、有效性、质量可控性等进行系统评价,并作出是否同意进行药物临床研究、生产药品或者进口药品的审批过程,包括对申请变更药品批准证明文件及其附件中载明内容的审批。2005年2月28日,国家食品药品监督管理局公布了《药品注册管理办法》,自2005年5月1日起施行。

药品注册申请包括新药申请、已有国家标准药品的申请和进口药品申请及其补充申请,申请药品注册必须进行临床前研究和临床研究。

根据《药品注册管理办法》的规定,国务院药品监督管理部门对下列新药的注册申请可以实行快速审批:① 新的中药材及其制剂、中药或者天然药物中提取的有效成分及其制剂;② 未在国内外获准上市的化学原料药及其制剂、生物制品;③ 抗艾滋病病毒及用于诊断、预防艾滋病的新药,治疗恶性肿瘤、罕见病等的新药;④ 治疗尚无有效治疗手段的疾病的新药。

三、药品生产的批准文号

《药品管理法》规定,除生产没有实施批准文号管理的中药材和中药饮片外,生产新药或者已有国家标准的药品的,须经国务院药品监督管理部门批准,并发给药品批准文号。药品生产企业在取得药品批准文号后,方可生产该药品。

四、新药管理

新药,是指我国尚未生产过的药品。已生产的药品改变剂型、改变给药途径、增加新的适应症或制成新的复方剂,亦属于新药范围。

(一) 新药研制

《药品管理法》规定,研制新药,必须按照国务院药品监督管理部门的规定如实报送研制方法、质量指标、药理及毒理试验结果等有关资料和样品,经国务院药品监督管理部门批准后,方可进行临床试验。完成临床试验并通过审批的新药,由国务院药品监督管理部门批准,发给新药证书。

所谓药物临床试验,是指任何在人体(病人或健康志愿者)进行的药物系统研究,以证实或揭示试验用药物的作用、不良反应及试验用药物的吸收、分布、代谢和排泄,目的是确定试验用药物的疗效与安全性。为保证药物临床试验过程规范、科学,结果真实可靠,保障受试者的安全和利益,国家药品监督管理局制定了《药物临床试验质量管理规范》(简称 GCP),同时药物临床试验机构的资格必须经过资格认定。

(二)新药保护和技术转让

为了鼓励研究创制新药,保护科研与生产单位研究、开发、生产新药的积极性,避免重复研究和生产,维护药品技术市场的秩序和新药技术转让双方的合法权益,促进我国制药工业的发展,国家药品监督管理局发布了《新药保护和技术转让的规定》。该规定指出,国家对新药实行分类保护制度,对已获批准新药的技术转让实行审批制度。

新药经国家药品监督管理局批准颁发新药证书后即获得保护。各类新药的保护期分别为:第一类新药12年;第二、三类新药8年;第四、五类新药6年。凡有试产期的新药,其保护期包含试产期。在保护期内的新药,未得到新药证书(正本)拥有者的技术转让,任何单位和个人不得仿制生产,药品监督管理部门也不得受理审批。新药保护期满,新药保护自行终止。拥有新药证书的单位在两年内无特殊理由既不生产亦不转让者,国家将中止对该新药的保护。

新药技术转让是指新药证书(正本)的拥有者,将新药生产技术转与其他生产企业。接受新药技术转让的企业不得对该新药进行再次转让。

(三)新药生产

除没有实施批准文号管理的中药材和中药饮片外,生产新药必须经国家药品监督管理局批准,并发给批准文号。新药试生产期满,生产单位应提前3个月提出转为正式生产申请。逾期未提出申请,或经审查不符合规定者,国家药品监督管理局取消其试生产批准文号。

五、特殊药品管理

《药品管理法》规定,国家对麻醉药品、精神药品、医疗用毒性药品、放射性药品,实行特殊管理。

麻醉药品,是指连续使用后易产生身体依赖性、能成瘾癖的药品,包括:阿片类、可卡因类、大麻类、合成麻醉药类及卫生部指定的其他易成瘾的药品、药用原植物及其制剂。

精神药品,是指直接用于中枢神经系统,使之兴奋或抑制,连续使用能产生依赖性的药品。

毒性药品是指毒性剧烈,治疗量与中毒剂量相近,使用不当会致人中毒或死亡的药品。

放射性药品是指用于临床诊断或者治疗的放射性核素制剂或者其标记药物，包括裂变制品、堆照制品、加速器制品、放射性同位素发生器及配套药盒、放射性免疫药盒等。

戒毒药品是指控制并消除滥用阿片类药物成瘾者的急剧戒断症状与体征的戒毒治疗药品和能减轻稽延性症状的戒毒治疗辅助药品。

特殊药品管理不善或使用不当极易造成对人体健康、公共卫生和社会治安的危害。国务院及有关部门根据《药品管理法》的规定，对特殊药品的研制、生产、运输、销售和使用分别制定了管理办法。为更好地进行国际合作和加强国内管制，我国已加入了联合国《1961年麻醉药品单一公约》《1971年精神药物公约》和1988年《联合国禁止非法贩运麻醉药品和精神药品公约》。

六、处方药和非处方药分类管理

《药品管理法》规定，国家对药品实行处方药和非处方药分类管理制度。这个制度是我国在药品监督管理方面的重大改革之一，有助于保护药品消费者的权利，对加入世界贸易组织后我国药品管理模式尽快与国际接轨也有重要意义。

处方药，是指必须凭借具有处方资格的医师开具的处方才能调配、购买和使用，并须在医务人员的指导和监控下使用的药品。

非处方药（简称OTC），是指不用医师诊断和开写处方，消费者依据自己掌握的医药常识，借助阅读药品标志物，对小伤小病自我诊断和选择应用的药品。

为了对药品实行严格管理，防止消费者因自我使用不当导致药物滥用甚至危害健康，同时引导消费者科学、合理地使用非处方药达到自我保健的目的，国家药品监督管理局于1999年发布了《处方药与非处方药分类管理办法》，并按照"应用安全、疗效确切、质量稳定、使用方便"的原则，公布了《第一批国家非处方药目录》。

根据《处方药与非处方药分类管理办法》：处方药必须凭执业医师或执业助理医师处方才可调配、购买和使用，非处方药不需要凭处方即可自行购买和使用。医疗机构根据医疗需要可以决定和推荐使用非处方药。

处方药只允许在专业性医药报刊上进行广告宣传，非处方药经审批后可以在大众传播媒介进行广告宣传。

非处方药分为甲、乙两类。经营处方药、非处方药的批发企业和经营处方药、甲类非处方药的零售企业，必须具有"药品经营企业许可证"。经省级药品监督管理部门或其授权的药品监督管理部门批准的其他商业企业，可以零售乙类非处方药。

七、进出口药品管理

(一) 进口药品管理

《药品管理法》规定,药品进口,须经国家药品监督管理局组织审查,经审查确认符合质量标准、安全有效的方可批准进口,并发给进口药品注册证书。国家禁止进口疗效不确切、不良反应大或者其他原因危害人体健康的药品。国务院药品监督管理部门对已经批准进口的药品,应当组织调查;对疗效不确切、不良反应大或者其他原因危害人体健康的药品,应当撤销进口药品注册证书。

医疗单位临床急需或者个人自用进口的少量药品,按照国家有关规定办理进口手续。

国家药品监督管理部门对下列药品在销售前或者进口时,指定药品检验机构进行检验,检验不合格的,不得销售或者进口:① 国务院药品监督管理部门规定的生物制品;② 首次在中国销售的药品;③ 国务院规定的其他药品。

药品必须从允许药品进口的口岸进口,并由进口药品的企业向口岸所在地药品监督管理部门登记备案。海关凭药品监督管理部门出具的《进口药品通关单》放行,无《进口药品通关单》的海关不得放行。对已批准生产或者进口的药品,应当组织调查,对疗效不确切、不良反应大或者其他原因危害人体健康的药品,应当撤销批准文号或者进口药品注册证书。已被撤销进口药品注册证书的药品不得再进口、销售或使用,已经进口的由当地药品监督管理部门监督销毁或者处理。

(二) 出口药品管理

出口药品必须保证质量。凡我国制造销售的药品,经省级药品监督管理部门审核批准后,根据国外药商需要出具有关证明,办理相关出口手续。未经批准,不得组织药品出口。

国内供应不足的药品,国务院有权限制或禁止出口。

(三) 麻醉药品和国家规定范围内的精神药品的进、出口

进口、出口麻醉药品和国家规定范围内的精神药品,必须持有国家药品监督管理局发给的"进口准许证"和"出口准许证"。

八、药品储备制度

《药品管理法》规定,国家实行药品储备制度。国内发生重大灾情、疫情及其他突发事件时,国务院规定的部门可以紧急调用企业药品。

第四节 药品监督管理机构

一、药品监督管理机构及其职责

(一)药品监督管理机构

1998年4月,根据国务院机构改革方案,成立了国家药品监督管理局,2003年组建为国家食品药品监督管理局,统一行使对全国的中西药品、医疗器械的执法监督和药品检验职能,负责药品生产、流通、使用的监督和检验,实行执法监督统一、技术监督集中、社会监督属地的全过程监督管理。这表明我国的药品监督管理正在向法制化、科学化迈进。

(二)药品监督管理机构职责

(1)有权按照法律、行政法规的规定对报经其审批的药品研制和药品的生产、经营以及医疗机构使用药品的事项进行监督检查,有关单位和个人不得拒绝和隐藏。药品监督管理部门进行监督检查时,必须出示证明文件,对监督检查中知悉的被检查人的技术秘密和业务秘密应当保密。

(2)根据监督检查的需要,可以对药品质量按照规定进行抽样检验并不得收取任何费用。对有证据证明可能危害人体健康的药品及其有关材料可以采取查封、扣押的行政强制措施,在七日内作出行政处理决定,对需要检验的,必须自检验报告书发出之日起十五日内作出行政处理决定。

(3)国务院和省级人民政府药品监督管理部门应定期公告药品质量抽查检验结果。公告不当时,必须在原公告范围内予以更正。

(4)依据《药品生产质量管理规范》和《药品经营质量管理规范》,对经其认证合格的药品生产企业、药品经营企业进行认证后的跟踪检查。

(5)地方人民政府和药品监督管理部门不得以要求实施药品检验、审批等手段限制或者排斥非本地区药品生产企业依照《药品管理法》规定生产的药品进入本地区。

(6)药品监督管理部门不得参与药品生产经营活动,不得以其名义推荐或者监制、监销药品。药品监督管理部门及其设置的药品检验机构和确定的专业从事药品检验的机构的工作人员不得参与药品生产经营活动。

二、药品检验机构及其职责

药检机构是执行国家对药品监督检验的法定专业性机构。《药品管理法》规定,药品监督管理部门设置或者确定的药品检验机构,承担依法实施药品审批和药品质量监督检查所需的药品检验工作。药品检验机构不得参与药品生产经营活动,不得以其名义推荐或者监制、监销药品。药品检验机构工作人员不得参与药品生产经营活动。

三、药品不良反应报告制度

《药品管理法》规定,国家实行药品不良反应报告制度。药品生产、经营企业和医疗机构必须经常考察本单位所生产、经营、使用的药品质量、疗效和反应。发现可能与用药有关的严重不良反应,必须及时向省级药品监督管理部门和卫生行政部门报告。对已确认发生不良反应的药品,国务院或者省级药品监督管理部门可以采取停止生产、销售、使用的紧急控制措施,并应当在五日内组织鉴定,自鉴定结论作出之日起十五日内依法作出行政处理决定。

为加强药品的上市后监管,规范药品不良反应报告和监测,及时、有效控制药品风险,保障公众用药安全,卫生部根据《药品管理法》制定实施《药品不良反应报告和监测管理办法》。

第五节 违反药品管理法律制度的法律责任

一、行政责任

(一) 行使行政处罚权的机关

违反《药品管理法》的有关规定,由县级以上药品监督管理部门按照国家药品监督管理局职责分工决定行政处罚。吊销"药品生产许可证""药品经营许可证""医疗机构制剂许可证"或者撤销药品批准证明文件的,由原发证、批准的部门决定。

药品生产经营企业、医疗机构在药品购销中暗中给予、收受回扣或者牟取其他利益的,药品生产经营企业或者其代理人给予使用其药品的医疗机构的负责人、药品采购人员、医师等有关人员以财物或者其他利益的,由工商行政管理部门对药品生产经营企业给予处罚。

医疗机构的负责人、药品采购人员、医师等有关人员收受药品生产经营企业或者其代理人给予的财物或者其他利益的,由卫生行政部门处罚。

(二) 应予行政处罚的违法行为

(1) 未取得药品生产、经营许可证、医疗机构制剂许可证生产、经营药品的予以取缔,没收药品和违法所得,并处罚款。

(2) 生产、销售假药的,没收假药和违法所得并处罚款;有药品批准许可文件的予以撤销,并责令停产、停业整顿。情节严重的,吊销卫生许可证。

(3) 生产、销售劣药的,没收劣药和违法所得并处罚款。情节严重的,责令停产、停业整顿或撤销药品批准证明文件、吊销卫生许可证。

(4) 从事生产、销售假药及劣药情节严重的企业或者其他单位,其直接负责的主管人员和其他直接责任人员,十年内不得从事药品生产、经营活动。对专门用于生产假药、劣药的原辅材料、包装材料、生产设备予以没收。

(5) 知道或者应当知道属于假劣药品而为其提供运输、保管、仓储等便利条件的,没收全部收入并处罚款。

(6) 药品生产、经营企业、药物非临床安全性评价研究机构、药物临床试验机构未按照规定实施质量管理规范的予以警告,责令限期改正。逾期不改正的,责令停产、停业整顿并处罚款。情节严重的,吊销药品许可证和药物临床试验机构的资格。

(7) 药品的生产、经营企业或者医疗机构违反规定,从无许可证的单位购进药品的,责令改正,没收药品并处罚款。有违法所得的,没收违法所得。情节严重的,吊销药品生产、经营许可证或者医疗机构执业许可证。

(8) 进口已获得药品进口注册证书的药品,未按照规定向允许药品进口的口岸所在地的药品监督管理部门备案的给予警告,责令限期改正。逾期不改正的,撤销药品注册证书。

(9) 伪造、变造、买卖、出租、出借许可证或者药品批准证明文件的,没收违法所得并处罚款。情节严重的,并吊销卖方、出租方、出借方的许可证或者撤销药品批准证明文件。

(10) 违反规定,提供虚假的证明、文件资料、样品或者采取其他欺骗手段取得许可证或者药品批准证明文件的,吊销许可证或者撤销药品批准证明文件,五年内不受理其申请并处罚款。

(11) 医疗机构将其配置的制剂在市场上销售的,责令改正,没收违法销售的制剂并处罚款。有违法所得的,没收违法所得。

(12) 药品经营企业违反药品管理法有关药品销售的规定的,责令改正,给予警告。情节严重的,吊销许可证。

(13) 药品标志不符合规定的,除依法应当按假药、劣药论处外,责令改正,给予警告。情节严重的,撤销该药品的批准证明文件。

(14) 药品检验机构出具虚假证明文件,不构成犯罪的,责令改正,给予警告,对单位并处罚款。有违法所得的,没收违法所得。情节严重的,撤销其检验资格。

(15) 药品的生产、经营企业、医疗机构,在药品购销中暗中给予、收受回扣或者其他利益的,药品的生产、经营企业或者其代理人给予使用其药品的医疗机构的负责人、药品采购人员、医师等有关人员以财物或者其他利益的,由工商行政管理部门处以罚款,有违法所得的,予以没收。情节严重的,由工商行政管理部门吊销营业执照,并通知药品监督管理部门吊销其许可证。

(16) 违反有关药品广告管理规定的,依照《中华人民共和国广告法》的规定处罚,并由发给广告批准文号的药品监督管理部门撤销广告批准文号,一年内不受理该品种的广告审批申请。

(17) 药品监督管理部门违反本法规定,有下列行为之一的,由其上级主管机关或者监察机关责令收回违法发给的证书、撤销药品批准证明文件,对直接负责的主管人员和其他直接责任人员依法给予行政处分:① 对不符合有关管理规范的企业发给符合有关规范的认证证书的,或者对取得认证证书的企业未按照规定履行跟踪检查的职责,对不符合认证条件的企业未依法责令其改正或者撤销其认证证书的;② 对不符合法定条件的单位发给许可证的;③ 对不符合进口条件的药品发给进口药品注册证书的;④ 对不具备临床试验条件或者生产条件而批准进行临床试验、发给新药证书、发给药品批准文号的。

(18) 药品监督管理部门或者其设置的药品检验机构或者其确定的专业从事药品检验的机构参与药品生产经营活动的,由其上级机关或者监察机关责令改正,有违法收入的予以没收。情节严重的,对直接负责的主管人员和其他直接责任人员依法给予行政处分。

(19) 药品监督管理部门或者其设置、确定的药品检验机构在药品监督检验中违法收取检验费用的,由政府有关部门责令退还,对直接负责的主管人员和其他直接责任人员依法给予行政处分。对违法收取检验费用情节严重的药品检验机构,撤销其检验资格。

(20) 药品监督管理部门对下级药品监督管理部门违反本法的行政行为,责令限期改正。逾期不改的,有权予以改变或者撤销。

对有上述违法行为的单位、个人进行处罚,应出具书面处罚通知书。对假药、劣药的处罚通知书应当载明药品检验所的质量检验结果。

当事人对行政处罚决定不服的,可以在接到处罚通知书之日起十五日内向人民法院起诉。但是,对药品监督管理部门作出的药品控制的决定,当事人必须立即执行。对处罚决定不履行逾期又不起诉的,由作出行政处罚决定的机关申请人民法院强制执行。

(三) 应予行政处分的违法行为

(1) 药品检验机构出具虚假检验报告,对直接负责的主管人员和其他直接责任人员依法给予降级、撤职、开除的处分并处罚款。

(2) 药品的生产、经营企业的负责人、采购人员等有关人员在药品购销中收受其他生产企业、经营企业或者其代理人给予的财物或者其他利益的,依法给予处分,没收违法所得。

(3) 医疗机构的负责人、药品采购人员、医师等有关人员收受药品生产企业、药品经营企业或者其代理人给予的财物或者其他利益的,由卫生行政部门或者本单位给予处分,没收违法所得。对违法行为情节严重的执业医师,由卫生行政部门吊销其执业证书。

(4) 药品监督管理部门对药品广告不依法履行审查职责,批准发布的广告有虚假或者其他违反法律、行政法规内容的,对直接负责的主管人员和其他直接责任人员依法给予行政处分。

(5) 药品监督管理部门及其设置的药品检验机构或者其确定专业从事药品检验的机构的工作人员参与药品生产经营活动的,依法给予行政处分。

(6) 已取得许可证的企业生产销售假药、劣药的,对有失职、渎职行为的药品监督管理部门直接负责的主管人员和其他直接责任人员依法给予行政处分。

(7) 药品监督管理人员滥用职权、徇私舞弊、玩忽职守,尚不构成犯罪的,依法给予行政处分。

二、民事责任

《药品管理法》规定,药品的生产企业、经营企业、医疗机构违反法律规定,给药品使用者造成损害的,依法承担赔偿责任。

药品检验机构出具的检验结果不实,造成损失的,应当承担相应的赔偿责任。

三、刑事责任

《药品管理法》规定,对生产、销售假药、劣药,危害人民健康,造成严重后果的,依照《刑法》的有关规定,追究刑事责任。

《刑法》第141条规定,生产、销售假药,足以严重危害人体健康的,处三年以下有期徒刑或者拘役,并处或者单处销售金额50%以上至两倍以下罚金。对人体健康造成严重危害的,处三年以上十年以下有期徒刑,并处销售金额50%以上至两倍以下罚金。致人死亡或者对人体健康造成特别严重危害的,处十年以上有期徒刑、无期徒刑或者死刑,并处销售金额50%以上至两倍以下罚金或者没收财产。

《刑法》第142条规定,生产、销售劣药,对人体健康造成严重危害的,处三年以上十年以下有期徒刑,并处销售金额50%以上至两倍以下罚金。后果特别严重的,处十年以上有期徒刑、无期徒刑或者死刑,并处销售金额50%以上至两倍以下罚金或者没收财产。

《刑法》第355条规定,依法从事生产、运输、管理、使用国家管制的麻醉药品、精神药品的人员,违反国家规定,向吸食、注射毒品的人提供国家规定管制的能够使人形成瘾癖的麻醉药品、精神药品的,处三年以下有期徒刑或者拘役,并处罚金。情节严重的,处三年以上七年以下有期徒刑,并处罚金。向走私、贩卖毒品的犯罪分子或者以牟利为目的,向吸食、注射毒品的人提供国家规定管制的能够使人形成瘾癖的麻醉药品、精神药品的,依照刑法第347条关于走私、贩卖、运输、制造毒品的规定予以定罪处罚。单位犯上述罪的,对单位判处罚金,并对其直接负责的主管人员和其他直接责任人员,依照上述的规定处罚。

《药品管理法实施条例》规定,药品监督管理人员,滥用职权、徇私舞弊、玩忽职守,构成犯罪的,依法追究刑事责任。

思 考 题

1. 药品的概念和特征是什么?
2. 药品生产、经营的相关法律规定有哪些?
3. 如何对药品价格和广告进行有效管理?
4. 如何对处方药和非处方药进行分类管理?
5. 药品不良反应报告制度的意义是什么?
6. 违反药品管理法律制度的法律责任有哪些?

参 考 文 献

[1] 吴崇其.卫生法学[M].北京:法律出版社,2005.
[2] 赵同刚.卫生法[M].北京:人民卫生出版社,2005.
[3] 冯建妹.现代医学与法律研究[M].南京:南京大学出版社,1994.
[4] 黄丁全.医疗、法律与生命伦理[M].北京:法律出版社,2004.

第十二章　中医药法律制度

内容提要　本章在介绍中医药法制建设概况的基础上,重点阐述了《中医药法》关于中医药服务、中药保护与发展、中医药人才培养以及科研、传承与传播、保障措施、违反《中医药法》的法律责任的法律规定。

重点提示　中医药的概念　中医药服务　中药保护与发展　中医药人才培养　保障措施　法律责任

第一节　中医药法律制度概述

一、中医药的概念

中医药是我国医药卫生体系的特色和优势,是国家医药卫生事业的重要组成部分。中医药学最能体现中华优秀传统文化的特质,是古代唯一流传至今并仍在发挥重要作用的科技文化形态。正如习近平2010年6月20日在澳大利亚皇家墨尔本理工大学中医孔子学院揭牌仪式的讲话中指出:"中医药学凝聚着深邃的哲学智慧和中华民族几千年的健康养生理念及其实践经验,是中国古代科学的瑰宝,也是打开中华文明宝库的钥匙。"近些年来国际社会对中医药的关注度显著上升。中医药已经传播到了世界180多个国家和地区,传统医学应该能为人类健康做出更大的贡献。2015年,中国外文局对外传播研究中心在全球开展了第四次中国国家形象调查,结果显示中医药被认为是最具有代表性的中国元素。

通常认为,中医药是指在中国古代传统哲学的指导下,在长期的临床医疗实践中逐步形成的具有独特的完整的理论体系及其以天然疗法为主的诊疗实践,包括汉族医药以及藏、蒙、维、傣、苗等各兄弟民族的传统医药。

《中华人民共和国中医药法》(下称《中医药法》)第2条规定,本法所称中医药,是包括汉族和少数民族医药在内的我国各民族医药的统称,是反映中华民族对生命、健康和疾病的认识,具有悠久历史传统和独特理论及技术方法的医药学体系。该定义以法律的名义表明:一是明确了"中医药"是包括汉族和少数民族医药在内的广义的概念;二是中医药既是历史上形成的传统医学,同时也是不断发展的医学科学。

二、中医药法制建设概况

新中国成立以来,国家高度重视中医药工作。最初主要是以方针、政策的形式继承发扬我国医药学遗产,为保障人民健康服务。1958年毛泽东同志在对卫生部党组《关于组织西医离职学习中医班总结报告》的批示中提出"中医药学是一个伟大的宝库,应当努力发掘,加以提高"。改革开放后,党中央进一步重申了中医药政策,为中医创造良好发展与提高的物质条件;坚持中西医结合的方针,把中医和西医摆在同等重要的地位,中医药事业取得了显著成就。在我国经济社会的发展和各项事业的不断进步的过程中,逐步制定和建立了一系列有关中医药发展的政策和法律制度。

(一)中医药法律法规的制定

1982年通过的《中华人民共和国宪法》第21条明确规定,"国家发展医药卫生事业,发展现代医药和我国传统医药"。国家根本大法的这条规定确立了传统医药的法律地位,为中医药发展和法律制度建设提供了根本的法律依据。

随后,国务院颁布的专门的中医药行政法规有:《野生药材资源保护管理条例》(1987年)、《中药品种保护条例》(1992年)、《中华人民共和国中医药条例》(2003年,以下称《中医药条例》)等,这些法规对促进、规范中医药事业发展发挥了重要作用,尤其是《中医药条例》明确了中医药管理的基本指导思想和中医药及相关管理部门的职责,制定了一系列保障中医药发展的措施。

随着经济社会快速发展,中医药事业发展面临一些新的问题和挑战,主要表现为:中医药服务能力不足,特色和优势发挥不够充分;现行医师管理、药品管理制度不能完全适应中医药特点和发展需要,一些医术确有专长的人员无法通过考试取得医师资格,医疗机构中药制剂品种萎缩明显;中医药人才培养途径比较单一,人才匮乏;中医药理论和技术方法的传承、发扬面临不少困难。由此,不仅中医界一直呼吁制定一部较为全面的中医药法,而且中医药在国民经济与社会发展中的战略性地位更加决定了中医药的发展与创新、传承与传播都亟需法律来保驾护航。

2008年,第十一届全国人民代表大会常务委员会将中医药法列入立法规划;2009年先后出台两个文件(《中共中央国务院关于深化医药卫生体制改革的意见》中发〔2009〕6号和《国务院关于扶持和促进中医药事业发展的若干意见》国发〔2009〕22号)明确要求加快中医药立法工作。

2016年12月25日,《中华人民共和国中医药法》由第十二届全国人民代表大会常务委员会第二十五次会议通过,自2017年7月1日起施行。《中医药法》全文共7004字,九章63条,内容包括:总则、中医药服务、中药保护与发展、中医药人才培养、中医药科学研究、中医药传承与文化传播、保障措施、法律责任、附则。

第一章总则共10条内容,分别为:立法宗旨、中医药定义、地位和方针、纳入发展规划、确定管理主体、中医药服务体系建设、中医药教育、中医药科研创新、对外交流合作、表彰和奖励。"总则"起着纲举目张的作用,有些条款是采取"提取公因式"的方式确立的原则,为后面具体各章的内容制定确立了基本指导,是最基础、最通用,同时也是最抽象的部分。

第九章附则作为法律的最后一部分是补充规定,有4条内容,分别是:《中医药法》未作规定的适用他法、民族自治地方可因地制法、盲人可提供医疗按摩服务、法律的施行日期等。

《中医药法》的总体思路是:① 遵循中医药自身规律,建立符合中医药特点的管理制度,保持和发挥中医药特色和优势;② 贯彻深化医药卫生体制改革的要求,扶持和促进中医药事业发展,充分发挥中医药在医药卫生事业中的作用;③ 坚持扶持与规范并重,在推动中医药事业发展的同时,注意预防和控制风险,保障医疗安全;④ 处理好与现行法律的关系,在中医药的管理上,《执业医师法》《药品管理法》等法律已有规定的,本法不再重复规定,仅对其中不适应中医药特点和发展需要的制度作适当调整。

《中医药法》是《宪法》第21条的具体贯彻和体现,是贯彻"中西医并重"卫生工作方针的关键,是第一部全面、系统体现中医药特点的综合性法律,也是第一次从法律层面将党和国家发展中医药的方针政策固定下来,为中医药事业发展提供法律保障,对于中医药行业发展具有里程碑意义,表现为:① 有利于促进中医药的传承和发展;② 有利于建设中国特色医药卫生制度;③ 有利于发挥中医药在经济社会发展中的重要作用;④ 有利于保持传统医药大国的领先地位。

(二) 与中医药相关的法律法规

除了专门的中医药法律法规的制定,我国制定的法律法规中与中医药相关的还有:在国家法律层面,《中华人民共和国药品管理法》(1984年)、《中华人民共和国执业医师法》(1998年);在国家行政法规层面,《医疗机构管理条例》(1994年)、《医疗事故处理条例》(2002年)、《乡村医生从业管理条例》(2003年)等。这些法律法规的颁布实施,标志着我国实现了利用法律法规对中医医疗机构、人员、中药的准入与监督以及中药品种与资源的保护等方面进行管理。

此外,还有《教育法》《高等教育法》《职业教育法》《科学技术进步法》《科学技术成果转化法》《科学技术奖励条例》等一系列法律法规的颁布实施,进一步丰富了中医药立法管理的内容,对中医药事业在教育、科研等方面的有关管理都提供了法律依据。

(三) 地方法规建设

自20世纪90年代,全国各地在遵循国家法律法规的前提下,为促进当地中医药事业发展陆续开始了地方中医药立法工作,目前全国已有24个省、自治区、直辖市出台了地方中医药法。各地的中医药立法工作既充分体现了党和政府保护、扶植发展中医药的一贯政策,明确了中医药等传统医药在我国卫生事业中的地位和作用,又结合了本地区的实际情况和各自特点,做到既统一,又因地制宜,对规范、保护和发展地方中医药起到了积极的推进作用。

(四)中医药部门规章、规范性文件和技术标准的制定

随着中医药事业的发展,国家中医药管理部门独自或与其他部门共同制定和颁布了有关中医机构、医疗保健、人才培养、科学技术、对外交流与合作等方面的部门规章、规范性文件近200余项,对加强行业管理,规范行政行为,推进依法行政,促进事业发展起到了积极作用。

20世纪80年代,我国就开始了中医药标准化建设工作,据初步统计,目前国家有关部门已颁布了中医药标准规范130余项,涉及医疗、教育、科研、中药、管理等各个方面。其中制定出《经穴部位》《耳穴名称与部位》《中医病症诊断疗效标准》《中医临床诊疗术语》《中医病证分类与代码》《中药分类与代码》等多项国家和行业标准,还参与了《经穴部位》《耳穴名称与部位》等国际标准的研究制定。这些中医药标准规范的实行,进一步规范了中医药行业管理,提高了中医药学术水平,为推动中医药现代化、促进中医药走向世界作出了贡献。

上述一系列有关中医药法律法规、部门规章、规范性文件和技术标准的制定和实施,标志着我国中医药工作基本做到了有法可依,中医药事业发展走上了法制化、规范化的轨道。尤其是《中医药法》的出台,明确了中医药事业的重要地位和发展方针,建立了符合中医药特点的管理制度,保障了中医药事业进入主流措施,加大了对中医药事业的扶持力度,加强了中医医疗服务和中药生产经营监管以及中医药违法行为的处罚力度,更有利于保障和促进传统医药事业的健康发展。

第二节 中医药服务的法律规定

一、关于中医医疗机构的法律规定

经过长期发展,我国已经建立了由医院、基层医疗卫生机构、专业公共卫生机构等组成的覆盖城乡的医疗卫生服务体系。截至2014年底,全国共有中医类医院(包括中医、中西医结合、民族医医院)3732所,中医类医院床位75.5万张,中医类执业(助理)医师39.8万人,2014年中医类医院总诊疗人次5.31亿。

医疗机构是从事疾病诊断、治疗活动,经登记取得《医疗机构执业许可证》的机构。中医医疗机构是加强中医药服务的重要物质基础。它是指运用中医中药防治疾病,保障人体健康的医疗组织,包括各类中医医院(含中西医结合医院、民族医医

院)、各类中医门诊部(含中西医结合门诊部、民族医门诊部)、各类中医诊所(含民族诊所)等。《中医药发展战略规划纲要(2016～2030年)》提出,完善覆盖城乡的中医医疗服务网络。全面建成以中医类医院为主体、综合医院等其他类别医院中医药科室为骨干、基层医疗卫生机构为基础、中医门诊部和诊所为补充、覆盖城乡的中医医疗服务网络。为此,《中医药法》第二章做了如下规定:

"县级以上人民政府应当将中医医疗机构建设纳入医疗机构设置规划,举办规模适宜的中医医疗机构,扶持有中医药特色和优势的医疗机构发展。合并、撤销政府举办的中医医疗机构或者改变其中医医疗性质,应当征求上一级人民政府中医药主管部门的意见。"这里注意,政府举办的中医医疗机构发生三种变化需征求意见:一是合并,是指和其他医疗机构合并为一家中医医疗机构;二是撤销,是指中医医疗机构由于不再符合要求,由有关机关取消其《医疗机构执业许可证》;三是改变中医医疗性质,如将中医医疗机构改变为非医疗机构。这三种变化应先征求上一级人民政府中医药主管部门的意见后,再办理有关手续。

"政府举办的综合医院、妇幼保健机构、社区卫生服务中心、乡镇卫生院、有条件的专科医院,应当设置中医药科室。县级以上人民政府应当采取措施,增强社区卫生服务站和村卫生室提供中医药服务的能力。"这里注意,公立医疗机构应当设立中医药科室,社会力量举办的医疗机构可根据自身情况决定是否设置中医药科室;有条件的专科医院、社区卫生服务中心、乡镇卫生院,也应当设置中医药科室,是否属于"有条件",应当按照国家有关规定执行。社区卫生服务站和村卫生室作为最基层的医疗卫生机构,虽然不一定设置中医药科室,但也要具备和增强提供中医药服务的能力。

"国家支持社会力量举办中医医疗机构。社会力量举办的中医医疗机构在准入、执业、基本医疗保险、科研教学、医务人员职称评定等方面享有与政府举办的中医医疗机构同等的权利。"这里所说的社会力量举办的中医医疗机构,即非公立医疗机构。鼓励和引导社会力量举办中医医疗机构,有利于增加中医医疗服务资源,扩大中医医疗服务供给,满足人民群众多层次、多元化的医疗服务需求;有利于建立竞争机制,提高中医医疗服务效率和质量,完善中医医疗服务体系。所以,在准入、执业、基本医疗保险、科研教学、医务人员职称评定等五个方面,消除阻碍非公立医疗机构发展的政策障碍,为社会力量举办医疗机构营造良好氛围,促进非公立医疗机构持续健康发展。

"举办中医医疗机构应当按照国家有关医疗机构管理的规定办理审批手续,并遵守医疗机构管理的有关规定。举办中医诊所的,将诊所的名称、地址、诊疗范围、人员配备情况等报所在地县级人民政府中医药主管部门备案后即可开展执业活动。中医诊所应当将本诊所的诊疗范围、中医医师的姓名及其执业范围在诊所的明显位置公示,不得超出备案范围开展医疗活动。"众所周知,中医药具有鲜明的特色和优势,在很多方面是不同于西医药的。比如,中医诊所主要是医师坐堂望闻问切,服务简便,不像西医医疗机构需要配备相应的仪器设备。因此,建立符合中医药特点的管理制度,发展中医医疗服务,对《医疗机构管理条例》等规定的管理制度进行改革完善,将中医诊所由许可管理改为备案管理。

二、关于中医医师资格管理和医疗机构人员配备和服务提供的法律规定

从事中医医疗活动的人员应当依照《中华人民共和国执业医师法》的规定,通过中医医师资格考试取得中医医师资格,并进行执业注册。中医医师资格考试的内容应当体现中医药特点。以师承方式学习中医或者经多年实践,医术确有专长的人员,由至少两名中医医师推荐,经省、自治区、直辖市人民政府中医药主管部门组织实践技能和效果考核合格后,即可取得中医医师资格;按照考核内容进行执业注册后,即可在注册的执业范围内,以个人开业的方式或者在医疗机构内从事中医医疗活动。国务院中医药主管部门应当根据中医药技术方法的安全风险拟订本款规定人员的分类考核办法,报国务院卫生行政部门审核、发布。根据这条规定,中医医师资格获得有两种途径:一种是考试,依照《执业医师法》的规定通过中医医师资格考试取得中医医师资格,并进行执业注册;另一种是考核,这是针对中医药人才培养的特有方式而言的,即除了师承方式学习中医的传统培养方式外,在民间还存在一些人虽未接受正规的中医教育,但经多年实践在中医药方面确有一技之长。这些人员由于未接受系统的医学院校教育,没有取得国家承认的学历证书,无法参加常规的医师资格考试。为解决此类人员的医师资格问题,发挥他们的积极作用,引导和规范他们更好地提供中医药服务,在执业医师法的基础上,作了改革完善,确立了通过考核方式取得中医医师资格的制度。

中医医疗机构配备医务人员应当以中医药专业技术人员为主,主要提供中医药服务;经考试取得医师资格的中医医师按照国家有关规定,经培训、考核合格后,可以在执业活动中采用与其专业相关的现代科学技术方法。在医疗活动中采用现代科学技术方法的,应当有利于保持和发挥中医药特色和优势。社区卫生服务中心、乡镇卫生院、社区卫生服务站以及有条件的村卫生室应当合理配备中医药专业技术人员,并运用和推广适宜的中医药技术方法。众所周知,中医的特色和优势是主要通过望闻问切看病,其诊疗方式灵活,费用较为低廉。但是实践中,有的中医医疗机构为获取更多经济利益,在医疗活动中过度使用现代科学技术方法,不仅增加了患者的医疗成本,也使中医药的特色和优势得不到发挥。当然,中医医师也可以在医疗活动中采用现代科学技术方法,但是该采用应当有利于保持和发挥中医药特色和优势。比如,电子艾灸是根据传统的中医艾灸原理,采用电刺激的治疗方法,弥补了传统艾灸烟熏火燎、艾灰烫伤、操作不便、效率低下等不足,是中医药理论与现代科学技术方法的有益结合,有利于保持和发挥中医药的特色和优势。

开展中医药服务,应当以中医药理论为指导,运用中医药技术方法,并符合国

务院中医药主管部门制定的中医药服务基本要求。这里的中医药理论既包括传统中医药理论,也包括现代中医药理论;既包括有关中医的理论,也包括有关中药的理论,例如中医基础理论、中药药性理论、方剂配伍理论等。中医药服务基本要求主要依据以下规范及文件:《乡镇卫生院中医药服务管理基本规范》(国中医药发〔2003〕56号)、《中医病历书写基本规范》(国中医药医政法〔2010〕29号)、《中药处方格式及书写规范》(国中医药医政法〔2010〕57号)等。

三、关于中医药在公共卫生中的作用的法律规定

县级以上人民政府应当发展中医药预防、保健服务,并按照国家有关规定将其纳入基本公共卫生服务项目统筹实施。县级以上人民政府应当发挥中医药在突发公共卫生事件应急工作中的作用,加强中医药应急物资、设备、设施、技术与人才资源储备。医疗卫生机构应当在疾病预防与控制中积极运用中医药理论和技术方法。这条规定显示,中医药的独特优势不仅体现在医疗服务中,也同样体现在公共卫生服务中。实践证明,因中医药疗法简便易行、临床疗效确切、治疗方式灵活、预防作用独特、费用相对低廉等特点,近年来,中医药在突发公共卫生事件医疗卫生救援工作中发挥了积极作用,取得了良好效果,是突发公共事件卫生应急工作的重要力量。例如,我国防治非典(SARS)的实例证明了积极利用中医药资源,实行中西医结合,在传染性疾病防治方面具有明显优势。

四、关于中医医疗广告的法律规定

医疗机构发布中医医疗广告,应当经所在地省、自治区、直辖市人民政府中医药主管部门审查批准;未经审查批准,不得发布。发布的中医医疗广告内容应当与经审查批准的内容相符合,并符合《中华人民共和国广告法》的有关规定。虽然医疗机构通过一定的媒介或形式向社会公众宣传其中医医疗服务,能及时为患者提供就医信息方面的服务,但现实中一些医疗机构受到利益的驱使,发布一些不科学、不真实、不合法的中医医疗广告,夸大治疗效果。这些行为不仅损害了中医药事业的发展,同时也扰乱了医疗市场秩序,严重损害患者利益,甚至延误患者的疾病治疗,给患者造成人身和财产的损害。所以,为规范医疗市场秩序,保障人民群众的身体健康和生命安全,必须加强对医疗机构发布中医医疗广告的管理。

五、关于对中医药服务进行监督检查的法律规定

县级以上人民政府中医药主管部门应当加强对中医药服务的监督检查,并将下列事项作为监督检查的重点:① 中医医疗机构、中医医师是否超出规定的范围开展医疗活动;② 开展中医药服务是否符合国务院中医药主管部门制定的中医药服务基本要求;③ 中医医疗广告发布行为是否符合本法的规定。中医药主管部门依法开展监督检查,有关单位和个人应当予以配合,不得拒绝或者阻挠。这条规定

是对中医药服务行业的违法行为加强监督检查,规范其服务行为,对其采取有针对性的措施,避免影响中医声誉,进而影响中医药事业的发展,以便为人民群众提供满意的中医药服务。

第三节 中药保护与发展的法律规定

一、中药的概念

中药,是指在中医理论指导下,运用独特的传统方法进行加工炮制并用于疾病的预防、诊断和治疗,有明确适应症和用法、用量的植物、动物和矿物质及其天然加工品等。我国是世界上最早利用植物药的国家,也是世界上天然药物最为丰富的国家,有较为丰富的野生药材资源。据全国中药资源普查统计,我国中药资源种类有 12807 种,其中药用植物有 11146 种,药用动物有 1581 种。全国民间药(草药)约 7000 种,约占 60%;民族药约 4000 种,约占 30%;商品中药材约 1200 种,约占 10%。

中药是中医防病治病的物质基础。据统计,我国超过 50% 的人治病时服用中药;患病就医时,首选中药治疗者占 24%;几乎所有人在一生中都使用过中药。据世界卫生组织统计,目前全世界约有 40 亿人用中草药治病,国际中药年销售额为 160 亿美元。因此,中药生产和质量是发展中医事业的重要保障。长期以来,由于对合理开发利用中药资源的认识不足,对中药没能合理地培育和采集,不但中药资源遭到不同程度地破坏,而且大面积植被被毁,生态不断恶化,中药资源加速枯竭,野生资源逐年减少,许多药用动植物处于濒危状态,据统计,目前我国有 1080 种动植物药材处于濒危状态,给自然环境和资源造成了巨大压力。随着社会经济的发展和环境污染、生态平衡的破坏日益严重,以及卫生事业发展的需要,加强中药立法,运用法治来管理中药已显得十分迫切。为此,《中医药法》第三章对中药的生产、流通、中药饮片炮制和中药新药、古代经典名方、传统工艺配制中药制剂的管理与监管作了具体规定。

二、关于中药生产管理的法律规定

国家制定中药材种植养殖、采集、贮存和初加工的技术规范、标准,加强对中药材生产流通全过程的质量监督管理,保障中药材质量安全。国家鼓励发展中药材规范化种植养殖,严格管理农药、肥料等农业投入品的使用,禁止在中药材种植过程中使用剧毒、高毒农药,支持中药材良种繁育,提高中药材质量。毋庸置疑,中药材是中药的源头,其质量的好坏不仅直接影响中草药制剂的疗效,也关系着患者的身心安全。国家已经出台了一系列规范中药材种植养殖、采集、加工的技术规范和中药材质量的标准,如《中华人民共和国药典》《中药材生产质量管理规范(试行)》《中药材仓库技术规范》《中药材仓储管理规范》等。按照《中药材保护和发展规划(2015~2020年)》中提出的要求,到2020年要完成制修订120种中药材国家标准;完善农药、重金属及有害元素、真菌等安全性检测方法和指标,建立中药材外源性有害物质残留数据库,建立50种药食两用中药材的安全性质量控制标准;完成10种野生变种植养殖大宗中药材的安全和质量一致性评价;建设可供社会共享的国家中药材标准信息化管理平台。目前,相关部门正在加快制定完善中药材相关技术规范、标准。主要包括制定中药材良种繁育技术规范和中药材种子、种苗标准,建立无公害种植过程中田间管理、投入品施用(水、肥料、农药等)操作环节的技术要求和控制标准;制定人工种植、养殖和野生中药材采收、产地加工规范及标准,制定中药材等级标准,制定中药材包装及仓储规范标准等等。

国家建立道地中药材评价体系,支持道地中药材品种选育,扶持道地中药材生产基地建设,加强道地中药材生产基地生态环境保护,鼓励采取地理标志产品保护等措施保护道地中药材。所谓道地中药材,是指经过中医临床长期应用优选出来的,产在特定地域,与其他地区所产同种中药材相比,品质和疗效更好,且质量稳定,具有较高知名度的中药材。道地药材是我国传统的优质中药材的代名词,素有"非道地药材不处方,非道地药材不经营"的说法。道地中药材的价格远高于非道地药材价格。《中医药发展战略规划纲要(2016~2030年)》提出制定国家道地药材目录,加强道地药材良种繁育基地和规范化种植养殖基地建设。根据这一精神,在法律中明确对道地中药材进行保护,不但是保护道地药材资源及产业可持续发展的需要,也是保证人们用药安全的需要。所谓地理标志,是指标示某商品来源于某地区,该商品的特定质量、信誉或者其他特征,主要由该地区的自然因素或者人文因素所决定的标志。一般来说,地理标志产品是优良品质的代表,目前被批准为地理标志的中药材主要为道地药材。采取地理标志产品保护有助于保护中药材的产品质量和传统生产工艺。

国务院药品监督管理部门应当组织并加强对中药材质量的监测,定期向社会公布监测结果。国务院有关部门应当协助做好中药材质量监测有关工作。采集、贮存中药材以及对中药材进行初加工,应当符合国家有关技术规范、标准和管理规定。

国家保护药用野生动植物资源,对药用野生动植物资源实行动态监测和定期普查,建立药用野生动植物资源种质基因库,鼓励发展人工种植养殖,支持依法开展珍贵、濒危药用野生动植物的保护、繁育及其相关研究。

在村医疗机构执业的中医医师、具备中药材知识和识别能力的乡村医生,按照国家有关规定可以自种、自采地产中药材并在其执业活动中使用。

三、关于中药流通管理的法律规定

国家鼓励发展中药材现代流通体系,提高中药材包装、仓储等技术水平,建立中药材流通追溯体系。药品生产企业购进中药材应当建立进货查验记录制度。中药材经营者应当建立进货查验和购销记录制度,并标明中药材产地。此项规定是为解决中药材市场管理水平、设备设施相对落后以及部分中药材市场存在交易混乱、质量缺乏保障、管理缺位等问题。一方面要加强监管,一方面要对传统的落后的流通模式加以改变,从药材的采集、流通的组织方式、仓储物流、包装等方面进行变革,推动建立中药材产地生产、流通和使用环节的质量安全保障体系,包括中药材现代流通体系建设,如建设一批道地药材标准化、集约化、规模化和可追溯的初加工与仓储物流中心,与生产企业供应商管理和质量追溯体系紧密相连,建立中药材生产流通全过程质量管理和质量追溯体系,使得中药材"来源可溯,去向可追,质量可查,责任可究",从产地到市场再到使用终端全链条质量可控。

四、关于中药饮片炮制管理的法律规定

国家保护中药饮片传统炮制技术和工艺,支持应用传统工艺炮制中药饮片,鼓励运用现代科学技术开展中药饮片炮制技术研究。对市场上没有供应的中药饮片,医疗机构可以根据本医疗机构医师处方的需要,在本医疗机构内炮制、使用。医疗机构应当遵守中药饮片炮制的有关规定,对其炮制的中药饮片的质量负责,保证药品安全。医疗机构炮制中药饮片,应当向所在地设区的市级人民政府药品监督管理部门备案。根据临床用药需要,医疗机构可以凭本医疗机构医师的处方对中药饮片进行再加工。

五、关于中药新药、古代经典名方、传统工艺配制中药制剂管理的法律规定

国家鼓励和支持中药新药的研制和生产。国家保护传统中药加工技术和工艺,支持传统剂型中成药的生产,鼓励运用现代科学技术研究开发传统中成药。

生产符合国家规定条件的来源于古代经典名方的中药复方制剂,在申请药品批准文号时,可以仅提供非临床安全性研究资料。所称古代经典名方,是指至今仍广泛应用、疗效确切、具有明显特色与优势的古代中医典籍所记载的方剂。实践证明,古代经典名方经过多年的使用被证明是安全有效的,如果严格按照药品管理法的有关规定进行临床试验,进行审批,耗时较长。所以中药的审批应当符合中药特点,对生产符合条件的来源于古代经典名方的中药复方制剂,应当简化审批程序,鼓励企业开发利用传统中药资源。

国家鼓励医疗机构根据本医疗机构临床用药需要配制和使用中药制剂,支持应用传统工艺配制中药制剂,支持以中药制剂为基础研制中药新药。医疗机构配制中药制剂,应当依照《药品管理法》的规定取得医疗机构制剂许可证,或者委托取得药品生产许可证的药品生产企业、取得医疗机构制剂许可证的其他医疗机构配制中药制剂。委托配制中药制剂,应当向委托方所在地省、自治区、直辖市人民政

府药品监督管理部门备案。医疗机构对其配制的中药制剂的质量负责;委托配制中药制剂的,委托方和受托方对所配制的中药制剂的质量分别承担相应责任。

医疗机构配制的中药制剂品种,应当依法取得制剂批准文号。但是,仅应用传统工艺配制的中药制剂品种,向医疗机构所在地省、自治区、直辖市人民政府药品监督管理部门备案后即可配制,不需要取得制剂批准文号。医疗机构应当加强对备案的中药制剂品种的不良反应监测,并按照国家有关规定进行报告。药品监督管理部门应当加强对备案的中药制剂品种配制、使用的监督检查。

第四节　中医药人才培养、科研和传承与传播

一、关于中医药人才培养的法律规定

中医药事业的发展关键在于人才。中医药教育承担着培养高素质中医药人才的重要使命。多年来,我国中医药教育取得了长足发展,基本形成院校教育、毕业后教育、继续教育的有机衔接,师承教育贯穿始终的中医药人才培养体系,初步建立社区、农村基层中医药实用型人才培养机制,实现从中高职、本科、硕士到博士的中医学、中药学、中西医结合等多层次、多学科、多元化教育全覆盖。然而,还存在一些不足,如不同程度地存在中医教育西医化倾向,医学基础、临床、实习的教学模式不能完全适应中医教学的需要,在课程设置、教材编写、教学方法等方面还有可以改进的地方,还需要更好地发挥院校教育和师承教育两种方式结合的优势。

所以《中医药法》第四章规定,中医药教育应当遵循中医药人才成长规律,以中医药内容为主,体现中医药文化特色,注重中医药经典理论和中医药临床实践、现代教育方式和传统教育方式相结合。国家完善中医药学校教育体系,支持专门实施中医药教育的高等学校、中等职业学校和其他教育机构的发展。中医药学校教育的培养目标、修业年限、教学形式、教学内容、教学评价及学术水平评价标准等,应当体现中医药学科特色,符合中医药学科发展规律。国家发展中医药师承教育,支持有丰富临床经验和技术专长的中医医师、中药专业技术人员在执业、业务活动中带徒授业,传授中医药理论和技术方法,培养中医药专业技术人员。国家加强对中医医师和城乡基层中医药专业技术人员的培养和培训。国家发展中西医结合教育,培养高层次的中西医结合人才。县级以上地方人民政府中医药主管部门应当组织开展中医药继续教育,加强对医务人员,特别是城乡基层医务人员中医药基本知识和技能的培训。中医药专业技术人员应当按照规定参加继续教育,所在机构应当为其接受继续教育创造条件。

二、关于中医药科学研究的法律规定

中医药科学研究对促进中医药理论和技术方法的继承和创新具有重要作用。

坚持继承创新,是贯穿于中医药事业发展始终的一项基本原则。因此,《中医药法》第五章有规定,国家鼓励科研机构、高等学校、医疗机构和药品生产企业等,运用现代科学技术和传统中医药研究方法,开展中医药科学研究,加强中西医结合研究,促进中医药理论和技术方法的继承和创新。

中医药在几千年的发展中积累了丰富的防治疾病和健康养生的理论、技术、知识和方法。屠呦呦和她的团队翻阅数十本古医籍,终于从《肘后备急方》中获得灵感,开发出高效、低毒的新型抗疟药"青蒿素"。因此,《中医药法》规定国家采取措施支持对中医药古籍文献、著名中医药专家的学术思想和诊疗经验以及民间中医药技术方法的整理、研究和利用;鼓励组织和个人捐献有科学研究和临床应用价值的中医药文献、秘方、验方、诊疗方法和技术。

为加强具有原创优势的中医药科学研究和技术创新,《中医药法》规定了国家建立和完善符合中医药特点的科学技术创新体系、评价体系和管理体制,推动中医药科学技术进步与创新。为加强中医药重点领域科学研究,有利于中医药发展战略规划的实现,《中医药法》特别规定了国家采取措施,加强对中医药基础理论和辨证论治方法,常见病、多发病、慢性病和重大疑难疾病、重大传染病的中医药防治,以及其他对中医药理论和实践发展有重大促进作用的项目的科学研究。

三、关于中医药传承与文化传播的法律规定

中医药的发展,离不开学术的传承。但由于各种原因,中医药学术传承现状尚不能令人满意,存在着学术传承重点不突出、政府主体责任不明确、学术传承项目和传承人的遴选不够规范等问题。为此,《中医药法》规定对具有重要学术价值的中医药理论和技术方法,省级以上人民政府中医药主管部门应当组织遴选本行政区域内的中医药学术传承项目和传承人,并为传承活动提供必要的条件。传承人应当开展传承活动,培养后继人才,收集整理并妥善保存相关的学术资料。属于非物质文化遗产代表性项目的,依照《中华人民共和国非物质文化遗产法》的有关规定开展传承活动。

关于中医药传统知识保护,国家建立中医药传统知识保护数据库、保护名录和保护制度。中医药传统知识持有人对其持有的中医药传统知识享有传承使用的权利,对他人获取、利用其持有的中医药传统知识享有知情同意和利益分享等权利。国家对经依法认定属于国家秘密的传统中药处方组成和生产工艺实行特殊保护。

近年来,随着人们健康意识的逐步增强,具有传统特色和优势的中医养生保健受到了前所未有的关注,"中医治未病"等社会需求持续升温,中医养生保健服务显示出广阔的发展前景。因此,《中医药法》规定国家发展中医养生保健服务,支持社会力量筹办规范的中医养生保健机构。中医养生保健服务规范、标准由国务院中医药主管部门制定。

中医药学既是一门医学科学,也是中国的优秀传统文化。传播中华优秀传统

文化,普及中医药知识是政府应承担的重要责任。因此,《中医药法》规定县级以上人民政府应当加强中医药文化宣传,普及中医药知识,鼓励组织和个人创作中医药文化和科普作品。

对于社会各界来说,开展中医药文化宣传和知识普及活动,应当遵守国家有关规定。任何组织或者个人不得对中医药作虚假、夸大宣传,不得冒用中医药名义牟取不正当利益。广播、电视、报刊、互联网等媒体开展中医药知识宣传,应当聘请中医药专业技术人员进行,以保证宣传的质量和专业性。

第五节 保障措施和法律责任

一、保障措施

《中医药法》第七章规定了保障措施,这可以看作是为中医药事业发展提供了"造血"功能的积极保障。具体规定有:

"县级以上人民政府应当为中医药事业发展提供政策支持和条件保障,将中医药事业发展经费纳入本级财政预算。

县级以上人民政府及其有关部门在制定基本医疗保险支付政策、药物政策等医药卫生政策,应当有中医药主管部门参加,注重发挥中医药的优势,支持提供和利用中医药服务;应当按照法定价格管理权限,合理确定中医医疗服务的收费项目和标准,体现中医医疗服务成本和专业技术价值;应当按照国家规定,将符合条件的中医医疗机构纳入基本医疗保险定点医疗机构范围,将符合条件的中医诊疗项目、中药饮片、中成药和医疗机构中药制剂纳入基本医疗保险基金支付范围。

国家加强中医药标准体系建设,根据中医药特点对需要统一的技术要求制定标准并及时修订。中医药国家标准、行业标准由国务院有关部门依据职责制定或者修订,并在其网站上公布,供公众免费查阅。国家推动建立中医药国际标准体系。

开展法律、行政法规规定的与中医药有关的评审、评估、鉴定活动,应当成立中医药评审、评估、鉴定的专门组织,或者有中医药专家参加。

国家采取措施,加大对少数民族医药传承创新、应用发展和人才培养的扶持力度,加强少数民族医疗机构和医师队伍建设,促进和规范少数民族医药事业发展。"

二、法律责任

《中医药法》第八章规定了法律责任,是指对于违反了中医药法律规定要承担的不利后果,即法律处罚。具体规定有:

"县级以上人民政府中医药主管部门及其他有关部门未履行本法规定的职责

的,由本级人民政府或者上级人民政府有关部门责令改正;情节严重的,对直接负责的主管人员和其他直接责任人员,依法给予处分。"

对于违反《中医药法》规定的下列情形,承担的法律责任有:

(1) 中医诊所超出备案范围开展医疗活动的,由所在地县级人民政府中医药主管部门责令改正,没收违法所得,并处一万元以上三万元以下罚款;情节严重的,责令停止执业活动。中医诊所被责令停止执业活动的,其直接负责的主管人员自处罚决定作出之日起五年内不得在医疗机构内从事管理工作。医疗机构聘用上述不得从事管理工作的人员从事管理工作的,由原发证部门吊销执业许可证或者由原备案部门责令停止执业活动。

(2) 经考核取得医师资格的中医医师超出注册的执业范围从事医疗活动的,由县级以上人民政府中医药主管部门责令暂停六个月以上一年以下执业活动,并处一万元以上三万元以下罚款;情节严重的,吊销执业证书。

(3) 举办中医诊所、炮制中药饮片、委托配制中药制剂应当备案而未备案,或者备案时提供虚假材料的,由中医药主管部门和药品监督管理部门按照各自职责分工责令改正,没收违法所得,并处三万元以下罚款,向社会公告相关信息;拒不改正的,责令停止执业活动或者责令停止炮制中药饮片、委托配制中药制剂活动,其直接责任人员五年内不得从事中医药相关活动。医疗机构应用传统工艺配制中药制剂未依照本法规定备案,或者未按照备案材料载明的要求配制中药制剂的,按生产假药给予处罚。

(4) 发布的中医医疗广告内容与经审查批准的内容不相符的,由原审查部门撤销该广告的审查批准文件,一年内不受理该医疗机构的广告审查申请。违反本法规定,发布中医医疗广告有前款规定以外违法行为的,依照《中华人民共和国广告法》的规定给予处罚。

(5) 在中药材种植过程中使用剧毒、高毒农药的,依照有关法律、法规规定给予处罚;情节严重的,可以由公安机关对其直接负责的主管人员和其他直接责任人员处五日以上十五日以下拘留。

(6) 造成人身、财产损害的,依法承担民事责任;构成犯罪的,依法追究刑事责任。

思 考 题

1. 试述我国中医药法制建设情况。
2. 国家对中医药服务有哪些法律规定?
3. 国家对中药保护与发展有哪些法律规定?
4. 国家对中医药人才培养有哪些法律规定?

5. 国家对中医药发展有哪些保障措施?

参 考 文 献

[1] 黄薇.中华人民共和国中医药法解读[M].北京:中国法制出版社,2017.
[2] 《中药材保护和发展规划(2015—2020年)》,2015.
[3] 《中医药发展战略规划纲要(2016—2030年)》,2016.
[4] 国务院新闻办,《中国的中医药》白皮书,2016.
[5] 王国强.关于《中华人民共和国中医药法(草案)》的说明,2015-12-21.
[6] 杨芳,杨才宽.卫生法学[M].2版.合肥:中国科学技术大学出版社,2013.

第十三章 医 患 关 系

内容提要 本章主要涉及医患关系的概念、类型和法律属性,医患法律关系的构成,医疗行为的分类和特点,医患法律关系的内容,医患纠纷的形式、产生的原因和法律救济,医疗法律责任。

重点提示 医患关系的法律属性 医患法律关系的构成 医疗行为的特点 医患关系分类的内容 医患纠纷的形式 医患纠纷的举证责任 医患纠纷的法律救济 医疗法律责任

第一节 医患关系概述

一、医患关系的概念

医患关系是医学社会学、医学伦理学、医学心理学和卫生法学共同研究的重要问题之一,但它们研究的着重点不同。医学社会学着重点在于全面描述医患关系的建立、医患间的相互作用和彼此地位等;医学伦理学着重研究医患间的道德准则;医学心理学侧重研究医患交往过程中的心理特征和心理活动;卫生法学则是从法律视角研究医患关系,着重研究医患关系的法律属性、医患法律关系的构成、医患纠纷解决的法律途径及医疗法律责任。著名医史学家西格里斯曾经说过:"每一个医学行动始终涉及两类人群:医师和病人,或者更广泛地说,医学团体和社会,医学无非是这两群人之间多方面的关系。"

医患关系一经相关法律调整,便成为具有权利义务内容的医患法律关系。医患关系有广义与狭义两种。狭义的医患关系,仅指医师与患者之间因疾病的诊疗而形成的权利义务关系。我国《执业医师法》第 2 条规定,医师包括执业医师和执业助理医师,指依法取得医师资格,经注册在医疗、预防、保健机构中执业的专业医务人员。患者指因疾病而接受医师诊疗的自然人。患者因疾病接受医师提供的医疗服务,即形成医患法律关系。而广义的医患关系指医方与患方,所谓"医方",不仅指医师,还包括护理人员、医疗技术人员、管理人员以及这些人员所在的医疗机构或医疗单位。根据国务院 1994 年 2 月 26 日发布的《医疗机构管理条例》第 2 条规定,医疗机构包括医院、卫生院、疗养院、门诊部、诊所、卫生所(室),以及急救站等从事疾病诊断和治疗活动的组织。所谓"患方",不仅指患者,还包括患者的亲属、监护人,以及与患者在医患关系中存有利害的自然人或法人。如失去或不具备行为判断能力的特殊患者(昏迷患者、休克患者、婴儿等),与其有关的人群往往成为医患关系的"患方"的当事人。因此,广义的医患关系,是指以医师为主的群体为一方与以患者为中心的群体的另一方,基于医师为患者提供诊疗服务而形成的法律关系。如现实生活中,因患者死亡而发生的患者亲属与医疗机构之间的医患关系纠纷,即属于广义的医患关系的纠纷。

广义的医患关系须以狭义的医患关系为基础,如无患者与医师之间的狭义的医患关系,就不可能形成广义的医患关系。但法律所规范的医患关系,却常常是指广义的医患关系。在当今社会,由于医师通常是服务于一个医疗机构,患者总是到医师所在的医疗机构就诊,接受医疗机构提供的诊疗服务,与医疗机构之间建立法律关系,医患纠纷也多是发生在患者与医疗机构之间,而不是发生在患者与医师之间。因此,法学理论研究的医患关系主要是指广义的医患关系。

二、医患关系的类型

对于医患关系的分类,有医学上和法律上的两种划分。医学上的划分有助于从医学上把握医方与患方的关系,正确处理在治好病的共同目标下医患双方的主导与互动关系;而法律上的划分则有助于从法律关系上把握医患双方权利与义务的具体内容以及发生医患纠纷后法律责任的具体认定。

(一)依医生与患者的地位划分

医学上关于医患关系的分类主要是针对医患关系的技术性方面,根据医生与患者在疾病的诊疗过程中的地位不同进行划分的。1956年,作为医生的萨斯和荷伦德在《内科学成就》发表了《医患关系的基本模式》,其根据疾病症状的严重程度将医生和患者之间的关系归纳为三种基本模式:主动—被动模式、指导—合作模式和共同参与模式。

(1)主动—被动模式。是医患关系的传统模式,在现代医学实践中仍然普遍存在,其特点是医患双方不是双向互动作用,而是医生对患者单向发生作用。在医疗过程中医生处于完全主动的地位,决策权和决定权全部在医生一方。医生权威性不容怀疑,患者被动接受诊治。此种模式要点和特征是"为患者做什么",优点是能发挥医生的积极作用,但完全排除了患者的主观能动性。在西方,学者称这种类型的医患关系为"父权主义型"。这种类型的医患关系,在提倡和保障人权的今天,虽已受到批评,但对于休克昏迷患者、精神病患者、严重损伤的患者或难以表述主观意识的患者,他们已经失去了表达意见和主动性的任何可能,完全听命于医生是不可避免的和必要的。在精神分析治疗和催眠治疗中,也可以见到这种类型的医患关系。

(2)指导—合作模式。这是现代医学实践中医患关系的基础模式。其特点是在医疗活动中保持医生的主动,患者也有一定主动性,但患者的主动以执行医生意志为前提,对医生指令性的治疗措施只能跟从与合作,医生虽担当指导者但仍然有权威。此种模式要点和特征是"告诉患者做什么",优点是能发挥医患双方的主动性和积极性,有利于建立融洽的医患关系,提高诊治效果,但医患之间地位仍是不平等的。指导—合作模式适用于急性病人且头脑清醒,能够表述病情并与医生合作的患者。

(3) 共同参与模式。这是现代医疗期待发展的医患关系的新模式,其特点是医生患者有近似平等的地位,双方相互配合,共同参与医疗决定及实施。此种模式要点和特征是"帮助患者自疗",优点是该模式有利于增进医患双方了解,消除医患隔阂,建立和谐医患关系。共同参与模式适用于患慢性病、心理疾病或具有一定的医学科学知识的患者。

(二) 依法律关系发生的依据划分

民事法律关系总是基于一定的法律事实而发生、变更或终止。依引起医患法律关系发生的法律事实不同,医患关系可分为医患合同关系、医患无因管理关系和强制医疗关系。

(1) 医患合同关系。此种关系是基于医患双方缔结的合同而发生。关于医患合同关系学界有两种观点:一种观点认为,患者前往医院挂号的行为,属于合同法上的要约。医院发给挂号单的行为,属于合同法上的承诺。根据合同法理,医院承诺之后,医患合同关系即告成立;另一种观点则认为,医方是要约方,其开业并标明挂号费及服务项目的行为视为要约,而患方挂号行为视为承诺,从而构成医患合同法律关系。医患合同法律关系是最基本的医患法律关系。

(2) 医患无因管理关系。《中华人民共和国民法通则》第93条规定,无因管理是指无法定的或约定的义务为他人利益而自愿管理他人事务的行为。无因管理是债权债务的发生根据之一。医患关系也会基于无因管理而发生。医患无因管理关系,是指医方在未与患方设立合同,没有约定或法定义务的情况下,为避免患方的人身和财产利益受到损害,自愿为患者提供医疗服务行为而建立的关系。

(3) 强制医疗关系。为了保障公民的生命和健康权,对生命急危的患者及某些疾病的患者赋予强制接受诊疗的义务,对于医疗机构则相应地可以强制提供治疗服务的义务,从而形成强制医疗关系。例如,《执业医师法》第24条规定,对急危患者,医师应当采取紧急措施进行诊治,不得拒绝急救处置。《医疗机构管理条例》第31条规定,医疗机构对危重病人应当立即抢救。《传染病防治法》第24条及《传染病防治法实施办法》规定,对甲类传染病病人和病原携带者、乙类传染病中的艾滋病病人、炭疽中的肺炭疽病人,予以隔离治疗;拒绝隔离治疗或隔离期未满擅自脱离隔离治疗的,可以由公安部门协助医疗机构采取强制隔离治疗措施;淋病、梅毒病人应当在医疗保健机构、卫生防疫机构接受治疗;甲类传染病病人和病原携带者以及乙类传染病中的艾滋病、淋病、梅毒病人的密切接触者必须接受检疫、医学检查和防治措施;对疑似甲类传染病病人,在明确诊断前,在指定场所进行医学观察;对于与传染病人密切接触的人员,实施必要的卫生处理和预防措施,其中与乙类传染病中的艾滋病、淋病、梅毒病人密切接触的人员必须接受检疫、医学检查和防治措施。依照上述规定,对传染病病人、疑似传染病病人和密切接触者采取强制诊疗或检查等措施,目的是为了控制传染病的流行,确保公民的生命健康。

三、医患关系的法律属性

医患关系的法律调整问题一直是医学界和法学界专家探讨的重要问题。若要探讨医患关系的法律调整问题,首先要考虑医患关系的法律属性问题,即将医患双方因医疗活动而形成的权利义务关系界定于哪几种或者哪一种法律关系范畴。因为法律属性的确定是适用法律的前提。

目前,对于如何界定医患关系的法律属性,基本上存在四类观点:第一类认为属民事法律关系[①];第二类坚持其为行政法法律关系[②];第三类认为属合同关系;第四类认为具有消费关系的属性[③]。

(一) 医患关系具有行政法律关系的属性

医患双方是一种不平等的管理与被管理、指挥和服从关系。行政关系说的倡导者们认为:① 在医疗中,医方主动,患方被动,患方常处于医方的管理与约束之下,医患双方的法律地位是不平等的;② 医疗机构不是一般意义上的经营者。我国医疗卫生事业长期实行计划体制,具有社会公益性。医院经费靠财政维系,是由政府宏观调控和监督管理的事业单位。医学技术的有限性导致了医疗行为具有很大的风险性和不确定性,而医疗费用的低廉使得医院承担医疗风险的能力很低。国内大多数医院的补偿机制很不健全,医疗服务价值没有得以充分体现,仍具有很大的慈善性质。多数医疗机构均是政府实行一定的补贴并严格限制服务价格的公立非营利性机构,其福利色彩较浓。上述观点是很难成立的,主要有以下原因:

(1) 认为医患双方的法律地位不平等的观点是不准确的。民法上的平等原则指,参加民事活动的当事人,无论是自然人或法人,其在法律上的地位一律平等。任何一方不得把自己的意志强加给对方,双方当事人享有的权利和承担的义务对等。在医患关系中,医方既不是国家行政管理机关,也不是授权管理病人的其他机构,双方之间不存在行政上的隶属关系或管理关系。在医方提供服务,患方接受服

---

① 梁慧星. 给法官们的建议[N]. 南方周末,1999-01-08(8).

② 胡晓翔,邵祥枫. 论国家主体医疗卫生事业中医患关系的法律属性[J]. 中国医院管理,1996,4:13.

③ 中消协新闻发言人. 患者就医是消费行为[N]. 法制日报,2000-03-16(3).

务的过程中,双方能够各自独立表达自己的意志,从本质上说是完全平等的。诚然,由于医疗行业的服务性、医学科学的专业性和医患双方医学知识水平的差异性。在医疗活动中,患方常处于医方的约束和管理之下,这些都是医方履行服务义务、患方享受权利的需要,是事实上的不平等,但并不影响其服务关系的平等性质。

(2) 在社会主义市场经济条件下,医疗行为的有偿性、风险性已经逐渐体现出来。医疗损害发生的几率是比较高的,而且医疗损害一旦发生,给患者和亲属造成的伤害十分严重。但是,医疗损害责任的承担者必须且只能是医院。尽管医院承担的赔偿金额有可能相当惊人(如"中国医疗第一案",法院判决当事医院承担290多万元的高额赔偿),对医院造成了很大的压力。但是,应当看到,随着医疗制度改革的不断深入,医疗费用已经有了很大提高,医院也逐渐增强了自身的抗风险能力。国家也已通过完善医疗保险由医院自愿或者强制投保的方法建立医疗责任保险制度,以转移医疗事故风险。

行政关系说是一种比较传统的观点,已经被越来越多的学者摒弃。它隐含着国家和集体利益至上的价值取向,而不重视乃至忽视患者个人的利益。如果我们不顾医疗卫生体制改革出现的变化而一味强调医疗单位的福利性质,借以减轻或免除医疗单位在医患纠纷中的赔偿责任,这不仅有违我国法律的精神实质,而且在道义上也是极不公正的。

(二) 医患关系具有特殊的民事法律关系的属性

首先,从医患关系主体看,无论医院的经济实力与技术实力如何雄厚,无论患者的出身、职业、社会地位和经济状况如何,双方的法律地位是平等的。其次,从医患关系内容看,医方有义务向患方提供医疗服务,患方根据其提供的医疗服务支付相应的医疗费用,医方的义务就是患方的权利,患方的义务则是医方的权利,这种权利义务的一致性完全符合自愿公平、等价有偿的原则。医患民事法律关系的特殊性表现在以下方面:

(1) 医患间事实上的地位不平等——医方强,患方弱。主要表现在以下几个方面:① 从医疗资源占有和医疗卫生知识拥有方面看,国家把医疗卫生资源无偿分配给医方,且医方拥有丰富的医疗卫生知识;而患方是不占用医疗资源也不拥有医疗卫生知识;② 从经济实力方面来看,一般情况下医方的经济实力强而患方的经济实力弱;③ 从医方包括医疗机构(组织)和医务人员与患者是自然人方面来看,医方的人力资源强而患方弱;④ 从诉讼能力方面来看,主要是指举证能力,医方保管和控制着几乎全部病历资料,便于医方举证,且医方懂医,也知道如何举证,因此,举证能力即诉讼能力强;而患方手中几乎没有病历资料且不懂医,举证能力即诉讼能力弱。

(2) 当患者生命危急时,医患法律关系的缔结不再遵循自愿原则,此时医方负有法定的紧急抢救的义务。

（3）对甲类传染病病人和病原携带者、乙类传染病中的艾滋病病人、炭疽中的肺炭疽病人；甲类传染病病人和病原携带者以及乙类传染病中的艾滋病、淋病、梅毒病人的密切接触者；对疑似甲类传染病病人，在明确诊断前，医患法律关系的缔结也不再遵循自愿原则，此时患者负有法定的接受隔离治疗或检疫、检查和防治及医学观察的义务。

（三）医患关系具有特殊的无名合同关系的属性

医患关系是一种合同关系。合同的成立必须具备要约和承诺两个要件。患者前往医疗机构挂号的意思表示，属于合同法上的要约；医疗机构发给患者挂号单的意思表示，属于合同法上的承诺。因为患者向医疗机构挂号，一是向特定的医疗机构发出；二是有明确的需要接受医疗服务的内容。医疗机构发给患者挂号单的意思表示，表明其接受患者的意思表示，即同意为其提供医疗服务。所以医疗机构发给患者挂号单，意味着承诺生效，医患之间的医疗服务合同关系即告成立。有些学者反对医患关系是合同关系的观点，其主要理由是医院是事业单位，而不是企业。实际上，姑且不论医院是否属于事业单位，我国《合同法》第2条明确规定合同当事人包括自然人、法人和其他组织，并未将事业单位排除在外。因此反对者的理由是不成立的。

医患关系还是一种无名合同关系。无名合同，又称非典型合同，是指法律未确定一定名称和规则的合同。在契约自由原则的作用下，不仅有名合同是合法的，无名合同也是合法的。无名合同虽然在法律中没有明确规定，但只要合同双方当事人自愿创设，且不悖于诚实信用原则，不违反法律、法规的强制性规定，不损害社会公共利益和他人合法权益，就应得到法律的确认和保护。在现实生活中，除了医疗合同是无名合同外，还有其他许多无名合同，如合伙合同、雇佣合同、电信合同、旅游合同等。既然《合同法》没有把医疗合同规定为有名合同，可是在总则中又确认了合同自由原则，医疗合同当然就是一种为《合同法》承认的无名合同。

医疗合同是一种特殊的无名合同，其特殊性体现在以下几个方面：

（1）强制缔约性。强制缔约是指法律对于某些特殊的行业，赋予从业者对相对人强制性地进行行业服务的缔约方式。患者来医疗机构挂号即为发出要约，医疗机构出于其公益性质，如无正当理由不能拒绝患者就诊。但是，医疗合同的强制缔约性并不妨碍合同当事人意思自治的原则。

（2）内容的相对不确定性。在缔约合同时，医患双方就该合同内容达到的一致仅限于进行诊疗这一抽象内容，对于诊疗过程中具体的权利义务内容则只能依患者的特点在诊疗过程中逐步明确。

（3）医疗内容的专门性与双方当事人能力的不对等。专家与普通人的差别使得患者一方很难对医疗行为的正确与否以及优劣程度作出自己的判断，在整个合同的履行过程中只能基于对医生的信赖，期待医生依赖其技能实施适当地诊疗以实现订约目的。

(4) 合同履行有风险性。医疗行为可能会发生患者不期望的后果,如难以避免的并发症等。不能以治疗的效果作为合同是否按约履行的判断依据。由于个体的差异,相同的服务未必能够获得同样的结果。

(5) 当事人之间具有协力关系。在医疗合同中,双方当事人的协力关系尤其突出,医生在整个医疗过程中都不能离开患者的配合。

(四) 医患关系具有消费法律关系的属性

经过一段时间的讨论,医学界对医患关系性质是否属消费法律关系存在两种观点:一种观点认为患者也是消费者,医患关系属于消费法律关系,医疗机构的责任适用消费者权益保护法的规定;另一种观点则认为患者不是消费者,医患关系不能认定为消费法律关系,不适用消费者权益保护法。也有人主张对患者是否是消费者,应区分不同情况。

主张医患关系为消费关系,适用消费者权益保护法的主要理由是,在医患关系中,患者属于弱者,适用消费者权益保护法有利于保护作为弱者的患者的权益。某些医院开始向营利性单位转化,他们不仅营利而且利润可观,针对这些医院可以适用消费者权益保护法。我们认为,以患者是弱者为由主张医患关系适用消费者权益保护法,无论是在理论上还是法律上,都是不能成立的。理由如下:

(1) 从法律关系的主体看,患者不是消费者,医疗机构也不是经营者。从消费者权益保护法理论上看,消费者是指为生活消费需要而购买或使用商品和服务的个人或单位,经营者则是指为消费者提供商品和服务的生产者、销售者和服务者。患者因病而接受医疗机构的诊疗服务,不是日常生活消费。经营者是从事提供商品或服务的经营活动的主体,经营者从事经营活动的目的是营利。医疗机构,不论公立还是私立,其设立宗旨都是"救死扶伤,防病治病,为公民的健康服务"(《医疗机构管理条例》第3条),而非营利。中共中央、国务院1997年1月5日《关于卫生改革与发展的决定》也指出,我国卫生事业是政府实行一定福利政策的社会公益事业,具有公益性。

(2) 从法律关系的内容看,医疗机构所承担的提供医疗服务义务不同于经营者提供商品和服务的义务,经营者提供商品和服务的义务属于结果义务。这种结果义务在消费合同成立时即可确定。但是,在医患关系中,医疗机构所负的义务并非结果义务,而是过程义务。在医疗机构与患者建立的医患关系中,医疗机构或医生并不承诺包治疾病,医生只要按照法律的规定以及诊疗护理规范、常规或当事人的约定提供了医疗服务,即使未能治好患者的疾病,以至出现病情进一步恶化甚至死亡,也视为履行了义务。医生不可能包治百病,要求医生包治百病,使医疗机构承担包治疾病的结果义务是违背医学规律的。

(3) 从法律救济手段上看,保护消费者权益的特殊救济手段,也不适用于对患者的救济。首先,安全权不适用于医患关系。在医患关系中,医疗机构提供的医疗服务常对患者人体有侵害性,如药品或诊疗方法对人体有毒副作用,手术治疗本身就是对患者人体的侵害。俱医疗服务对人体的适度侵害是治疗疾病所必需的,是法律所容许的。作为消费者权利的安全权则不能容许经营者的商品或服务对消费者的人体有侵害性。其次,严格责任不适用于医疗机构的责任承担。如果医生或医疗机构负严格的结果责任,不问治疗过程如何,只要造成患者的损害,医生或医疗机构就要负责,即使主观上无过错也是如此。那么,医生或医疗机构就会小心翼翼到由于害怕产生损害后果,不仅对高难度、高风险的疾病采取极为保守的治疗措施而不愿进行积极的探索性治疗,甚至对一般疾病也不敢采取积极的治疗措施。其最终结果,只会妨碍医学的发展,损害大众的健康利益。第三,医患关系中,患者不论是对于医疗机构提供的药品还是医疗服务,都不可能实行后悔期制度。最后,医疗机构属非营利性组织,不适用惩罚性赔偿。适用惩罚性赔偿只会导致医院关门,最终损害的还是大众的健康利益。

(4) 消费者权益保护法是保护弱者的法律之一,而非全部。妇女儿童权益保护法、青少年权益保护法、老年人权益保护法、劳动者权益保护法和反不正当竞争法等都具有保护弱者的功能,但对这些弱者权益的保护并不能全靠适用消费者权益保护法。

必须指出的是,广义的医患关系具有综合性,医疗行为只是其中必不可少的一项内容,医疗服务还可包括为患者及其家属提供饮食、药品售卖、娱乐等内容,存在着消费者权益保护法适用的可能。例如,医疗机构提供的医疗器械和药品,是经过医疗器械和药品生产厂家加工、制作并销售给医疗机构的产品。患者在医疗机构购买医疗器械和药品时,与医疗机构之间形成买卖合同关系,生产厂家、医疗机构与患者之间是医疗器械、药品的生产者、销售者及消费者的关系。

在消费者权益保护的立法实践中,存在着把医患关系纳入消费者权益保护法领域的倾向。1999年8月5日,广东省人大常委会通过的《广东省实施〈中华人民共和国消费者权益保护法〉办法》第16条规定:"从事医疗美容的经营者应当确保消费者的身体健康和生命安全。"2000年10月29日,浙江省人大常委会修订的《浙江省实施〈中华人民共和国消费者权益保护法〉办法》第25、26条规定了患者的知情权、隐私权及医疗机构诊疗过错造成患者人身伤害的民事责任,明确把医患关系纳入消费者权益保护法的调整范围。2005年6月2日,福建省人大会常委员通过的《福建省实施〈中华人民共和国消费者权益保护法〉办法》更是明确把医患纠纷纳入消费者权益保护法的领域。该办法规定,经营者从事医疗服务的,应保证消费者的人身安全,造成损失的应给予赔偿;医疗机构应当尊重患者的知情权,患者有权查阅、复印医疗文书;医疗机构提供诊疗服务,因使用不合格药品、违反诊疗护理规范等造成患者人身伤害的,应承担民事责任。

在司法实践中,有法官适用《消费者权益保护法》解决医患纠纷的现象。最引人注目的是,四川省泸州市中级人民法院为了规范辖区内的司法裁判,出台了《关于审理医疗损害赔偿案件的若干意见(试行)》,规定"医疗损害赔偿案件适用法律的顺序是:① 法律,即《民法通则》《合同法》《消费者权益保护法》等;② 法规,即《医疗事故处理办法》(《医疗事故处理条例》生效时废止);③ 规章及规范性文件,如卫生行政部门关于处理医患纠纷及医疗管理的规范性文件。"把医患纠纷纳入消费者权益保护法调整的领域。

对于实践中出现的把医患关系纳入消费者权益保护法调整范围的倾向,国家卫生部有关负责人则指出,《消费者权益保护法》不适用于医患纠纷的处理。理由主要是医患关系是一种特殊的民事关系,公立医疗机构不具有营利性,医疗活动因受科学技术发展的限制和患者个体差异的影响而具有较高的风险,医疗机构承担医疗风险的能力有限。

综上所述,我们认为医患关系的法律属性为特殊的民事法律关系、特殊的无名合同关系,而不属行政法律关系,也不属消费法律关系。

四、医患法律关系的构成

医患法律关系在静态上由主体、内容和客体三个要素构成。

(一)医患法律关系的主体

医患法律关系的主体是指在医患法律关系中享受权利承担义务的人。医患法律关系的主体一般情况下应是医方和患方,但在强制医疗关系中还包括医疗卫生行政部门。

1. 医方

作为医患法律关系主体一方的医方指医疗机构,包括个体医师(个体诊所)。

(1) 医疗机构。在医患法律关系中,享有权利和承担义务的是医疗机构。尽管在很多医患关系中,可能涉及医务人员,但他们却不是医患法律关系的民事责任主体。最高人民法院《关于适用〈中华人民共和国民事诉讼法〉若干问题的意见》第42条规定:"法人或者其他组织的工作人员因职务行为或者授权行为发生的诉讼,该法人或其他组织为当事人。"在诊疗活动中,虽然具体的实施人是医师(包括助理医师),但医师的诊疗行为是一种职务行为,仍应视为医疗机构的行为,由此而产生的民事责任也应由医疗机构承担。

(2) 个体医师(个体诊所)。个体医师是依照相关法律规定取得医师资格和行医执照,从事医疗业务并进行独立核算的个体开业医师。个体医师在对前来就诊的患者进行诊疗时,患者和个体医师之间便产生医患法律关系,个体医师是独立享有权利和承担义务的法律关系一方主体。

(3) 医务人员。医务人员是指经过考核和卫生行政机关批准或承认,取得相应资格的各级各类卫生技术人员。根据《执业医师法》《护士条例》以及有关法律规定,医务人员按其业务性质可分为四类:① 医师,即依法取得执业医师资格或者执业助理医师资格,经注册在医疗、预防和保健机构中执业的专业人员,包括执业医师和执业助理医师,习惯称为医生或医师;② 药剂人员,包括中药和西药技术人员;③ 护理人员,包括护师、护士和护理员;④ 技术人员,包括检验、理疗、病理、口腔、同位素、营养等技术人员。另外,诊疗护理工作是群体性的活动,还应包括从事医疗管理和后勤服务的人员。

2. 患方

在医患法律关系中,患方主要是指患者及其近亲属。一般来说患者本人就是该关系中的主体。患者在民法上属于自然人主体,不论其是否具有民事行为能力,都可以成为医患法律关系的主体。但若患者在医疗事故中死亡的,其近亲属则为损害赔偿的请求权人。

如果患者是完全行为能力人,通常是自己前往医院就诊而与医院缔结医疗服务合同,此时患者本人为医患法律关系的一方当事人,其主体资格一般不存在争议。而当患者是未成年人、精神病人或处于昏迷状态时,其监护人和近亲属能否成为医患法律关系的主体,我们认为不能。具体来说,表现在以下三个方面:

(1) 患者具有完全民事行为能力的情况。患者虽具有完全民事行为能力,但处于昏迷状态被其近亲属护送就诊时,近亲属仅为其代理人。这时的医患法律关系的主体一方是患者本人。

(2) 患者不具有完全民事行为能力的情况。根据我国《民法通则》的规定,未成年人的法定监护人依次是其父母,祖父母,外祖父母,兄、姐,关系密切的其他亲属、朋友等,精神病人的法定监护人依次是配偶、父母、成年子女、其他近亲属等。在医患法律关系中,当患者本人是无民事行为能力人或限制民事行为能力人时,近亲属只是其代理人,主体一方还是患者本人。虽然其行为应由法定代理人代理或应征得法定代理人的同意才能发生法律效力,但我们并不能因此就把患者的近亲属纳入医患法律关系主体的范围。

(3) 社会医疗保险的情况下。作为被保险人的患者,应到保险公司指定的医疗机构进行诊疗,此时存在保险公司、医疗机构与患者三方的关系。在这种情形下,就医疗合同来说,表面上由保险公司指定患者前往某个医疗机构就诊,但实际上医疗关系仍是建立在医院与患者双方合意的基础上。因为患者一方面享有在保险公司指定的医疗机构中任选其一的权利,另一方面也只有当患者自己前往该医疗机构就诊时才能成立医疗服务合同关系。因此,在医疗保险情况下,医患法律关系的主体仍是在医院与患者。保险公司不是该医患法律关系的一方当事人。

(二) 医患法律关系的客体

医患法律关系的客体是医患法律关系主体的权利和义务所共同指向的对象。

它是联系医患法律关系主体间的权利和义务的中介。医患法律关系作为民事法律关系的一种,是患者基于恢复健康、提高生命质量的需要向医方寻求医疗诊治服务,由此形成的医患双方的权利义务关系。其客体就是医疗行为。在医患法律关系中,医方所承担的义务是提供医疗服务,医方履行义务的基本形式就是完成一定的医疗行为,患者的权利是请求医方为一定的医疗行为。因此医疗行为构成了医患法律关系的客体。关于医疗行为的内容将在本章第二节详述。

(三) 医患法律关系的内容

医患法律关系在本质上就是医患之间的权利义务关系,医患法律关系的内容就是指医方与患方依法律规定或基于医疗合同的约定而享有的权利和承担的义务,是医患法律关系中最核心的因素。关于医患双方权利义务的具体内容,本章第三节将专门讲述。

第二节 医 疗 行 为

一、医疗行为的概念

(一) 医疗行为的概念

医疗行为,指医务人员对患者疾病的诊断、治疗、预后判断及疗养指导等具有综合性内容的行为。目前,我国法律中没有医疗行为这一概念。一般认为医疗行为是指以疾病的预防、患者身体状况的把握和疾病原因的发现以及因疾病引起的痛苦的减轻、患者身体及精神状况的改善等为目的对身心所做的诊疗行为,即医疗行为就是以治疗疾病为目的的诊断治疗行为。

医疗行为的范围十分广泛,疾病的检查、诊断、治疗、手术、麻醉、注射、给药以及处方、病历记录,术后疗养指导,中医的望、闻、问、切、针灸、推拿等,均属于医疗行为。但由于医疗科学技术的不断发展,许多医疗领域的发展范围,已远远超过了传统的以诊疗疾病为目的的诊断治疗行为的观念,如变性手术、生殖技术、仅以美容为目的的整形手术、非治疗性堕胎手术以及安乐死等。

(二) 医疗行为的分类

(1) 医疗行为依其疗效的不同,可分为临床医疗行为和试验性医疗行为。

临床医疗行为,是指医疗方法或医疗技术经动物或人体实验证实其疗效确定后,在治疗患者疾病过程中实施的医疗行为。

试验性医疗行为,是指新的医疗方法或医疗技术,在动物实验成功后初期试用于患者的治疗,而其疗效尚未被证实或尚无完全成功把握的医疗行为。

区分这两种医疗行为的意义在于,试验性医疗行为带给患者的风险比临床医疗行为更大,法律规定的程序和实体要求更为严格,如要求医师详细说明并征得患者或家属的书面知情同意。

(2) 医疗行为依其目的不同,可以分为诊疗目的性医疗行为与非诊疗目的性医疗行为。

诊疗目的性医疗行为,即以目前的疾病治疗及将来疾病的预防为目的所实施的医学上公认,合乎医学水准的医疗行为。例如,为诊疗目的而实施的诊断、检查、注射给药、麻醉、手术、放射线使用和断层摄影等。

非诊疗目的性医疗行为,可以分为实验性的医疗行为和其他非以疾病的治疗或预防为目的的医疗行为。前者包括纯粹实验性医疗行为和非纯粹实验性兼有治疗目的性的医疗行为,例如器官移植;后者则以美容整形、性变换手术为典型。严格意义上说,只有以诊疗为目的的医疗行为和非纯粹实验性兼有治疗目的性的医疗行为才能够称为医疗行为。

二、界定医疗行为的标准

医疗行为是指医务人员对患者疾病的诊断、治疗、预后判断及疗养指导等具有综合性内容的行为。界定医疗效行为的标准有两个:一是行为主体标准;二是行为目的标准。

(一) 按照行为主体标准

只有医务人员实施的行为才可能是医疗行为。医疗行为的行为主体是医务人员。医务人员是指经过考核和卫生行政机关批准或承认,取得相应资格的各级各类卫生技术人员,按其业务性质可分为四类:

(1) 医师,即依法取得执业医师资格或者执业助理医师资格,经注册在医疗、预防、保健机构中执业的专业人员,包括执业医师和执业助理医师,习惯称为医生或医师。

(2) 药剂人员,包括中药、西药技术人员。

(3) 护理人员,包括护师、护士、护理员。

(4) 技术人员,包括检验、理疗、病理、口腔、同位素、营养等技术人员。

另外,诊疗护理工作是群体性的活动,构成医疗事故的行为人,还应包括从事医疗管理、后勤服务的人员。因此,广义上的医务人员还包括医务人员和从事医疗管理、后勤服务的人员。但医疗管理、后勤服务人员由于他们所实施的行为不属于对疾病的治疗,因而不属于医疗行为。所以,医疗行为的行为主体不包括从事医疗管理、后勤服务的人员。医疗行为的主体应以《执业医师法》《护士条例》规定的医务人员为限。

按照行为主体标准，凡不具有合法医师资格的人员，即使使用药膏或单方、验方为患者治病，客观上也确实具有一定的疗效，但因其不具备行医主体资格，其行为不能归入法律意义上的医疗行为。其责任的承担，可结合其所收受患者财物等情况及周围群众反映等各种情况综合考虑。如果行为人以治愈患者为目的无偿或收取少量医药费，为患者提供药材或按摩推拿、针灸、拔火罐等服务，对这种互助友爱的行为，本着弘扬社会主义精神文明的态度，法律应予允许；如果行为人治疗行为发生意外，也不应以非法行医论处。如果行为人以营利为目的，打着祖传秘方之类的幌子，收取高额的费用为患者治疗，法律对此应予禁止；如果行为人的治疗行为给患者带来损失，则应按非法行医的有关规定承担相应的法律责任。

（二）按照行为目的标准

只有以诊疗疾病为目的的行为才是医疗行为。尽管医生为患者提供医疗服务时，法律上并不能要求医疗结果一定要治好病，但是医疗行为的目的是治病却是明确的，无论是患者还是医生都明确医疗行为的这一目的。正是在这一目的的基础上，才形成医患关系。因此，只有以诊疗疾病为目的的行为才能称为医疗行为。

按照行为目的的标准，某些行为虽具有强身健体的功效，但不是以治疗疾病为目的，也不能称为医疗行为。例如，民间常见的点痣、单纯配近视老花眼镜、单纯的拔火罐或单纯的推拿按摩，这些行为的目的是健身强体，也有可能给一些患者尤其是慢性病患者带来一定的疗效，但这只是间接效果，不能称其为医疗行为。

三、医疗行为的特征

医疗行为本质上是民事法律行为，具有民事法律行为的一般特征，即"民事"性质，以意思表示为要素，能产生行为人预期的法律后果。然而，医疗行为的目的是治病。不论是实施医疗行为的医务人员，还是接受医疗行为的患者，授受医疗行为的目的都是很明确的。医疗行为的对象是患者，医疗行为能否实现其治病的目的不仅取决于医学发展的水平和医师等医务人员的技术水平，而且取决于患者的具体情形。人本身存在着个体差异，每个人的生理素质（中医称为禀赋）都有区别。因而，医疗行为又具有不同于一般民事法律行为的特点。

（一）医疗行为具有高风险性

医疗服务的高风险性特征，一方面是由医学科学的高科技性所决定的。正是由于医学科学有太多的未知领域，这便决定了医疗服务行为具有比其他服务行业更多的不确定因素，每一项不确定因素均可能成为医疗风险的一个成因。加之每一种药物均有一定的毒副作用，所谓"是药三分毒"，每个个体均有其特殊的个体特征。因此，世界上没有绝对安全的治疗措施。开刀会对病人造成直接伤害，打针会有针眼和疼痛，把药物注入人体就是一种异物的侵入，服药有毒副作用。就是许多检查措施,也会有一定的危险性,如穿刺、造影等。另一方面,与医学的"双重效应"有关。医学本身就是一把"双刃剑",它既有治疗疾病的功能,同时又有可能给人身造成伤害的后果,这在社会学上叫"双重效应"。这种"双重效应"很容易被人们误解为是由于医生的医术不高或医疗过失所造成的。因此,后一种风险同人们对医学的误解与无知有关。"一只脚在法院内,一只脚在医院内",这向来是对医生职业风险的真实写照。英国民事责任和人身赔偿皇家委员会认为:在医生与其病人之间有一种特殊的,几乎是独特的关系。在医疗方面作出的决定包含有某些风险,有时是灾难性的,甚至是致命性的风险①。尤其是试验性医疗行为,由于其疗效尚未被证实或尚无完全成功的把握,给患者带来的风险更大。

(二)医疗行为具有一定的试验性

疾病的诊断往往从已经获取的患者病情资料入手,推断其可能患有的几种疾病,再将几类疾病作鉴别诊断,初步确诊后根据诊疗常规拟订治疗方案。在治疗过程中,医疗机构还要根据患者的病状反应及病情的变化适时调整治疗方案。就此过程而言,医疗行为具有探索性。医疗行为应以诊疗护理规范和常规(即诊疗护理技术规范)为标准。但由于每个个体都有其特殊性,所以即使以当时被承认的"医疗水准"加以诊疗,其治疗效果仍难免会发生差距。因此,就治疗效果而言,医疗行为具有一定的试验性。不仅是试验性医疗行为,临床医疗行为也同样具有一定的试验性。医学科学总是伴随着医务人员对疾病的不断探索而发展的,只有医务人员不断地在疾病的诊疗中进行探索,才能整体提高医疗技术水平,才能符合大众的健康利益。正是由于医疗行为具有一定的试验性,为了鼓励医务人员积极探索医学领域的新问题,提高整体医学水平,在医疗活动中,当医疗行为造成患者损害时,对于医务人员以及医疗机构,法律上只能课以过错责任,而不能要求其承担无过错责任。

(三)医疗行为具有一定的人身损害性

无论是对患者进行抽血、摄片、造影、B超、CT等检查,还是在治疗过程中对患者进行注射、服药、手术、针灸,都对患者的人身有一定的损害性。医疗行为具有一定的人身损害性,易导致对人体造成损害的结果。这似乎侵犯了患者的人身权,但实际上正常的医疗行为并不违法,其原因在于正当的医疗行为具有违法阻却的性质。医疗行为正当性的理论依据有:

(1)被害者同意说。此说认为阻却违法的核心是患者的同意。患者享有自我决定权,在知情的前提下同意医务人员采取正常的治疗行为对其身体所造成的一

---

① 安迪·卡恩.英国法院审理医疗过失事件的某些新近趋向[J].莱夫,译.法学译丛,1987(2).

定程度的损害,是行使自我决定权的结果。

（2）医疗目的说。医疗行为以增进人体的健康、维护正常的健康状态、防止疾病、减轻伤痛、恢复健康为目的,具有社会正当性。从社会公共利益和大众健康利益出发,医疗行为应视为阻却违法。医疗行为对患者身体有一定的损害,但有利于患者本人,有益于社会,二者权衡取其重。因此,法律允许医疗行为在一定限度内对个体利益的损害。无论是投药、注射、抽输血、手术等均可造成对患者身体的损害,但无人视其为违法。

（四）医疗行为具有高科技性

医学科学是一门高难的科学,是集自然科学与社会科学于一身的科学。在自然科学方面,它不仅要应用生物学与化学等方面的知识,而且还要应用声学、光学、力学、原子、材料等各种物理学知识,以及数学、几何、天文、地理等各种科学知识;在社会科学方面,它要涉及哲学、心理学、美学、伦理学、逻辑学、信息学、思维科学、经济学、管理学、人口学、文学、语言学,甚至考古、音乐、舞蹈、体育、军事、灾难、宗教、神学等,这些均是医学科学所应涉及与研究的范围。事实证明,对人体的"修复"要远比卫星上天、机器人的制造更为复杂,更为高难。所以许多国家对报考医学院校的学生均有比其他专业更高的要求。

（五）医疗行为具有公益性

医疗行为的对象是人,维护的是人的生命和健康,而生命和健康是无价的。它不仅涵盖面广,关系到每一个人的生老病死,而且要求高。我国古代医家就有"医本仁术"之说,医术是实施人道主义的技术,不以营利为目的。医疗机构的宗旨是救死扶伤、防病治病,为公民的健康服务,医疗服务的对象是社会大众,医疗行为则是医疗服务的基本内容和方式。中共中央、国务院1997年1月15日《关于卫生改革与发展的决定》指出,我国卫生事业是实行一定福利政策的社会公益事业。我国《执业医师法》明文规定,医生不得拒绝抢救,在有疫情或灾难时,必须服从国家的调遣。我国《专利法》规定,医学科学的发现及疾病的诊断与治疗方法不得申请专利。医学的这种公益性的社会福利特征,已远远超越了一般的"诚实信用""等价有偿"的道德准则与要求。

第三节 医患关系的内容

一、确定医患权利义务的依据

确定医患权利义务的依据有两个。

（一）医疗服务合同约定

医疗服务合同约定是医疗合同成立时及成立后，医患双方共同确定的医疗服务项目。准确地说，是医方根据患者的疾病情况建议实施并经患者同意的医疗服务项目。医疗合同成立之时，医方对患者采取哪些医疗措施，是不确定的。医师经问诊后，根据其对患者疾病的初步判断，才能确定下一步应采取的医疗措施，如建议进行尿样检查或建议血液检查等，经患者同意后，那么尿样检查或血液检查即成为确定医患权利义务的依据。如果患者的疾病需要手术治疗，经医方建议和患者或其亲属同意，则进一步根据确定的手术项目，确定医患双方的权利义务。

（二）法律的规定

由于医疗行为的对象是人，医方履行医疗合同，提供医疗服务需接触患者的身体、隐私，因此除直接基于医疗合同所确定的医疗服务项目外，基于患者的身体、隐私等人格利益，也引发医患之间的权利和义务关系。此种权利义务可以由当事人约定，如经患者同意，医方可组织人员（专家）对患者的病例进行讨论。但更主要的是基于法律关于保护人格权的规定，如患者有保护其隐私的权利，医方则负有相应的不得扩散患者隐私的义务。这些法定的权利义务，与直接依据医疗合同确定的医疗项目所发生的权利义务，共同构成医疗合同中双方的权利义务。

正是由于医疗合同的权利义务包括约定与法定两部分，构成医患关系的复杂性，因此医患纠纷中，常常出现违约责任与侵权责任竞合的情形。医方不履行或不适当履行医疗合同约定的提供医疗服务的义务，既可构成违约行为，又可构成侵权行为。例如，医方为患者施行手术治疗时，将手术器械遗留在患者体内，既违反了医疗合同，构成不适当履行，又侵害了患者的健康权、身体权，构成侵权行为。患者既可依合同法之规定请求医方承担违约责任，亦可依侵权行为法的有关规定要求医方承担侵权民事责任。

二、患方的权利义务

（一）患方的权利

（1）患者享有获得适宜的医疗服务的权利。这项权利包括：① 拟就医的患者拥有得到导医服务以获知有关医疗信息的权利，所谓医疗信息，是指医院病房科室的设置、有关专家及其特长等；② 患者有获得为治疗其疾病所必需的基本医疗服务的权利；③ 患者有获得费用节省的医疗服务的权利；④ 患者尤其是急诊患者，有得到及时医疗服务的权利。

（2）患者享有合理限度的医疗自由权。此项权利包括：① 有权选择医疗机构，自主选择医生；② 除法律、法规规定传染病实施强制治疗以外，患者有权决定接受或不接受任何一项医疗服务;③ 在不违反法律、法规的前提下,患者有出院及要求转院的权利,如果患者要求出院或转院而医师认为患者病情未痊愈而不宜出院或其他情况不宜转院,应在医嘱和病历记录上写明;④ 有权决定其遗体或器官如何使用。如果患者死亡后,其近亲属有权行使此项权利。

(3) 患者有知情权及同意权。此项权利包括:① 知情权是指患者有权了解和认识自己所患疾病,包括检查、诊断、治疗、处理及预后等方面的情况,并有权要求医生作出通俗易懂的解释;② 患者有权知道所有为其提供医疗服务的医疗人员,尤其是负责其治疗的医生的身份和专业地位;③ 患者有权知道处方的内容,出院时有权索要处方副本或影印件;④ 患者有权查阅医疗记录,知悉病历中的信息,在出院时有权复印其医疗记录,但对一些不宜告知其病情的患者,此项权利得由其家属行使;⑤ 患者有权拒绝为了教学科研,而不是为了诊疗对其进行的检查或处理;⑥ 患者有权在出院前一天接到即将出院的通知,并有权要求由一位主治医师以上的专业人士就出院后的保养问题提供咨询;⑦ 语言不通的患者有得到译员的权利。⑧ 有权检查医疗费用,并有权要求医方逐项作出详细的解释。

(4) 人身、财产安全不受损害的权利。此项权利包括:① 患者有权要求医疗机构提供的医疗服务,符合保障人身、财产安全的要求;② 患者因接受医疗服务受到人身、财产损害的,享有依法获得赔偿的权利。

(5) 隐私权。在治疗过程中,患者的个人隐私有不受医方不法侵犯的权利。对于医务人员已经了解的患者的隐私,患者享有不被擅自公开的权利。

(6) 患者在接受治疗时,享有其人格尊严、民族风俗习惯得到尊重的权利。(在医院住院的病人,护士一般不叫其姓名,而是称其为"X床",这是对患者不尊重的一种做法,不过这种做法已经开始在一些医院得到纠正。)

(7) 患者享有获得有关病人权益保护方面知识的权利。

(8) 患者享有依法成立保护自身合法权益社会团体的权利。

(9) 患者享有对医疗服务以及保护患者权益工作进行监督的权利:① 有权检举、控告侵害患者权益行为的医疗机构及其工作人员在保护病人权益工作中的违法失职行为;② 有权对保护患者权益方面的工作提出批评、咨询和建议。

(10) 患者享有查阅、复制权。患者有权查阅、复印或者复制其门诊病历、住院志、体温单、医嘱单、化验单(检验报告)、医学影像检查资料、特殊检查同意书、手术同意书、手术及麻醉记录单、病理资料、护理记录,以及国务院卫生行政部门规定的其他病历资料。患者要求查阅、复制前款规定的病历资料的,医疗机构应当提供。

(11) 患者享有紧急救治权。对急危患者,医师应当采取紧急措施进行诊治,不得拒绝急救处置。医疗机构对危重病人应当立即抢救。对限于设备或者技术条件不能诊治的病人,应当及时转诊。

(二) 患方的义务

(1) 配合医师诊疗的义务。在医疗合同履行中,双方当事人必须密切配合。

体现在患者方面,患者应如实陈述病史、病情、按医嘱进行各项检查并按医师的指示接受治疗。如果由于患者的错误陈述导致医师的判断错误,医方不承担民事责任。患者或者其近亲属不配合医疗机构进行诊疗,造成患者人身损害,医方不承担赔偿责任。

(2) 给付医疗费用的义务。医疗费用,包括诊疗、处方、检验、药品、手术、处置、住院等各种费用的总和。患者接受诊疗后,不论其效果如何,都应给付医疗费用。依合同法关于同时履行抗辩的规定,在医方未为对方给付前,患者于对方请求给付医疗费用时,得行使同时履行抗辩权。但若患者未给付诊疗报酬前,除有特约或另有习惯的,依劳务性契约报酬后付原则,医师有先行给付的义务,即医师不得因患者未付医疗费用而主张同时履行抗辩权。另外医师若有强制诊疗义务时,也不得主张患者未付报酬而拒绝治疗。

正因为医方有先行给付义务和强制诊疗义务,使我国目前的医疗实践陷入两难的境地,各大医院都出现患者欠费的现象。据报道,北京市医疗系统每年有三四百万元的患者欠费,而北京市急救中心的累积欠费达一百余万元。这些问题的解决有赖于医疗保险制度的完善。

(3) 患者在治疗过程中,应自觉遵守医方制定的与患者有关的规章制度。如住院病人应遵守医院的住院规章。

三、医方的权利义务

(一) 医方的权利

相对于患方来说,医方有如下权利:

(1) 治疗主导权。在治疗过程中,医师享有疾病调查权、诊断权、处方权、处置权等,医师有权询问患者的家族病史、患者个人生活情况,医师有权要求患者做各项检查,选择合理的治疗、处置方案。

(2) 人格尊严、人身安全权。在治疗过程中,医师的人格尊严权和人身安全不受侵犯。

(3) 出具医学证明权。医师享有出具相应的医学证明文件的权利。

(4) 医疗费用支付请求权。医方提供医疗服务后,有权要求患者方支付相应的医疗费用。

(5) 紧急医疗权。因抢救生命垂危的患者等紧急情况,不能取得患者或者其近亲属意见的,经医疗机构负责人或者授权的负责人批准,可以立即实施相应的医疗措施。

(二) 医方的义务

(1) 依法和依约提供医疗服务的义务。① 医方提供医疗服务,应当按照《执业医师法》和其他有关法律、法规的规定履行义务;② 医方和患方另有约定的,应当按照约定履行义务,但双方的约定不得违背法律、法规的规定,不得损害国家利益和社会公共利益。

(2) 忠实义务。忠实义务包括对患者的忠实和对社会的忠实两方面的内容。此项义务包括:① 医方应当保证其提供的医疗服务符合保障患者的健康和经济利益的要求,不得超出核准登记的诊疗项目开展诊疗活动;② 提供及时的医疗服务,对于危急患者,应当采取紧急措施进行诊疗,不得拒绝处置危急患者;③ 医方不得聘用非卫生技术人员从事医疗技术工作;④ 未经医生亲自诊查病人,医疗机构不得出具疾病诊断书、健康证明书或者死亡证明书等证明文件。未经医师、助产人员亲自接产,医疗机构不得出具出生证明书或者死亡报告书;⑤ 医方应当向患者提供有关医疗服务的真实信息,不得作引人误解的虚假宣传;⑥ 医务人员对患者就医方提供的医疗服务的内容、方法、效果、不良反应和副作用等问题提出询问,应当作出真实明确的答复,但应注意避免对患者产生不利后果;⑦ 对因限于设备或技术条件不能诊疗的患者,应当及时转诊;⑧ 医方应当按照规定填写并妥善保管住院志、医嘱单、检验报告、手术及麻醉记录和病理资料、护理记录和医疗费用等医疗资料;患者要求查阅、复制病历资料的,医疗机构应当提供;医疗机构必须按照人民政府或者物价部门的有关规定收取医疗费用,收费应当详细列项,并出具收据;⑨ 除法律、法规另有规定外,医疗机构以及医务人员应当保护患者的隐私权;⑩ 医务人员在诊疗活动中尽到与当时的医疗水平相应的诊疗义务。

(3) 注意及报告义务。① 遵守法律、行政法规、规章以及其他有关诊疗规范的义务;② 提高专业技术水平的义务;③ 发生医疗事故或者发现传染病疫情、食物中毒、涉嫌伤害事件或者非正常死亡时的报告义务。

(4) 不作为义务。① 医方不得出具各种虚假医学证明文件;② 发生医患纠纷后,医方不得涂改、隐匿、销毁医疗资料;③ 医方不得以医谋私;④ 医方不得以格式文书、通知、声明等方式作出对患者不公平、不合理的规定,或者减轻、免除其损害患者合法权益应当承担的民事责任;⑤ 不得侵犯患者的身体或限制人身自由(精神病患者发作期除外);⑥ 医师应当使用经国家有关部门批准使用的药品、消毒药剂和医疗器械。除正当诊断治疗外,不得使用麻醉药品、医疗用毒性药品、精神药品和放射性药品。

第四节 医患纠纷

一、医患纠纷的概念

所谓医患纠纷,是指发生在医疗机构、医务人员与患者及患者家属之间的所有纠纷。

医患纠纷有广义和狭义两种含义。广义的医患纠纷指一切与医疗行为有关的民事纠纷,包括医疗纠纷和医患之间其他民事纠纷。医疗纠纷,是指患方认为医方在诊疗护理过程中存在医疗过失,并导致不良后果的发生,要求医方承担违约赔偿责任或侵权赔偿责任而产生的纠纷(《上海市高级人民法院医疗过失赔偿纠纷案件办案指南》)。医患之间其他民事纠纷,亦称非医疗纠纷,是指医患双方对诊疗护理服务活动即医疗行为本身没有争议,但发生与之相关的其他民事纠纷,主要有医疗欠费纠纷、医方侵犯名誉权、肖像权的医患纠纷、因产品不合格产生的医患纠纷(例如某医院使用了具有合格证书且使用前经过检测正常的不合格心脏起搏器致人损害就不是医疗纠纷)等,它们的案由分别属于债务纠纷、名誉权纠纷、肖像权纠纷和产品质量纠纷,适用不同的法律规定。狭义的医患纠纷即医疗纠纷,凡是患者或其家属对诊疗护理工作不满,认为医务人员在诊疗护理过程中有失误,使患者出现伤残或死亡,以及治疗延期或痛苦增加等情况负有责任,与医方发生争执而产生的医患纠纷均是医疗纠纷。

二、医患纠纷的形式

根据医方是否有过失,医患纠纷可分为有过失的医患纠纷与无过失的医患纠纷。

(一) 有过失的医患纠纷

有过失的医患纠纷,是指患者的死亡或人身损害等不良后果的发生是由于医务人员的诊疗护理过失所致,患者及其家属与医疗机构之间对这种不良后果的性质、程度以及处理结果等存在不同的看法而引起的纠纷。

2010年7月1日起施行的《侵权责任法》专章规定,医疗损害责任,与先前相关法律、法规有所不同,该法使用了"医疗损害"一词,其中的若干规定和《医疗事故处理条例》的有关规定不同,但该法没有对其与该《条例》之间的法律适用关系作出明确规定,本《条例》的命运如何,尚不得而知。对医患纠纷进行分类,有必要结合该《条例》的不同命运,尝试作以下探讨。

如立法机关决定仍保留该《条例》,虽对其进行修改,但保留医疗事故概念的情况下,医疗纠纷可分为两类:医疗事故纠纷和其他医疗赔偿纠纷。2003年1月6日,最高人民法院颁行的《关于参照〈医疗事故处理条例〉审理医疗纠纷民事案件的通知》第1条,把医疗赔偿纠纷划分为两类:一是医疗事故引起的医疗赔偿纠纷;二是因医疗事故以外的原因引起的其他医疗赔偿纠纷。

1. 医疗事故引起的医疗赔偿纠纷

《医疗事故处理条例》第2条明确规定,本条例所称医疗事故,是指医疗机构及其医务人员在医疗活动中,违反医疗卫生管理法律、行政法规、部门规章和诊疗护理规范、常规,过失造成患者人身损害的事故。该《条例》第 4 条规定,根据对患者人身造成的损害程度,医疗事故分四级。该《条例》未作技术事故和责任事故的区分,对医疗事故范围的界定也较广。

2. 其他医疗赔偿纠纷

其他医疗赔偿纠纷是指因医疗事故以外的原因引起的其他医疗赔偿纠纷。此类纠纷的表现形式是,因医疗侵权患者受到伤害,医患双方均不申请医疗事故鉴定或者虽然一方申请经鉴定不构成医疗事故的。如立法机关决定废止《医疗事故处理条例》的情况下,医疗纠纷可分为两类:医疗损害赔偿纠纷和医疗服务合同纠纷。2008 年 2 月 4 日最高人民法院颁布的《民事案件案由规定》和 2011 年 2 月 18 日《最高人民法院关于修改〈民事案件案由规定〉的决定》把医疗纠纷定性为两类:归属人格权纠纷的医疗损害赔偿纠纷和归属合同纠纷的医疗服务合同纠纷。

(1) 医疗损害赔偿纠纷。所谓医疗损害赔偿纠纷,是指患者与医疗机构之间就医疗机构是否依法履行法定义务或者在医疗服务中直接侵害患者合法权益等问题发生的争议。如不能按照规定告知患者病情,未经患者同意泄露患者的隐私,对患者实行歧视待遇等。[①]

(2) 医疗服务合同纠纷。所谓医疗合同纠纷,是指患者与医疗机构之间就医疗合同的签立、合同的内容、合同的法律效力以及合同的履行等问题发生的争议。在医疗服务中,通常采用口头合同、标准合同等特殊合同形式。医疗机构不能按照合同的规定履行合同义务,如使用未经国家有关部门批准的药品、医疗器械,不按规定标准收取医疗费用等,都具有违约行为的性质,由此而发生的纠纷属于医疗合同纠纷。[②]

(二) 无过失的医患纠纷

无过失的医患纠纷,是指虽然在诊疗过程中发生了患者死亡或人身损害等不良后果,且这种不良后果并非医务人员的过失所致,但患者及其家属却误认为医务人员有过失,因而引起的纠纷。无过失的医患纠纷包括医疗意外纠纷和医疗并发症纠纷等。

1. 医疗意外纠纷

医疗意外在《医疗事故处理条例》第 33 条第 2 款中规定为"在医疗活动中由于患者病情异常或者患者体质特殊而发生医疗意外的"。从此规定可以看出,医疗意外应具备以下条件:① 在诊疗护理过程中,发生了患者死亡或人身损害的;② 这种不良后果的发生,是医务人员难以预料和防范的,或者说是他们不能抗拒或者由不

---

① 耿莉.医疗纠纷的概念、性质和特点[J].中国卫生法制,2008(6):33～34.
② 邱爱民.论我国医疗纠纷处理中二元化现象的历史与终结[J].扬州大学学报(人文社会科学版),2011,25(3):45.

能预见的原因引起的。也就是说,对于医疗意外所出现的不良后果,医务人员没有主观上的过错。因此,医疗意外不属于医疗事故或医疗差错。出现医疗意外的原因可能是患者的异常病情或特殊体质,也可能是其他原因,但不是医务人员的过失。例如,进行心电图测试时,发生原发性心搏骤停,经抢救无效,造成患者死亡,患者属于特殊体质,虽然术前或术后发现,但属于当前医学技术所无法解决的,患者在手术中或术后发生死亡或其他不良后果,均属于医疗意外。由医疗意外引发的医患纠纷就是医疗意外纠纷。

2. 并发症纠纷

并发症,指某一种疾病引发另一种疾病所导致的不良后果,但并非由于医务人员的诊疗护理过失所致。构成并发症须具备以下条件:① 并发症发生在诊疗护理过程中;② 后一种疾病的发生是由前一种疾病引起的;③ 后一种疾病的发生是医务人员难以预料和避免的。也就是说,并发症的发生医务人员同样无主观上的过错。引发并发症的原因主要是医学科学技术的局限性。某些疾病虽然是现代医学科学技术能够预见的,但却是不可避免和防范的。这些疾病的发生并非由于医务人员的过失所致,而是患者前一种疾病发展的必然结果。例如,患者因创伤感染严重,送至医院时已经耽搁了时间,在治疗中感染继续发展,甚至发生破伤风。患者因先天性心脏病入院手术,术前准备周密,手术中操作准确,手术成功,但术后出现心脏功能和呼吸功能低下,后因心肺功能衰竭而死亡,属于并发症。由并发症引发的医患纠纷就是并发症纠纷。

三、非医患纠纷

在处理医患纠纷之前,必须将医患纠纷与非医患纠纷区别开来。非医患纠纷是指医患间发生在疾病的诊疗过程中,但不属于医患纠纷的纠纷。主要有:非法行医所引发的纠纷,利用医疗犯罪所引发的纠纷,以及因美容而引发的纠纷。

(一)非法行医引发的纠纷

医患纠纷的主体一方是医疗机构或个体开业医师,不论是医疗机构还是个体开业医师,都必须经批准,获得医疗机构开业许可证或开业执照才能从事医疗服务。《医疗机构管理条例》第24条规定,任何单位或个人,未取得执业许可证,不得开展诊疗活动。因此,未获得执业许可证而从事医疗活动的,即构成非法行医或称无证行医。非法行医行为不仅指无医师资格的人员从事医疗活动的行为,也包括具有医师资格的人但未取得执业许可而擅自开展医疗服务的行为。构成非法行医应同时具备以下条件:

(1) 行为人无从事医疗活动的执业许可。
(2) 行为人实施了医疗行为,并以此为业,即所谓"行医"。
(3) 行为人行医的目的是为了谋取非法利益。

如不同时具备上述这些条件,不宜以非法行医论处。例如,医学院的学生,对于一位急需治疗的患者,主动或应患者的要求采取救治措施,就不能按照非法行医对待。上述情况所引发的纠纷,不属于非法行医的纠纷,当然也不属于医患纠纷。法律上应按无因管理或一般合同关系处理。

非法行医的危害是巨大的。首先,非法行医者一般没有受过专业培训教育,医疗水平低是不言而喻的。即使是专业医务人员在非医疗机构执业,也可能因设备条件的限制,不能发挥好技术水平,其结果是骗取就医者钱财,危害病人的健康,甚至生命。其次,非法行医扰乱社会治安和医疗机构管理秩序。

非法行医必须承担相应的法律责任。由于非法行医的主体一方,不符合医患纠纷的特征要求,由此造成的患者人身损害事件不属于医患纠纷,更不构成医疗事故。《医疗事故处理条例》第61条规定,非法行医,造成患者人身损害,不属于医疗事故,触犯刑律的,依法追究刑事责任。有关赔偿,由受害人直接向人民法院提起诉讼。就民事责任而言,非法行医不适用《医疗事故处理条例》承担赔偿责任,而应适用《民法通则》《侵权责任法》和《最高人民法院关于审理人身损害赔偿案件适用法律若干问题的解释》等关于人身侵权损害赔偿的有关规定承担赔偿责任。除了民事责任外,非法行医者还要承担行政责任和刑事责任。就行政责任而言,《医疗机构管理条例》第44条规定,未取得"医疗机构执业许可证"擅自执业的,由县级以上人民政府卫生行政部门责令其停止执业,没收非法所得和药品、器械,并可以根据情节处以一万元以下的罚款。此外,卫生部发布的有关行政规章,如《医师、中医师个体开业暂行管理办法》,其中也规定了取缔、打击非法行医的财产处罚方法,即没收非法收入和药品、器械,并可处罚款。关于非法行医的刑事责任,我国《刑法》第336条规定:"未取得医生执业资格的人非法行医,情节严重的,处三年以下有期徒刑、拘役或者管制,并处或者单处罚金;严重损害就诊人身体健康的,处三年以上十年以下有期徒刑,并处罚金;造成就诊人死亡的,处十年以上有期徒刑,并处罚金。""未取得医生执业资格的人擅自为他人进行节育复通手术、假节育手术、终止妊娠手术或者摘取宫内节育器,情节严重的,处三年以下有期徒刑、拘役或者管制,并处或者单处罚金;严重损害就诊人身体健康的,处三年以上十年以下有期徒刑,并处罚金;造成就诊人死亡的,处十年以上有期徒刑,并处罚金。"

(二)医疗犯罪所引发的纠纷

如果医疗行为导致病人出现不良后果是医务人员故意所为,则不属于医患纠纷的范畴。若不良后果达到一定的程度则构成故意犯罪。所谓故意,是指行为人明知自己的行为会发生危害社会的结果,并且希望或者放任这种结果发生的一种主观心理态度。在实践中,利用医疗实施犯罪的案件时有发生,案件的种类也有不同。例如,某医生为了报复某负心女子,在对该女子实施阑尾手术时,将其双侧卵巢切除,构成故意伤害罪。利用医疗进行犯罪主要有以下类型:利用医疗过程实施杀人行为,构成故意杀人罪;利用医疗故意伤害他人身体,构成故意伤害罪;利用医疗强奸妇女,构成强奸罪;利用医疗进行诈骗,构成诈骗罪;利用医疗生产、销售假药、劣药,构成生产、销售假药、劣药罪;利用医疗敲诈勒索财物,构成敲诈勒索罪;利用医疗职权作伪证,构成伪证罪;利用行医行贿受贿,构成行贿受贿罪。对于利用医疗的犯罪行为,必须按照《刑法》的规定,对行为人追究刑事责任。

(三)因美容等非治疗疾病目的而引发的纠纷

医患法律关系的主要客体是医疗行为,只有以诊疗疾病为目的的行为才能称为医疗行为,因而也只有基于疾病诊疗以及与疾病诊疗相关的事项(如医疗费)而发生的纠纷才属于医患纠纷。那种为追求形体美而进行文眉、隆胸等美容手术不属于医疗行为,当事人因美容手术而发生的争议也不属于医患纠纷。实践中那种把因美容而引起的纠纷称为医患纠纷,纳入医患关系调整的做法是不能成立的。此外,某些行为虽具有强身健体的功效,但不是以治疗疾病为目的,如民间常见的点痣、单纯配近视老花眼镜、单纯的拔火罐或单纯的推拿按摩。当事人因这些行为而发生争议,也不属于医患纠纷。

四、医患纠纷产生的主要原因

分析医患纠纷产生的原因,采取积极的防范措施以减少和避免医患纠纷的发生,对保护医患双方的合法权益,提高医疗质量,保障医院正常的工作和生活秩序,维护社会的安定团结都有重要意义。医患纠纷产生的主要原因如下。

(一)医疗卫生体制方面

由于政府投入不足,不少公立医院运行主要靠向患者收费来维持,出现过分依赖医疗市场的导向。医院公益性质淡化,有片面追求经济利益倾向。与医院服务相关的药品和医用器材生产流通秩序混乱,价格虚高。一些企业违规操作,虚报成本造成政府定价虚高;生产销售等流通环节多,层层加价;一些不法药商通过给医生回扣、提成等增加药品和医用器材的销售量;现行医院的药品收入加成机制,也诱导医院买卖贵重药品,医生开大处方、过度检查和治疗。在新旧医疗卫生体制的转轨过程中,各种矛盾尤其是医患矛盾频发,医患纠纷的发生在所难免,关键是如何避免和妥善解决。

(二)医疗机构管理方面

医疗质量管理薄弱,医疗安全存在隐患。不少医院忽视医疗质量管理,三级查房流于形式,观察病情不仔细,诊断治疗不及时,死亡病例、疑难病例讨论不深入,危重病人交接班制度不落实。不合理检查、用药和治疗情况依然严重。医务人员不按技术规范开展诊疗,不重视患者临床表现,过分依赖辅助检查结果,处方管理不严,药物应用不合理,抗生素滥用现象严重,由此很容易产生医患纠纷。例如,有些医疗机构没有建立相关制度或者管理松懈。医务人员违反医疗卫生法律、法规,致使医疗活动中出现诊疗、护理过失,病案书写、保护和保管不力,病历记录不详细甚至丢失,这些都会引发医患纠纷。

(三) 医疗服务质量方面

医疗卫生队伍的职业道德和法制建设亟待加强。长期以来医务人员队伍建设缺乏人文素质培养,行风建设措施未落实,造成一些医护人员在服务过程中态度生硬,医患之间潜在的危机随着沟通不良升级,演变成医患纠纷,医患关系不断恶化。有的医院不顾自身能力、条件盲目开展大型、复杂手术;有的使用无合法资质的医务人员从事医疗活动;还有的医院违法违规涂改、伪造医疗文书,有些甚至是在医院领导下集体造假,社会影响极坏。有些医务人员受拜金主义和社会不良风气的影响,收受索要患者的财物,当自己的欲望得不到满足时,甚至拒绝为患者诊疗或者改变治疗方案,医患矛盾、医患纠纷便由此产生;有的医务人员不认真履行义务,如有医务人员不认真诊疗,未及时发现病情,延误了病情,或者延误抢救治疗时机。一旦患者出现不良后果,医患纠纷也就在所难免。

(四) 医疗法制环境方面

由于种种原因,与社会主义市场经济相适应的法律体系和制度尚未完全建立。有关医疗卫生方面的法律制度仍然不完善。2002年4月颁布的《医疗事故处理条例》对医疗事故内涵的界定、医疗事故技术的鉴定、医疗事故的分级、医疗事故的赔偿等方面作了重要修改和补充,但随着医疗卫生体制改革的深入,该《条例》已不能满足公平解决医患纠纷,平衡医患利益的需要。2010年7月1日起施行的《侵权责任法》虽然设专章(第七章医疗损害责任),但仍然不能解决当前医患关系紧张的问题。可见,我国现行有关医疗卫生方面的法律制度尚不完善,应当制定一部专门调整医患纠纷的法律,确定医患双方的权利和义务,设立医疗行为的规范标准,医疗损害赔偿的项目和标准,破坏正常诊疗秩序和侵害医务人员生命健康权益的行为的法律责任,以平衡医患利益、公平解决医患纠纷和保障医学科学技术的发展。

(五) 患者方面

导致医患纠纷的原因除以上因素外,还包括患方的原因。主要表现在:

(1)患方对医学科学技术期望值过高。医疗活动中,有些患者及其家属对疾病和医学科学技术认知能力不足,不了解医学知识。当医疗效果不理想时,患方往往认为是医疗机构造成的,这种情况往往会加剧医患之间的矛盾,从而导致医患纠纷的发生。

(2)患方不积极配合治疗。在医疗活动中,有些患者出于种种原因,不积极配合医生的治疗工作,不如实陈述病史,无形当中为医务人员的科学诊断添加了障碍。如不履行医嘱,私自服药或加减剂量,私自外出延误治疗等,这些情况都有可能影响疾病的治疗效果,甚至会出现不良后果。一旦这种后果发生,有些患者及家属认为是医务人员所致,导致医患纠纷的发生。

(六)媒体负面宣传方面

广播、报纸、电视、手机和网络五大宣传媒体的共存,使我们快速地进入了信息时代,快捷、海量的信息使我们增长了知识。一旦遇到麻烦,上网查找法律依据和寻找有关案例,成为一般人的首选。媒体负面宣传对解决医患纠纷产生的不良的影响:一是有的新闻媒体不顾法律规定,急于抢新闻,对尚未定性的医患纠纷失实报道,甚至受利益驱动制造轰动效应导致负面影响,误导患者和家属引发纠纷或扩大事态;二是随着网络宣传作用的增大,一些不负责任的网站为了提高点击率,登载不实甚至煽动性的文章、帖子,致使医患矛盾更为激化。

五、医患纠纷的解决途径

根据我国《民法通则》《合同法》《民事诉讼法》《医疗事故处理条例》及其他相关法律、法规和司法解释的规定,医患纠纷的解决途径有以下几种。

(一)协商

由医患双方自愿经过协商自行解决医患争议,可以及时便捷地化解矛盾。医患双方一般也乐于接受这样一种"和平解决争端"的方式,在实践中也较为常用。协商应以医患双方自愿为前提,如果有任何一方表示不愿意协商或者在协商中不能达成一致意见,双方均可再选择其他解决途径。医患双方协商解决医患纠纷,体现了医疗机构和患者双方作为民事法律关系主体依法处分民事权利、承担民事义务的权利。在必要时,医疗机构和患者均可以委托他人代理协商事务。

在协商中,医疗机构和患者双方作为民事法律关系主体,地位完全平等。任何一方不得以任何理由用任何方式向另一方施加压力,如医方不能利用自己的种种优势地位限制患方正当权益的实现。医患双方应在地位完全平等的基础上进行协商,可以共同委托负责组织医疗事故技术鉴定工作的医学会进行鉴定,再在鉴定结论的基础上就赔偿问题进行协商。经过协商,医患双方达成一致。

双方当事人协商解决医患争议的,应当制作协议书。协议书应当载明双方当事人的基本情况和医患纠纷的原因、双方当事人共同协商确定的赔偿数额等,并由双方当事人在协议书上签名。

若属医疗事故争议的由双方当事人自行协商解决的,医疗机构应当自协商解决之日起7日内向所在地卫生行政部门作出书面报告,并附具协议书。

(二) 行政调解

行政调解是卫生行政部门应医患争议双方当事人的请求,根据自愿和合法的原则,促使双方当事人友好协商、互谅互让而达成和解,解决医患纠纷的一种诉讼外活动。调解时,应当遵循当事人双方自愿原则,并应当依据相关法律、法规的规定计算赔偿数额。

双方当事人经调解就赔偿数额达成协议的,制作调解书,双方当事人应当履行。调解不成或者经调解达成协议后一方反悔的,卫生行政部门不再调解。

医患双方在申请行政调解时应注意以下问题:

(1) 调解不是解决医疗事故争议的必经程序,也不是司法诉讼的前置条件,当事人完全可不要求卫生行政部门调解而直接向法院提起诉讼,要求通过诉讼程序解决争议,也可以不接受卫生行政部门的调解结果而直接向法院提起诉讼。

(2) 卫生行政部门只有在双方当事人共同提出申请的情况下才进行医疗事故赔偿行政调解。卫生行政部门只能被动地接受当事人的请求,如果没有医患双方当事人的申请或者只有一方当事人提出申请,卫生行政部门不能主动进行调解。

(3) 医患纠纷赔偿行政调解属于行政调解,主持调解的是国家卫生行政部门。它不同于人民法院主持下的审判调解,也不同于人民调解委员会主持的人民调解。调解所达成的协议,没有法律强制力,如果当事人不履行协议,卫生行政部门无权强制当事人履行,当事人也不能就该协议向人民法院申请强制执行。

(4) 即便当事人双方经过行政调解达成了协议,一方事后反悔的,当事人双方均仍然可以再向人民法院提起诉讼。

(5) 当事人既向卫生行政部门提出争议处理申请,又向人民法院提起诉讼的,卫生行政部门不予受理。卫生行政部门已经受理的,应当终止处理。

若双方提出医疗事故争议处理申请,卫生行政部门应当自收到医疗事故争议处理申请之日起十日内进行审查,作出是否受理的决定。需要进行医疗事故技术鉴定的,应当自作出受理决定之日起五日内将有关材料交由负责医疗事故技术鉴定工作的医学会组织鉴定并书面通知申请人。对不符合规定,不予受理的,应当书面通知申请人并说明理由。

(三) 第三方调解

2006年4月28日,上海市普陀区医患纠纷人民调解委员会正式挂牌成立,这是全市首家由政府出资,聘请法律、医疗界专家组成的群众性自治组织,通过非诉讼争议解决方式为调处医疗机构与患者在就医过程中发生的纠纷提供公益性服务。在解决医患纠纷时显示出方式快捷便利、社会公信力高的优势,是一种理性解决争端的平台。经人民调解委员会调解后,当事双方仍协商不成,可以进入司法诉讼程序,确保当事人的合法权利。同时,调解专家对法律和医学知识的熟悉,有利于弥补患者医疗信息不对称、法律常识不足等缺陷。

截至2011年4月底,各地共成立了1139个医疗纠纷人民调解组织。医疗纠纷人民调解制度已覆盖30个省、283个设区的市和省直管区县,覆盖率达62.47%。现代社会的发展趋势是分工越来越精细,如果在医患之间建立一个缓冲机制,就是让专业社会工作介入,这就把专业医疗服务和专业社会服务作了一个分工,既有利于医护人员专注于他们的专业,也有利于病人得到有效的人文关怀。从该制度安排来看,应该有更好、更长远的社会效果。

(四)仲裁

仲裁是指纠纷当事人在自愿的基础上达成协议,将纠纷提交非司法机构的第三者审理,并作出对争议各方均有约束力的裁决的一种解决纠纷的制度和方式。通俗地讲,仲裁是由民间仲裁机构断案,必要时由法院执行,介乎"私了"与"官了"之间的一种解决纠纷的形式。

仲裁有如下特点:

(1) 自愿性。一项纠纷产生后,是否将其提交仲裁,交与谁仲裁,仲裁庭的组成人员如何产生等,都是在当事人自愿的基础上,由当事人协商确定的。

(2) 快捷性。因期限短,程序比诉讼程序简便,实行一次裁决制度,故显出其快捷性。

(3) 灵活性。如在管辖上不实行地域管辖和级别管辖。仲裁规则简便灵活,当事人可协商选择确定。

(4) 专业性。由于仲裁对象大都是民商事纠纷,常涉及复杂的法律和技术问题,所以各仲裁机构大部分备有专业的仲裁员名册,供当事人选定仲裁员。仲裁员一般都是各行业的专家,保证了仲裁专业的权威性。

(5) 保密性。仲裁一般以不公开审理为原则,而且应当事人要求,裁决可以不写明事实和理由。

(6) 独立性。仲裁机构独立于行政机关,仲裁机构间无隶属关系。仲裁独立进行,不受任何机关、社会团体和个人的干涉。仲裁员是兼职的,不隶属于仲裁委员会。

(7) 经济性。由于时间的快捷性,费用相对节省。

可设置非常设机构,聘任公道正派,具有一定实践经验和专业水平的医疗专家(可分不同专科)、法医、法律专家(律师,法律教学、研究工作者)、伦理学专家、公证人员等作为兼职仲裁员。由仲裁机构作出的裁决具有法律强制执行的效力。这样既节省有限的卫生行政、司法资源,又能方便、快捷、公正地解决医患纠纷。目前这种医患纠纷救济方式还未引起有关部门的重视,尚未设立相应机构。

(五)提起民事诉讼

根据相关法律、法规的规定,提起民事诉讼是解决医患纠纷的重要途径。一方面,医患双方发生争议时可以直接选择这种方式。另外,根据司法最终解决的普遍原则,如果医患双方协商、调解不成时,提起民事诉讼则成为解决医患纠纷的最有效的途径。医患纠纷本质上属于民事纠纷,任何一方均可按照《民事诉讼法》的规定,向人民法院提起民事诉讼,以解决争议。

1. 医患纠纷诉讼选择

医患双方因医患纠纷而提起民事诉讼,诉由主要有违约之诉和侵权之诉两种。当事人一方不履行医疗合同的义务,另一方方可以提起违约之诉,请求法院判决违约方承担违约责任。医疗机构在提供医疗服务过程中,因其过失侵害患者的人身权(如发生医疗事故、泄露患者隐私),受害人可以提起侵权之诉,请求法院判决医疗机构赔偿损失。

2. 医患纠纷诉讼特点

民事诉讼实行"不告不理"原则,须当事人提起诉讼才能启动民事诉讼程序。医患纠纷诉讼的特殊性,主要表现在以下几个方面:

首先,医患纠纷诉讼当事人比较固定,即医患双方。实践中原告往往是患方,包括患者及其家属,而被告常常是医疗机构或者是个体从业医生。

其次,诉讼请求和理由具有限定性。在诉讼中,患方一般都是要求医疗机构对其人身损害进行经济赔偿和精神损害赔偿。

最后,医患纠纷诉讼具有复杂性。这主要是因为医疗活动涉及的科学领域非常的广泛。另外,医疗行为与医疗损害之间是否存在因果关系也相当的复杂。除此之外,还涉及法律、道德以及医疗行政管理等诸多问题。

3. 医患纠纷案件的管辖

民事案件一般地域管辖的原则是"原告就被告",即案件由被告所在地的法院管辖。所以一般情况下,医患纠纷争议的案件应由被告即医疗机构所在地的基层人民法院管辖。

4. 医患纠纷诉讼证据

证据在诉讼中居于一个核心的位置。证据是当事人进行诉讼的前提条件。如原告起诉、被告应诉或提出反诉,都应提供证据来证明各自的主张。证据是人民法院查明事实、分清是非、确认法律权利与义务,以及依法判决的根据或基础。同时,也是当事人维护合法权益的工具。因此,医患双方在医患纠纷诉讼中应当加以高度重视。

(1) 患者一方应当提供的证据材料:① 医疗事故技术鉴定申请书;② 自己保存的原始病历资料;③ 医疗机构复制或者复印的病历资料;④ 进行尸体解剖的,提供尸解报告;⑤ 病历治疗的各种检验报告;⑥ 其他相关证据。

(2) 医疗机构应当提供的证据材料:① 医疗事故技术鉴定申请书、答辩书;② 住院患者的病程记录、死亡病例讨论记录、疑难病例讨论记录、会诊意见、上级医师查房记录等病历资料原件;③ 住院患者的住院志、体温单、医嘱单、化验单(检验报告)、医学影像检查资料、特殊检查同意书、手术同意书、手术及麻醉记录单、病理资料、护理记录等病历资料原件;④ 抢救急危患者,在规定时间内补记的病历资料原件;⑤ 封存保留的输液、注射用物品和血液、药物等实物,或者依法具有检验资格的检验机构对这些物品、实物作出的检验报告;⑥ 病历资料以外的专项检验报告,以及与医疗事故技术鉴定有关的材料。

5. 举证责任

(1) 举证责任是指当事人对自己的诉讼请求所提供的事实或反驳对方诉讼请求,有责任提供证据。没有证据或证据不足以证明其主张,由负担举证一方承担不利后果。

(2) 我国的医疗纠纷诉讼举证责任分配制度大致经历了三个阶段,即医疗纠纷举证责任分配实行"谁主张,谁举证"的阶段、实行"举证责任倒置"阶段和实行区分类型确定举证责任阶段。[①]

第一阶段:医疗纠纷举证责任分配实行"谁主张,谁举证"的制度。这一发展阶段是从1987年至2002年。若患者及其家属认为医疗机构侵害了自身的权益,必须按照《民事诉讼法》的规定:"当事人对自己的主张,有责任提供证据"进行举证。但在医患关系中,患者与医务人员所掌握的诊疗信息严重不对称。患者缺乏医疗专业技术知识,也没有掌握诊疗记录和其他有关的技术资料,很难发现或说明医护人员在医疗行为中存在的问题。因此当医患双方发生医疗纠纷时,患者及其家属由于难以举证或证据不足而败诉的情况屡见不鲜。

第二阶段:医疗纠纷举证责任分配实行"举证责任倒置"的制度。这一发展阶段从2002年至2010年,2001年12月6日,最高人民法院通过《最高人民法院关于民事诉讼证据的若干规定》并于2002年4月1日起正式施行,其第4条第1款第8项明文规定:"因医疗行为引起的侵权诉讼,由医疗机构就医疗行为与损害结果之间不存在因果关系及不存在医疗过错承担举证责任。"该规定在学理上被称为"举证责任倒置原则"。

第三阶段:医疗纠纷举证责任实行区分类型确定举证责任的制度。这一发展阶段从2010年至今。2010年7月1日正式施行的《侵权责任法》,其中第七章规定了医疗损害责任,使医疗纠纷的解决走进新的阶段。《侵权责任法》第54条规定:"患者在诊疗活动中受到损害,医疗机构及其医务人员有过错的,由医疗机构承担赔偿责任。"也就是在患者因诊疗活动受到损害而与医疗机构发生损害赔偿纠纷的诉讼中,患者须就"医疗机构及其医务人员有过错"进行举证,并承担举证不能的后果。同时,该法案第58条规定:"患者有损害,因下列情形之一的,推定医疗机构有过错。"根据第59条的规定,医疗产品损害责任实行无过错责任原则,即患方不承

---

① 徐正东.我国医疗纠纷举证责任分配制度演变及其述评[J].四川警察学院学报,2011,23(4):44.

担证明医疗机构有过错的举证责任。

6. 诉讼时效

医患双方当事人通过民事诉讼方式解决纠纷,应注意诉讼时效的规定。所谓诉讼时效,指权利人在法定期间内不行使权利即丧失胜诉权的制度。依《民法通则》第135条、第136条规定,普通诉讼时效期间为两年,身体受到伤害要求赔偿等民事案件,其诉讼时效期间为一年。医患纠纷有适用普通诉讼时效期间的,如医疗机构请求患者支付医费的纠纷,适用两年时效期间。但医患纠纷大多属患者认为医方治疗不当导致其人身伤害,向法院提起侵害人身权之诉,要求医方赔偿,其诉讼时效期间为一年。在医患纠纷中,如果医疗损害明显的,从受到医疗不当行为所致损害之日起算。如果伤害在当时未发现,但患者在日后的治疗中发现原来的医疗行为对其人身造成伤害的,则以伤害确认之日起算。例如,某患者在某医院动手术,手术结束时医生遗留一块纱布在患者体内。患者术后一年多才出现身体不适,多方治疗无效,两年后才发现是因体内纱布所致。在这种情况下,诉讼时效应从发现体内遗留纱布时起算。

在医患纠纷案件中,医患双方在自己的权利受到侵害时,应积极主张,否则其诉讼请求可能因超过诉讼时效期间而得不到法院的支持。此外,依《民法通则》第138条规定,超过诉讼时效期间,当事人自愿履行的,不受诉讼时效限制。

第五节 医疗法律责任

一、医疗法律责任的概念

医疗法律责任是指一切违反相关法律规范(包括诊疗护理规范常规等技术性规范)的行为主体,对其违法行为,依法所应承担的带有强制性的法律后果。医疗法律责任具有以下特点:

(一) 以存在违法行为为前提

医疗法律责任是与违反相关医疗法律规范行为相联系的。只有在构成违反法律规范的前提下,才可能追究行为主体的法律责任。

(二) 有明确法律规定

违反法律规范的行为很多,但不一定都要承担法律责任。只有那些在法律中作了明确处罚规定的违法行为,行为主体才能被追究法律责任。

(三) 具有国家强制性

医疗法律责任同其他法律责任一样也具有国家强制性。对于拒绝承担法律责任的违法主体,由国家强制力来督促使其执行。

(四)由专门机关追究

医疗法律责任一般由国家授权的专门机关在法定的职责范围内,依据法定的程序予以追究。

二、医疗法律责任的种类

根据违反相关法律规范和法律责任的性质以及承担法律责任的方式不同,可将医疗法律责任分为民事责任、行政责任和刑事责任三种。

(一)医疗民事责任

1. 医患纠纷的民事责任的概念

医患纠纷的民事责任。是指医患关系中,当事人一方不履行所承担的义务或侵害他方的权利,应依法承担的民事责任。医患关系属于民事法律关系。当事人一方不履行义务或侵害他方权利,理应依法承担民事责任。医患纠纷的民事责任,既包括医方因未履行或不适当履行提供医疗服务的义务或在提供医疗服务过程中因过失造成患者人身伤害而应依法承担的责任,也包括患者不履行支付医疗费用而应当承担的民事责任。然而,患者不履行支付医疗费用的民事责任,其责任承担形式单一(只是继续履行),亦没有过错责任或无过错责任之分,更不存在医疗侵权责任与违约责任竞合之法律现象。医方因未履行或不适当履行提供医疗服务的义务或在提供医疗服务过程中因过失造成患者人身伤害而依法应承担的民事责任存在违约与侵权责任的竞合。

2. 医疗民事责任的竞合

责任竞合是医疗民事责任的一个重要特点。医患关系主要依据合同而建立,医方负有提供医疗服务的义务,如医方未履行提供医疗服务的义务或者不适当履行提供医疗服务的义务,应承担医疗违约责任。因此,医疗民事责任首先是医疗违约责任。然而,医疗服务的对象是人,在许多情况下,医疗行为对患者既有治疗疾病的益处,又有一定的人身侵害性。医方在提供医疗服务时,稍有不当,极易造成患者人身伤害。当医方因其过失造成患者人身伤害时,患者有权依侵权行为法的规定,追究医方的医疗侵权责任。当医方在提供医疗服务中造成患者人身损害时,其行为既可构成违约,又可构成侵权。患者既可依合同法及医疗合同追究其违约责任,又可依侵权法追究其侵权责任。由此,发生医疗民事责任竞合。

必须指出的是,并非任何情况下都会发生医疗民事责任的竞合现象。医方未履行或不适当履行医疗服务合同,如未造成患者人身伤害,就不发生侵权责任,而只是违约问题。相反,在某些情形,医方的行为只构成侵权行为,而不属于违约,也不存在责任竞合的现象。例如,医方在医疗合同关系终止后将患者的个人信息提供给药品或其他商品的生产厂家,其行为只构成侵害隐私权,而不构成违约行为,患者可依侵权法要求医方承担侵害隐私权的民事责任,不依合同法要求医方承担违约责任。

3. 医疗违约责任

《合同法》第107条规定:"当事人一方不履行合同义务或者履行合同义务不符合约定的,应当承担继续履行、采取补救措施或者赔偿损失等违约责任。"医疗违约责任的承担方式,主要是赔偿损失,继续履行在一定情况下也可适用。至于支付违约金和定金的责任须视双方的约定,但现实中医疗合同少有约定违约金和定金的。

(1) 赔偿损失是承担违约责任最主要的形式。《民法通则》第112条规定:"当事人违反合同的赔偿责任。应当相当于另一方因此所受到的损失。"《合同法》第113条作了相同的规定。赔偿损失的目的在于补偿受害方所受到的财产损失,因此承担赔偿损失的违约责任取决于受害方是否受到损失以及损失的大小,如无损失则不发生赔偿责任。违约方应承担的赔偿范围包括直接损失和间接损失。直接损失,是指受害方因他方的违约行为所造成的财产的实际减少,如患者病情恶化而延长治疗期限所导致的治疗费用的增加;间接损失,是指可得利益的损失,即在合同得到履行时受害方本可以得到的利益由于他方的违约而没有得到从而受到的财产损失,如患者因治病而不能正常工作导致收入的减少。不论是直接损失还是间接损失,只要是由于违约方不履行合同义务造成的,受害方都有权要求违约方予以赔偿。

在处理违约的赔偿责任时,应当注意如下两点:一是受害人对于所发生的损失也有过错的,应当按照双方的过错程度大小具体确定违约方的赔偿责任,对于因受害方的过错造成的损失,违约方不负赔偿责任。《合同法》第119条规定:"当事人一方违约后,对方应当采取适当措施防止损失的扩大;没有采取适当措施致使损失扩大的,不得就扩大的损失要求赔偿。"如有一位患者发现医师诊疗过程中存在的一点失误就不听医师的劝阻,停止正常治疗,到处告状,结果导致病情进一步恶化。在此案中,患者对于病情的进一步恶化负有责任,医方可不承担患者病情进一步恶化部分的损失。二是根据《合同法》第113条的规定,间接损失的赔偿,应当是违约方订立合同时已经预见到或应当预见到的,违约方订立合同时不应当预见到的间接损失,不予赔偿。间接损失是否属于违约方订立合同时应当预见,应根据当事人缔约时的相互关系等具体情况加以确定。

(2) 继续履行。继续履行作为一种违约责任,不同于一般意义上的合同履行,它具有民事责任的强制性,指当事人一方违约时,只要合同有实际履行的可能,他方即可请求人民法院以国家强制力,强制违约方继续履行合同。因此,继续履行又可称为强制履行或强制实际履行。

当事人一方违约时,采取强制履行的措施,使合同得以实际履行,有利于实现合同的目的。继续履行的这一功能作用,是赔偿损失和违约金所不直接具备的。

通常情况下,由于医疗行为是一种带有人身性质的行为,医师不愿继续为患者医疗的,不得强制其履行义务。但这并不排除该医师所在的医疗机构委派同样技能的其他医师继续为患者治疗疾病。对植入患者体内的义肢、义眼、义齿以及其他人工材料等,如出现不符合合同约定的品质要求,患者也有权要求修理、重作或更换。

(3)支付违约金。违约金,是指当事人一方违约时按照合同约定应当支付给对方一定数额的金钱。违约金作为违约责任的形式,是当事人在合同中事先约定的。

在医疗服务合同中,如果患者为了得到某位名医的亲自上门治疗,和医方特别约定名医出诊时间和费用并与医方约定违约方应向另一方交付违约金,后来名医因紧急情况去外地不能履约,此时,医方应向患者支付违约金。

4. 医疗侵权责任

在医疗服务合同的履行中,如果因医护人员的过失导致患者遭受人身及财产损失,医方应当承担侵权责任。

《侵权责任法》第54条规定:"患者在诊疗活动中受到损害,医疗机构及其医务人员有过错的,由医疗机构承担赔偿责任。"《民法通则》第119条规定:"侵害公民身体造成伤害的,应当赔偿医疗费、因误工减少的收入、残疾者生活补助费等费用;造成死亡的,并应当支付丧葬费、死者生前扶养的人必要的生活费等费用。"最高人民法院《关于审理人身损害赔偿案件适用法律若干问题的解释》第17条及《医疗事故处理条例》第50条规定,受害人遭受人身损害,因就医治疗支出的各项费用以及因误工减少的收入,包括医疗费、误工费、护理费、交通费、住宿费、住院伙食补助费、必要的营养费,赔偿义务人应当予以赔偿。受害人因伤致残的,其因增加生活上需要所支出的必要费用以及因丧失劳动能力导致的收入损失,包括残疾赔偿金、残疾辅助器具费、被扶养人生活费,以及因康复护理、继续治疗实际发生的必要的康复费、护理费、后续治疗费,赔偿义务人也应当予以赔偿。受害人死亡的,赔偿义务人除应当根据抢救治疗情况赔偿本条第一款规定的相关费用外,还应当赔偿丧葬费、被扶养人生活费、死亡补偿费,以及受害人亲属办理丧葬事宜支出的交通费、住宿费和误工损失等其他合理费用。

就医疗事故导致的精神损害而言,可以按照主体的不同而分为直接损害和间接损害。有的医疗事故,如因医方过错导致患者截肢残废,既可造成患者本人的极大痛苦,同时也会对其家人造成精神损害。对患者本人而言是直接损害,对患者家属而言则是间接损害。区别直接损害和间接损害的意义在于,精神损害赔偿一般由直接受损害人即患者本人提起,间接受害人即患者家属不得提起精神损害赔偿。但患者因医疗事故而死亡时,患者家属成为直接受损害人,此时应由患者近亲属提起精神损害赔偿的请求。

按照上述规定,医疗机构在医疗活动中侵害患者人身权益的,应当承担损害赔偿责任。即使依照医疗事故鉴定,不构成医疗事故,也应向患者依法承担损害赔偿责任。

(二) 医疗行政责任

医疗行政责任是指行为主体实施了违反行政法律规范行为,尚未构成犯罪,依法所应承担的法律后果。构成医疗行政责任,一般应具备以下要件:

1. 行为人的行为违反了其法定义务

法定义务包括积极作为的义务和消极不作为的义务。医师负有积极作为的义务而不作为即构成违法。如医师不按《执业医师法》第 24 条规定,对急危患者,拒绝急救处置,就是违法行为。若医师负有消极不作为义务而作为也构成违法。如违反《医疗机构管理条例》第 24 条规定,未取得"医疗机构执业许可证"而开展诊疗活动则构成违法。

2. 行为人主观上必须要有过错

行为人的过错分为两种:一是明知故犯,故意违反法律规范。如出、入境人员故意逃避卫生检疫;二是疏忽大意或过于自信造成的过错。此类过错在临床医疗工作中常见。无论哪种过错,都应承担法律责任,但在程度上应有所区别。

3. 违法行为造成的损害后果法律明文规定应当追究法律责任

侵害人的生命健康的行为,必须依据相关法律规范的明文规定办理,不能将侵害程度不大的行为当作违法,更不能将情节恶劣、危害后果严重、已经触犯刑律的犯罪行为也当作行政违法处理。

根据我国相关的法律规定,追究行政责任的形式有行政处罚和行政处分两种:

(1) 行政处罚。行政处罚是指医药卫生行政机关或法律、法规授权的组织,在职责范围内依法对违反行政管理秩序而尚未构成犯罪的行政相对人(公民、法人或其他组织)所给予的行政制裁。医疗行政处罚具有下列法律特征:① 医疗行政处罚由特定的行政主体作出;② 医疗行政处罚是行政主体针对行政相对人作出的,即行政主体依法实施的一种外部行为;③ 医疗行政处罚是对行政相对人违反医疗管理秩序行为的处罚;④ 医疗行政处罚是一种法律制裁,是对违法人的惩戒,使其今后不再重犯。

根据《行政处罚法》的规定,行政处罚的种类主要有下列几类:申诫罚、财产罚、行为罚和人身自由罚。根据我国相关法律的规定,医疗行政处罚常用的形式有:警告、罚款、没收违法所得、没收非法财物、责令停产停业、暂扣或吊销有关许可证等。不同的违法行为,依法适用相应的处罚形式。如《医疗机构管理条例》第 44 条规定,违反本条例第 24 条规定,未取得"医疗机构执业许可证"擅自执业的,由县级以上人民政府卫生行政部门责令其停止执业活动,没收非法所得和药品、器械,并可以根据情节处以一万元以下的罚款。又如《执业医师法》第 37 条规定,医师在执业活动中,违反卫生行政规章制度或者技术操作规范,造成严重后果的,由县级以上人民政府卫生行政部门给予警告或者责令暂停六个月以上一年以下执业活动;情节严重的,吊销其执业证书。

(2) 行政处分。是由有管辖权的国家机关或其他组织依照行政隶属关系,对于违反相关法律规范的国家公务员或所属人员所实施的惩罚措施。其种类主要有:警告、记过、记大过、降级、降职、撤职、留用察看和开除等形式。如《执业医师法》第37条规定,以不正当手段取得医师执业证书的,对负有直接责任的主管人员和其他直接责任人员,依法给予行政处分。

行政处罚与行政处分虽然都属于行政责任,但它们是两个不同的概念和两种不同的法律制度,其主要区别在:① 主体不同,行政处罚由专门机关实施,行政处分由从属机关决定;② 性质不同,处罚是外部行为,多属违法;处分属内部行为,多为失职;③ 法律救济不同,对处罚不服,可以提请行政复议和行政诉讼,对处分不服只适用内部申诉途径。

(三) 医疗刑事责任

违反医疗卫生法律的刑事责任,是指行为主体实施了犯罪行为,严重地侵犯了医药卫生管理秩序及公民的生命健康权而依刑法应当承担的法律后果。构成刑事责任,必须以刑事犯罪为前提。根据刑法理论,构成犯罪必须具备以下四个要件:

(1) 犯罪客体。必须是我国刑法所保护的为犯罪行为所侵犯的社会关系。现行刑法中包括社会管理关系中的公共卫生关系和公民生命健康权利等。

(2) 犯罪的客观方面。是指犯罪活动的客观外在表现。包括危害行为、危害结果、危害行为与结果之间的因果关系,以及实施危害行为的时间、地点、方法等方面。

(3) 犯罪主体。是指实施犯罪行为并承担刑事责任的人。刑法理论上将主体分为一般主体和特殊主体两类。一般主体仅要求行为人达到刑事责任年龄,具有刑事责任能力。特殊主体还需具有特定身份。

(4) 犯罪的主观方面。是指犯罪主体对自己实施的犯罪行为引起的危害结果所持的心理态度。它由故意或过失,犯罪的目的和动机等几个因素组成。

根据我国刑法规定,刑事责任的后果主要是刑罚,分为主刑和附加刑,既可同时适用也可独立适用。我国刑法涉及医疗卫生方面的罪名有20余条。如我国《刑法》第335条规定,医务人员由于严重不负责任,造成就诊人死亡或者严重损害就诊人身体健康的,处三年以下有期徒刑或者拘役。

思 考 题

1. 论述医患法律关系的概念、属性。
2. 简述医患法律关系的构成。
3. 简述医疗行为的特点。
4. 论述患方的法定权利与义务。
5. 论述医方的法定权利和义务。
6. 分析当今医患纠纷的形式及其产生的原因。
7. 简述医患纠纷的救济途径。
8. 论述医疗法律责任。

参 考 文 献

[1] 佟柔.民法原理[M].北京:法律出版社,1987.
[2] 王家福.民法债权[M].北京:法律出版社,1991.
[3] 史尚宽.债法各论[M].北京:中国政法大学出版社,2000.
[4] 黄丁全.医事法[M].台北:月旦出版社股份有限公司,1995.
[5] 柳经纬,李茂年.医患关系法论[M].北京:中信出版社,2002.
[6] 何伦,施卫星.生物医学伦理学[M].南京:东南大学出版社,1997.
[7] 赵敏,邓虹.医疗事故争议与法律处理[M].武汉:武汉大学出版社,2007.
[8] 王泽鉴.民法学说与判例研究:第1册[M].10版.台北:台湾三民书局,1990.
[9] 柳经纬.民法总论[M].厦门:厦门大学出版社,2000.
[10] 刘劲松.医疗事故的民事责任[M].北京:北京医科大学出版社,2000.
[11] 李昌麒,许明月.消费者保护法[M].北京:法律出版社,1997.
[12] 王泽鉴.民法学说与判解研究:第4册[M].5版.台北:台湾三民书局,1990.
[13] 王汉亮,佟强.医疗事故处理方法讲话[M].北京:法律出版社,1989.
[14] 李显东.医疗纠纷法律解决指南[M].北京:机械工业出版社,2003.
[15] 江伟.中国民事诉讼法专论[M].北京:中国政法大学出版社,1998.
[16] 邱聪智.医疗过失与侵权行为[M].台北:五南图书出版公司,1983.
[17] 王利明.违约责任论[M].北京:中国政法大学出版社,1997.

[18] 崔建远.合同法[M].2版.北京:法律出版社,2000.
[19] 梁华仁.医疗事故的认定与法律处理[M].北京:法律出版社,1998.
[20] 龚赛红.医疗损害赔偿立法研究[M].北京:法律出版社,2001.
[21] 该报记者.民法专家声援泸州中院[N].南方周末,1999-12-17.
[22] 吕勇,等.各方人士会论医疗纠纷[N].中国消费者报,1999-12-18.
[23] 黄清华.病人的权利与医疗机构的义务[J].法律与医学杂志,1999,6.
[24] 胡晓翔,邵祥枫.论国家主体医疗卫生事业中医患关系的法律属性[J].中国医院管理,1996,4.
[25] 吴建梁.医师与病患"医疗关系"之法律分析[D].台北:东吴大学,1994.
[26] 杨立新.侵权责任法[M].北京:法律出版社,2011.

第十四章　医疗事故处理的法律制度

内容提要　本章主要介绍医疗事故的概念及其构成要件；医疗事故的分类和分级；不属于医疗事故的几种法定情况；医疗事故的预防和处置措施；医疗事故鉴定的组成人员、鉴定原则、鉴定程序和鉴定的费用；行政处理和监督；医疗事故的赔偿原则、赔偿的项目和赔偿的标准；医疗事故的相关法律责任。

重点提示　医疗事故的概念　医疗事故的构成　医疗事故的鉴定　医疗事故纠纷的解决途径　医疗事故的相关法律责任

第一节　医疗事故及其分类

一、医疗事故处理的法制建设

在诊疗过程中，因医患双方对医疗后果及其造成的原因在认识上发生分歧和矛盾，或当事人一方要求追究医疗法律责任和赔偿损失而经常引发医疗纠纷。医疗纠纷发生的原因是多种多样的，但最常见的与医疗事故有关。因为医疗事故侵犯了我国法律保护的公民生命权或健康权，破坏了一定的社会秩序，所以，运用法律手段予以规范和调整无疑是必要的。1987年6月29日，国务院颁发了《医疗事故处理办法》。1988年，卫生部相继制定了《关于〈医疗事故处理办法〉若干问题的说明》和《医疗事故分级标准（试行草案）》。各省、自治区、直辖市也先后制定了医疗事故处理办法实施细则。最高人民法院也作出多次司法解释。这些法律文件的制定和实施，对正确处理医疗事故，保护医患双方的合法权益，促进医学科学发展有着重要的意义，标志着我国医疗事故的处理开始纳入了规范化和法制化管理的轨道。

随着我国经济发展和人民生活水平的提高，1998年6月29日，九届全国人大常委会第三次会议通过《执业医师法》，对造成医疗责任事故的医师作出了明确的行政处罚规定。

2002年4月1日，最高人民法院《关于民事诉讼证据的若干规定》明确规定了医疗行为侵权纠纷赔偿适用举证责任倒置原则。该项规定称："因医疗行为引起的侵权诉讼，由医疗机构就医疗行为与损害结果之间不存在因果关系及不存在医疗过错承担举证责任。"2002年2月20日，国务院第55次常务会议通过《医疗事故处理条例》,2002年9月1日起实施。

2002年8月,卫生部又分别颁布了《医疗机构病历管理规定》《医疗事故技术鉴定暂行办法》《医疗事故分级标准(试行)》《医疗事故争议中尸检机构及专业技术人员资格认定办法》《中医、中西医结合病历书写基本规范(试行)》《重大医疗过失和医疗事故报告制度的规定》《医疗事故技术鉴定专家库学科专业组名录(试行)》等配套规章。2003年1月6日,最高人民法院公布《关于参照〈医疗事故处理条例〉审理医疗纠纷民事案件的通知》。2004年5月1日实施的《关于审理人身损害赔偿案件适用法律若干问题的解释》中最高人民法院明确规定的人身损害赔偿标准大大高于《医疗事故处理条例》的规定,使得《医疗事故处理条例》在目前的司法实践中地位尴尬:申请医疗事故技术鉴定的人越来越少;在医疗纠纷案件中,患方起诉一般都绕开"医疗事故",而选择以"人身损害"为由;医疗机构宁可承认"差错",也不承认有"医疗事故";法官按"医疗事故"还是"医疗过错"判案莫衷一是;《医疗事故处理条例》的赔偿标准基本不被采用。为规范医疗纠纷处理机制,卫生部已委托中国医院协会成立课题组,对此进行专题调研。卫生部正在酝酿适时修改《医疗事故处理条例》,必要时对医疗纠纷进行专门立法,以改变目前医疗纠纷法律适用方面的混乱。

2009年12月26日,第十一届全国人民代表大会常务委员会第十二次会议通过了《侵权责任法》,2010年7月1日起正式施行。该法第七章"医疗损害责任"使用了"医疗损害"一词,和《医疗事故处理条例》将一般医疗损害与医疗事故损害区别对待不同,但并没有对其与该《条例》之间的法律适用关系作出明确规定。于是,该《条例》的存废就成为人们关注和争议的焦点。

二、医疗事故的概念及构成要件

(一)医疗事故的概念

根据《医疗事故处理条例》第2条规定,医疗事故是指医疗机构及其医务人员在医疗活动中,违反医疗卫生管理法律、行政法规、部门规章和诊疗护理规范、常规,过失造成患者人身损害的事故。从本《条例》关于医疗事故的概念可看出比1987年《医疗事故处理办法》的范围扩大了。

(二)医疗事故的构成要件

1. 必须发生在诊疗护理过程中

发生的场所和活动范围必须是依法取得执业许可或者执业资格的医疗机构和医务人员在其合法的医疗活动中发生的事故。

2. 主体必须是医疗机构及其医务人员

主体是医疗机构及其医务人员。这里所说的"医疗机构"是指按照国务院

1994年2月发布的《医疗机构管理条例》取得"医疗机构执业许可证"的机构。这里所说的"医务人员"是指依法取得执业资格的医疗卫生专业技术人员,如医师和护士等,他们必须在医疗机构执业。

3. 行为的违法性

这里所指的是导致医疗事故发生的直接原因是医疗机构和医务人员违反医疗卫生管理法律、行政法规、部门规章和诊疗护理规范、常规。

4. 主观上必须有过失

医疗事故的过失分为疏忽大意的过失和过于自信的过失两种。

疏忽大意的过失是指根据医务人员相应职称和岗位责任制要求,应当预见到和可以预见到自己的行为可能造成患者的危害后果,因为疏忽大意而未能预见到,或对于危害患者生命、健康的不当作法,应当做到有效的防范,因为疏忽大意而未能做到,致使危害发生。

过于自信的过失是指医务人员虽然预见到自己的行为可能对患者导致危害后果,但是轻信借助自己的技术、经验或有利的客观条件能够避免,因而导致判断上和行为上的失误,致使危害发生。

此外,尚有因技术水平和经验不足造成的技术过失,因其不是出于不负责任及疏忽大意或过于自信,而主要是出于行为人经验、能力和技术水平不足,以致造成失误,致使危害发生。这在诊疗实践中有加以区别的必要。

医疗事故中的过失,表现有作为和不作为两种形式。作为是指法律、法规和部门规章等规定,或诊疗护理规范、常规禁止的行为,而医务人员无视这些明令规定以积极作为的形式去实施自己的错误行为。不作为是医疗卫生管理法律、行政法规或诊疗护理规范、常规规定应该以积极作为的形式去履行职责义务,而医务人员不履行或不认真履行。如对危重病人推诿拒治,或擅离职守等,致使危害发生。

医疗过失能否成立,还取决于行为的违法性和危害性。违法性是指行为人在诊疗护理过程中违反医疗卫生管理法律规范和诊疗护理规范、常规。但违法并不等于犯罪,这点要准确理解。危害性是指不能因为医务人员有一般过失行为就与医疗事故联系起来,其行为必须已经造成了对患者事实上的人身损害。

5. 必须有符合规定的人身损害结果

医务人员给患者造成的危害结果,是指必须符合法律规定的给患者造成人身损害的标准。如果危害后果没有达到法定标准的程度,不能认定为医疗事故。

6. 危害行为和危害结果之间必须有因果关系

这是确认是否构成医疗事故的基本条件。非此,则不能认定为医疗事故。在多因一果时,要具体分析各个原因的不同地位和作用。如病人死亡、残废或功能障碍与疾病本身的自然转归常有密切关联。有时因疾病重笃、复杂或已处晚期,而责任者的过失行为只是处于非决定性的地位,甚至是处于偶合地位。这些都要做具体的、实事求是的分析,使事实得到公正的认定。

（三）不属于医疗事故的几种情况

根据《医疗事故处理条例》第 33 条规定，以下六种情况均不属医疗事故：

（1）在紧急情况下为抢救垂危患者生命而采取紧急医学措施造成不良后果的。

（2）在医疗活动中由于患者病情异常或者患者体质特殊而发生医疗意外的。

（3）在现有医学科学技术条件下，发生无法预料或者不能防范的不良后果的。

（4）无过错输血感染造成不良后果的。

（5）因患方原因延误诊疗导致不良后果的。

（6）因不可抗力造成不良后果的。

此外，医务人员在诊疗护理过程中虽有过失，但对病员的损害尚未达到《医疗事故分级标准（试行草案）》规定程度的不构成医疗事故。非法行医造成的患者人身损害，也不属于医疗事故。

三、医疗事故的分类与等级

根据《医疗事故处理条例》和《医疗事故分级标准（试行）》的规定，依据对患者人身造成的损害程度，医疗事故分为四级，一级医疗事故分甲、乙两等，二级医疗事故分甲、乙、丙、丁四等，三级医疗事故分甲、乙、丙、丁、戊五等，四级医疗事故没有等级划分。

（1）一级医疗事故：造成患者死亡、重度残疾的。

（2）二级医疗事故：造成患者中度残疾、器官组织损伤，导致严重功能障碍的。

（3）三级医疗事故：造成患者轻度残疾、器官组织损伤，导致一般功能障碍的。

（4）四级医疗事故：造成患者明显人身损害的其他后果的。

第二节　医疗事故的处理

一、医疗事故处理的原则

正确处理医疗事故是一项非常严肃的法律问题，也是一项科学性和政策性很强的工作，根据《医疗事故处理条例》第 3 条规定，必须遵循以下原则：

（一）公平原则

公平原则首先体现在医患双方在处理医疗事故过程中的地位平等，任何一方没有特权。其次，体现在权利与义务的统一，凡是在法律上享有特殊权利的都必定要履行相应的义务。再者，在适用法律上必须体现公平。禁止对医疗事故争议当事人的歧视和偏见,不能针对同一个争议事实对医患双方适用不同的法律规范。

(二)公正原则

在处理医疗事故过程中,公正原则应体现在两个方面:一是程序上的公正,二是实体上的公正。程序上的公正是实体上公正的前提和保障,实体上的公正是程序上公正所追求的目标。

(三)公开原则

公开是公平和公正的必要保障。在处理医疗事故过程中,依据法律规定需要公开进行的,都应当按照法律的规定加以公开。诸如表现在公开适用法律,公开鉴定程序,在一定范围内公开证据内容,医疗事故的处理接受社会监督等。在执行公开原则时,应当注意不泄漏个人隐私。

(四)及时原则

医疗事故争议处理的部门和单位按照规定程序,在规定的时限内及时处理医疗事故争议,不得拖延。而且要以较小的成本来实现既定的管理目标,使社会效益最大化。

(五)便民原则

有关部门和单位在处理医疗事故争议时应简化手续、减少环节、方便群众和强化服务。具体来说,有关医疗事故争议处理的一切规定应尽量考虑便于医患双方当事人申请医疗事故争议处理,在医疗事故争议处理过程中要尽量为医患双方当事人提供方便。

二、医疗事故处理程序

(一)报告

发生医疗事故或可能是医疗事故的事件,当事的医务人员应立即向本科室负责人报告,科室负责人应立即向本医疗单位负责人报告,医疗单位应及时按级上报。个体开业的医务人员应立即向当地的卫生行政部门报告,使上级主管部门与行政部门及时掌握情况,给予正确的指导,有利于尽快采取补救措施,减轻患者的痛苦和损害程度,从而缓解医患双方的矛盾,有利于善后处理。

(二)做好来访接待工作

发生医疗事故或事件后,做好患者及其家属的接待工作非常重要。要避免争执导致矛盾激化,要引导患者及其家属按《医疗事故处理条例》规定的程序处理。

（三）病案及有关原始资料的保存

发生医疗事故或事件的医疗单位,应指派专人封存、妥善保管原始病案及有关资料,不得丢失、涂改、隐匿、伪造、销毁。因输血、输液、注射、服药等引起医疗事故或事件的,要对现场实物及时封存留样,以备检验。

（四）尸体解剖检验

凡发生医疗事故或事件,临床诊断不能明确死亡原因或患者家属对死因有争议的,必须进行尸体解剖检验。尸检应在患者死亡后48小时内进行;具备尸体冻存条件的,可以延长至7日。尸检应当经死者近亲属同意并签字。死者家属或医疗单位拒绝或拖延时间超过规定期限而影响对死因判断的,由拒绝或拖延的一方负责。

（五）查处

医疗单位对发生的医疗事故或事件,要立即组织调查,经过分析作出结论并提出处理意见。处理意见以书面形式答复患者及其家属,同时报告上级卫生行政主管部门。对确定为医疗事故的按规定给予一次性经济补偿,对当事责任人按规定给予行政处分及经济处罚。

第三节 医疗事故的鉴定

医疗事故技术鉴定,是指由符合《医疗事故处理条例》规定的鉴定机构及其人员,按照一定的程序,对医疗行为给患者造成的人身损害,是否构成医疗事故以及构成几级医疗事故所作出的权威性结论的过程。

医疗事故技术鉴定的目的,是对医疗损害作出技术上的审定,即以事实和法律为根据,以医学科学为指导,通过调查研究和技术性处理,分析事故产生的原因以及与损害后果之间的关系,最终判明事故的性质,从而为医疗纠纷的处理与解决提供客观上的根据。

医疗事故技术鉴定,无论是在医患双方协商解决和申请行政调解,还是在提起民事诉讼等不同处理方式中,都起着十分关键的作用。科学和公正的鉴定结果,是判定医疗损害行为是否属于医疗事故和医患双方所承担的责任等的基本依据。

一、医疗事故的技术鉴定机构

按照《医疗事故处理条例》的规定,由医学会负责医疗事故技术鉴定工作。各级医学会是具备法人资格的社会团体。按照《中华人民共和国民法通则》的规定,医学会是依法独立享有民事权利和承担民事义务的,具有民事权利能力和民事行为能力的医学专业团体。医学会是由医学科学工作人员和医疗技术人员等按照其章程,依法登记成立的学术性、公益性和非营利性的法人社团,具备法人资格,依法开展活动的非营利性医学社会组织。医学会属于社会中介团体组织,具有很强的中立性,与任何机关和组织都不存在管理上的、经济上的、责任上的必然联系和利害关系,同时又对医疗行业十分了解,有利于保证医疗事故技术鉴定的独立性、公正性和客观性。

设区的市级地方医学会,省、自治区、直辖市直接管理的县(市)地方医学会和县级市地方医学会负责组织首次医疗事故技术鉴定工作。省、自治区、直辖市地方医学会负责组织再次鉴定工作。在必要时,中华医学会可以组织疑难、复杂并在全国有重大影响的医疗事故争议的技术鉴定工作。

二、专家鉴定组的产生

医学会要承担起医疗事故的技术鉴定工作,应依法建立"鉴定专家库"这样一个庞大的、由高级医学及相关学科专家聚集而成的专家储备库。

医疗事故技术鉴定由专家组成的专家鉴定组负责进行。组成鉴定专家组的专家,由双方当事人在医学会的主持下,从医学会建立的专家库中随机编号、等量抽取,最后一名专家由医学会抽取(保证单数)。组长由组员推举或由最高专业技术职务者担任,其中涉及死因、伤残等级鉴定的,应当从专家库中随机抽取法医参加专家鉴定组。入选鉴定专家库的专家必须是依法取得相应执业资格的医疗卫生专业技术人员,应具备良好的业务素质和执业品德,并具有一定的资历和工作经验。医疗事故技术鉴定专家库,不受行政区域限制。这可以克服各个地区可能存在的技术能力的局限性,保证不同地区的专家库的实际鉴定能力和权威性,提高社会对医疗事故技术鉴定结论的信任度。

医疗事故技术鉴定过程中专家回避的三种情形有:医疗事故争议当事人或者当事人的近亲属;与医疗事故争议有利害关系者;与医疗事故争议当事人有其他关系,可能影响鉴定公正的。

三、医疗事故技术鉴定的内容

(一)医疗行为是否违反了医疗技术标准和规范

医疗技术标准和规范是诊疗护理的准则,遵守医疗技术标准和规范是医疗活动的基本要求,也是保证医疗质量的基本条件。

(二)医疗过失行为与医疗事故争议的事实之间是否存在因果关系

所谓医疗过失行为,指的是违反医疗技术标准和规范的医疗行为。所谓医疗事故争议,是指患者对医疗机构的医疗行为的合法性提出争议,并认为不合法的医疗行为导致了医疗事故。

(三) 医疗过失行为在医疗事故中的责任程度

由于患者的病情轻重和个体差异,相同的医疗过失行为在造成的医疗事故中所起的作用并不相同,目前暂分为完全责任、主要责任、次要责任和轻微责任四种。

四、医疗事故技术鉴定的原则

(一) 依法鉴定

是不是医疗事故,关键是看医疗行为有无违反医疗管理法律、法规、规章和诊疗护理规范、常规。专家鉴定组通过审查、调查,在弄清事实、证据确凿的基础上,综合分析患者的病情和个体差异,经过充分论证,审慎地作出相关医疗行为是否违法的结论,整个过程都应依法进行。

(二) 独立鉴定

医疗事故技术鉴定本质上说是一种医学辨别与判定,它应当尊重科学,尊重事实。在独立作出鉴定结论的过程中,不应受到医患双方或任何第三方的影响或干扰,以保证鉴定结论的科学、公正与客观。

(三) 实行合议制

医疗事故技术鉴定是由若干专家组成的专家鉴定组来完成的。由于医学科学本身的特殊性和复杂性,加之鉴定专家个人对疾病的认识存在着思维方式的不同,看问题的角度不同,关注的重点不同,以及可能存在的一定的认识盲点和误区,难免在鉴定过程中出现认识上的不一致,即使经过认真分析,仍可能无法达成共识。这时,法律要求在充分讨论的基础上,通过表决,以超过半数成员的意见作为鉴定结论,少数人的意见也应该记录在案。通过这种合议制最大限度地保证鉴定结论的客观与公正。

(四) 当事人参与

当事人参与技术鉴定是多方面的。当事人有权选择鉴定专家,在专家库中随机抽取专家组成鉴定组,可以要求自己不信任的鉴定专家回避,有权向专家鉴定组提供相关材料,陈述意见,进行辩护,并可以就有关物品及材料要求进行技术检验。

五、医疗事故技术鉴定的程序和提交的材料

(一)启动医疗事故技术鉴定程序的方式

启动医疗事故技术鉴定程序的方式有三种:

(1)卫生行政部门接到医疗机构发生重大医疗过失行为的报告或医疗事故争议的当事人要求处理争议的申请后,对需要进行医疗事故技术鉴定的,由卫生行政部门移交医学会组织专家鉴定组鉴定。

(2)医患双方协商解决医疗事故争议,需要进行医疗事故技术鉴定的,由双方当事人共同委托医学会组织专家鉴定组鉴定。

(3)人民法院受理医患纠纷相关案件后,应当事人的请求或自行决定将涉案医疗行为委托医学会进行医疗事故的技术鉴定。

(二)医疗事故技术鉴定提交的材料

医患双方在收到医学会接受鉴定申请通知之日起10日内向医学会提交下列材料:① 对医疗事故争议的书面陈述、申辩;② 病程记录、死亡病历讨论记录、疑难病历讨论记录、会诊意见、上级医师查房记录等病历资料原件、复印件;③ 门诊病历、住院志、体温单、医嘱单、化验单(检验报告)、医学影像检查报告、特殊检查同意书、手术同意书、手术及麻醉记录单、病理报告单等病历资料原件、复印件;④ 抢救结束后补记的病历资料原件;⑤ 封存保留的输液、血液、注射剂、药物、医疗器械等实物,或者技术检验部门的检验报告;⑥ 与医疗事故技术鉴定有关的其他材料。

医学会应当自接到当事人提交的有关医疗事故技术鉴定的材料、书面陈述及答辩之日起45日内组织鉴定并出具医疗事故技术鉴定书。

六、医疗事故技术鉴定的结论

根据《医疗事故处理条例》的规定,医疗事故技术鉴定结论是处理医疗事故争议的依据。医疗事故技术鉴定专家组应当在医疗事故技术鉴定结论中体现以下方面:

(1)医疗行为是否违反医疗管理法律、法规、规章和诊疗护理规范、常规。
(2)医疗过失行为与医疗事故争议的事实之间是否存在因果关系。
(3)医疗过失行为在医疗事故中的责任程度。
(4)医疗事故的等级。

医疗事故技术鉴定书内容一般包括:双方当事人一般情况、当事人提交的材料和医学会的调查材料、对鉴定过程的说明、双方争议的主要事项、主要分析意见、鉴定结论、对医疗事故当事人的诊疗护理医学建议和鉴定时间等。医疗事故鉴定结果及相应材料医学会应至少存档20年。

七、医疗事故技术鉴定的费用

根据《医疗事故处理条例》第34条规定,鉴定费用标准由省、自治区、直辖市人民政府价格主管部门会同同级财政部门、卫生行政部门规定。各省可根据自己的情况,由物价及财政部门制定具体标准。辽宁省规定:省级医疗事故鉴定收费标准为每例3200元,市级医疗事故收费标准为每例2200元。鉴定费属于事业性收费,主要用于支付专家鉴定组的劳务费和差旅费、鉴定机构的日常办公费等项开支。

医患一方当事人要求卫生行政部门处理医疗事故争议的,提出申请的一方先行交纳。医患双方争议的案件经过技术鉴定,如果确认属于医疗事故的,鉴定费用由医疗机构支付;如果不属于医疗事故的,鉴定费用由提出医疗事故处理申请的一方支付。

县级以上地方人民政府卫生行政部门接到医疗机构关于重大医疗过失行为的报告后,对需要移交医学会进行医疗事故技术鉴定的,鉴定费由医疗机构支付。

八、不受理鉴定的情形

根据现行《医疗事故处理条例》及其相关规定,下述五种情况医学会可以不受理鉴定的委托或申请:

（1）当事人一方直接向医学会提出鉴定申请。
（2）医疗事故争议涉及多个医疗机构,其中一所医疗机构所在地的医学会已经受理。
（3）医疗事故争议已经由人民法院调解达成协议或判决。
（4）当事人已经向人民法院提起民事诉讼（司法机关委托的除外）。
（5）非法行医造成患者身体健康损害。

第四节 医疗事故的法律责任

一、民事责任

（一）医疗事故的民事责任的概念

医疗事故的民事责任,是指因医疗事故的发生,医疗机构及其医务人员根据法律的规定,对患方所承担的损害赔偿责任。医疗机构及其医务人员承担医疗事故的民事责任一般应当具备以下条件:必须有损害事实;医疗机构及其医务人员实施了违法违规行为;医疗行为与损害后果之间存在因果关系;医疗机构及其医务人员主观上必须有过失。

医疗事故的损害后果,是对自然人生命健康权的侵害。而生命健康权是公民的一项基本权利,也是享有其他一切权利的基础。对公民生命健康权的损害赔偿实质是一种财产责任。

（二）医疗事故赔偿具体项目和标准

《医疗事故处理条例》第50条根据我国关于人身损害的民法原则提出了确定医疗事故赔偿具体项目和标准。

(1) 医疗费。按照医疗事故对患者造成的人身损害进行治疗所发生的医疗费用计算,凭据支付,但不包括原发病医疗费用。结案后确实需要继续治疗的,按照基本医疗费用支付。

(2) 误工费。患者有固定收入的,按照本人因误工减少的固定收入计算,对收入高于医疗事故发生地上一年度职工年平均工资三倍以上的,按照三倍计算;无固定收入的,按照医疗事故发生地上一年度职工年平均工资计算。

(3) 住院伙食补助费。按照医疗事故发生地国家机关一般工作人员的出差伙食补助标准计算。

(4) 陪护费。患者住院期间需要专人陪护的,按照医疗事故发生地上一年度职工年平均工资计算。

(5) 残疾生活补助费。根据伤残等级,按照医疗事故发生地居民年平均生活费计算,自定残之月起最长赔偿三十年。但是,六十周岁以上的,不超过十五年;七十周岁以上的,不超过五年。

(6) 残疾用具费。因残疾需要配置补偿功能器具的,凭医疗机构证明,按照普及型器具的费用计算。

(7) 丧葬费。按照医疗事故发生地规定的丧葬费补助标准计算。

(8) 被扶养人生活费。以死者生前或者残疾者丧失劳动能力前实际扶养且没有劳动能力的人为限,按照其户籍所在地或者居所地居民最低生活保障标准计算。对不满十六周岁的,扶养到十六周岁。对年满十六周岁但无劳动能力的,扶养二十年。但是,六十周岁以上的,不超过十五年;七十周岁以上的,不超过五年。

(9) 交通费。按照患者实际必需的交通费用计算,凭据支付。

(10) 住宿费。按照医疗事故发生地国家机关一般工作人员的出差住宿补助标准计算,凭据支付。

(11) 精神损害抚慰金。按照医疗事故发生地居民年平均生活费计算。造成患者死亡的,赔偿年限最长不超过六年;造成患者残疾的,赔偿年限最长不超过三年。

参加医疗事故处理的患者近亲属所需交通费、误工费、住宿费,参照本条例第50条的有关规定计算,计算费用的人数不超过两人。

医疗事故造成患者死亡的,参加丧葬活动的患者的配偶和直系亲属所需交通费、误工费、住宿费,参照本条例第50条的有关规定计算,计算费用的人数不超过两人。

基于医疗行为属职务行为,医务人员过失造成医疗事故的赔偿费用,由承担医疗事故责任的医疗机构支付,实行一次性结算。

此外,在确定赔偿数额时还应考虑:应当与具体案件的医疗事故等级相适应;应当与医疗行为在医疗事故损害后果中的过失责任程度相适应;医疗事故损害后果与患者原有疾病状况之间的关系等。

在考虑具体赔偿中,要注意法律适用问题。对构成医疗事故的,要参照《医疗事故处理条例》,对不构成医疗事故的,可以适用民法中的相关规定。

对于死亡患者的尸体,应立即移放太平间,其尸体存放时间一般不得超过两周。逾期不处理的尸体,经医疗机构所在地卫生行政部门批准,并报经同级公安部门备案后,由医疗机构按照规定进行处理。

二、行政责任

卫生行政部门接到医疗机构关于重大医疗过失行为的报告后未及时组织调查的;接到医疗事故争议的处理申请后,未在规定时间内审查或者移送上一级政府卫生行政部门处理的;未将应当进行医疗事故技术鉴定的重大医疗过失行为或者医疗事故争议移交医学会组织鉴定的;未依法逐级将当地发生的医疗事故以及依法对发生医疗事故的医疗机构和医务人员的行政处理情况上报的,以及未依法审核医疗事故技术鉴定书的,由上级卫生行政部门给予警告并责令限期改正,情节严重的,对负有责任的主管人员和其他直接责任人员依法给予行政处分。

医疗机构发生医疗事故的,由卫生行政部门根据医疗事故的等级和情节,给予警告,情节严重的,责令限期停业整顿,直至由原发证部门吊销执业许可证。对负有责任的医务人员依法给予行政处分或纪律处分,对发生医疗事故的有关医务人员,卫生行政部门还可以责令暂停六个月以上一年以下执业活动,情节严重的,应吊销其执业证书。

医疗机构未如实告知患者病情、医疗措施和医疗风险的;没有正当理由,拒绝为患者提供复印或者复制病历资料的;未按国务院卫生行政部门规定的要求书写和妥善保管病历资料的;未在规定时间内补记抢救工作病历内容的;未依法封存、保管和启封病历资料和实物的;未设置医疗服务质量监控部门或配备专(兼)职人员的;未制定有关医疗事故防范和处理预案的;未在规定时间内向卫生行政部门报告重大过失医疗行为的;未依法向卫生行政部门报告医疗事故以及未按规定进行尸检和保存、处理尸体的,卫生行政部门将责令其改正,情节严重的,对负有责任的主管人员和其他直接责任人员依法给予行政处分或纪律处分。

医疗机构或者其他有关机构,如应由其承担尸检任务又无正当理由而拒绝进行尸检的,以及涂改、伪造、隐匿、销毁病历资料的,由卫生行政部门责令改正,给予警告,对负有责任的主管人员和其他直接责任人员依法给予行政处分或纪律处分,情节严重的,由原发证部门吊销其执业许可证或资格证书。

三、刑事责任

刑事责任是指行为人因其行为触犯刑法所应当承担的法律后果。

所谓医疗事故罪,是指医务人员在医疗活动中,违反医疗卫生管理法律、法规、规章制度和诊疗护理规范、常规,严重不负责任,造成患者死亡或者严重损害患者身体健康的行为,同时符合《中华人民共和国刑法》关于医疗事故罪构成要件的,构成医疗事故罪。医务人员要承担刑事法律责任。

《刑法》规定的医疗事故责任罪,是严重侵害就诊人生命和健康权利的职务性犯罪,必须是发生在诊疗护理工作过程中的犯罪行为。所以,追究医疗事故责任者的刑事责任,必须符合犯罪构成的四个要件。

(1) 犯罪主体。本罪的主体属于特殊主体,必须是卫生技术人员,即经过考核和卫生行政机关批准,取得相应资格并经注册在医疗单位从事医务工作的各级各类人员,以及经主管部门批准的个体开业行医人员。

(2) 犯罪的主观方面。本罪主观上只能是过失,并且是严重不负责任。如果是故意,则是构成故意犯罪,如故意伤害罪、故意杀人罪。

(3) 犯罪客体。本罪的犯罪客体是患者的生命健康权(生命健康权是指公民对自己的生命安全、身体组织完整和生理机能及心理状态的健康所享有的权利,包括生命权、身体权和健康权)以及国家正常的医疗秩序。

(4) 犯罪的客观方面。首先,医务人员有严重不负责任的医疗违法行为,包括作为的违法行为和不作为的违法行为;其次,必须有损害结果,即造成就诊人死亡或者健康受到严重损害;再次,违法行为与损害结果之间存在着必然的因果关系。由于医疗事故造成的犯罪是过失犯罪,不存在未遂的问题,所以医疗事故责任罪是结果犯罪。

《刑法》第 15 条规定,应当预见自己的行为可能发生危害社会的结果,因为疏忽大意而没有预见,或者已经预见而轻信能够避免,以致发生这种结果的,是过失犯罪。过失犯罪,法律有规定的才负刑事责任。

《刑法》第 335 条明确规定,医务人员由于严重不负责任,造成就诊人死亡或者严重损害就诊人身体健康的,处三年以下有期徒刑或者拘役。

如前所述,医疗工作是具有特殊风险的职业,因此在追究医疗事故责任者刑事责任时,应该慎之又慎。

医疗事故罪与非法行医罪不同,其区别主要表现在犯罪主体方面,医疗事故的犯罪主体仅限于医务人员,而非法行医罪的主体限于非医务人员。

《医疗事故处理条例》第 61 条规定,非法行医,造成患者人身损害,不属于医疗事故,触犯刑律的,依法追究刑事责任。有关赔偿,由受害人直接向人民法院提起诉讼。

《刑法》第336条规定,未取得医生执业资格的人非法行医,情节严重的,处三年以下有期徒刑、拘役、或者管制,并处或者单处罚金;严重损害就诊人身体健康的,处三年以上十年以下有期徒刑,并处罚金;造成就诊人死亡的,处十年以上有期徒刑,并处罚金。

思 考 题

1. 什么是医疗事故？构成医疗事故有哪些条件？
2. 医疗事故有哪些等级？各个等级的判断标准有哪些？
3. 根据法律的规定,不属于医疗事故的情形有哪些？
4. 作为医务工作者,你认为自己应该熟悉哪些预防和处置医疗事故的措施？
5. 你对于医疗事故中的证据是如何看待的？应该如何采集和保留证据？
6. 医疗事故的鉴定程序是如何规定的？
7. 医疗事故赔偿的根据是什么？
8. 构成医疗事故之后要承担哪些法律责任？
9. 医疗事故和医疗损害的关系是什么？

参 考 文 献

[1] 吴崇其,达庆东.卫生法学[M].北京:法律出版社,1999.
[2] 樊立华.卫生法学概论[M].北京:人民卫生出版社,2002.
[3] 姜柏生,田侃.医事法学[M].南京:东南大学出版社,2003.
[4] 申卫星.中国卫生法前沿问题研究[M].北京:北京大学出版社,2005.
[5] 黄丁全.医事法[M].台北:月旦出版社股份有限公司,1995.
[6] 刘劲松.医疗事故的民事责任[M].北京:北京医科大学出版社,2000.
[7] 梁华仁.医疗事故的认定与法律处理[M].北京:法律出版社,1998.
[8] 赵敏,邓虹.医疗事故争议与法律处理[M].武汉:武汉大学出版社,2007.
[9] 杨立新.医疗损害责任研究[M].北京,法律出版社,2009年版.
[10] [作者不详].《医疗事故处理条例》实施3年缘何遭冷落[N].健康报,2006-4-21.

第十五章 现代医学科学技术发展及其法律规制

内容提要 现代医学科学技术的迅猛发展,给人类带来了福祉,同时也使传统的医学科学理论和法律思想及相关法律制度受到严重挑战。人工生殖技术、器官移植、基因技术、脑死亡在临床上的运用引发了许多社会问题。只有顺应医学科学技术的发展,及时制定相应的卫生法律,才能协调人和医学科学技术的关系,协调人和自然的关系,造福人类,促进社会进步。

重点提示 人工生殖技术的规范管理 克隆人引发的法律问题 器官移植现状及法律规定 脑死亡的法律思考 安乐死的探索与立法思考

第一节 人工生殖技术及其法律规制

一、人工生殖技术应用中的法律规定

(一) 人工生殖技术概述

人工生殖技术(Artificial Reproduction Technique)是指利用先进的仪器设备及操作技术将精子注入卵子内,以达到人工授精怀孕的目的,替代人类自然生殖的某一环节或全部过程的技术方法。它包括人工授精、体外授精和无性生殖。

人类自然生殖是由男女两性性交,卵子与精子在输卵管内结合形成受精卵,受精卵在子宫内着床、宫内妊娠、分娩等步骤组成的复杂过程。然而,无论是国内还是国外,育龄男女中约有10%的人患有不育症。除了那些自愿不生育的"丁克"家庭外,婚后不育的确也是夫妻双方的遗憾,甚至影响婚姻家庭的稳定。人工生殖技术的出现,对于解决不育症和由此而引起的生理、心理、家庭和社会等问题提供了必要的手段,也为计划生育和优生优育提供了技术保障。

(二) 人工授精

人工授精(Artificial Insemination)是指运用人工技术和方法收集并直接将精子注入女性子宫内,以期达到受孕成功的一种方法。人工授精按照提供的精液是否新鲜分为冻精液人工授精和鲜精液人工授精。根据精子的来源不同又可以分为

夫精授精(Artificial Insemination with Husband's semen, AIH)和供精授精(Artificial Insemination with Donor's semen, AID)以及混合授精三种。如果丈夫的精子数较少,但活动度较好,可以采用夫精授精。如果丈夫的精子数太少,且无活动精子,或者丈夫患有遗传疾病不宜生育,在夫妻双方协商一致的情况下,可以采用第三者的供精授精。但是,第三者的精子要经过严格检查,在确保无传染病、性病等疾患,且血型也相配时方可使用。混合授精是指使用丈夫和捐赠者的精子同时进行人工授精,这种方法应用于丈夫并非完全不育的情况。但医学界对此持反对意见,认为混合授精降低了捐精人工授精的有效性,而且造成孩子身份不明。由于人工授精成功率比较高,且这种方法既简便又经济,因此人工授精技术越来越被患有不孕症的家庭所接受。

自人类有文字记载的1770年英国首例人工授精技术诞生以来,全世界妇女通过供体人工授精而出生的婴儿已逾40万例。人类冷冻精子库的建立,为治疗男性不育症提供了更为广泛的物质条件。然而,在肯定人工授精的社会价值和科学价值并对其推广应用的同时,我们必须关注由此而引起的传统道德观念与现行法律的碰撞。除以夫妻双方精卵结合的人工授精一般不引起法律纠纷外,其余形式均可能引起抚养、继承等法律问题。我国《婚姻法》对人工授精所生子女的法律地位并未做明确规定,《最高人民法院关于夫妻离婚后人工授精所生子女的法律地位如何确定的复函》([1991]民他字第12号)中,对在夫妻关系存续期间双方一致同意进行人工授精所生子女应视为夫妻双方的婚生子女,父母子女之间的权利义务关系适用《婚姻法》有关规定。

(三)体外授精

体外授精(In-Vitro Fertilization)是指用人工方法使卵子和精子在试管内结合形成胚胎并植入子宫妊娠的一种生殖技术。用这种技术生育出来的婴儿称为"试管婴儿"。体外授精主要是解决妇女因输卵管阻塞或男子精子数量很低而造成的不孕症。试管婴儿不只是给不育夫妇带来福音,其研究本身还可能会更深刻地揭示人类遗传病的奥秘,甚至有可能引起避孕方法的革新。因此,体外授精对于开展人类胚胎学和遗传工程学的研究也具有十分重要的意义。

体外授精技术是由英国罗伯特·爱德华兹首先发明。1978年7月25日,爱德华兹用体外授精和胚胎移植技术成功地诞生了人类历史上第一个试管婴儿路易斯·布朗。此后,全世界陆续诞生了数十万个试管婴儿,其中还有双胞胎、三胞胎、四胞胎。试管婴儿已遍布全球,然而,当试管婴儿在给不育夫妇带来"礼物"的同时,也给人们带来了有关他们的婚姻关系和亲缘关系应当如何规定的法律话题。受精卵和胚胎是不是人?"体外授精"是不是人体试验?浪费胚胎是不是浪费生命?胚胎的销毁是否构成杀人?冷藏的"孤儿胚胎"法律地位应当如何确定?我国对此尚无相关法律规定。据报道,美国有22个州的法律禁止胚胎研究。德国颁布的《胚胎保护法》规定禁止人胚胎研究,不允许用已死亡人的精子和卵子进行体外授精,而且除患有严重遗传疾病危险人外,不允许提前鉴定胎儿的性别。对于胚胎的冷藏和保管,2008年,英国《人工授精和胚胎学法案》规定,配子的最长保管期为十年,胚胎保管期为五年。法国《生命科学与人权法案》规定,冷冻胚胎的保存期为五年。五年后,胚胎的亲生父母因死亡、离婚而不再成为夫妻后,必须对其进行销毁,但也可以转赠其他夫妇。世界各国法律都规定禁止商业性获取胚胎。

(四)代孕生育

代孕母亲(Surrogate Mothers)是指代人妊娠的妇女。一般是指用他人的受精卵植入自己的子宫妊娠,或用自己的卵子人工授精后妊娠,分娩后将孩子交给委托人的妇女。代孕生育是指运用夫妻自身的精子和卵子,经人工授精后请代孕母亲代为怀孕生育,或者夫妻只提供精子,借用代孕母亲的卵子授精,或采用他人的精子和卵子人工授精后,植入代孕母亲体内,在其代为生育后给付一定的报酬,也称"借腹生子"。

由于"代孕生育"总是以金钱交易为基础,代孕生育在给不育夫妇带来孩子的同时,也产生了一系列相关的社会、伦理、法律问题。因供精、供卵、体外授精、代孕生育技术相结合,一个孩子可以有五个父母。两个父亲:供精者、养育者;三个母亲:供卵者、代孕母亲、养育者。那么,谁是孩子的父母?代孕生育的孩子质量如何保证?如何对"代孕母亲"进行有效监督?"代孕生育"是否把妇女看成生育的机器,是否是对妇女尊严的侵犯?各国法律又是如何规定?

迄今为止,在美国委托"代孕生育",实施"借腹生子"现象已经司空见惯。美国各州对"代孕生育"有不同的规定,有些州允许将"代孕生育"作为一种商业行为。当然,由此产生的社会问题、法律纠纷也时有发生。为此,美国新泽西、密执安等州的法律规定以契约确定亲子关系,委托人是婴儿的法律父母;而俄亥俄等州的法律规定生育婴儿的母亲及其丈夫是婴儿的法律父母。法国、德国则禁止进行这种医疗手术。法国1992年通过的《生物伦理法律草案》规定,"代孕生育"为非法行为,那些已代人怀孕的妇女生下的孩子只能归己所有,否则要追究其法律责任。英国仅在治疗不孕症的条件下允许以此作为医疗的手段,1985年《代孕协议》法案明文规定禁止提供商业性代孕行为和刊登与代孕有关的广告行为,否则要进行刑事制裁。日本政府明确禁止"借腹生子"和"代理母亲"行为。1998年,一位曾经为一对非夫妻的男女进行了体外受精手术的医生被日本妇产科学会除名。

二、人工生殖技术的规范管理

我国人工生殖技术的研究和应用比发达国家要晚,但发展相当迅速。1983年湖南医科大学首次用冷冻精液进行人工授精获得成功,婴儿顺利诞生。1984年上海第二医学院用洗涤过的丈夫精子实行人工授精也获成功。1986年青岛医学院建立了我国第一座人工精子库。此后,湖南、上海等地也相继成立了精子库。1988年3月10日,我国首例试管婴儿(女性)在北京医科大学附属第三医院顺利诞生。1990年3月,我国第一个冷冻胚胎库在湖南医科大学建成。目前,上海、广州、哈尔滨等地开展的体外授精技术已达到世界先进水平。

科学技术是一把双刃剑。人工生殖技术的临床应用在治疗不孕症、改善夫妻关系、稳定家庭关系的同时,也给相关家庭带来父母角色多元化和亲属关系混乱的阴影,使户政管理对亲子身份的认定无所适从。由于生育与婚姻分离,我国现行的计划生育管理制度也受到冲击。

而在人工授精和胚胎孕育中技术操作的失误与失控,更使我国医疗卫生行政管理面临一系列的新问题。

为保证我国人工生殖技术能够安全、有效和健康地发展,规范人工生殖技术的应用和管理,整顿人工生殖技术服务市场,2001年卫生部发布了《人类辅助生殖技术管理办法》,2003年10月1日,卫生部又颁布了《人类辅助生殖技术规范》《人类精子库基本标准和技术规范》和《人类辅助生殖技术和人类精子库伦理原则》。原卫生部颁布的《人类生殖技术规范》《人类精子库基本标准》《人类精子库技术规范》和《实施人类辅助生殖技术的伦理原则》同时废止。《人类辅助生殖技术管理办法》确立了我国对人类辅助生殖技术和精子库技术实行的严格准入制度,明确规定由卫生部主管全国人类辅助生殖技术应用和全国人类精子库的监督管理工作,县级以上地方人民政府卫生行政部门负责本行政区域内人类辅助生殖技术和人类精子库的日常监督和管理。

(一) 实施人工生殖技术的条件和程序

(1) 卫生部根据区域卫生规划、医疗需求和技术条件等实际情况,制订人类辅助生殖技术应用规划。

(2) 申请开展人类辅助生殖技术的医疗机构应当符合下列条件:① 具有与开展技术相适应的卫生专业技术人员和其他专业技术人员;② 具有与开展技术相适应的技术和设备;③ 设有医学伦理委员会;④ 符合卫生部制定的《人类辅助生殖技术规范》的要求。

(3) 申请开展夫精人工授精技术的医疗机构,由省、自治区、直辖市人民政府卫生行政部门审查批准。申请开展供精人工授精和体外授精、胚胎移植技术及其衍生技术的医疗机构,由省、自治区、直辖市人民政府卫生行政部门提出初审意见并报卫生部审批。

(4) 批准开展人类辅助生殖技术的医疗机构应当按照《医疗机构管理条例》的有关规定,持省、自治区、直辖市人民政府卫生行政部门或者卫生部的批准证书到核发其医疗机构执业许可证的卫生行政部门办理变更登记手续。人类辅助生殖技术批准证书每两年校验一次,校验由原审批机关办理。校验合格的,可以继续开展人类辅助生殖技术;校验不合格的,收回其批准证书。

(二) 我国人类辅助生殖技术的应用原则

(1) 人类辅助生殖技术的应用应当在医疗机构中进行,并以医疗为目的,符合国家计划生育政策、伦理原则和有关法律规定。

(2) 人类辅助生殖技术必须在经批准开展此项技术的医疗机构中实施,未经卫生行政部门批准任何单位和个人不得实施人类辅助生殖技术。

(3) 实施人类辅助生殖技术应当符合卫生部制定的《人类辅助生殖技术规范》的规定。

(4) 禁止以任何形式买卖配子、合子、胚胎。

(5) 医疗机构和医务人员不得实施任何形式的代孕技术。

(6) 应当遵循知情同意原则,并签署知情同意书。涉及伦理问题的,应当提交医学伦理委员会讨论。

(7) 实施供精人工授精和体外授精、胚胎移植技术及其各种衍生技术的医疗机构应当与卫生部批准的人类精子库签订供精协议,严禁私自采精。医疗机构在实施人类辅助生殖技术时应当索取精子检验合格证明。

(8) 实施人类辅助生殖技术的医疗机构应当为当事人保密,不得泄漏有关信息。

(9) 实施人类辅助生殖技术的医疗机构不得进行性别选择,法律、法规另有规定的除外。

(10) 实施人类辅助生殖技术的医疗机构应当建立健全技术档案管理制度。供精人、人工授精医疗行为方面的医疗技术档案和法律文书应当永久保存。

(11) 实施人类辅助生殖技术的医疗机构应当对相关技术的人员进行医学业务和伦理学知识的培训。

(三) 人类精子库的管理

人类精子库是以治疗不育症及预防遗传病和提供生殖保险等为目的,利用超低温冷冻技术,采集、检测、保存和提供精子的机构。

(1) 采精机构的设置。精子的采集与提供应当在经过批准的人类精子库中进行,未经批准,任何单位和个人不得从事精子的采集与提供活动。人类精子库必须设置在持有"医疗机构执业许可证"的综合性医院、专科医院或持有"计划生育技术服务执业许可证"的省级以上计划生育服务机构内,其设置必须符合《人类精子库管理办法》的规定。中国人民解放军医疗机构中设置人类精子库的,由所在省、自治区、直辖市卫生厅局或总后卫生部科技部门组织专家论证评审、审核,报国家卫生部审批。中外合资、合作医疗机构,必须同时持有卫生部批准证书和外经贸部(现商务部)颁发的"外商投资企业批准证书"。

(2) 人类精子库必须具有安全、可靠、有效的精子来源；机构内如同时设有人类精子库和开展人类辅助生殖技术，必须严格分开管理。

(3) 人类精子库必须对精液的采供进行严格管理，必须按《供精者健康检查标准》和供精者基本条件进行严格筛查，保证所提供精子的质量；并建立供精者、用精机构反馈的受精者妊娠结果及子代信息的计算机管理档案库，控制使用同一供精者的精液获得成功妊娠的数量，防止血亲通婚。

(4) 人类精子库必须具备完善、健全的规章制度，包括业务和档案管理规范、技术操作手册及人类精子采供计划书（包括采集和供应范围）等；必须定期或不定期对人类精子库进行自查，检查人类精子库规章制度执行情况、精液质量、服务质量及档案资料管理情况等，并随时接受审批部门的检查或抽查。

(5) 人类精子库必须贯彻保密原则，除精子库负责人外，其他任何工作人员不得查阅有关供精者身份的资料和详细地址。工作人员应尊重供精和受精当事人的隐私权并严格保密；除司法机关出具公函或相关当事人具有充分理由外，其他任何单位和个人一律谢绝查阅供精者的档案。确因工作需要及其他特殊原因必须查阅档案时，则必须经人类精子库机构负责人批准，并隐去供精者的社会身份资料。

(6) 人类精子库不得开展以下工作：① 不得向未取得卫生部人类辅助生殖技术批准证书的机构提供精液；② 不得提供未经检验或检验不合格的精液；③ 不得提供新鲜精液进行供精人工授精，精液冷冻保存需经半年检疫期并经复检合格后，才能提供临床使用；④ 不得实施非医学指征的、以性别选择生育为目的的精子分离技术；⑤ 不得提供两人或两人以上的混合精液；⑥ 不得采集、保存和使用未签署供精知情同意书者的精液；⑦ 人类精子库工作人员及其家属不得供精；⑧ 设置人类精子库的科室不得开展人类辅助生殖技术，其专职人员不得参与实施人类辅助生殖技术。

(四) 法律责任

未经批准擅自开展人类辅助生殖技术和设置人类精子库的非医疗机构，由县级以上人民政府卫生行政部门责令其停止执业活动，没收非法所得和药品、器械，并可以根据情节处以一万元以下的罚款。

未经批准擅自开展人类辅助生殖技术和设置人类精子库的医疗机构，根据《医疗机构管理条例》和《医疗机构管理条例实施细则》，由县级以上人民政府卫生行政部门予以警告、责令其改正，并可以根据情节处以三千元以下的罚款；情节严重的，吊销其"医疗机构执业许可证"。

开展人类辅助生殖技术和设置人类精子库的医疗机构有下列行为之一的，由省、自治区、直辖市人民政府卫生行政部门给予警告或罚款，并给予有关责任人行政处分，构成犯罪的，依法追究刑事责任：① 买卖配子、合子、胚胎的；② 实施代孕技术的；③ 使用不具有"人类精子库批准证书"机构提供的精子的；④ 擅自进行性别选择的;⑤ 实施人类辅助生殖技术档案不健全的;⑥ 经指定技术评估机构检查技术质量不合格的;⑦ 其他违反本办法规定的行为。

三、人工生殖技术婴儿的法律地位

人工生殖技术是现代医学生物科学技术发展的产物。随着维护生命和创造生命的各种科学技术日新月异,由此也编织成错综复杂的社会关系。如何确定人工生殖技术婴儿的法律地位？谁才是孩子的父母？这些均是卫生法学应当协调、规范的相关领域,作为调整人们生活中相关权利义务关系的法律规范只有与时俱进,才能适应社会的发展。

（一）夫精人工授精（AIH）婴儿

AIH所生子女与生母之夫存在着自然血亲关系,被视为婚生子女一般没有问题。但在丈夫死亡后,利用亡夫生前存于"精子银行"的冷冻精液怀孕所生子女是否具有同等的权利,现行法律没有明文规定。但《中华人民共和国继承法》有两项原则:第一,继承人与被继承人存在配偶、子女、父母关系的,均为第一顺序的继承人,享有同等的继承权。第二,继承从被继承人死亡时开始,如果遗产分割时被继承人的遗腹子尚未出生的,应当保留胎儿的继承份额。那么,按照继承法的第一项原则用亡夫精子怀孕分娩的子女若被视为婚生子女,那么他们应享有同样的继承权;按照第二项原则,他们在其父死亡时根本不存在,就不能享有继承权。传统的继承法对夫精人工授精的遗腹子在适用时发生了碰撞。

（二）供精人工授精（AID）婴儿

20世纪50年代,当供精人工授精技术首次应用时,美国法院曾裁定妇女犯有通奸罪（即使经过丈夫同意）,该婴儿的出生也是非法的。随着AID的广泛使用,法律也发生了相应的变化。1967年,美国克拉马州首次就AID出生婴儿的法律地位作了以下法律规定:凡由指定的开业医生进行的AID,并附有夫妻双方同意书而出生的婴儿具有婚生子女身份。此后,美国陆续有25个州制定了这样的专门法律。在丹麦,根据人工授精法案,在丈夫同意下出生的AID子女,具有婚生子女的身份。在法国,根据亲子关系修正案的规定,对经丈夫同意而生的AID子女也被视为夫之合法子女。英国、瑞典、澳大利亚、以色列都有类似的规定。从多数国家的发展趋势看,主张经过夫妻合意后出生的人工授精子女推定为婚生子女,与该对夫妻的关系视为亲生父母子女关系。采用AID方法出生的婴儿可以说存在两个父亲,一个是生物学（遗传学）父亲,即供精者,一个是社会学（养育者）父亲,即生母之夫。现许多国家的立法大都认定后者为合法的父亲,承担相应的权利和义务。中华人民共和国最高人民法院〔1991〕民他字第12号复函规定,通过法律规定合意进行人工授精的夫妇离婚后,养育父亲不能拒绝对AID出生子女履行抚养义务,

AID 出生成年子女也不能拒绝履行赡养年老、无劳动能力的养育父亲。

（三）体外授精（IVF）婴儿

AID 提出谁是孩子的父亲问题同样适用 IVF，同时将同样的原则应用到卵子提供者身上，又产生了应当认定谁是婴儿的合法母亲的新问题。英国 1990 年的《人工授精和胚胎学》法案中规定一个由植入体内的胚胎或精子和卵子而孕育孩子的妇女应被视为该孩子的母亲而非其他妇女。所以，即便采用 IVF 技术出生的孩子与准备充当孩子养育父母的夫妇双方毫无遗传和血缘关系，仍应确定这对夫妇为孩子的合法父母。通过 IVF 所生子女是他们的婚生子女，享有婚生子女的一切权利和义务。因为孩子的遗传学父母仅仅是分别提供了精子和卵子而已。

（四）代孕生育（ILF）婴儿

在解决卵子提供者与 ILF 婴儿法律关系的问题上，法律确定了"孕育母亲在母权确定中比遗传母亲处于优势"的原则，同时推定该妇女的丈夫为该孩子的父亲。从而解决了谁是 ILF 婴儿父亲的问题。但随着国外代理母亲的出现，这一原则又遇到法律障碍。关于"谁是代理母亲所生婴儿的父母"的确定，世界各国法律规定不尽相同，主要有三种情况：第一，以遗传学为根据确定亲子关系，这是人类在漫长的历史中一直适用的最基本原则。第二，随着 AID 和 ILF 技术的应用，遗传母亲与孕育母亲不为同一人时，则应以生者为母。第三，按契约约定确定亲子关系，如美国新泽西、密执安等州法律规定，请人代生婴儿的夫妇，根据与代孕母亲签订的契约，为所生婴儿的养父母。

代孕母亲的出现存在以下法律争议：

(1) 代孕母亲代生婴儿的归属问题。有时代孕母亲出于母爱，舍不得将孩子给委托的夫妇；或者由于所生婴儿存在某种缺陷，双方都不愿承担该孩子的抚养责任。

(2) 存在出租子宫收取酬金的现象。代孕母亲被当作生育机器，侵犯妇女的尊严。同时婴儿被当作商品，侵犯了婴儿的人权。

(3) 有的母亲为女儿代孕，祖母为孙女代孕，导致婴儿在家庭中地位的微妙，破坏了现行的亲属关系制度，又使婚姻管理中对近亲婚配的限制处于尴尬境地。由于这些问题的存在，世界上大多数国家如法国、英国、瑞典等都明文禁止代孕行为，代生协议无效。

第二节 基因工程与无性生殖的法律规定

一、基因工程概述

(一) 基因的概念

基因是生物的遗传密码,是控制生物性状的遗传物质的功能和结构单位。它具有遗传信息的 DNA 片段,决定着生物的性状、生长与发育。"基因"一词起源于 1909 年丹麦遗传学家约翰逊所著的《科学遗传学要义》一书,其主要是用于称呼孟德尔提出的生物中控制性状的遗传因子。

20 世纪 50 年代,自美国生物学家沃森和英国生物物理学家克里克对脱氧核糖核酸(即 DNA)分子结构模型研究以来,生物科学从细胞时代进入分子生物学时代。人类对基因世界的探索和现代医学发展,已经直接或间接地探明许多疾病的发病机理,并能根据掌握的遗传学等知识,依照基因正常序列,发现其变异和缺陷,逐步做到有的放矢地诊断和治疗疾病。

(二) 基因工程的概念

基因工程是指利用载体系统的重组 DNA 技术,以及利用物理或者化学方法把异源 DNA 直接导入有机体的技术,又称基因拼接技术或重组 DNA。基因工程采取类似工程设计的方法,按照人们的需要,通过一定的程序将具有遗传信息的基因,在离体条件下进行剪接、组合、拼接,再把经过人工重组的基因转入宿主细胞大量复制,并使遗传信息在新的宿主细胞或个体中高速表达,最终产生出基因产物。

(三) 基因工程立法

基因工程诞生于 20 世纪 70 年代。当时,由于人类对 DNA 重组的技术前途未卜,高估了它的风险,担心终有一天人类会因此而毁灭自身。为控制基因工程发展,1976 年 6 月 23 日,美国国家卫生研究院(NIH)被授权制定并公布了世界上第一个实验室基因工程应用法规《重组 DNA 分子实验准则》。此后,联邦德国、法国、英国、日本先后在 1977 至 1980 年的几年间公布了类似法规。苏联、意大利、澳大利亚、巴西、墨西哥等 25 个国家也陆续起草或制定了这类法规,但其中绝大多数是以美国的《重组 DNA 分子实验准则》为蓝本。

从 1978 年开始,人们意识到基因工程技术的危险性被过分夸大,已制定的准则显得过于严厉而不利于科学技术的发展。1980 年 1 月 29 日,美国政府对《重组 DNA 分子实验准则》进行修正。此后,该准则又经过多次修改。各国政府也在实践的基础上,一次又一次地修改、放宽实验准则。

1982年以来,随着基因工程的产业化、商业化的进展,美国、日本及西欧一些国家,用基因工程生产胰岛素、合成的人生长激素、乙型肝炎疫苗、组织血纤维蛋白溶酶原激活因子以及各种干扰素进入临床试验。由此,基因工程的潜在性危害也明显增加。为了防止重组DNA导致不测,一些西方国家和国际组织在重组DNA安全操作中制定了法规。1986年通过了《国际生物技术产业化准则》,日本、澳大利亚等国制定了更为具体的《重组DNA技术工业化准则》《重组DNA技术制造药品的准则》等。1989年,联邦德国政府批准的《基因技术法草案》确定了国家对基因技术的监督地位。上述法规对这些国家基因工程技术的研究和应用,起到了积极的推动作用。

近年来,我国的生物技术发展较为迅猛,生物技术立法工作也在逐步推进,《专利法》《环境保护法》等法律中均涉及一些生物技术的法律规定。国家科委于1993年12月24日发布了《基因工程安全管理办法》,对基因工程的适用范围、安全性评价、申报审批和安全控制措施等方面作了规定。为了有效保护和合理利用我国的人类遗传资源,加强人类基因的研究与开发,促进平等互利的国际合作和交流,1998年9月,经国务院批准,科学技术部、卫生部共同制定了《人类遗传资源管理暂行办法》。上述法律及相关办法对促进我国生物技术的研究和开发,加强基因工程工作及人类遗传资源的安全管理,保障公众和基因工程工作人员的健康,防止环境污染,维护生态平衡,都具有极其重要的意义。

二、基因诊断和基因治疗中的法律问题

(一) 基因诊断

基因诊断也称DNA诊断、DNA探针技术或基因探针技术,是指通过直接探查基因的存在和缺陷来对人体的状态和疾病作出判断。

最早的基因诊断是1976年凯恩等人进行的对一名地中海贫血患者的产前诊断。经过20多年的发展,目前基因诊断已广泛应用于许多疾病的诊断,特别是在遗传病诊断方面成绩尤为显著,现在可以用不同途径进行基因诊断的遗传病已达上百种。随着破解人类遗传密码的辉煌进展,恶性肿瘤的神秘面纱也正在逐步被揭开。显而易见,基因诊断的医学意义是巨大的,同时它也产生了许多法律问题:被诊断出遗传病的患者是否有要求医生保密的权利?如果医生为患者保密,是否损害了患者配偶或未来子女的利益?如果医生泄密,影响了患者的婚姻、就业、保险和教育,医生是否应负法律责任?由于一些通过基因诊断而查明遗传病的患者在社会上受到歧视,人们开始思考有关基因诊断的法律控制问题。因为从人权和人格尊严的角度,每个人的基因图谱是每个人的个人隐私。美国一些议员向美国议会提出了"人类基因组隐私法"法案,突出了非医疗急救和司法判案需要,遗传资

料不得泄露的内容,旨在保护人的隐私,维护人的尊严。

(二) 基因治疗

遗传疾病是威胁人类健康的大敌。当我们遗传了父母的眼睛、鼻子的外形基因时,也极有可能遗传了他们的高血压、糖尿病等不良基因。迄今,人类已经发现的遗传疾病共有6000多种,对于遗传病,仅靠普通药物是很难得到有效治疗的,而基因治疗为我们展现了光明的前景。基因疗法是改变人体活细胞遗传物质的一种医学治疗方法,即通过基因诊断出异常的基因后,用正常的基因代替异常基因,达到治疗目的。基因治疗一般分为:体细胞基因治疗、生殖细胞基因治疗、增强基因工程和优生基因工程。

1980年,基因治疗首次用于人体。1989年5月22日,世界上首项获准的临床基因标记试验开始进行。基因治疗作为治疗人类疾病的全新方法,得到了医学界、产业界和政府的高度重视。目前,在美国、法国、意大利、荷兰、中国已有几十个经批准的临床基因标记和治疗项目。在西方发达国家,基因治疗不仅得到政府的支持和基金导向,而且还得到企业财团的投资。在商业利益的驱动下,仅美国就有15家基因治疗的公司。

基因治疗涉及改变人类的遗传物质,因而,也可能产生不可预知的严重后果。特别是生殖细胞基因治疗会对人类未来存在深远影响,在伦理、法律方面引发许多问题:人能否改变人?人的尊严何在?以什么标准来改变人?基因治疗是一项费用昂贵的医疗技术,哪些人有权享有这种技术?还涉及人体基因是否允许买卖等。因此,目前许多国家对基因治疗采取非常审慎的态度,从法律角度对此作出调整、规范和控制。1985年,美国公布的《基因疗法实验准则》对人类基因治疗实行有条件的开放。

1993年,我国卫生部制定了《人的体细胞治疗和基因治疗临床研究质控要点》,强调对基因体细胞治疗的临床试验要在运作之前进行安全性论证、有效性评价和免疫学考虑,同时还应注意社会伦理影响。

三、人类基因组计划及其相关法律规定

(一) 人类基因组计划概述

人类所有的疾病,或多或少都与基因有关,只有破译基因才能破译我们生老病死的一切秘密。20世纪80年代中期,美国人率先提出了测绘和排序人类基因组计划。1989年,美国成立了国家人类基因组研究中心,1990年正式启动。英国、日本、法国、德国和中国科学家先后加盟,六国科学家进行了广泛的科研合作。1999年12月1日,英国《自然》(Nature)杂志发表了多国科学家合作完成的人类第22号染色体DNA核苷酸全序列测定的论文,这也是世界上公布的第一条完整的染

色体上的遗传信息,被称为人类基因组计划取得的第一个突破性成果,在国际生命科学界引起了强烈反响。研究人员发现的这些基因主要与先天性心脏病、免疫功能低下、精神分裂症、智力低下、出生缺陷以及许多恶性肿瘤,如白血病等有关。此后,第6号、第7号、第13号、第14号、第16号、第19号、第20号、第21号和Y染色体等相继被破译分析完毕。

20世纪,人类科学历程中有三大研究计划将永垂史册,它们分别是曼哈顿原子弹计划、阿波罗登月计划和被誉为生命科学登月计划的人类基因组计划。人类第1号染色体的基因测序图是人类"生命之书"中最长、也是最后被破译的一章,它的破译完成为人类基因组计划16年来的努力画上了一个圆满的句号。2003年4月14日,美国、英国、日本、法国、德国与中国六国科学家参与的、历经13年、被誉为"生命科学登月计划"的人类基因组计划完成了对30亿个碱基对的测序工作,覆盖了人类基因的99%——另外1%目前无法测序。英美科学家在2006年5月18日出版的《自然》上报告,人类最后一个染色体,也是破译难度最大的一个染色体——1号染色体的基因测序完成。该测序确定出人类1号染色体中的3141个基因,在破译过程中,至少发现了1000个新基因。这标志着历时16年的人类基因组计划宣告完成。这一庞大计划的完成,毫无疑问为医学发展带来了新希望。有科学家预言,之后的10至20年内,基因医学将进入黄金时代。

人类基因组计划是人类认识自身、揭开生命奥秘、奠定21世纪医学、生物学发展基础的重大工程,其研究成果将对生命科学、人类健康、伦理道德、社会行为和相关产业产生极其深刻的影响。

为了防止人类基因技术在使用中发生偏移与失控,1997年11月11日,联合国教科文组织在第二十九届会议上一致通过了《世界人类基因组与人权宣言》,确立了以下四项基本原则:① 维护人类的尊严与平等;② 科学家研究自由;③ 促进人类和谐;④ 加强国际合作。这充分反映了"人类基因组计划"可能对科学、经济、伦理、法律及社会方方面面的影响和讨论这些问题的迫切性和严肃性。

(二) 我国人类遗传资源的管理原则

我国人口众多,有56个民族和诸多遗传隔离人群,形成了丰富的人类遗传资源,是研究人类基因组多样性和疾病易感性的不可多得的材料。但由于管理上的问题,在这一珍贵资源的采集、研究、开发中存在盲目、无序、流失的现象。为了加强人类遗传资源的管理,科学技术部、卫生部联合制定了《人类遗传资源管理暂行办法》。凡涉及我国人类遗传资源的采集、收集、研究、开发、买卖、出口、出境等活动,都必须遵守管理办法的规定,这是将我国人类遗传资源管理和人类基因研究开发纳入法制轨道的重要举措。

1. 分级管理,统一审批

国家对人类遗传资源实行分级管理,统一审批制度。办法规定对重要遗传家系和特定地区遗传资源实行申报登记制度,发现和持有重要遗传家系和特定地区遗传资源的单位或个人,应及时向有关部门报告。未经许可,任何单位和个人不得擅自采集、收集、买卖、出口、出境或以其他形式对外提供。

2. 管理机构

科技部和卫生部共同负责管理全国人类遗传资源,联合成立中国人类遗传资源管理办公室,负责日常工作。中国人类遗传资源管理办公室聘请有关专家组成专家组,参与拟定研究规划,协助审核国际合作项目,进行有关的技术评估和提供技术咨询。

3. 国际合作项目的申报程序

凡涉及我国人类遗传资源的国际合作项目,应经批准后签约。具体申报程序是:由中方合作单位填报申请书并附合同文本草案、人类遗传资源材料提供者及其亲属的知情同意证明等有关材料,中央所属单位按隶属关系报国务院有关部门,非中央所属单位报所在地的地方主管部门,经上述部门初步审查同意后,向中国人类遗传资源管理办公室提出申请。

4. 知识产权的处理

我国研究开发机构对于我国境内的人类遗传资源信息,包括遗传家系和特定地区遗传资源及其数据、资源、样本等,享有专属持有权。获得上述信息的外方合作单位和个人未经许可不得公开、发表、申请专利或以其他形式向他人披露。有关人类遗传资源的国际合作项目应当在遵循平等互利、诚实信用、共同参与、共享成果的原则基础上处理知识产权归属。合作研究开发成果属于专利保护范围的,应由双方共同申请专利,专利权归双方所有;合作研究开发产生的其他科技成果,其使用权、转让权和利益分享办法应由双方通过合作协议确定,所获利益按双方贡献大小分享。

5. 法律责任

有关单位和个人违反人类遗传资源管理办法的规定,视情节轻重,给予行政处罚甚至追究法律责任。

四、无性生殖

(一) 无性生殖的概念

无性生殖,也称为"克隆"(Clone),是指生物体没有阴阳结合过程,而是由同一个"祖先细胞"通过分裂方式繁殖而形成的纯细胞系。简言之,克隆就是生命的全息复制。

"克隆"一词于 1903 年被引入园艺学,以后逐渐应用于植物学、动物学和医学等方面。自然情况下的无性繁殖,在植物和低等动物的繁殖中,屡见不鲜。但利用"克隆"技术进行高等动物的繁殖,起源于 20 世纪 50 年代。英国科学家运用"克隆"技术,成功地繁殖出一种两栖动物,揭开了细胞生物学的新篇章。20世纪90年代后期,英国、美国、中国等国科学家先后利用胚胎细胞为供体,"克隆"出了老鼠、兔子、山羊、牛和猪等哺乳动物。1997年2月23日,英国的克隆羊"多利"问世,由此引发了一场如何看待克隆技术的全球性争论。1998年,科学家使用取自同一只成年老鼠身上的细胞克隆出数代,共50多只老鼠。同年,源自同一头成年奶牛的8头克隆小牛诞生。2000年使用成年动物体细胞克隆猪和山羊成功。2001年,使用成年动物体细胞克隆猫和兔子成功。

(二)克隆人引发的法律问题

克隆技术给人类带来的是祸是福?人类是否应该通过法律禁止克隆人的出现?对此,有两种观点。主张禁止的观点认为:生殖崇拜是人类的一个古老情结,有性繁殖是高等生物繁衍生命的自然规律。克隆人以无性繁殖代替有性繁殖,这一程式化的制造人的生命方式是传统和现行生殖观念所不能接受的。因为克隆人将给社会带来以下危害:① 造成人种退化;② 冲击法律观念;③ 带来社会动荡;④ 诱发社会失控。另一种观点认为:发现和发明是科学发展的动力。人类最终将会承认创设人的生命的方式不止有性繁殖一种,应该允许无性繁殖作为一种补充方式。两种方式所创造出来的都是人的生命,同样是神圣的。克隆技术对人类的危害可以通过法律对人体的克隆试验研究阶段和克隆人的诞生阶段加以规范和控制。

人的生命复制或无性生殖问题,不同于克隆技术在医学、农业等领域的运用,它将使人类面临巨大的伦理和法律挑战。

第一,从法律上讲,每个人都有自己的尊严和价值。如果允许用克隆的方法在实验室内去复制人或者大批复制同一个人,人的尊严、价值和权利又从何体现?

第二,从家庭法律关系来说,任何人的出生或诞生都在其家庭关系乃至社会关系中具有明确的法律身份和地位。作为克隆人同样不能例外,应当确认其法律身份,且标准应是同一的。但是,人的复制完全违背了人类生育和人类亲亲关系的基本准则。它不仅完全改变了人类自然的通过男女结合的生育方式,而且使"亲亲关系是一种以婚姻和血缘为纽带的社会关系"的概念发生根本动摇。

第三,人的死亡是一个法律事实,一旦死亡,生命便不复存在。克隆人却产生这样一个法律问题:死人是否可以复制?复制的人是否是死去的人的延续?如果可以的话,死人的复制会使正常的或法律上的生与死的概念发生动摇与混乱。

因此,克隆人设想在全球遭到抵制。1997年11月1日,联合国教科文组织在巴黎通过了指导基因研究的道德准则性文件《世界人类基因组与人权宣言》,要求禁止克隆人等"损害人类权利和尊严的科研行为"。在日内瓦举行的第55届世界卫生大会通过的决议中严格禁止运用无性繁殖技术复制人类这一违背人的尊严和道德的行为。1998年1月12日,法国、丹麦、芬兰等19个欧洲国家在巴黎签署了

《禁止克隆人协议》，禁止用任何技术创造与任何生者或死者基因相似的人。1998年1月20日，美国生殖医学会宣布，他们草拟一份禁止克隆人试验的法律文本。与此同时，统管美国医药研究的美国食品和药物管理局表示，他们拥有管制克隆人研究的权力。当时美国总统克林顿也敦促国会通过一项在5年内禁止克隆人研究的决议。但是，英国2001年通过《人类胚胎学法案》，从法律上批准了治疗性的克隆人类胚胎研究，使英国成为世界上第一个立法批准克隆人类胚胎的国家。但按照这项法律，研究者要进行试验，必须取得政府颁发的执照。纽卡斯尔大学在2003年就提出了申请，今年才获得批准。尽管英国允许以医疗为目的的克隆人类胚胎研究，但用于生殖目的的克隆人类胚胎研究，也就是俗称的"克隆人"，在这个国家仍然是非法的。在英国之后，韩国、日本等也相继立法允许治疗性克隆研究。但在世界多数国家，是否允许克隆人类胚胎的研究，还是一个有争议的话题。

在我国，克隆技术也引起了社会各界的重视。2001年7月，面对全人类都普遍关心的克隆人的社会、伦理、道德等问题，中法两国的生物学家、法学家、医学家、社会学家和哲学家决定联手合作，共同探讨研究对克隆人的立法，旨在为两国政府进行克隆人立法提出建议。2002年2月26日，在联合国关于反对克隆人国际公约特设委员会举行的会议上，中国代表陈旭表示中国作为共同提案国积极支持尽早制定《禁止生殖性克隆人国际公约》。2002年3月，九届全国人大五次会议的代表们纷纷对克隆人问题表示关注，支持有关禁止生殖性克隆人的国际公约的早日面世。

克隆技术是人类科学技术史上的一大进步，具有突破性的意义。我国虽然禁止开展克隆人的研究，但主张支持和保护科学家采用克隆技术探讨医学领域中的重大课题，也就是将治疗性克隆和生殖性克隆加以区别。我国对任何人以任何形式开展克隆人研究的态度是：不赞成、不支持、不允许、不接受。因为目前克隆哺乳动物试验虽然已有突破，但还很不成熟，盲目开展会造成不可估量的后果。即使技术成熟后，克隆人也存在法律上和伦理上的难题。为此，我们必须预先制定相关法律，避免真的有一天一个克隆人站在人们面前，所有的人都不知所措。目前，国家人类基因组南方研究中心的伦理、法律与社会问题研究部着重对我国遗传服务领域的伦理规范和准则、知情同意书的标准化、我国人类基因组资源保护和知识产权、治疗性克隆的伦理学问题、对复杂的遗传疾病基因服务伦理问题、人类基因多样性及其伦理等六个方面进行深入研究，探讨克隆人的法律、社会与伦理问题。

第三节 器官移植现状及法律规定

一、器官移植的概述

（一）器官移植的概念

器官移植(Organ Transplantation)是指通过手术等方法,替换某些个体体内已损伤的、病态的或者衰竭的器官使本来难以康复的患者得以康复,以挽救垂危的生命。理论上,器官移植分为三大类：自体移植、同种移植和异种移植。临床上,器官移植包括脏器移植、组织移植和细胞移植三种类型。这三种类型不仅实施条件与难度相差甚远,而且在涉及伦理、法律上也有重大差别。由于脏器移植是当今器官移植的主体,且由于自体移植和异种移植不涉及供体权利的转移,较少发生法律问题。所以这里所讨论的器官移植仅指同种异体移植。

器官移植的设想早在古希腊时代已产生,但直到20世纪才成为现实。1902年,卡雷尔和古斯里发展了血管缝合技术,开始了器官移植技术的临床应用。此后,美国、苏联和一些欧洲国家相继进行过一些肾移植手术,均因无法解决人体免疫排斥反应而失败。1954年,第一例同卵双生子之间肾移植在美国波士顿一家医院获得成功,从而为器官移植带来了新的曙光。此后几十年间,由于新的免疫抑制药物的研制和应用,组织配型能力的提高以及外科手术的改进,器官移植取得很大成就。1963年首例肝移植、1967年首例心脏移植等,一次次轰动世界。目前,除了神经系统以外,医学技术几乎对人体内所有器官和组织都可以移植,但肾脏移植的应用最为广泛,人数已逾10万,存活率也最高。据统计,肾移植5年以上存活率已接近90%,许多病人已存活20年。

（二）器官移植的意义

器官移植技术使许多本来难以康复的患者得以康复,使患有不治之症的患者有了生的希望和可能。现在全世界由于器官移植手术而重获生命的人已有50余万人。为了肯定这一医学成就给人类带来的贡献,1990年诺贝尔生理学和医学奖授予了1954年首例肾移植医生默奥和20世纪60年代中期首例骨髓移植医生托马斯,此后又有两位从事人体器官移植研究的科学家获诺贝尔奖。

器官移植可以使有限的卫生资源发挥更大作用。以肾移植为例,目前费用虽然较高,但与维持晚期肾衰竭病人生命的长期透析相比则经济得多,而且病人又可在相当程度上恢复正常的工作和生活,继续为社会创造财富。1985年,美国国家卫生研究所对器官移植的经济和社会效益作了深刻的对比。研究认为虽然国家为器官移植花费巨大,但与过去对脑死亡患者盲目无效的高达数亿美元的巨耗相比,费用却非常低。可见,器官移植的社会意义是显而易见的。

二、国外相关法律规定

器官移植的法律问题大致包括:供体的来源和采集;器官的法律地位和性质;受体手术后的身份;异种器官移植;脑移植;人工器官等。为了解决供体来源,国外许多国家用法律进行了一系列的规范,大致分为以下三类。

(一) 自愿捐献

自愿捐献是指死者生前自愿或其家属自愿将死者器官捐献给受体。它采用完全主动自愿和知情同意(经宣传后同意决定捐献)两种原则。无论是完全自愿还是知情同意,都必须在真实的自愿基础上,如果死者生前明确表示死后不愿捐献器官,则他人无权摘除其器官。美国1968年通过的《统一组织捐献法》中规定:① 超过18岁的个人可以捐献他身体的全部或一部分用于教学、研究、治疗或移植;② 死者生前未作出捐献声明,也没有足够证据证明其反对的,其近亲属有权作出捐赠表示;③ 如果死者生前已作出捐赠表示的,亲属或其他人除法律允许的特殊原因外,不得取消。

对于采集活体器官,许多国家的法律规定:① 必须优先考虑供体利益,并预料对供体的健康不会发生损害;② 该器官的移植足以挽救受体的生命或足以恢复或改善受体的健康状况;③ 没有任何第三者压力,知情同意是必经程序;④ 供体必须是已达法定年龄的成年人。

(二) 推定同意

推定同意是指法律规定公民在生前未作出不愿意捐出器官表示的,都可被视为是同意捐献器官者,由政府授权的医务人员从尸体中采集所需组织和器官。推定同意原则是针对人口中大多数既未表示同意,又未表示反对的人提出的。有以下两种:

1. 医师推定同意

医师推定同意是死者生前未表示反对捐献器官,医生就可推定其同意捐献而不必考虑亲属的意愿。法国、匈牙利、奥地利、瑞士、丹麦、新加坡等国采取了这种做法。1987年新加坡颁布的《人体器官移植法》规定:所有新加坡公民和在新加坡长期居住的居民,年龄在21~60岁之间,在意外事件丧生后,如果死者生前没有不愿捐出肾脏表示的,都可推定为自愿捐赠者。采取这种方式既能大大增加可用于移植的器官的数量,又可避免因征求家属意见延误时间而影响移植质量。

2. 亲属推定同意

亲属推定同意要求医师在明确死者亲属无反对意见,同意捐献尸体或器官时才可实施,其优点是避免死者家属诉讼。芬兰、希腊、瑞典、挪威等国的法律均采用了这种形式。

(三) 器官商业化

器官商业化是指把病人与科学研究所需要的器官作为商品,同时以经济运行方式作为准则,建立器官交易市场。由于可供移植的器官严重供不应求,刺激并引发了商业化行为。曾一度出现器官捐赠者变相收费和医生收取介绍器官捐献者费用的事件。1983年,美国一名医生成立"国际肾脏交易所"以购买穷人的肾脏。这些买卖或变相买卖人体器官的做法是贫富两种截然相反的利益选择,受到了公众舆论的普遍谴责。有钱人买器官进行移植受益,穷人迫于贫困出卖器官,甚至损害生命。医学科学技术的发展给社会带来了新的不公正倾向,因此,世界卫生组织呼吁制定一个有关人体器官交易的全球性禁令,并敦促其成员国制定限制人体器官交易的法律,以保证医学科学研究及应用的正常秩序。

三、我国器官移植立法

(一) 我国器官移植立法

器官移植立法涉及生命科学的发展、国家的文明水平和人民群众的健康,也反映了社会的伦理选择和国家法制建设的进程。

我国器官移植始于20世纪50年代,与国外相比起步较晚但发展较快,迄今为止,已开展了28种同种异体器官移植。肾移植达世界先进水平,胰岛移植、血管全脾移植、胚胎器官移植等处于国际领先地位。尽管如此,我国器官移植特别是大器官移植与发达国家相比,在移植例数、存活时间、生存质量上都有较大差距。究其原因,并不完全在于技术、药物等方面,关键在于供体的匮乏与质量低下和法律规范的缺失。全国人大代表在人代会上多次呼吁必须加快器官移植的立法,否则,"没有规矩"的器官移植将带来众多法律、道德、伦理的难题。"眼球丢失案"的发生表明我国器官移植立法已迫在眉睫。同时,我国关于遗体捐赠方面的立法也不完善,遗体捐赠体系的不健全,又使许多愿意在死后捐赠遗体的人捐赠无门,加剧了供体的缺乏。

1999年,第九次全国医学伦理学术年会讨论通过的《器官移植伦理原则》成为我国关于器官移植的第一个伦理性文件。该文件明确提出了我国器官移植的九大基本原则,规范了有关器官移植的道德行为,对推动我国关于器官移植的立法,进而保障和促进我国器官移植工作的健康发展都具有极为重要的意义。《人体器官移植条例》已于2007年3月21日国务院第171次常务会议通过并公布,2007年5月1日起施行。

(二)《人体器官移植条例》的主要内容

《人体器官移植条例》共五章32条。

第一章总则规定了立法的宗旨、适用对象、主管机关、基本原则等。

第二章人体器官的捐献,主要规定了人体器官捐献应当遵循自愿、无偿的原则,公民享有捐献或者不捐献其人体器官的权利;任何组织或者个人不得强迫、欺骗或者利诱他人捐献人体器官。捐献人体器官的公民应当具有完全民事行为能力。公民捐献其人体器官应当有书面形式的捐献意愿,对已经表示捐献其人体器官的意愿,有权予以撤销。公民生前表示不同意捐献其人体器官的,任何组织或者个人不得捐献、摘取该公民的人体器官;公民生前未表示不同意捐献其人体器官的,该公民死亡后,其配偶、成年子女、父母可以以书面形式共同表示同意捐献该公民人体器官的意愿。任何组织或者个人不得摘取未满18周岁公民的活体器官用于移植。活体器官的接受人限于活体器官捐献人的配偶、直系血亲或者三代以内旁系血亲,或者有证据证明与活体器官捐献人存在因帮扶等形成亲情关系的人员。

第三章人体器官的移植,有如下规定:

(1) 医疗机构从事人体器官移植,应当依照《医疗机构管理条例》的规定,向所在地省、自治区、直辖市人民政府卫生主管部门申请办理人体器官移植诊疗科目登记。医疗机构从事人体器官移植,应当具备下列条件:① 有与从事人体器官移植相适应的执业医师和其他医务人员;② 有满足人体器官移植所需要的设备、设施;③ 有由医学、法学、伦理学等方面专家组成的人体器官移植技术临床应用与伦理委员会,该委员会中从事人体器官移植的医学专家不超过委员人数的四分之一;④ 有完善的人体器官移植质量监控等管理制度。

(2) 省、自治区、直辖市人民政府卫生主管部门进行人体器官移植诊疗科目登记,除依据本条例第11条规定的条件外,还应当考虑本行政区域人体器官移植的医疗需求和合法的人体器官来源情况。

省、自治区、直辖市人民政府卫生主管部门应当及时公布已经办理人体器官移植诊疗科目登记的医疗机构名单。

(3) 已经办理人体器官移植诊疗科目登记的医疗机构不再具备本条例第11条规定条件的,应当停止从事人体器官移植,并向原登记部门报告。原登记部门应当自收到报告之日起2日内注销该医疗机构的人体器官移植诊疗科目登记,并予以公布。

(4) 省级以上人民政府卫生主管部门应当定期组织专家根据人体器官移植手术成功率、植入的人体器官和术后患者的长期存活率,对医疗机构的人体器官移植临床应用能力进行评估,并及时公布评估结果;对评估不合格的,由原登记部门撤销人体器官移植诊疗科目登记。具体办法由国务院卫生主管部门制订。

(5) 医疗机构及其医务人员从事人体器官移植,应当遵守伦理原则和人体器官移植技术管理规范。

(6) 实施人体器官移植手术的医疗机构及其医务人员应当对人体器官捐献人进行医学检查,对接受人因人体器官移植感染疾病的风险进行评估,并采取措施,降低风险。

(7) 在摘取活体器官前或者尸体器官捐献人死亡前,负责人体器官移植的执业医师应当向所在医疗机构的人体器官移植技术临床应用与伦理委员会提出摘取人体器官审查申请。

人体器官移植技术临床应用与伦理委员会不同意摘取人体器官的,医疗机构不得作出摘取人体器官的决定,医务人员不得摘取人体器官。

(8) 人体器官移植技术临床应用与伦理委员会收到摘取人体器官审查申请后,应当对下列事项进行审查,并出具同意或者不同意的书面意见。① 人体器官捐献人的捐献意愿是否真实;② 有无买卖或者变相买卖人体器官的情形;③ 人体器官的配型和接受人的适应症是否符合伦理原则和人体器官移植技术管理规范。

经三分之二以上委员同意,人体器官移植技术临床应用与伦理委员会方可出具同意摘取人体器官的书面意见。

(9) 从事人体器官移植的医疗机构及其医务人员摘取活体器官前,应当履行下列义务:① 向活体器官捐献人说明器官摘取手术的风险、术后注意事项、可能发生的并发症及其预防措施等,并与活体器官捐献人签署知情同意书;② 查验活体器官捐献人同意捐献其器官的书面意愿、活体器官捐献人与接受人存在本条例第10条规定关系的证明材料;③ 确认除摘取器官产生的直接后果外不会损害活体器官捐献人其他正常的生理功能。

从事人体器官移植的医疗机构应当保存活体器官捐献人的医学资料,并进行随访。

(10) 摘取尸体器官,应当在依法判定尸体器官捐献人死亡后进行。从事人体器官移植的医务人员不得参与捐献人的死亡判定。

从事人体器官移植的医疗机构及其医务人员应当尊重死者的尊严;对摘取器官完毕的尸体,应当进行符合伦理原则的医学处理,除用于移植的器官以外,应当恢复尸体原貌。

(11) 从事人体器官移植的医疗机构实施人体器官移植手术,除向接受人收取下列费用外,不得收取或者变相收取所移植人体器官的费用。① 摘取和植入人体器官的手术费;② 保存和运送人体器官的费用;③ 摘取、植入人体器官所发生的药费、检验费、医用耗材费。

前款规定费用的收取标准,依照有关法律、行政法规的规定确定并予以公布。

(12) 申请人体器官移植手术患者的排序,应当符合医疗需要,遵循公平、公正和公开的原则。具体办法由国务院卫生主管部门制定。

(13) 从事人体器官移植的医务人员应当对人体器官捐献人、接受人和申请人体器官移植手术的患者的个人资料保密。

(14) 从事人体器官移植的医疗机构应当定期将实施人体器官移植的情况向所在地省、自治区、直辖市人民政府卫生主管部门报告。具体办法由国务院卫生主管部门制订。

第四章法律责任,主要规定了:

(1) 违反本条例规定,构成犯罪,应依法追究刑事责任的情形:① 未经公民本人同意摘取其活体器官的;② 公民生前表示不同意捐献其人体器官而摘取其尸体器官的;③ 摘取未满18周岁公民的活体器官的。

(2) 违反本条例规定,买卖人体器官或者从事与买卖人体器官有关活动的,由设区的市级以上地方人民政府卫生主管部门依照职责分工没收违法所得,并处交易额八倍以上十倍以下的罚款;医疗机构参与上述活动的,还应当对负有责任的主管人员和其他直接责任人员依法给予处分,并由原登记部门撤销该医疗机构人体器官移植诊疗科目登记,该医疗机构三年内不得再申请人体器官移植诊疗科目登记;医务人员参与上述活动的,由原发证部门吊销其执业证书。

国家工作人员参与买卖人体器官或者从事与买卖人体器官有关活动的,由有关国家机关依据职权依法给予撤职、开除的处分。

(3) 医疗机构未办理人体器官移植诊疗科目登记,擅自从事人体器官移植的,依照《医疗机构管理条例》的规定予以处罚。

实施人体器官移植手术的医疗机构及其医务人员违反本条例规定,未对人体器官捐献人进行医学检查或者未采取措施,导致接受人因人体器官移植手术感染疾病的,依照《医疗事故处理条例》的规定予以处罚。

从事人体器官移植的医务人员违反本条例规定,泄露人体器官捐献人、接受人或者申请人体器官移植手术患者个人资料的,依照《执业医师法》或者国家有关护士管理的规定予以处罚。

违反本条例规定,给他人造成损害的,应当依法承担民事责任。

违反本条例第21条规定收取费用的,依照价格管理的法律、行政法规的规定予以处罚。

(4) 医务人员有下列情形之一的,依法给予处分;情节严重的,由县级以上地方人民政府卫生主管部门依照职责分工暂停其六个月以上一年以下执业活动;情节特别严重的,由原发证部门吊销其执业证书。① 未经人体器官移植技术临床应用与伦理委员会审查同意摘取人体器官的;② 摘取活体器官前未依照本条例第19条的规定履行说明、查验、确认义务的;③ 对摘取器官完毕的尸体未进行符合伦理原则的医学处理,恢复尸体原貌的。

(5) 医疗机构有下列情形之一的,对负有责任的主管人员和其他直接责任人员依法给予处分;情节严重的,由原登记部门撤销该医疗机构人体器官移植诊疗科目登记,该医疗机构3年内不得再申请人体器官移植诊疗科目登记。① 不再具备本条例第 11 条规定条件,仍从事人体器官移植的;② 未经人体器官移植技术临床应用与伦理委员会审查同意,做出摘取人体器官的决定,或者胁迫医务人员违反本条例规定摘取人体器官的;③ 有本条例第 28 条第二项、第三项列举的情形的。

医疗机构未定期将实施人体器官移植的情况向所在地省、自治区、直辖市人民政府卫生主管部门报告的,由所在地省、自治区、直辖市人民政府卫生主管部门责令限期改正;逾期不改正的,对负有责任的主管人员和其他直接责任人员依法给予处分。

(6) 从事人体器官移植的医务人员参与尸体器官捐献人的死亡判定的,由县级以上地方人民政府卫生主管部门依照职责分工暂停其六个月以上一年以下执业活动;情节严重的,由原发证部门吊销其执业证书。

(7) 国家机关工作人员在人体器官移植监督管理工作中滥用职权、玩忽职守、徇私舞弊,构成犯罪的,依法追究刑事责任;尚不构成犯罪的,依法给予处分。

第五章附则,规定了条例自 2007 年 5 月 1 日起施行。

第四节 脑死亡的法律思考

一、死亡的概念

死亡是自然人和生物生命活动的终止,是人和生物必须经历的客观现象。自然人的死亡同他(她)的出生、成长一样既司空见惯,又不是完全孤立的个体事件。因此,科学地、准确地确定一个人的死亡时间,在医学上、法律上都具有极为重要的现实意义。

人的生命活动的表现形式很多,其中呼吸和心跳是最容易观察和测定的两种方式。因此,自古以来,死亡标准长期被心肺功能停止的传统观念所垄断。我国两千多年前的《黄帝内经》称:"脉短、气绝,死。"《中国大百科全书》中死亡的定义是:自然人生命的终止,人体生理机能逐渐衰减以至完全停止的过程。20 世纪 50 年代美国著名的《布莱克法律词典》将死亡定义为:"血液循环完全停止,呼吸、脉搏停止。"然而,20 世纪五六十年代以来,现代医学在抢救心跳、呼吸骤停以及心脏移植技术方面有了突飞猛进的发展。人工心脏救护设备和人工呼吸机的使用,可以使那些心跳、呼吸停止数小时乃至十余小时的病人"起死回生"。一些患者可以通过人工起搏器和人工呼吸维持血液循环和大脑供氧,甚至移植心脏。1967 年,南非医师实施心脏移植手术成功,从而打破了心脏功能丧失可导致整个机体死亡的常规。据统计,全世界开展心脏移植已有数万例。由于心肺功能的可替代性,使其失去了作为死亡标准的权威性器官的地位。相反,在脑死亡的情况下,患者心肺功能的维持只不过是死亡过程的延长而已。越来越多医学科技的受益者靠人工心肺系统、静脉给氧等医疗措施维持着心跳和呼吸,既占据昂贵的医疗设备消耗宝贵的医疗资源,又使其亲属承受经济上和精神上的负担。人们不禁要问:一个没有自主意识,没有自主性呼吸和心跳,靠人工设备维持的生命是否能算是人的生命?同时还产生了更为棘手的法律问题:医师何时能停止对患者的抢救与治疗?何时能摘取供体器官?造成他人不可逆性昏迷是构成"杀人罪"还是"伤害罪"?如何确定人的死亡时间?由此,把心肺功能作为生命最本质的特征和死亡的传统判断标准受到了现代生物医学发展的挑战。于是,人们开始对死亡的定义和标准重新认识,一种被医学界认为更加科学的脑死亡概念和脑死亡标准应运而生。

二、脑死亡的概念与标准

(一)脑死亡的概念

脑死亡是指包括大脑、小脑、脑干在内的全部机能完全而不可逆的停止,即全脑死亡。脑死亡原发于脑组织严重外伤或脑的原发性疾病,其特征是脑功能不可逆地全部丧失,它同心跳和呼吸停止一样,是自然人生命现象的终止,是个体死亡的一种类型。

现代医学研究表明:死亡并不是瞬间来临的事件,而是一个物质变化的过程,同样也有着从量变到质变的规律。因此,世界各国医学专家已达成一个共识:死亡是一个"过程",而不是一个"点"。即在死亡的过程中,人的机体的新陈代谢分解大于合成,组织细胞的破坏大于修复,各种脏器功能的丧失大于重建。一旦脑死亡确定,决定了机体各种器官在不久的将来必定出现死亡。并且,这种现象是不可逆转的。脑死亡后即便心跳、血压仍可维持,但作为人所特有的意识、信念、感情、认知均已消失。因此,作为社会意义上的人也已不复存在。

(二)确立脑死亡的意义

脑死亡概念的提出是对死亡标准的重新认识,是生物医学技术发展的必然结果,其意义主要体现在以下几个方面。

(1)有利于开展器官移植。随着器官移植技术的发展,需要大量的新鲜组织、脏器用来拯救那些因某一器官患有严重病态或损伤、衰竭的病人。在适宜的新鲜供体严重短缺的现状下,依靠先进的科学技术维持脑死亡者的呼吸和循环功能,使之可能成为医学上最理想的器官移植的供体以及天然的、极好的人体器官和组织的储存库。医生可以根据移植的需要,从容地做好各项移植准备工作后,适时摘取供体器官,从而提高器官移植的成功率。脑死亡的确立为大批新鲜供体的摘取提供了合法条件。

(2)有利于医疗资源的合理利用。现代医疗行为的目的并不是盲目地延长毫无价值的生物意义上的生命,更不是延长人类痛苦的死亡过程。确定脑死亡的标准,可以适时终止对脑死亡者的医疗措施,缩短死者的死亡过程,减少因无效抢救而造成的巨大浪费,把有限的医疗卫生资源用于那些需要治疗而又能够达到预期效果的病人身上,在减轻社会负担的同时也减轻脑死亡者亲属的精神和经济负担。

(3) 有利于科学地确定死亡,维护生命尊严。对于一些因服毒、溺水或冻死的患者,特别是服用中枢神经抑制剂自杀的假死者,运用心跳呼吸停止作为死亡的标准,很难鉴别假死状态,往往错失抢救时机。脑死亡标准的确立,为真死与假死的鉴别提出了科学依据,从而更好地维护人的生命尊严,更好地尊重人的生命价值。

(4) 有利于法律的正确实施。死亡对于法律的适用具有绝对重要的意义。主要体现在:死亡决定杀人罪的成立,民事权利的终止,继承的开始,侵权行为的构成,婚姻关系的消灭,保险金、赔偿金的取得,刑事责任的免除以及诸如合伙、代理等民事法律关系的变更和终止。随着医学科学技术的不断进步,传统的死亡标准已日益显现出局限性。因此,脑死亡标准的确立可以更加科学地、准确地判断一个人的死亡时间,以利于正确适用法律,公平合理地处理相关事件。

(三) 脑死亡的标准

脑死亡的标准最早出自于1968年美国哈佛医学院死亡定义审查特别委员会发表的一份报告,该报告第一次正式把脑死亡作为判断死亡的又一标准。其主要内容是:① 不可逆深度昏迷,无感应性和反应性;② 自主运动和呼吸停止;③ 脑干反射消失;④ 脑电波平直。上述状况在24小时内反复测试结果无变化,就可宣告该人死亡。但有两种情况除外:① 体温过低(低于32.2℃);② 刚服过巴比妥药物等中枢神经系统抑制剂的病例。此后,世界各国先后提出多种关于脑死亡的诊断标准,综合起来不外乎三个部分:① 自主呼吸停止;② 临床症状病人瞳孔散大,各种反射消失;③ 利用药品和器械对脑死亡进行验证。上述标准与"哈佛标准"没有多大区别。因此,目前世界上大多数国家还是采用哈佛医学院的诊断标准。

(四) 国外有关脑死亡的法律规定

芬兰是世界上第一个在法律上确立脑死亡的国家。此后,美国的堪萨斯州1970年通过了《死亡和死亡定义法》。1983年,美国医学会、美国律师协会、美国统一州法律督察全国会议以及医学和生物学行为研究伦理学问题总统委员建议各州采纳以下条款:"任何人患有呼吸和循环不可逆停止或大脑全部功能不可逆丧失就是死人。死亡的确定必须符合公认的医学标准。"上述条款实际上是让传统死亡概念、标准和脑死亡概念、标准并存,避免了人们对死亡定义可能产生的误会。随后,加拿大、阿根廷、瑞典、澳大利亚、奥地利、希腊、意大利、英国、法国、西班牙、波多黎各等十多个国家也先后制定了脑死亡法律,承认脑死亡是宣布死亡的依据。比利时、德国、印度、爱尔兰、荷兰、新西兰、南非、韩国、瑞士和泰国等十多个国家和地区虽然没有法律明文规定,但临床上已经承认脑死亡状态并用来作为宣布死亡的依据。

为了保证和提高脑死亡诊断的准确性,防止偏差,有的国家规定,脑死亡诊断应由两名内科医生作出,且同器官移植无关联。也有的国家规定,脑死亡的确定,应由两名医生独立进行检查,得出相同结论,或需经上级医生的核准;必要时,还需神经内科、神经外科、麻醉科以及脑电图专家会诊,无异议时方可确定脑死亡。

三、我国脑死亡立法的思考与现状

我国目前尚未制定出一部统一的、正式的、具有法律权威的脑死亡标准。为了配合国家立法需要,国家卫生部组织专家审定在技术层面上起草的脑死亡判定标准和技术规范。2004年5月,在中华医学会第七届全国神经病学学术会议上,我国《脑死亡判定标准(成人)》和《脑死亡判定技术规范》已经通过医学专家审定。但由于脑死亡是医学界提出的判定死亡的一种方式,与现行判定死亡的标准不同,制定脑死亡判定标准和技术规范与实施脑死亡判定是两回事。实施脑死亡判定必须以相应的法律规范为前提,目前医疗机构还不能据此来实施脑死亡判定,也就是说上述标准和规范只有通过立法程序生效并公布后才能实施。

由于我国文化传统的影响,医学技术的发展状况不平衡,人们对脑死亡的认识还很模糊,在短期内,要使全社会对脑死亡标准达成共识是不可能的。但是,随着医学科学的发展,通过法律确定脑死亡的标准,已成为十分现实和迫切的需要。为此,我们建议在脑死亡立法时注意以下几个方面:

(一)两种死亡标准并存

根据我国的具体国情,在根深蒂固的传统观念以及现有各级医疗单位在技术、设备和诊疗水平上存在的较大差异的情况下,我国可以采用传统死亡标准和脑死亡标准同时并存的制度。

(二)严格确定脑死亡的临床判断标准

脑死亡的判定是非常慎重的事。判定脑死亡除了检测各种神经反射活动是否消失外,还可以通过脑电图、脑超声图等测定方法来认定。将脑死亡作为确定死亡的标准之一,其临床判断要点有以下几点:

(1)患者是否陷入不可逆的深度昏迷。

(2)脑干反射是否全部消失(包括瞳孔对光反射、角膜反射、咳嗽反射、头眼反射、前庭眼反射消失等),脑循环是否完全停止,脑电图是否呈平直线。

(3)患者有无自主呼吸,若靠呼吸机等人工方法维持,要停止使用呼吸机,然后给患者吸纯氧,观察其二氧化碳分压是否上升。若上升,可刺激呼吸中枢,其呼吸功能可能逆转,说明患者并未脑死亡。否则,可判定脑死亡。

(4)患病原因(昏迷原因)已查明。

患者在符合上述临床标准后,只能作初步判定,并且需要间隔一定的时间进行复核。复核间隔时间美国为 12 小时、英国为 24 小时、日本为 6 小时,我国在尚未正式实施的《脑死亡判定标准(成人)》中定为 12 小时。

(三)确定脑死亡的程序

脑死亡的确定必须在县级以上具备相应的医疗设备条件的地、市级医院进行,在通过必要的检测手段后,由两名以上神经内、外科医师,急诊科医师,麻醉科医师及 ICU(Intensive Care Unit,重症加强护理病房)医师中工作十年以上,具有高级职称,并且具备判定脑死亡资格证书的医师独立作出书面认定,确定病人脑死亡时,病人的原诊治医师应当回避。病人脑死亡事实一旦确定,由确定脑死亡的医疗组织签发死亡诊断书。

(四)法律责任

脑死亡立法应当明确规定违反脑死亡法律、法规者所应承担的法律后果。对于不符合脑死亡标准的病人,确定由于医师的过错而导致事故的,应追究责任医师的民事责任或行政责任,构成犯罪的,依法追究刑事责任。

第五节 安乐死的探索与立法思考

一、安乐死的概念

"安乐死"一词源自希腊语 Euthanasia,原意是无痛苦死亡。现代意义上的安乐死是指为结束不治之症患者的痛苦,采用科学方法对人的死亡过程进行调节,使死亡状态安乐化,以维护人的死亡尊严。安乐死是一种死亡过程中的良好状态和为达到这种状态而采取的方法,它并不是死亡的原因。

二、安乐死的历史与现状

安乐死的实践早在史前时代就已存在。古游牧部落在迁移时,常常把病人、老人留下来,加速他们死亡。在古希腊罗马,允许病人结束自己的生命,并可请外人助死。17 世纪,弗兰西斯·培根在他的著作中多次提到"无痛致死术"。到 20 世纪 30 年代,欧美许多国家都有人积极提倡安乐死,只是由于德国纳粹的介入,使得安乐死声名狼藉。到了 20 世纪六七十年代,随着医学生物科学技术的发展,销声匿迹的安乐死又成为医学界、法律界以及公众关注的热点。

由于安乐死不仅涉及伦理、哲学、医学等方面的问题,还涉及人们对死亡的看法和理解,更会引发一系列的法律后果。因此,迄今为止,人们对安乐死的看法仍褒贬不一。支持安乐死的人看重生命的内容和方式,认为安乐死可以减轻病人痛苦,当病人因垂死而饱受病痛的折磨,感到生不如死时,死亡比生存对他们更人道。这样,既可以减轻病人家属的精神痛苦和经济负担,又可以节省有限的医药资源,使之发挥更大的效用。他们提倡医学的根本任务是提升人的生死品质,在基本实现优生的前提下,医学也必须实现人的优死。反对安乐死的人认为,安乐死不仅与医生的职责相冲突,而且还可能被滥用,成为病人配偶、子女等亲属为了减轻自己的负担,或为了瓜分遗产等其他原因变相杀人的借口。但经过半个多世纪的争论,时至今日,赞成安乐死的呼声愈来愈高。尽管如此,对于安乐死是否要制定法律予以保护,绝大多数国家持慎重态度。目前,在立法上有一定进展的国家,大多是对消极安乐死的认可。法国对是否实施安乐死进行了多年的讨论,终于在 2002 年 3 月公布了一项研究结果:在法国实施安乐死应该被视为"非法行为",但是,在所有的医疗办法都无效的情况下,病人又强烈要求帮助解决无法忍受的痛苦时,并且只有在这种特殊情况下,实施安乐死是可以接受的。这等于给法国的安乐死解除了禁锢,尽管只是开了一个小小的口子。1993 年 2 月 1 日,荷兰议会一院(即上议院)以 37 票对 34 票的微弱差距,通过了"安乐死"法案,从而使荷兰成为全球第一个规范医生实施积极的死亡协助行为的国家。值得强调的是该法案并未使安乐死合法化,只是允许医生在严格遵守官方规定的情况下为病人执行积极的死亡协助。2001 年 4 月 10 日,荷兰一院(即上院)以 46 票赞成 28 票反对 1 票弃权的结果通过积极安乐死法案。同年 11 月 28 日,荷兰二院(即下院)又以 104 票赞成 40 票反对的表决结果通过了一项法案,该法案规定,患不治之症的病人,在考虑成熟后,应自愿提出结束生命的书面请求,主治医生则应向患者详细陈述实际病情和后果预测,并由另一名医生协助诊断和确诊,最后实施"安乐死"。法案还规定实施"安乐死"的手段必须是医学方法,这使荷兰成为世界上,第一个把安乐死合法化的国家,也是迄今为止在安乐死方面最前卫的举措。目前,仅有荷兰、比利时和瑞士等为数不多的国家立法令安乐死合法化。荷兰的医师助死法案于 2002 年 4 月 1 日生效,每年约有 4000 人"合法化安乐死",但由此有一些老年人担心他们会被医生"杀死",甚至不相信自己的家属。

三、我国安乐死现状及立法思考

我国关于安乐死的讨论始于 20 世纪 80 年代,现行的国家法律未对安乐死加以认可。然而,安乐死案件却多次出现,在发生纠纷无相关法律调整的情况下,全国人民代表大会的部分代表先后数次提出议案,建议制定安乐死法。由于安乐死是一种具有特殊意义的死亡类型,它既是一个复杂的医学、法学问题,又是一个极为敏感的社会、伦理问题。因此,全国人民代表大会法制工作委员会及卫生部在经过反复研究后认为,目前,我国制定安乐死法规的条件尚不成熟,但可以促请有关积极研究这一课题,为安乐死立法作准备。为此,我们认为在安乐死立法时,注意以下问题:

(一) 安乐死的条件

适用安乐死必须符合以下条件:① 自愿要求,即病人要有安乐死的真诚意愿,并亲自主动提出安乐死的要求;② 严重痛苦,即病情导致病人肉体上、精神上无法抑制的严重痛苦;③ 濒临死亡;④ 施行方法正当,即执行安乐死的技术与方法必须是科学的、文明的、人道的。

(二) 安乐死的程序

(1) 申请。公民申请安乐死应当由本人亲自以书面形式主动提出,并附有身患绝症的医疗证明。特殊情况下,口头(包括录音)申请者必须由两名无利害关系的证人出具书面证明。对于陷入永久性昏迷状态、不能表达意愿的病人,可由其法定监护人代为提出。

(2) 受理。安乐死的受理机关必须是符合安乐死施行条件的医疗机构。县级以上的医疗单位应当设立安乐科,负责对安乐死申请的审查和批准。对不符合安乐死条件的申请者,审查单位应当在法定期限内以书面形式告知,并说明理由。对符合条件的申请者,应当批准申请,并经公证机关公证后,安排施行。

(3) 执行。安乐死申请经批准并公证后,病人所在医院应当按照批准的时间和地点指定医生执行安乐死。执行前,病人撤回申请或表示反悔的,应当立即停止执行。主管医生反对施行安乐死的,应当暂缓施行安乐死。

(三) 法律责任

违反安乐死规定的行为主要有:① 对不符合安乐死条件的病人施行安乐死的;② 擅自执行安乐死的;③ 不履行或不认真履行职责,造成重大医疗事故的;④ 采用诱惑、欺骗、胁迫或其他手段强制为病人施行安乐死的;⑤ 在申请、代理、审查、执行中弄虚作假的;⑥ 违反有关保密规定的。凡违反安乐死规定的直接责任人员,要承担相应的民事责任或行政责任,构成犯罪的应当依法追究其刑事责任。

思 考 题

1. 简述人工生殖技术主要产生哪些法律问题。
2. 简要评价代孕生殖。
3. 脑死亡标准可能会带来什么样的法律和社会问题?
4. 在我国推行脑死亡标准有哪些积极和消极的影响?
5. 简述我国《器官移植条例》的主要内容。

6. 安乐死立法应考虑哪些问题？

参 考 文 献

[1] 张乃根,米雷埃·德尔马斯·玛尔蒂.克隆人：法律与社会.上海：复旦大学出版社,2002.
[2] 吴崇其,达庆东.卫生法学[M].北京：法律出版社,1999.
[3] 周林军.公用事业管制要论[M].北京：人民法院出版社,2004.
[4] 龙卫球.民法总论[M].北京：中国法制出版社,2002.
[5] 罗豪才.行政法学[M].北京：中国政法大学出版社,2001.
[6] 张文显.法理学[M].北京：北京大学出版社,2003.
[7] 孙东东.卫生法学[M].北京：高等教育出版社,2004.
[8] 马乐,潘柏年,陈宝英.男性不育与辅助生殖技术[M].北京：人民卫生出版社,2002:235-237.